王　能　君

就業規則判例法理の研究

―その形成・発展・妥当性・改善―

信 山 社

はしがき

　日本では，就業規則の法的効力については，法規説と契約説の対立から出発した，「4派13流」と称される学説の複雑多彩な対立が戦前において開始し，戦後において本格化していった。しかし，昭和43（1968）年の秋北バス事件最高裁大法廷判決は，就業規則の法的性質および不利益変更の拘束力について，これら学説のいずれとも異なる法理を定立した。このような就業規則の判例法理は，学説の厳しい批判を受けたが，その後，数多くの最高裁・下級審判決において踏襲されて確立し，日本の労働法の基本的骨格をなす重要法理の一つになって，企業の人事・労務管理の実務においても重要な機能を果たしている。
　こうした判例法理は理論的にも実務的にも最も重要な機能を発揮しているにもかかわらず，判例法理の形成・展開・発展を網羅的に研究するものが存在していない。この問題関心から，1994年12月に提出した修士論文（「就業規則法理の軌跡―判例の合理的変更理論の淵源と変容―」）は，就業規則判例法理の淵源を中心とする考察を行い，本郷法政紀要第4号（1995年12月）に公表した。その後，博士論文は，就業規則判例法理について，その形成・発展過程を学説の展開過程と関連させて考察し，判例法理の論理・判断基準・運用をできるだけ包括的に解明するとともに，学説との対比においてその妥当性を検証することに努めた。この結果，私は，（集団的）労働条件変更法理として，判例法理が相対的に最も妥当な解決を可能とするものであるとの結論を得て，この立場に立ってその法的構成と判断基準の改善を目指した。また，台湾における就業規則の法制・法理の形成・発展の過程，そこにおける日本の学説・判例の影響を考察し，日本の判例法理を参考にしつつ，台湾の労働関係に妥当する就業規則法理を構築することを目的とした。
　本書は，2001年3月2日に東京大学大学院法学政治学研究科に提出し，同年6月21日に博士学位を取得した同じ題名の学位論文を最小限に修正

したものである。私は学位取得後，幸運にも故郷の台湾大学法律学院（法学部）に採用され，同年8月に就職できた。それ以来，博士論文を加筆・訂正しようとしたが，諸般の事情で，論文の大幅な加筆・訂正がほとんど不可能な状態にいる。このような不十分な内容水準にとどまった論文を大幅に加筆・訂正せずに刊行することについて，躊躇せざるをえなかった。しかし，就業規則に関する文献・裁判例が絶えず出ていることに鑑み，早く公表しなければ論文の出版がますます難しくなるし，かつ菅野和夫先生と荒木尚志先生が本書の出版をお勧めくださり，ここで一つの区切りをつけ，日本での留学成果として本書の刊行を踏み切った次第である。本書に対する諸賢のご批判を仰ぎ，今後さらなる研鑽の糧としたい。

　本書の完成に至るまで，多くの方々からのご指導・ご教示・ご助力をいただいた。台湾労働基準法の立法直後，政治大学で黄越欽先生の労働法講義を履修したことは，私の労働法研究の道に入ったきっかけとなった。1991年4月に外国人研究生として東京大学大学院法学政治学研究科に留学して以来，菅野和夫先生に暖かいご指導をいただいている。就業規則に関する膨大な文献・裁判例の前に博士論文の完成につき自信を失った私は，菅野先生のご指導・ご激励がなかったら，博士論文を完成することができなかったであろう。あまりにも遅延しかつ貧しい成果でしかないが，先生の学恩に小著で少しでも報いることができれば幸いである。また，大学院在学中，岩村正彦先生および荒木尚志先生のセミナーに参加し，両先生からご指導をいただいた。そして，東京大学労働法研究会で諸先生・先輩・仲間から，またアジア労働法研究会の諸先生から，その豊かな議論を通じて絶えず示唆を受けて，いろいろとご指導とご教示をいただいた。さらに，台湾寰瀛法律事務所の劉志鵬先生から，貴重なご教示・ご助言および判決資料をいただいた。ここで改めて御礼を申し上げたい。なお，労働法教師として台湾大学に奉職する道を開いてくださった台湾大学法律学院の諸先生に対して，御礼を申し上げたい。

　本書の刊行にあたっては，荒木尚志先生および東京大学藤江知郁子様に，骨の折れる作業である本書全体の日本語をチェックしていただいた。もちろん，間違っているところがあれば，全部私の責任にある。また，

本書の出版をお引き受けいただき，校正および索引作成など作業について，信山社の渡辺左近様に大変お世話になった。心より厚く御礼を申し上げる。

　最後に，私事で恐縮であるが，私が労働法研究の道に入ることを許してくれた両親と，長い間に私を支えてくれた妻に心から感謝の気持ちを捧げたい。

　　　2003年3月2日　台湾・台北市にて

　　　　　　　　　　　　　　　　　　　　　　　　　　王　　能　君

目　　次

はじめに──本稿の目的 …………………………………………………… 1

第 1 章　就業規則判例法理の形成 ………………………………… 5

第 1 節　就業規則に関する法制度の形成 ………………………… 5

　Ⅰ　戦前の就業規則法制──大正15（1926）年の改正工場法施行令 … 5
　Ⅱ　労基法の制定 ………………………………………………………… 6
　Ⅲ　就業規則に関する労基法の規定とその特徴 ……………………… 7
　　1　使用者による一方的な制定権限と作成義務 …………………… 8
　　2　意見聴取義務 ……………………………………………………… 9
　　3　労基法第93条の意味 ………………………………………………11
　Ⅳ　労基法が残した問題 …………………………………………………11

第 2 節　就業規則の法的効力に関する初期の学説 ………………13

　Ⅰ　戦前の学説 ……………………………………………………………13
　　1　契約説 ………………………………………………………………13
　　2　法規説 ………………………………………………………………14
　　　⑴　社会自主法説の登場 …………………………………………14
　　　⑵　経営権説 ………………………………………………………16
　　3　二分説 ………………………………………………………………17
　　4　ドイツの学説による影響 …………………………………………18
　　5　小　括 ………………………………………………………………22
　Ⅱ　戦後初期の学説──昭和43（1968）年秋北バス事件最高裁大法廷判決登場まで ………………………………………………………22
　　1　法規説 ………………………………………………………………22
　　　⑴　戦前の社会自主法説の継承 …………………………………22

⑵　戦前の経営権説の継承 …………………………………25
　　　⑶　保護法授権説 …………………………………………26
　　　⑷　小　括 …………………………………………………28
　　2　契約説 ……………………………………………………29
　　　⑴　事実規範説 ……………………………………………29
　　　⑵　事実たる慣習説 ………………………………………31
　　　⑶　単純契約説 ……………………………………………32
　　　⑷　小　括 …………………………………………………32
　　3　根拠二分説 ………………………………………………33
　　4　集団的契約・合意説 ……………………………………34
　　5　自治的規則としての附合契約説 ………………………35
　　6　小　括 ……………………………………………………37
第3節　秋北バス事件判決までの裁判例 ………………………41
　Ⅰ　序　説 ………………………………………………………41
　Ⅱ　法規説を採った裁判例 ……………………………………44
　　1　三井造船事件決定による経営権説の形成 ……………44
　　　⑴　三井造船事件最高裁決定以前の下級審裁判例 ……44
　　　⑵　三井造船事件最高裁決定の登場 ……………………47
　　2　三井造船事件決定以後の法規説裁判例による就業規則変更問題の
　　　　模索 ………………………………………………………49
　　3　小括——法規説裁判例と就業規則変更問題の処理 …53
　Ⅲ　契約説を採った裁判例と就業規則変更問題 ……………55
　Ⅳ　二分説を採った裁判例と就業規則変更問題 ……………57
　Ⅴ　学説による影響 ……………………………………………59
　Ⅵ　小　括 ………………………………………………………62
第4節　秋北バス事件判決 ………………………………………65
　Ⅰ　秋北バス事件大法廷判決の登場 …………………………65
　　1　事実関係および下級審判決 ……………………………65

　　　　(1)　事実関係 …………………………………………………65
　　　　(2)　下級審判決 ………………………………………………66
　　　2　多数意見の判旨 ………………………………………………66
　　　3　反対意見からの批判 …………………………………………67
　　Ⅱ　学説からの批判と内在的理解・検討 ……………………………69
　　　1　学説からの批判 ………………………………………………69
　　　2　大法廷判決に一定の理解を示す見解 …………………………72
　　Ⅲ　秋北バス事件大法廷判決の趣旨の再吟味 ………………………73

第2章　就業規則判例法理の発展 …………………………………79

第1節　判例の合理的変更法理の定着 ………………………………79
　　Ⅰ　秋北バス事件判決直後の裁判例の戸惑いと統一 ………………79
　　　1　下級審の裁判例の動向 ………………………………………79
　　　2　就業規則の法的性質論を前提としない合理的変更法理 ……81
　　Ⅱ　最高裁による合理性基準の明確化への模索 ……………………83
　　　1　「代償措置」の登場 …………………………………………84
　　　2　合理性判断の基準の定式化 …………………………………84
　　　　(1)　合理性判断の基準の提示 ………………………………84
　　　　(2)　合理性判断の基準の定式化 ……………………………85
　　　　(3)　小　括 ……………………………………………………89

第2節　判例の法的性質論の変容──法規説から契約説へ ………90
　　Ⅰ　学説による判例法理の読み替え …………………………………90
　　Ⅱ　判例の法的性質論の修正──定型契約説への改説 ……………96
　　　1　電電公社帯広局事件判決 ……………………………………96
　　　2　日立製作所武蔵工場事件判決 ………………………………98
　　Ⅲ　小　括 ……………………………………………………………103

第3節　判例の合理的変更法理の変容──「例外」の拡大 ………104
　　Ⅰ　下級審における「原則」「例外」関係の変容の開始 …………104

Ⅱ　大曲市農協事件最高裁判決による「原則」「例外」関係の変容
　　　………………………………………………………………………109
　Ⅲ　大曲市農協事件最高裁判決以降の発展 ………………………110
　　1　不利益変更の合理性を肯定した裁判例 ………………………111
　　　⑴　第四銀行事件…………………………………………………111
　　　⑵　羽後銀行（北都銀行）事件 …………………………………114
　　　⑶　函館信用金庫事件……………………………………………116
　　　⑷　小　括…………………………………………………………117
　　2　不利益変更の合理性を否定した裁判例 ………………………118
　　　⑴　朝日火災海上保険事件………………………………………118
　　　⑵　みちのく銀行事件……………………………………………119
　　　⑶　小　括…………………………………………………………123
　Ⅳ　小括──就業規則による労働条件変更法理の形成 …………124
第4節　判例の合理的変更法理の発展──労使関係論との結
　　　合 …………………………………………………………………127
　Ⅰ　就業規則変更の合理性判断における労使関係論 ……………127
　　1　変更の社会的相当性──「世間相場」の意義 ………………127
　　2　多数労働者の意見の尊重 ………………………………………131
　　3　少数労働者の利益への配慮 ……………………………………136
　　4　小　括……………………………………………………………141
　Ⅱ　就業規則法理の労働協約法理への転移 ………………………141
　　1　労働条件の不利益変更と労働協約──問題の所在 …………141
　　2　労働協約の不利益変更への合理的変更法理の応用 …………146
　　　⑴　合理的変更法理の応用前の状況……………………………146
　　　⑵　合理的変更法理の応用の開始と本格化への過程 …………153
　　　　⒜　一般的拘束力における判断への応用 …………………153
　　　　⒝　規範的効力における判断への応用 ………………………157
　　　⑶　最高裁判例の登場……………………………………………162
　　　　⒜　一般的拘束力について ……………………………………162

　　　　　(b) 規範的効力について……………………………………165
　　　　　(c) 最高裁判例の意義………………………………………167
　　　3　合理的変更法理の応用への学説の批判………………………170

第5節　小　括………………………………………………………………175

第3章　就業規則判例法理の評価……………………………………179

第1節　判例法理への学説の対応…………………………………………179
　Ⅰ　法規説・契約説による批判とそれらの説の再構築……………180
　　1　「疑似法規説」による批判と同説の再構築……………………180
　　2　「法的効力付与説」による批判と同説の再構築………………181
　　3　契約説による批判と同説の再構築………………………………183
　　　(1)　合理的変更への事前の黙示承諾説………………………184
　　　(2)　変更条項による変更権取得説………………………………185
　　　(3)　合理的変更への同意ありと意思解釈する説……………186
　　　(4)　合理的変更への同意を推定し，拒否の場合の解雇を肯定する説
　　　　　　……………………………………………………………187
　　4　小　括…………………………………………………………188
　Ⅱ　学説による判例法理の補強・明確化・合理化の試み…………189
　　1　理念型従業員代表同意説………………………………………190
　　2　多数組合・労働者との交渉重視説……………………………191
　Ⅲ　学説による独自の労働条件変更法理構築の試み………………196
　　1　労働契約内容変更請求権説……………………………………196
　　2　集団的変更解約告知説…………………………………………199
　Ⅳ　小　括…………………………………………………………………201

第2節　判例法理の妥当性とその補強……………………………………202
　Ⅰ　継続的労働関係における労働条件変更の必要性………………202
　Ⅱ　法規説・契約説の修正の必要性…………………………………203
　Ⅲ　成功していない学説の試み………………………………………204

Ⅳ	判例法理の射程——集団的労働条件 …………………207
Ⅴ	判例法理の柔軟性と包括性 ……………………………210
Ⅵ	判例法理の定式化の試み ………………………………212
Ⅶ	判例法理の形成権説的理解の可能性 …………………215
Ⅷ	判例法理の労使関係的基盤 ……………………………221
	1 団体交渉権の保障 …………………………………221
	2 企業別組合の弱さ …………………………………223
Ⅸ	判例法理について残る問題点 …………………………225
Ⅹ	小 括 …………………………………………………227

第4章 就業規則判例法理の台湾の判例への影響 …229

第1節 台湾における就業規則制度と法理の形成 …………229

第1款 工廠法時代（1929年から1984年7月まで） ……………230

Ⅰ 就業規則に関する工廠法とその施行規則との規定 …………230

Ⅱ 学 説 ……………………………………………………232

   1 法規説 ………………………………………………233

   2 契約説 ………………………………………………233

Ⅲ 実務見解 …………………………………………………235

   1 行政解釈 ……………………………………………235

   2 裁判例 ………………………………………………236

Ⅳ 小 括 ……………………………………………………236

第2款 労基法時代（1984年から現在に至る） ………………237

Ⅰ 労働基準法と労働基準法施行細則における就業規則に関する規定 ……………………………………………………………237

   1 労働基準法 …………………………………………237

   2 労働基準法施行細則 ………………………………238

Ⅱ 学 説 ……………………………………………………240

   1 法規説 ………………………………………………240

2　契約説 …………………………………………………243
　　　3　根拠二分説 ……………………………………………246
　　　4　集団的合意説 …………………………………………248
　　　5　小　括 …………………………………………………248
　Ⅲ　実務見解 …………………………………………………………250
　　　1　行政解釈 ………………………………………………250
　　　2　1995年までの裁判例（司法実務）………………………250
　　　3　小　括 …………………………………………………255

第2節　裁判例による合理的変更法理の形成 ……………………………256
　Ⅰ　合理的変更法理の判断枠組みをとる裁判例の登場 ……………256
　　　1　事件の概要 ……………………………………………257
　　　2　判旨──退職金請求について一部認容 ……………………257
　Ⅱ　合理的変更法理の判断枠組みの支持 ……………………………259
　Ⅲ　裁判例による契約説および合理的変更法理の発展 ……………261
　　　1　裁判例による契約説の発展 …………………………261
　　　2　裁判例による合理的変更法理の発展 ………………265
　Ⅳ　日本の判例法理の影響 ……………………………………………269
　　　1　合理的変更法理の台湾への導入過程 ………………269
　　　2　台湾における「合理的変更法理」の比較法的検討 …270
　　　3　小　括 …………………………………………………272

第3節　台湾における就業規則法理の方向 ………………………………275
　Ⅰ　前提的諸条件の違い ………………………………………………275
　　　1　労働組合法制の不十分さ ……………………………275
　　　　⑴　労働組合に対する国家的規制の強さ ……………275
　　　　⑵　労働組合に対する保護の不十分さ ………………280
　　　2　実態としての労働組合組織の弱さ …………………281
　　　　⑴　労働組合組織率の低さ ……………………………281
　　　　⑵　組合組織の形態──企業別組合の弱さ ……………283
　　　　⑶　労働協約締結率の低さ ……………………………285

3　労働移動の頻繁さ …………………………………………285
　　　4　解雇制限法制の潜脱 ………………………………………288
　Ⅱ　就業規則の法的性質論──契約説の妥当性 ………………290
　Ⅲ　就業規則の変更理論──合理的変更法理確立の必要性 …293
　　1　合理的変更法理の原則的妥当性 …………………………293
　　　⑴　就業規則法制の基本的類似性 ………………………………294
　　　⑵　労働条件変更の必要性および法制度の不備 ………………294
　　　⑶　企業別組合の弱さと組織率の低さ …………………………295
　　　⑷　長期雇用システムの一部存在および雇用維持の重視 ……296
　　　⑸　解雇制限法理の動向 …………………………………………297
　　　⑹　団体交渉義務の立法化の動き ………………………………301
　　　⑺　裁判所の機能 …………………………………………………302
　　　⑻　小　括 …………………………………………………………304
　　2　合理的変更法理の部分的修正の必要性とその試み ………305
おわりに ………………………………………………………………309

　事 項 索 引

文献略語

【日本法部分】

民集	最高裁判所民事判例集
集民	最高裁判所判例集民事
高民集	高等裁判所民事裁判例集
労民集	労働関係民事裁判例集
労裁資	労働関係民事行政裁判資料
学会誌	日本労働法学会誌
季労	季刊労働法
ジュリ	ジュリスト
判時	判例時報
判タ	判例タイムズ
判評	判例評論
法協	法学協会雑誌
法教	法学教室
法時	法律時報
法セ	法学セミナー
曹時	法曹時報
民商	民商法雑誌
労経速	労働経済判例速報
労旬	労働法律旬報
労判	労働判例

荒木(1)～(6)： 荒木尚志「雇用システムと労働条件変更法理(1)～(6)——労働市場・集団と個人・紛争処理と労働条件変更法理の比較法的考察——」法学協会雑誌116巻5号（1999年5月）697頁以下，116巻6号（1999年6月）871頁以下，116巻10号（1999年10月）1547頁以下，117巻4号（2000年4月）481頁以下，117巻7号（2000年7月）913頁以下，117巻8号（2000年8月）1055頁以下

荒木： 荒木尚志『雇用システムと労働条件変更法理』（有斐閣，2001年2月）

文献略語　xiii

石井：	石井照久『新版労働法（第3版）』（弘文堂，1973年5月）
石川：	石川吉右衛門『労働組合法』（有斐閣，1978年10月）
大内：	大内伸哉『労働条件変更法理の再構成』（有斐閣，1999年2月）
久保＝浜田：	久保敬治＝浜田冨士郎『労働法』（ミネルヴァ書房，1993年5月）
下井・就業規則：	下井隆史「就業規則の法的性質」日本労働法学会編『現代労働法講座　第10巻　労働契約・就業規則』（総合労働研究所，1982年8月）
下井：	下井隆史『労働基準法』（有斐閣，1990年1月）
下井・2版：	下井隆史『労働基準法（第2版）』（有斐閣，1996年4月）
下井・3版：	下井隆史『労働基準法（第3版）』（有斐閣，2001年1月）
下井・労使：	下井隆史『労使関係法』（有斐閣，1995年5月）
末弘・従業規則：	末弘厳太郎「従業規則の法律的性質」法学協会雑誌41巻5号（1923年5月）
末弘：	末弘厳太郎『勞働法研究』（改造社，1926年10月）
菅野：	菅野和夫『労働法』（弘文堂，1985年9月）
菅野・5版補正：	菅野和夫『労働法（第5版補正版）』（弘文堂，2000年4月）
菅野＝諏訪：	菅野和夫＝諏訪康雄『判例で学ぶ雇用関係の法理』（総合労働研究所，1994年1月）
諏訪・文献：	諏訪康雄「就業規則」『文献研究労働法学』（総合労働研究所，1978年7月）82頁以下（初出：　季刊労働法90号（1973年12月））
西谷・就業規則：	西谷敏「就業規則」片岡曻他編著『新労働基準法論』（法律文化社，1982年3月）
西谷・個人と集団：	西谷敏『労働法における個人と集団』（有斐閣，1992年4月）
西谷・労組法：	西谷敏『労働組合法』（有斐閣，1998年12月）
浜田：	浜田冨士郎『就業規則法の研究』（有斐閣，1994年9月）
外尾：	外尾健一『労働団体法』（筑摩書房，1975年9月）
盛：	盛誠吾『労働法総論・労使関係法』（新世社，2000年5月）
山口：	山口浩一郎『労働組合法』（有斐閣，1983年3月）
山口・2版：	山口浩一郎『労働組合法（第2版）』（有斐閣，1996年3月）
百選	『労働判例百選』（有斐閣，1962年6月）
新版百選	『新版労働判例百選』（有斐閣，1967年5月）
3版百選	『労働判例百選（第3版）』（有斐閣，1974年9月）
4版百選	『労働判例百選（第4版）』（有斐閣，1981年8月）

| 5 版百選 | 『勞働判例百選（第 5 版）』（有斐閣，1989 年 3 月） |
| 6 版百選 | 『勞働判例百選（第 6 版）』（有斐閣，1995 年10月） |

【台灣法部分】

黃越欽（1978）：	黃越欽「從勞工法探討企業管理規章之性質」政大法學評論17期（國立政治大學法律學系，1978年 2 月）
黃越欽：	黃越欽『勞動法論』（國立政治大學勞工研究所，1991年 9 月初版）
黃越欽・新論：	黃越欽『勞動法新論』（翰蘆圖書出版公司，2000年 7 月初版）
黃程貫：	黃程貫『勞動法』（國立空中大學，1996年 8 月初版）
楊通軒：	楊通軒「工作規則法律性質之探討——最高法院八十一年度台上字第二四九二號及八十四年度台上字第一一四三號民事判決評釋」中華民國勞動法學會編『勞動法裁判選輯（三）』（元照出版公司，2000年 1 月）77頁以下
劉志鵬（1985）：	劉志鵬「工作規則法律性質之研究」律師通訊72期（1985年 6 月）
劉志鵬（1990a）：	劉志鵬「論工作規則之法律性質及其不利益變更之效力」律師通訊132期（1990年 9 月）
劉志鵬（1990b）：	劉志鵬「論工作規則之法律性質及其不利益變更之效力（續）」律師通訊133期（1990年10月）
劉志鵬・研究：	劉志鵬『勞動法理論與判決研究』（元照出版公司，2000年 5 月）

はじめに——本稿の目的

　日本では，企業における労働者の労働条件や職場規律その他の行動規範は就業規則によって詳細に定められている。また，労働者が使用者と労働契約を締結する際には，当該企業の就業規則を交付し，あるいは提示して，契約内容を設定するのが一般である[1]。このような就業規則の機能は，筆者の出身地である台湾でもほぼ同じであり，就業規則は，日本と同様，労働者の労働生活において大きな機能を果たしている[2]。そして，日本においても台湾においても，労働関係は契約関係であるとされながら，労働基準法上は，就業規則の制定・改正は使用者が一方的に行うことを前提とした法制度がとられている。そこで，就業規則が使用者によって労働者に不利益に制定されたり変更されたりした場合に，その法的効力を如何に解するかが，いずれの国でも，労働法上の基本的かつ重要な問題となる。

　日本では，このような就業規則の法的効力については，法規説と契約説の

---

[1] 秋田成就『労働契約（テキスト双書66）』（日本労働研究機構，1991年10月）59頁参照。なお，秋田教授によると，明治期の日本の近代的工場は職工を雇用するに際して，雇用契約書を取り交わしたのか，あるいは就業規則の条項を示すにとどまったのか，いまだ十分に解明されていないが，大正期になってから，雇用に際して，就業規則の交付に加えて雇用契約書を取り交わすことが当時の大企業の一つの慣行となっていたことが窺われるのである（秋田成就「日本的雇用慣行と労働契約(2)」社会労働研究37巻2号〔1990年9月〕11～12頁参照）。

　　しかし，秋田教授は，就業規則の定めが直ちに労働契約の内容となるのではなく，労働「契約の内容は多くの場合，就業規則の規程から『推定』されることになる」とする（秋田成就「労働契約論——渡辺章報告について」学会誌77号〔1991年5月〕44～45頁）。

[2] 安枝教授は，日本における労働条件設定のモデルとしては労働協約が最優先とされるが，労働組合の推定組織率の低さを考えると，就業規則こそが労働条件設定の実質的な機能を最も果たしている，と指摘している（安枝英訷「わが国における労働条件と法規制」日本労働法学会編『講座21世紀の労働法第3巻　労働条件の決定と変更』〔有斐閣，2000年5月〕33頁参照）。

対立から出発した「4派13流」[3]と称される学説の複雑多彩な対立が戦前に始まり、戦後に本格化していった。しかし、昭和43 (1968) 年の秋北バス事件最高裁大法廷判決[4]は、就業規則の法的性質および不利益変更の拘束力について、これら学説のいずれとも異なる法理を定立した。それは、就業規則の条項が合理的なものであるかぎり、労働契約の内容となって、当該事業所の労働者はその適用を受け、また、就業規則は、労働条件はそれによるという事実たる慣習に基づき法的規範性を有し、就業規則による労働条件の一方的な不利益変更は、変更された条項が合理的なものであるかぎり反対の労働者をも拘束する、というものである。このような就業規則の「合理的変更法理」は、学説の厳しい批判を受けたが、その後、数多くの最高裁[5]・下級審判決において踏襲されて確立し、日本の労働法の基本的骨格をなす重要法理の一つになって[6]、企業の人事・労務管理の実務においても重要な機能を果たしている。

こうした判例法理の確立にもかかわらず、学説は、上記判例法理を内在的に検討するよりも、むしろ原理的に批判し、独自の理論の定立を試みるものが多い。しかし、学説の試みは、労使間の利益調整枠組みとしての実用性に

---

(3) 諏訪・文献96頁。
(4) 最大判昭和43年12月25日民集22巻13号3459頁。この判決は、日本の私企業における労働契約の実際上の存在形態がほとんど就業規則の条項そのものにほかならないことを確認させた象徴的事件であった、と秋田教授が指摘している（秋田成就・前掲社会労働研究37巻2号14頁）。
(5) 御国ハイヤー事件・最二小判昭和58年7月15日労判425号75頁、タケダシステム事件・最二小判昭和58年11月25日労判418号21頁、大曲市農協事件・最三小判昭和63年2月16日民集42巻2号60頁、第一小型ハイヤー事件・最二小判平成4年7月13日労判630号6頁、朝日火災海上保険事件・最三小判平成8年3月26日民集50巻4号1008頁、第四銀行事件・最二小判平成9年2月28日民集51巻2号705頁、みちのく銀行事件・最一小判平成12年9月7日民集54巻7号2075頁、羽後銀行（北都銀行）事件・最三小判平成12年9月12日労判788号23頁、函館信用金庫事件・最二小判平成12年9月22日労判788号17頁。
(6) 菅野和夫「就業規則変更の限界とポイント——大曲市農協事件最高裁判決を契機に」労働法学研究会報1688号（1988年5月）8頁、菅野＝諏訪9頁、菅野和夫「労使紛争と裁判所の役割——労働事件の特色と裁判所の専門性」曹時52巻7号（2000年7月）8頁参照。

おいて，いずれも判例法理の合理的変更法理を凌駕するものではないように見える[7]。また，就業規則の法的効力については，判例法理が理論的にも実務的にも最も重要な機能を発揮しているにもかかわらず，その形成・展開・発展の網羅的研究は存在していない[8]。

そこで，本稿は，日本労働法における上記判例法理の占める地位の重要性に鑑みて，その形成・発展過程を学説の展開過程と関連させて内在的に考察し，判例法理の論理・判断基準・運用を包括的に解明するとともに，学説との対比においてその妥当性を検証することを目的とする。こうした検討の結果，筆者は，判例法理が労働条件変更法理として相対的に最も妥当な解決を可能とするものであるとの立場に至ったので，本稿ではさらに，判例法理を理論的に精密化し，合理性判断の基準を改善することを目指すこととする。

他方，台湾においても，日本の上記判例法理は重要な意義を有する。すなわち，日本と台湾の就業規則法制は，使用者の一方的な作成・変更権限を前提としてその行政的な監督を図るという点で類似している。また，就業規則の不利益変更問題については，立法による解決をせずに，判例で対処している。しかし，労働関係の立法や法理論は，日本の方がより早く発展し，蓄積が豊富なので，台湾の学者は，日本の学説を前提として，就業規則の問題を議論している[9]。したがって，就業規則の法的効力に関する基本的な考え方

---

[7]　本稿第3章第2節Ⅲ参照。

[8]　就業規則の不利益変更に関する裁判例を分析したものとして，例えば，安枝英訷「就業規則の不利益変更と労働契約」労判373号（1981年12月）4頁以下，柳屋孝安「就業規則の不利益変更をめぐる判例法理」学会誌71号（1988年5月）31頁以下，田村洋「就業規則不利益変更判例の検討」東京都立大学法学会雑誌39巻1号（1998年6月）675頁以下，青野覚「判例における合理性判断法理の到達点と課題」学会誌92号（1998年10月）125頁以下，などがある。

[9]　台湾では，就業規則に関する文献が未だ少ないので，学者や実務家は，就業規則の問題を議論する前提として常に日本の学説上の関連概念を用いている。例えば，林振賢『勞動基準法釋論』（1985年12月），林振賢『新版勞動基準法釋論』（1994年6月），劉志鵬（1985）7頁，劉志鵬（1990a）35頁（後に，劉志鵬・研究259頁以下に収録），呂榮海『勞動法法源及其適用關係之研究』（國立台灣大學法律學研究所博士論文，1991年6月）などがある。その後，台湾の学者が就業規則を論ずる際には，劉志鵬氏と呂榮海氏の論文がよく引用されている。

は，日本における考え方——法規説，契約説，二分説——と同様であると言ってよい。そして，台湾の学者は，自国の就業規則の法的効力を論ずる際に，日本の学説と判例理論を参考資料として引用している。つまり，日本の判例理論が台湾における就業規則の法的効力論へ実際上，影響を与える下地がある。こうして，日本の秋北バス事件大法廷判決で定立した「合理的変更法理」はすでに台湾で紹介され，あるいは学説として主張されている[10]。そして，かかる学説の影響を受けて「合理的変更法理」は，1996年に下級審裁判例[11]に取り入れられ，また1999年には最高法院（すなわち最高裁）判決[12]においても是認されて，一つの流れとなっている。

そこで，就業規則に関するこれまでの日本の判例法理を正確に理解し，その妥当性を検証することは，台湾における就業規則法理の構築のためにも焦眉の課題となっている。ただし，日本と台湾では，就業規則法制は類似しているものの，労働市場や労使関係の前提条件には違いがあり，日本の判例法理をストレートに台湾に導入できるかについては疑問の余地がある。本稿は，このような問題意識に基づいて，台湾における就業規則の法制・法理の形成・発展の過程，そこにおける日本の学説・判例の影響をも考察し，日本の判例法理を参考にしつつ，台湾の労働関係に妥当する就業規則法理を構築することをも目的とする[13]。

---

[10] 劉志鵬（1985），劉志鵬（1990a），劉志鵬（1990b）参照。

[11] 台湾では，就業規則不利益変更について「合理的変更法理」をとったリーディングケースとして，台北區中小企業銀行事件・台北地方法院（1996年1月25日）84年度勞訴字第38號判決。詳細は，本稿第4章第2節参照。

[12] 太平産物保険事件・最高法院（1999年7月30日）88年度台上字第1696號判決（最高法院民事裁判書彙編37期560頁）。

[13] 台湾の労働事情を紹介する日本語文献としては，日本労働協会編『台湾の労働事情』（日本労働協会，1987年9月），日本労働研究機構編『台湾の労働事情と日系企業』（日本労働研究機構，1992年3月），佐護譽『人事管理と労使関係——日本・韓国・台湾・ドイツ』（泉文堂，1997年2月）などがある。また，1950〜70年代における台湾の労使関係を研究する日本語文献としては，張国興『戦後台湾労使関係の研究』（中国書店，2000年2月）がある。

第1章　就業規則判例法理の形成

第1節　就業規則に関する法制度の形成[1]

I　戦前の就業規則法制——大正15（1926）年の改正工場法施行令

　日本における最初の一般的就業規則法制は、大正15（1926）年の改正工場法（大正12年改正）施行と同時に施行された同15年の改正工場法施行令27条ノ4および同施行規則12条において登場した。
　まず、工場法施行令27条ノ4によれば、常時50人以上の職工を使用する使用者は、一定の事項について就業規則を作成・変更する際に地方長官に届けることが義務づけられ、地方長官が必要と認めるときに就業規則の変更を命ずることができる[2]。また、工場法施行規則12条によれば、使用者は、就業規則を周知・掲示することを義務づけられる[3]。こうした工場法の規制には労基法との多くの共通性を指摘できるが、労働者代表の意見聴取義務が設けられていないことを指摘しておきたい。
　浜田冨士郎教授の適切な指摘によると、このような制度の趣旨としては、①行政的な監督を通じた就業規則のなかの不当な規定の排除、②労働条件の明確化、③そしてこれらを通じた労働者の利益の保護、④ならびに労使間の

---

[1]　日本における就業規則法制の形成についての周到な研究として、浜田冨士郎「就業規則法制の展開過程と就業規則法理(上)(下)」日本労働協会雑誌355号（1989年4月）34頁以下・356号（1989年5月）46頁以下、浜田1頁以下。

無用な紛争の防止にあった。当時の労働者の契約意識はなお未成熟・未発達であり，国家による契約指導，契約内容への直接的な関与・介入なしには労働者はその利益を守ることができないというのが当時の一般的認識であったからである[4]。

Ⅱ 労基法の制定

第二次世界大戦後，労働基準法は昭和22（1947）年4月7日に公布され，同年9月1日から施行された。

労基法第9章の就業規則に関する諸規定の原型は，いずれも労務法制審議委員会に提案された厚生省草案の中に定められていた[5]。労基法における就業規則法制は，基本的には工場法施行令と工場法施行規則における就業規則法制と似ている。たとえば，就業規則の作成および行政への届出義務が使用者に義務づけること，就業規則の周知義務，就業規則の必要記載事項の法定，行政官庁による就業規則の変更命令などの点において，同様の規定が設けら

---

(2) まず，工場法施行令27条ノ4は，次のような内容であった。
〔1項〕 常時50人以上ノ職工ヲ使用スル工場ノ工業主ハ遅滞ナク就業規則ヲ作成シ之ヲ地方長官ニ届出ツヘシ就業規則ヲ変更シタルトキ亦同シ
〔2項〕 就業規則ニ定ムヘキ事項左ノ如シ
一 始業終業ノ時刻，休憩時間，休日及職工ヲ2組以上ニ分チ交代ニ就業セシムルトキハ就業時転換ニ関スル事項
二 賃金支払ノ方法及時期ニ関スル事項
三 職工ニ食費其ノ他ノ負担ヲ為サシムルトキハ之ニ関スル事項
四 制裁ノ定アルトキハ之ニ関スル事項
五 解雇ニ関スル事項
〔3項〕 地方長官必要ト認ムルトキハ就業規則ノ変更ヲ命スルコトヲ得
(3) 工場法施行規則12条は，次のような内容であった。
〔1項〕 工業主ハ就業規則ヲ適宜ノ方法ヲ以テ職工ニ周知セシムヘシ
〔2項〕 工業主ハ始業及終業ノ時刻並休憩及休日ニ関スル事項ヲ各作業場ノ見易キ場所ニ掲示スヘシ
(4) 浜田冨士郎・前掲日本労働協会雑誌355号39〜40頁，浜田13〜14頁。
(5) 廣政順一『労働基準法 制定経緯とその展開』（日本労務研究会，1979年6月）332頁，浜田冨士郎・前掲日本労働協会雑誌356号47頁以下，浜田31頁以下参照。

れている[6]。

Ⅲ　就業規則に関する労基法の規定とその特徴

労基法における就業規則に関する規定によれば，使用者は一定の事項について就業規則の作成と行政官庁への届出を義務づけられる。そして，就業規則を作成・変更する際には，労働者の意見を聴取する義務がある。就業規則は法令または労働協約に反してはならず，労働契約が就業規則の規定に抵触する場合にはその部分が無効となり，無効となった部分は就業規則の定めによることになる[7]。このような労基法における就業規則法制の特徴は次の通りである。

---

[6] 浜田教授は，労基法上の就業規則法制は戦前制度の承継部分，その修正部分などから成り立っている，と指摘している（浜田・前掲日本労働協会雑誌356号46頁，浜田29～30頁）。

[7] 昭和22(1947)年当時，労基法における就業規則に関する規定は次の通りであった。
第89条　常時10人以上の労働者を使用する使用者は，左の事項について就業規則を作成し，行政官庁に届け出なければならない。これらの事項を変更した場合においても同様である。
一　始業及び終業の時刻，休憩時間，休日，休暇並びに労働者を2組以上に分けて交替に就業させる場合においては就業時転換に関する事項
二　賃金の決定，計算及び支払の方法，賃金の締切及び支払の時期並びに昇給に関する事項
三　退職に関する事項
四　退職手当その他の手当，賞与及び最低賃金額の定をする場合においては，これに関する事項
五　労働者に食費，作業用品その他の負担をさせる定をする場合においては，これに関する事項
六　安全及び衛生に関する定をする場合においては，これに関する事項
七　職業訓練に関する定めをする場合においては，これに関する事項
八　災害補償及び業務外の傷病扶助に関する定をする場合においては，これに関する事項
九　表彰及び制裁の定をする場合においては，その種類及び程度に関する事項
十　前各号の外，当該事業場の労働者のすべてに適用される定をする場合においては，これに関する事項

1 使用者による一方的な制定権限と作成義務

労働基準法の起草過程において当初労務法制審議会に提案された厚生省草案85条によれば，就業規則の作成には労使の合意が必要とされていた[8][9]。これは，厚生省労働保護課によって作成された「労働保護法草案の要旨」(昭和21〔1946〕年6月3日) に沿って条文化されたものということができる[10]。しかし，後述のように，労務法制審議会において，労使の合意は労働者への

> ② 使用者は，必要がある場合においては，賃金，安全及び衛生又は災害補償及び業務外の傷病扶助に関する事項については，各々別に規則を定めることができる。
> 第90条 使用者は，就業規則の作成又は変更について，当該事業場に，労働者の過半数で組織する労働組合がある場合においてはその労働組合，労働者の過半数で組織する労働組合がない場合においては労働者の過半数を代表する者の意見を聴かなければならない。
> ② 使用者は，前条第1項の規定により届出をなすについて，前項の意見を記した書面を添附しなければならない。
> 第91条 就業規則で，労働者に対して減給の制裁を定める場合においては，その減給は，1回の額が平均賃金の1日分の半額を超え，総額が一賃金支払期における賃金の総額の10分の一を超えてはならない。
> 第92条 就業規則は，法令又は当該事業場について適用される労働協約に反してはならない。
> ② 行政官庁は，法令又は労働協約に牴触する就業規則の変更を命ずることができる。
> 第93条 就業規則で定める基準に達しない労働条件を定める労働契約は，その部分については無効とする。この場合において無効となつた部分は，就業規則で定める基準による。

[8] 昭和21 (1946) 年7月26日の「労働条件基準法 (労働保護法) 草案」85条1項は，「使用者は就業規則の作成について当該事業場に労働組合があるときは労働組合，労働組合がないときは労働者の過半数を代表する者の同意を得なければならない」と定めていた。

[9] 昭和21 (1946) 年8月22日に日本政府に伝達された連合軍最高司令部労働諸問委員会の勧告は，就業規則の作成には団体交渉の利用が奨励されるべきであるとしていた (渡辺章編集代表『日本立法資料全集51 労働基準法〔昭和22年〕(1)』〔信山社，1996年3月〕48頁)。

意見聴取に変更された。

結局，労基法89条によると，使用者は，一定の項目について就業規則の作成を義務づけられるとともに，就業規則を一方的に作成する権限を有することになる[11]。

2　意見聴取義務

戦前の就業規則法制では，就業規則の作成・変更の際に，労使の合意が必要とされなかったし，労働者への意見聴取も必要とされなかった。これに対して，労基法90条によると，使用者は就業規則を作成・変更する際に，過半数労働組合または過半数労働者を代表する者の意見を聴取しなければならないことになっている。

立法過程において，使用者による就業規則の一方的制定は労基法2条1項の労働条件対等決定の原則に反し，就業規則は労使の合意による法制をとるべきである，という意見があった。しかし，この意見に対しては，労組法でさえ労働協約の締結義務を使用者に課していないのに，就業規則の作成義務を課したうえで労働者側の同意を必要とする法制をとれば，それによって労働組合（労働者側）に不当な拒否権を与えることになり，労働条件を労使の自由な取引によって決定させるという現行労働法制の基本原則に反する，とのもっともな反論がなされた。このような理由で，就業規則作成の手続については，使用者の労働者代表への意見聴取義務を設けるにとどめられた[12]。

---

(10)　「労働保護法草案の要旨」第24は，「就業規則の効力を保証し之が作成について労働者を参加させる」としていた。

(11)　この点については本稿第3章第2節Ⅶも参照。しかし，労働基準法立法当時，厚生省労政局労働保護課の事務官として立法作業に関与し，その後も労働事務官として労働行政に従事していた廣政順一氏は，法の沿革からみれば，労基法89条は就業規則の作成・届出義務を定めたものであり，就業規則の作成権限を定めたものと解する余地はない，としている。その理由は，工場・事業場において服務規律や労働条件などを使用者によって一方的・画一的に定められていた工場規則・就業規則なるものがすでに存在している，という現実の認識を前提に，法はこうした規則の成文化を義務づけこれを労働者に周知させることによって行政監督に服させようとする，ということにあった（廣政・前掲『労働基準法　制定経緯とその展開』334〜335頁）。

この「同意」から「意見聴取」への変更は,昭和21(1946)年の労務法制審議会の審議過程において,同審議会の小委員会委員長末弘厳太郎博士の意見によったものである[13]。この変更は,土田道夫教授が指摘する通り,戦後の労使関係・労働法の方向性を決定する重大な意味を有していた[14]。

このような意見聴取義務は,①労働者の意見を反映させる,②行政監督を行いやすい,③以上を併せて就業規則の内容を適正化させる,④労働条件を更新する際の再交渉を促進する[15],などの機能を狙ったものといえよう[16]。

---

[12] 寺本廣作『労働基準法解説』(1948年7月初版〔時事通信社〕,1998年1月復刻版〔信山社〕) 354頁,廣政・前掲『労働基準法 制定経緯とその展開』332~333頁参照。また,渡辺章編集代表『日本立法資料全集53 労働基準法〔昭和22年〕(3)上』(信山社,1997年3月) 129頁も参照。

なお,労基法立法過程当時,厚生省労政局労働保護課長であり,労基法の立案に深く関与した寺本氏は,「尚就業規則については第90条の規定が単に労働者の参加を認めたに過ぎず必ずしも同意を必要としていないのは第2条第1項の趣旨に反するものではないか,又必ずしも労働者の同意せぬ就業規則について第2項の規定によつて誠実義務を要求するのは矛盾ではないかとの議論がある。然しながら最低基準を越える労働条件の決定を原則として両当事者の自由にまかせる法制の下で,就業規則の作成を使用者に義務づけつつこれに労働者の同意を必要とすることは労働者に拒否権を与へる事になつてその原則と矛盾する。労働組合法でも労働協約締結の義務は使用者に対して課していない。第90条が就業規則の作成について労働者の参加を規定したのは第2条第1項に対する矛盾ではなく第2条第1項の規定する理念に基き労働者を使用者に対して対等の立場に立たしめるため法的援助を与へてゐるのである。又,労働組合法によつて労働者に団結権と団体交渉権が保証せられている法制の下に於て,労働者の多数が反対する就業規則が作成されると云ふ事は事実上極めて少ない事と考へられる。然しながら事実上労働者の多数が反対する就業規則が作成された場合に於ても就業規則の内容は職場の規範として作用することとなるのであるから,労働契約が存続する限り,個々の労働者が就業規則を遵守すべき義務を負ふ事は当然である」と説く(寺本・前掲書158~159頁,傍線筆者)。

[13] 廣政・前掲『労働基準法 制定経緯とその展開』333頁。

[14] 渡辺章編集代表『日本立法資料全集52 労働基準法〔昭和22年〕(2)』(信山社,1998年9月) 91~92頁(土田道夫教授執筆)参照。

[15] 労基法90条における意見聴取は,意見を聞くという手続に契約条件変更のための交渉を促進する意味があろう,と指摘される(内田貴「契約プロセスと法」岩波講座・社会科学の方法Ⅵ『社会変動のなかの法』(1993年6月) 156頁,内田貴『契約の時代』(岩波書店,2000年11月) 123頁参照)。

3　労基法第93条の意味

就業規則と労働契約との関係における就業規則の効力について労基法93条は、「就業規則で定める基準に達しない労働条件を定める労働契約は、その部分については無効とする。この場合において無効となった部分は、就業規則で定める基準による」と定めている。

このような労基法93条を、就業規則の法的性質論との関連でどのように理解するかについては、様々な見解がある。それらは、概略的にいえば、就業規則の法的性質につき契約説に立って、労基法93条は労働者を保護するための政策規定とするものと、法規説に属する授権説に立って、労基法93条は就業規則の法的性質を法規範とみる根拠規定とするものがあった。

しかし今日では、労基法93条の趣旨は、就業規則に当該事業場における労働条件の最低基準を強行的・直律的に設定する効力を与えるにとどまり、それを超えて就業規則全体の法規範性を承認したものではないと解されている[17]。

Ⅳ　労基法が残した問題

以上のように、戦後に労働契約関係の基本法として制定された労働基準法は、就業規則についていくつかの基本的な法規定を設けたが、それらが就業

---

[16]　もともと寺本廣作氏の想定していた組合像（組織率の高い、強い労働組合）とその後の企業別組合の発展について注意すべきであろう。なお、小嶌典明「従業員代表制」日本労働法学会編集『講座21世紀の労働法第8巻　利益代表システムと団結権』（有斐閣、2000年5月）52〜53頁も参照。

[17]　荒木誠之「就業規則の効力」石井照久＝有泉亨編集『労働法大系5　労働契約・就業規則』（有斐閣、1963年9月）74〜75頁、浜田冨士郎「就業規則と労働契約」本多淳亮先生還暦記念『労働契約の研究』（法律文化社、1986年9月）394頁、浜田70頁、下井226頁、菅野・5版補正112頁、土田道夫「労働契約における労務指揮権の意義と構造(3)」法協105巻12号（1988年12月）1789頁、土田道夫『労務指揮権の現代的展開』（信山社、1999年10月）350頁。また、萱谷教授は、労基法93条の問題は就業規則の法的性質と無関係である、と述べている（萱谷一郎「就業規則論攷」前田達男＝萬井隆令＝西谷敏編『労働法学の理論と課題（片岡曻先生還暦記念）』（有斐閣、1988年4月）417頁参照）。

規則に関する法的諸問題をすべて解決したわけではない。

　まず，何よりも，就業規則の法的性質が不明確なままであった[18]。就業規則の法的性質については，次節に見るとおり戦前から議論されてきているが，労働基準法の制定によって問題が解決したどころか，一層複雑な問題となったといえる。これについての学説はまさに百花繚乱で，今日に至るまで未だ通説といえるものがないといっても過言ではない。このような学説分岐の原因について，有泉亨教授は，「労基法の規定の不備，就業規則に性質の違う諸条項が含まれていること，労働関係に対する学者間の考え方の違いなどが原因である」と適切に指摘した[19]。また，就業規則の法的性質が不明確であるため，就業規則に関する実際上の最大の問題である就業規則の不利益変更の拘束力の如何も不明確なままの法的状態となり，後述のように，学説・判例の一大論議を惹起していくのである。

---

[18]　浜田教授は，「行政当局は『労働保護法草案の要旨』以来一貫して，そしておそらくは労務法制審議会もまた，就業規則はそれ自体拘束力をもつ，という法規説的な考え方を前提にして就業規則をとらえていたということである。立法者意思という点からするかぎり，就業規則の法的性質は法規説に傾くようである。」と指摘している（浜田・前掲日本労働協会雑誌356号50頁，浜田37頁）。

[19]　有泉亨『労働基準法』（有斐閣，1963年11月）187頁。

第2節　就業規則の法的効力に関する初期の学説[20]

I　戦前の学説

1　契約説

　就業規則とは法的にいかなる性格のものかに関する議論は，すでに明治末期に始まっている。議論の嚆矢ともいうべき岡村司教授および関一氏の文献は，就業規則の法的性質について，「業主ハ工場規則中ニ労働契約ノ条件ヲ掲ケテ労働者ニ申込ミ労働者カ之ヲ承諾シテ契約乃チ成立スルモノ」と述べ[21]，あるいは「工場主の定むる執業規則は実に雇傭契約の内容をなすものなり」と述べて[22]，単純契約説をとっている。また塚本明簿氏は，就業規則を「雇入契約ノ約款」としている[23]。このように，この時期の契約説は就業規則を労働契約条件の申し込みと解していたのである。また，いずれも，就業規則の不利益変更の効力について論じていない。

　就業規則の法的性質について本格的な議論が開始したのは，後に見る末弘厳太郎博士の社会自主法説の提唱であった。これに対して杉山直治郎教授は，末弘博士の所説に反対し，附合契約論を用いて就業規則の法的性質を説明し

---

[20]　就業規則法理に関する学説史の研究として，諏訪・文献82頁以下，野田進「文献研究⑥：就業規則」季労166号（1993年3月）149頁以下，中村和夫「就業規則論」籾井常喜編『戦後労働法学説史』（労働旬報社，1996年2月）755頁以下。

[21]　岡村司「労働契約四」京都法学会雑誌3巻11号（明治41〔1908〕年11月）85頁。

[22]　関一『労働者保護法論』（隆文館，明治43〔1910〕年3月）318頁。

[23]　塚本氏は，「所謂就業規則，工場規則ナルモノモ亦雇入契約ノ約款タルモノナリ多クノ工場ニテハ雇入契約ヲ為ストキニ『雇入ノ上ハ工場ノ諸規則ヲ堅ク守ルヘク云々』ト契約セシムルカ通例ナリ此場合ハ工場規則ハ明示ノ意思表示ニ依リテ雇入契約ノ約款トナリシモノナリ特ニ契約ヲ為ササルモ或ハ工場ニ雇入レラレタル場合ニハ其工場ノ規則ヲ守ルヘキコトニ付テハ暗黙ノ意思表示アルヘク従テ工場規則モ雇入契約約款トナルテリ」と説く。（塚本明簿『工場法精義』〔巖松堂，大正6〔1917〕年5月〕425頁）。

ている[24]。

2 法規説

法規説は，就業規則それ自体を，法律的に労働者（および使用者）を拘束する法規範とみる。

(1) 社会自主法説の登場

大正12（1923）年5月に末弘厳太郎博士は，「従業規則の法律的性質」との論文を法学協会雑誌で発表し，法規説（いわゆる社会自主法説や慣習法説あるいは法例2条説）を提唱した。

末弘博士はまず，「従業規則は工場内の規律を定むるものであり，而して工場の統制力——工場主——に依って其強行が確保せらるる限り，明かに其の工場社会に於ける——社会的規範としての——法である。」と強調する[25]。

そして，末弘博士は，契約説の欠点として次の3つを指摘した。すなわち，①「此種の見解は従業規則が当該工場内に於て社会的規範としての法律的効力を有するや否やの問題と国家裁判所が其の国家的見地から之に国家的保護を与ふべきや否やの問題とを混同して居る[26]」，②「此種の見解は事実の認定に於て常に多少の無理をせねばならぬ欠点がある[27]」「従業規則が掲示されてあった以上職工はそれを知り且承認したものと推測すべきであるとか，職工の承認は暗黙でもいいとか云ふやうな議論……は職工の承認を擬制するものである[28]」，③「就業規則は其の性質として時々状況に応じて変更する必要があり，契約説をとれば就業規則を変更しえない恐れがある[29]」。契約説に対する末弘博士の批判としては，要するに契約説は，古くさい法源論に立ち，現実を直視せず，実際的でもないというものである[30]。

さらに末弘博士は，「従業規則を以て一の部分社会に於ける社会的規範なりと考へる以上，其拘束力を裁判上に確認するや否やの問題は……同じく社

---

[24] 杉山直治郎「附合契約の観念について(4)」法協42巻11号（1924年11月）1933頁以下，とりわけ1940～1947頁。
[25] 末弘・従業規則997頁，末弘397～398頁。
[26] 末弘・従業規則999頁，末弘400頁。
[27] 末弘・従業規則1002頁，末弘403頁。
[28] 末弘・従業規則1004頁，末弘405頁。

会的規範の一種に過ぎない『慣習法』に向つて国家的 Sanction を与ふべきや否やの標準を定めて居る法例第二条の精神を本として之と同様の態度を以て解決せらるべきであると考へる。従つて従業規則の内容が公序良俗に反するや否やは此問題を解決するに付いての最も大切な標準であらねばならぬ。而して，当該従業規則の内容に拘束力を与へることが公序良俗に反せざるや否やの問題は一々具体的の工場及び規則に付いて具体的に考へられねばならぬが故に，当該の規則は当該工場の経営上必要なりや適当なりや及び当該規則は大体に於て職工の承認する所なりや否や等の問題は右の価値判断を為すに際して裁判所の必然に考へねばならぬ問題である」と述べた[31]。

　すなわち，末弘説は，社会規範としての就業規則は国家のサンクション（sanction）によって初めて法的拘束力を有すると主張する。そして，就業規則の内容が公序良俗に反するかどうかがサンクションを与えるに際して最も重要であるとし，具体的には①当該規則が当該工場の経営上必要か否か，②当該規則が適当か否か，③当該規則を職工が大体において承認しているか否か，などを考慮して裁判所は判断を下すべきである，と主張したのである。

　その後に大正15（1926）年10月に出版された『労働法研究』において末弘博士は，同年7月実施された工場法施行令における就業規則の規定の新設について，従来の放任された就業規則制度に少なくない改善の効果を有するが，就業規則の制定に対して労働者を参加せしめる制度を全然採用していないことは最も遺憾とするところである，とした。末弘博士は，就業規則の内容審査について，「私は，今後地方長官が上記の変更命令権を行使するに際し，単に規則の内容が不法乃至不当なりや否やを形式的に審査するのみならず，それが職工大多数の意見にも合致するや否やの実質的審査を行ひ，以て規則の制定を極力立憲的ならしむることを希望して已まないものである」と述べ

---

[29]　末弘博士は，「此種の見解は従業規則運用の実際を不便ならしむる虞がある。例へば，従業規則は其性質上時々臨機応変に之を変更する必要が起る。併し若しも従業規則の拘束力を当事者の契約に求めるとすれば，工場主は任意に一方的に従業規則を変化し得る訳がない。何となれば，かくの如きは契約の一般理論と全然相容れないからである」と説く。（末弘・従業規則1006頁，末弘407頁）。

[30]　諏訪・文献83頁。

[31]　末弘・従業規則1012頁，末弘413～414頁。

て，前記の法学協会雑誌の論文と同様に，多数労働者の意見を極めて重視していたのである(32)。

菊池勇夫教授は，昭和13（1938）年に出版された新法学全集の労働法の体系書において，末弘博士の所説に同調した(33)。この末弘博士の社会自主法説が現れてから，契約説に立つものとしては，前記の杉山教授の附合契約説による反論があるのみである(34)。末弘博士の所説は，戦前の就業規則の法的性質論議において支配的な地位を占めたばかりでなく，後のⅡに見るとおり，戦後の学説の展開にも大きな影響を与えたのである。さらに，後の第3節Ⅴで詳述するが，昭和43（1968）年の秋北バス事件大法廷判決の判断枠組みは，この末弘博士の見解との間に何らかの関係があるのではないかと推測できる。

(2) 経営権説

大正13（1924）年，孫田秀春博士は，就業規則が法規範性を持つ根拠を事業主の経営統制権に求めるという，法規説に属する経営権説を主張した(35)。使用者の勝手に定めたいかなる内容の就業規則も法的規範となるのではなく，経営統制権の正当な行使によって作成された就業規則と認められるときに当該就業規則は法的規範としての本質を有するのであり(36)，使用者は経営権に基づき就業規則を作成・変更する権限を有し，適法な限度において使用者の一方的変更を認容すべきである(37)，としている。

後述のように，孫田博士は戦後，就業規則に関する使用者の制定・変更権への歯止めに言及した(38)。孫田博士の経営権説は戦後にも論者によって受け

---

(32) 末弘444〜445頁。

(33) 菊池教授は，「就業規則は個々の労働者の知，不知若しくは承諾如何に関係なく当該職場に於て当然に関係従業員を拘束する規範として作成され又変更されるものである。……このやうな自治的法規範が国家的法秩序において現行法性を確認せらるる規準を法例第二条に求むべき」と述べた。（菊池勇夫『労働法』〔新法学全集，1938年1月〕260頁）。

(34) 杉山直治郎「附合契約の観念について(4)」法協42巻11号（1924年11月）1933頁以下，とりわけ1940頁以下。

(35) 孫田秀春『労働法総論』（改造社，1924年12月）192頁，同『労働法通義』（日本評論社，1929年12月）94頁，同『改訂労働法論 総論 各論上』（有斐閣，1931年2月）169〜170頁。

(36) 孫田・前掲『労働法総論』195頁。

継がれて，最高裁の三井造船事件決定[39]によっても支持されたが，次第に支持を失っていった。

3 二分説

昭和13（1938）年に後藤清教授は，就業規則を「経営秩序の成文化したるもの」と捉え，就業規則は，経営秩序の要素とされる労働者の配置，仕事の分配，協同，画一，監督等に関する規定を含んでいるほか，本来の意味における経営秩序以外のもの（例えば，賃金の支払方法および時期に関する事項）も含まれ，後者が就業規則に含まれるのは全く便宜性に基づく，と述べた。そして，両者を区別する実益は，就業規則の変更という点にあるとした。すなわち，前者の変更は「綜合と画一との必要とせらるる不可避的理由に基き」企業家の専権に委ねざるを得ないが，後者の変更は，雇主が専権的になすべきではなく，労働者と雇主とを平等なる立場に置くところの合意を要するものである，としている[40]。すなわち後藤教授は，就業規則の内容を「債権法的な規定」と「その他の規定」とに二分し，前者の変更の際に労使の合意を必要とし，後者の変更の際に使用者の専権に委ねる，としている。

また，昭和17（1942）年に石崎政一郎教授は，就業規則の内容を「契約条項」と「契約外関係条項」とに二分し，前者は契約当事者の包括的承諾によって法的拘束力を生じ，後者は職場の自主的規範として雇主の通知によって法的拘束力を生ずる，としている。そして，後者の変更も雇主の通知によって法的拘束力を生ずるとしている[41]。

---

(37) 孫田・前掲『労働法通義』96頁，同・前掲『改訂労働法論 総論 各論上』176頁。

(38) 孫田秀春「就業規則の労働条件規定は使用者が一方的に変更し得るか」討論労働法21号（1953年10月）8頁。本稿本章本節Ⅱ1(2)参照。

(39) 三井造船事件・最二小決昭和27年7月4日民集6巻7号635頁。

(40) 後藤清「経営秩序」牧野先生還暦祝賀論文集『法律における思想と論理』（有斐閣，1938年3月）61〜67頁。また後藤教授は，実際には労働者の経済的劣勢のために，就業規則におけるいわゆる「債権法的な定め」についても発言し得ない状態にあるため，工場法施行令が本来の性質上経営秩序に属しないものを就業規則の必要記載事項としたことは，雇主の専横を取り締まり契約の醇化を保つ上において少なからぬ意義を有する，としている。

後に，後藤教授の所説は，法規説に立ちながら二分説を説いたものと評され，石崎教授の所説は，二分説の源流となるものと評される[42]。

4　ドイツの学説による影響

フランスの学説に影響を受けた杉山教授と石崎教授を除き，末弘博士，孫田博士，後藤教授は，ドイツの学説を参照しつつ自説を展開している[43][44]。

日本の就業規則法制のモデルとされるドイツのそれは，1891年6月1日改正営業法 (Gewerbeordnung) ——いわゆる労働者保護法 (Arbeiterschutzgesetz)——における就業規則 (Arbeitsordnung) の制度である。もともと就業規則は，19世紀後半にドイツにおいて多くの大企業で制定されはじめたのが端緒となった。多くの労働者を同じ条件の下に取り扱い，すべてについて統一的な規制を設けることが，企業運営上必要とされたことによるものである。この就業規則法制は，1891年改正営業法によって制度化されたのである。営業法における就業規則は，労働時間，賃金など一定の事項[45]について使用者が

---

(41)　石崎教授は，「就業規則は一面に於て賃金支払予告等を規定し此の部分については当事者の明示の承認を要し，労働契約の一部として当事者を拘束する，此の部分は契約条項であり，ただ附合契約たる性質上，契約当事者の包括的承諾を以て足り，<u>該条が合理的たるを要する</u>。之に反し従業上の規律衛生等に関する部分は近代企業組織の経営上必要なる雇主が被傭者を指揮命令する権力関係を規定するものであって，これは企業体乃至工場作業場等の職場の自主的規範であり契約外関係である。雇主は此の規範の執行者として就業規則の此の部分の条項については一方的に変更することを得べく，また被傭者に之を知らしむるを要件としてその拘束力は両者に当然に及ぶ」と述べている（石崎政一郎「契約定型と附合契約」『杉山教授還暦祝賀論文集』〔岩波書店，1942年11月〕239頁（傍線筆者）。なお，前者の契約条項は包括的承諾によって法的拘束力を生ずるが，当該条項が合理的なものであることを要する，としている点に注目するべきであろう。

(42)　諏訪・文献84頁。

(43)　末弘博士は講演で，自らドイツの文献を読んで「従業規則の法律的性質」という論文を書いた，と述べている（末弘厳太郎「労働法学の課題」討論労働法1号〔1951年10月〕3頁）。

(44)　なお，平野教授は，ドイツ法を検討したうえ，ドイツの営業法 (Gewerbeordnung) における就業規則の法的性質について企業内の法律的規範と解するという（平野義太郎「労働契約概論（4・完）」法協41巻2号〔1923年2月〕265〜266頁）。

一方的に制定できるものとされており，また使用者に就業規則作成義務が課されていた[46]。また，就業規則の制定に際しては，成年労働者の意見の聴取を要件とされたにとどまる[47]。そして，就業規則の内容は，法律に違反しない限り，労働者および使用者に対して法的拘束力を有する，としている[48]。さらに，使用者は，就業規則の行政官庁への届出および労働者への周知を義務づけられる[49][50]。

---

(45) 営業法134b条
　　〔1項〕　就業規則は，次の規定を定めなければならない。
　　① 通常の日々労働時間の始期および終期ならびに成年労働者につき定めた休憩時間
　　② 賃金の決算および支払の時期および方法
　　③ 法律に反しない限りにおいて，適法な解約告知期間および解約告知なしで行いうる解雇および退職の事由
　　④ 制裁に関する定めをする場合には，その方法および程度，確定の方法，ならびに金銭による制裁を定めるときはその取立ておよび取り立てた制裁金の使途
　　⑤ 第134条第1項の規定に従う賃金額の喪失を就業規則または労働契約で約定する場合には，喪失額の使途
　　〔2項〕　名誉感情または善良の風俗を害する制裁規定は，就業規則中に定めることができない。制裁金は，賃金の1日当り平均額の半分を超えてはならない。ただし，共同労働者の利益を害する行為，善良の風俗に対する重大な違反，ならびに経営の秩序維持，安全確保もしくは営業法の規定の実施のために制定せられた規定の重大な違反については，賃金1日当り平均額の全額に至るまでの制裁金を課すことができる。制裁金はすべてその経営の労働者の利益のために使用しなければならない。損害賠償を請求する使用者の権利は，この規定によって影響を受けない。
　　〔3項〕　第1項第1号ないし第5号に掲げる事項のほか，経営の秩序および経営内における労働の容態に関する規定を就業規則中に定めるかどうかは，経営所持者の任意に委ねられる。経営と関係ある労働者福利厚生施設を労働者が利用する場合の態様および未成年労働者の経営外における態様に関する規定は，常設労働者委員会の同意を得て，これを就業規則中に定めることができる。
(46) 営業法134a条1項　最低20名の労働者を常時雇用する工場は，本法施行後または経営の開始後4週間以内に就業規則を制定しなければならない。経営の一部または労働者の個々の集団につき，特別の就業規則を制定公布することができる。制定は掲示によりなされる。

ドイツでは，営業法の就業規則法制における就業規則の法的性質について，契約説および法規説などの多彩な学説が見られた[51]。まず契約説は，就業規則の法的拘束力の根拠を当事者の意思に求め，その当事者の意思を重視する「単純契約説」[52]，就業規則を普通契約約款と解し，労働者が雇い入れられれば就業規則を契約内容として承諾したものと見なし，労働者の意思を擬制し

---

(47) 営業法134d条
〔1項〕 就業規則あるいは追加規則発布以前に，工場もしくは関係ある経営の一部において雇用されている成年労働者に対して，その内容に関する意見を述べる機会を与えなければならない。
〔2項〕 常設労働者委員会（Arbeiterausschuses）の存する工場では，この規定は，就業規則の内容に関する同委員会の意見を聴取することで足りる。
(48) 営業法134c条1項　就業規則の内容は，法律に違反しない限り，労働者及び使用者に対して法的拘束力を有する（rechtsverbindlich ist）。
(49) 営業法134e条
〔1項〕 就業規則または追加規則は，次の書類を添えて制定後3日以内に行政官庁に提出されなければならない。労働者の意見が文書もしくは調書でなされたときにはその意見書，134d条の規定に基づく聴取をなし，いかなる方法でこれをなしたかを示す文書，就業規則の正本二通。
〔2項〕 就業規則はすべて関係ある労働者の見やすい適当な場所にこれを掲示しなければならない。掲示は常に読みうる状態でなければならない。就業規則はこれを雇い入れに際して，労働者に交付しなければならない。
(50) なお，就業規則における制裁規定について，営業法134c条2項は，「就業規則または第123条および第124条に定める解雇・退職の事由と異なる約定を労働契約で定めてはならない。就業規則に定める制裁と異なる制裁を労働者に課してはならない。制裁は遅滞なく確定し，労働者に通知しなければならない」と定め，同条3項は，「課せられた制裁金は，これを課せられた者の氏名，これを課した日，ならびに制裁の理由および制裁金の額を記載した明細書にこれを記入し，第139b条に掲げる官吏の要求あるときはいつでも閲覧に供さなければならない」と定めた。
(51) ドイツの学説の詳細に関する日本語文献については，桑原昌宏「ドイツ就業規則論の展開(1)・(1)の2」京都大学法学論叢73巻3号（1963年6月）120頁以下，74巻2号（1963年11月）110頁以下，手塚和彰「就業規則の社会的規範としての実体と法的考察——日本およびドイツを中心として」有泉亨先生古稀記念『労働法の解釈理論』（有斐閣，1976年11月）169頁以下，宮島尚史「ドイツにおける就業規則——帝政確立期からナチ支配までの実例・法令・判例・学説」学習院大学法学会雑誌31巻2号（1996年3月）59頁。

第2節　就業規則の法的効力に関する初期の学説　　21

て構成する「附合契約説」[53]，就業規則を労働者団体と使用者団体との間の契約と構成する「団体契約説」[54]に分けることができる。他方，法規説は，使用者による就業規則の制定を「私人による国家高権の行使」とする「国家授権説」[55]，労働関係を権力関係として捉え，就業規則は使用者の固有の権利に基づいて制定されるとする「企業主固有権説」[56]，就業規則を国家の承認の下で国家内の一小生活範囲に行われる自治法（autonomes Recht）とする「経営内自治法制定説」[57]に分けることができる。

末弘博士は，上記の「経営内自治法制定説」に強く影響されて社会自主法説を打ち出したと思われる[58]。

以上のようなドイツの就業規則に関する法制と学説の展開に鑑みれば，日本の就業規則の法制と学説については，そのモデルはドイツにあったといっても過言ではない。ドイツ営業法における就業規則法制のモデルおよび学説の理論構成が，日本の学者を通じて，日本の就業規則法制と就業規則の法的効力に影響を与えたと考えられるのである。

---

[52]　代表的なものとして，Ernst Neukamp, *Der Entwurf der neuesten Gewerbeordnung,* Zeitschrift für die gesamte Staatswissenschaft Bd. 47, 1891, S. 1ff.

[53]　代表的なものとして，Blankenstein, *Die Rechtskraft der Arbeitsordnung,* Archiv für öffentliches Recht, Bd. 13, 1898, S119ff.

[54]　代表的なものとして，Lujo Brentano, *Über Arbeitseinstellungen und Fortbildung des Arbeitsvertrages,* Schriften des Vereins für Sozialpolitik, Bd. 45, 1890 S. 9ff.

[55]　代表的なものとして，Georg Jellinek, *System der subjektiven öffentlichen Rechte,* Freiburg 1892. S. 241ff.

[56]　代表的なものとして，Hermann Rehm, *Die verwaltungsrechtliche Bedeutung der Fabrikordnung,* Annalen des Deutschen Reichs, Bd. 27, 1894, S. 132ff.

[57]　代表的なものとして，Paul Oertmann, *Die rechtliche Natur der Arbeitsordnung,* in: Festgabe für Bernhard Hübler, 1905。

[58]　末弘博士は自ら，「Oertmannの考へ方は相当に徹底した正しさを持つて居ると思ふ」と説いた。末弘410頁。また，手塚教授も，末弘博士がP. Oertmannの説にほぼ依拠していることは公知の事実である，と指摘している。手塚和彰・前傾『労働法の解釈理論』177～178頁。

5　小　括

諏訪康雄教授が言及したように，就業規則の法的性質論は，就業規則にどのような法的効力を認めることが労働者の保護として適切かという視点から展開されていた[59]。また，戦前の就業規則論の多くがドイツの議論を参考としながら展開され，その中で末弘博士の社会自主法説が支配的な地位に占めるようになった。この社会自主法説は，戦後にも継承され，就業規則の法的性質に関する議論の原点となった。

また，就業規則の一方的変更の問題に関しては，戦前において余り議論されていなかった[60]。しかし，就業規則変更に関する末弘博士の所説が後に下級審裁判例に影響を与えて，昭和43（1968）年の秋北バス事件最高裁大法廷判決の萌芽となった判旨を産み出し，さらに同大法廷判決にも影響を与えたと見ることができる[61]。

II　戦後初期の学説——昭和43（1968）年秋北バス事件最高裁大法廷判決登場まで

1　法規説

労働関係の実態においては，就業規則は労働契約当事者の合意を経ずにそれ自体法規範として機能する。法規説は，就業規則のこの実際の機能をそのまま法的理論にしようとしたといえる。

(1)　戦前の社会自主法説の継承

労基法が制定された直後，末弘博士は，戦前から提唱してきた社会自主法説が正しい考え方であることを確認した[62]。しかしその後，末弘博士は昭和26（1951）年の講演で，終戦直後に起きた問題を自らの学説によって解決するのは難しいということを示唆していた[63]。もともと，戦前の末弘説の誕生には以下のような歴史的な背景があると思われる。昭和10年代の戦時統制体

---

(59)　諏訪・文献84頁。
(60)　諏訪・文献97頁。
(61)　本稿本章第3節V参照。
(62)　末弘厳太郎『労働法のはなし』（一洋社，1947年11月）190～191頁，同「労働基準法解説(5)」法時20巻7号（1948年7月）324～325頁参照。

制下に入る以前における労働関係の法制は,「契約自由」を基本として最小限の規制を行う体制であり,国が労働者保護の見地から労働関係に介入することは困難であった。また,就業規則の法的性質について契約説をとると,労働者が就業規則に自ら合意したこととなり,就業規則における過酷な制裁

(63) すなわち,1951年9月11日に逝去した末弘博士は,同年4月21日,東京商工会議所における労働法懇談会第1回研究会の講演で,「私は『就業規則の法律的性質』という論文を非常に古く書いていますが,最近就業規則に関して書かれているものを拝見していると,どうも私の書いたものが反って誤解を起しているのじゃないかという感じのすることがあるのであります。私があれを書く当時に読んだのは専らドイツの文献でありまして,今日わが国で就業規則に関して起っているような問題は無論念頭になかった訳ですから,あれに書かれていることだけで直に今日の問題を解決しようとすると,無理が起るのは当然のことであります」という興味深い話をした(末弘厳太郎「労働法学の課題」討論労働法1号〔1951年10月〕3頁)。
(64) 石井照久博士は末弘説について,「先生がなぜ法規説をとったかということは,非常に歴史的な背景があるわけですね。ということは当時の法律学では忘れてはならないことは,牧野先生,末弘先生の場合,契約自由というようなことはタブーなんです。先生の講義や話を聞いていて常に感じるのは,契約の自由の中でどうやって労働者を救うかということなんです。契約の自由の中で労働者を救うことは非常にむずかしいと先生はこぼしておられた。要するに,合意したのだからしようがないじゃないか,どうしようもないじゃないかと言われるのです。そしてたとえば,就業規則でも契約したのだ。そして制裁が科されたら,同意したのだからだめだ,どうにもならんよということを言っておられて……。先生は政策的にものをみられることがありますから,それをあの契約自由の非常にはなやかな体制の中で,どうしてこわすかということがあって,それを法規説云々でやったわけです。先生もそれは認めておられる。国家法規との同じ系列の中で上位・下位の関係に立つのだ。それが行政的の監督を及ぼし,立法的監督まで先生考えておられなかったのです。先生の当時の頭の中では,基準法なんていうのは考えられない。国が労使関係に介入するということは不可能な時代なんです。我々の契約自由の時代では。そこをかろうじて行政的にもチェックする意思があるとすれば,法規のようだもだ,だから行政=国もそれに対して介入できるのだということでコントロールするのだよ,種をあかせば,と言っておられたのです。そこが先生の苦心の存するところと思って見ていました。どうやって国の行政的介入を認めるか。それであと,だから基準法が出てきたあとで,先生が同じ理論を立てられるかどうかということは,非常に注意して見ておったのですけど,その前になくなられた。先生の学説はそういう契約自由の絶対性,自由法学の時代の中で生まれたという気はしますね」と述べた。また,松岡三郎教授は「私の印象は,先生はあの論文かかれても自信がなかったの

規定から労働者を救うのは困難であった。こうした戦前の状況下において末弘博士は法規説を打ち出したのではないかと思われる[64]。

就業規則の法的性質について，戦後いち早く末弘博士の社会自主法説に従ったのが，松岡三郎教授である[65]。その後，松岡教授は，使用者による就業規則の一方的な変更に対して歯止めをかける道具の一つとして，「既得権の理論」を昭和25（1950）年3月に提起した[66]。松岡教授によると，既得権の理論とは，すでに具体的に個人のものとして発生した権利は法律によっても奪うことはできないという理論であり，これは法律不遡及の原則と表裏をなすものである。そして，この既得権の理論は就業規則の作成・変更の場合も適用されるというのである[67]。昭和30（1955）年に松岡教授は，別の文章で再び既得権説を説いた[68]。

昭和25（1950）年10月に，社会自主法説に賛成する野村平爾教授も既得権

じゃないかと思うのです。というのは，後に就業規則の変更について許可権や何か持ちだしましたね。地方長官がその許可権を通して，いい就業規則をつくろうとじゃんじゃんものを申しておられますね」と述べたのに対して，石井博士は，「それがねらいなんです。そのためだったと思うのです。そこが済んじゃったあと，国が正面から労使関係に介入できる体制の中で，先生の理論が続いたかしらというのが，私のひそかに興味を持っていた点なのですけれども，なくなられちゃったので何とも言えません」と述べた（「座談会　戦前の労働法学」学会誌37号〔1971年5月〕172〜173頁参照）。

[65]　松岡三郎『労働基準法の詳解』（労務行政研究所，1947年4月）141〜142頁。

[66]　松岡三郎「就業規則の効力をめぐる最近の諸問題」労旬13号（1950年3月）3頁。

[67]　この説では，就業規則自体の変更の限界をいうのか，変更された就業規則の効力の限界をいうのかは十分わけて論じられていない，と指摘された（諏訪・文献97〜98頁参照）。

[68]　松岡教授は，「従来の規則の中で新規則よりも労働者にとって有利な労働条件——新規則の基準以上の労働条件は，新規則を無効と解することによって従来通りの規則によって保護すべきであると解し得る場合は勿論ありましょうが，少なくとも既得権として労働契約の内容になっていると言ってよいのでしょう」と説いた（松岡三郎「就業規則と労働契約との関係について」季労15号〔1955年3月〕170頁）。

[69]　野村教授は，「全く新しい規定を設ける場合であれば，組合の反対があってもとにかく一応の基準として使用者の決定した就業規則が効力をもち，反対する労働者はその団体行動をもってこれが是正に努めるよりみちがないだろう」と説いた（野村平爾「就業規則の本質」労旬35号〔1950年10月〕5頁）。

理論を主張した。すなわち，野村教授は，就業規則の新設は一応その効力を有する[69]が，「すでに既存の基準が存在していた場合は，これを不利益に変更する意味の改正は同意のないかぎり無効である。……すでにその職場という生活圏における労働者の既得権と考えられるに至っているもの，同じような意味で労働者の義務であってもそれを一層不利益にその義務を重課する場合の既存の義務は組合の同意なきかぎりこれを不利に改正しても無効であって，既存の規定がなお効力をもつ」と主張した[70][71]。

戦後の就業規則論争の主役の一つである社会自主法説は，後に見る保護法授権説が登場して多くの支持を得てから次第に影響力を失っていった。しかし，上記の既得権理論は，労働者の利益を保護するための理論として，下級審裁判例[72]によって取り入れられ，秋北バス事件大法廷判決[73]にも取り入れられたのである。

(2) 戦前の経営権説の継承

昭和26（1951）年，黒川小六氏は，事業主を，企業内における就業規則制定権たる立法権，指揮命令権および懲戒権の3つの権限を所有・行使する者とし，「これらの権利の総合概念として経営権なるものが存在するものとみとめることができると考える」と説いて[74]，戦前から孫田秀春博士によって

---

[70] 野村平爾・前掲労旬35号5頁。

[71] この社会自主法説を主張する論者として，窪田隼人「裁判例を中心としてみた就業規則の法的性質」民商26巻3号（1951年2月）152頁以下，林迪廣「就業規則論序説」学会誌1号（1951年10月）154頁以下（同「就業規則の効力」九州大学法政研究30巻2号〔1963年9月〕1頁以下），川崎武夫「就業規則の効力の淵源」学会誌10号（1957年4月）1頁以下，後藤清「就業規則論」季刊法律学23号（1957年4月）26頁以下，本多淳亮「就業規則論における契約説と法規説」学会誌10号（1957年4月）30頁以下，西村信雄ほか『労働基準法論』（法律文化社，1959年11月）404頁以下（本多淳亮教授執筆）（本多教授はその後，社会自主法説から授権説に改説した――本多淳亮『労働契約・就業規則論』〔一粒社，1981年2月〕183頁注1参照），中山和久「就業規則」『講座労働問題と労働法(4)』（1957年5月）167頁以下。

[72] 東洋精機事件・神戸地裁尼崎支決昭和28年8月10日労民集4巻4号361頁。本稿本章第3節Ⅱ2参照。

[73] 最大判昭和43年12月25日民集22巻13号3459頁。

[74] 黒川小六「就業規則と経営内の立法，行政，司法三権」日労研資料151号（1951年11月）4頁，同『労働法上の諸問題』（行政資料刊行会，1953年9月）43頁。

主唱された経営権説を継承した。就業規則の変更について黒川氏は、就業規則をもって労働契約に定めた労働条件をそれ以下に変更すれば労基法2条の違反になるとし、労基法2条に違反しないかぎり使用者は就業規則の変更で一方的に労働条件を変更することができるとする[75]。

昭和28（1953）年に至り、経営権説を戦前から提唱していた孫田秀春博士は、「信義誠実の原則」を用いて、使用者の就業規則の制定・変更権に対して一定の歯止めをかけた。孫田博士は、使用者が就業規則を制定・変更するに当たって労働者側の同意を得る必要はないが、使用者が就業規則の制定変更権を濫用することは許されるわけでもないので、信義誠実の原則に著しく触れない限り使用者はその制定・変更権を行使しうる、と主張しているのである[76][77]。

戦後初期の下級審裁判例の中には、経営権説をとった裁判例が一つの流れとなり、また昭和27（1952）年の三井造船事件最高裁決定も経営権説をとった[78]。しかし、その後、経営権説を主張する論者がいなくなり、また同説をとった裁判例も見られなくなって、経営権説は次第に支持を失っていった。

(3) 保護法授権説

保護法授権説の主唱者である沼田稲次郎博士は、就業規則の法規範性の根拠を、その強行的・直律的効力を定めた労基法93条の「授権」に求めている[79]。

---

[75] 黒川小六・前掲日労研資料151号8頁、同・前掲『労働法上の諸問題』56頁。

[76] 孫田博士は、「労働者側の意見にして厳正妥当ならば企業経営上の許す限り使用者は信義誠実の原則に従いこれを尊重してやる法律上の義務を負うものと見ねばならぬ。尤もここで法律上の義務と言っても、使用者は常に労働者側の意見や申出に従う義務あることを意味するのではなくて、ただ信義誠実の原則に従い慎重にその意見を聴き、できるだけこれを尊重して受入れることに努力することを意味するに過ぎない。企業経営上の都合を勘案した結果労働者の意見を取り上げないことがあっても、それはもとより本条の下においても許さるべきである」と説いた（孫田秀春「就業規則の労働条件規定は使用者が一方的に変更し得るか」討論労働法21号〔1953年10月〕8頁）。

[77] 経営権説に同調するものとして、柳川真佐夫ほか『全訂判例労働法の研究（上）』（労務行政研究所、1959年10月）132頁以下（高島良一裁判官〔当時〕執筆）。

[78] 本稿本章第3節Ⅱ参照。

[79] 沼田稲次郎「就業規則の法的性質」学会誌4号（1954年4月）1頁以下（沼田稲次郎『就業規則論』〔東洋経済新報社、1964年11月〕101頁以下所収）。

すなわち，沼田博士は就業規則の法的性質について，「労働基準法は労働保護という立法目的……から，そのものとしては法規範性をもたないところの社会規範である就業規則に対して特に法的効力を法認しているのである。労基法第93条がそれである（基13条をも参照）。協約規範の法的効力を宣言している労組法第16条の規定のしかたと同様な形の規定であるが，労基法第93条の場合は，創設的な規定であると解すべきである」と述べている[80]。言い換えれば，使用者が一方的に作成する就業規則は本来法的性格をもつ規範とは言いがたいが，労基法93条によって，保護目的から法的効力が承認されている。

就業規則の不利益変更の効力については，沼田博士は以下のように主張した。すなわち，原則としては，一度法規範として成立した就業規則が妥当しているときは，保護法原理の真の実現に向かってのみ使用者の一方的変更が法認されうると考えざるをえない。使用者が労働者の不利益になるように就業規則を一方的に変更することはできず，不利益変更には労働者側の同意を求めなければならない，とする[81]。そして，就業規則は最初に作成されたものが経営における最低の労働条件基準として法的効力が法認されており，その後の使用者の一方的な改正は，原則として労働条件の向上の方向にのみ許される，としている[82]。

さらに，使用者による就業規則の一方的な変更に対する制限について沼田博士は，「使用者が就業規則を一方的に決めることがなんら制限をうけないということではない。今日の法意識によれば，一度定めた就業規則を労働者の不利益になるように一方的に改変することはできないと解すべきばあいが多いであろう。なんとなれば，経済的優位に便乗して労働条件を改悪するということは特に合理的な理由がないばあいは経営指揮権ないしは契約自由の濫用であると解すべきだからである」と説いた[83]。この考え方によると，「合理的な理由」さえあれば，使用者が就業規則を不利益に変更することも可能ということになる。また沼田博士は，就業規則の内容が公序良俗に反し，あ

---

[80] 沼田・前掲『就業規則論』119頁。
[81] 沼田・前掲『就業規則論』130頁。
[82] 沼田・前掲『就業規則論』132頁。
[83] 沼田・前掲学会誌4号15頁，沼田・前掲『就業規則論』119頁。

るいは資本所有権の濫用と認められるような場合にも，法的効力を否定される，と説いた[84]。なお沼田博士は，就業規則の内容も，その運営も，またその変更・修正にしても，保護法の目的や原理に矛盾するかぎり法的なサンクションをうけることができないと解し，「保護法の目的や原理」を強調した[85]。

保護法授権説は，就業規則の不利益変更について法規説として最も厳格な立場をとったが，合理的な理由があれば就業規則を不利益に変更する余地を認めている。また，「公序良俗」や「経営指揮権の濫用」・「資本所有権の濫用」などの論法を用いて，使用者の就業規則制定・変更権限を制限しようとした。これらの議論は，後の下級審裁判例にも影響を及ぼして，合理的変更法理の形成にも何らかの影響を与えたのではないかと考えられる[86]。また保護法授権説は，法規説として，社会自主法説に代わって多くの支持者を得るようになり[87]，戦後の就業規則論争において一つの大きな流れとなった[88]。そして，後に「法的効力付与説」として発展していった[89]。

(4) 小 括

法規説は，戦後の就業規則論議において多数説的な地位を占めていた。当初は，末弘博士の影響力のもとで社会自主法説が最も有力であったが，やがて保護法授権説が支持者を増やしていったのである。このような法規説に対する批判は，労働契約関係における私的自治の原則の意義を無視していることに集中した。この批判は，主として，次に見る契約説の論者から浴びせられたものである。

法規説の帰結としては，就業規則が変更されれば労働者に対して拘束力を発生するはずである。にもかかわらず，法規説の論者は，法規説の帰結を簡単に認めずに，労働者保護の観点から反対の帰結を導く論理を展開していた。法規説は，この点で論理的整合性を欠いていたと言わざるを得ない。また，法規説の論者は，そもそも就業規則の不利益変更による集団的労働条件の流動的形成の必要性を認識していなかったのではないかと思われる。

---

[84] 沼田・前掲学会誌4号19頁，沼田・前掲『就業規則論』123頁。
[85] 沼田・前掲『就業規則論』177頁。
[86] 本稿本章第3節V参照。

2　契約説

契約説は，就業規則はそれ自体としては事実上の存在にすぎず，契約当事者の合意により労働契約内容となってはじめて法的拘束力を取得すると解するものである。そして，就業規則の不利益変更の効力については，契約説によると，就業規則は契約草案または一般的契約条件にすぎないのであるから，規則自体の変更は全く自由である。就業規則で既存の労働契約内容を変更する場合には，個々の労働者との合意が必要であることになる。

⑴　事実規範説

戦後，法規説（特に社会自主法説）が多数説になっていたなか，契約説の

---

(87)　保護法授権説に同調するものとして，例えば，片岡曻「就業規則の法的性格と規律の限界」季労22号（1956年12月）48頁（および同「就業規則の効力」京都大学法学論叢76巻1＝2号〔1964年11月〕175頁以下），川口実「就業規則の本質をめぐる問題点」学会誌10号（1957年4月）127頁以下，木村慎一「労働法──就業規則論争の現状」季刊法律学24号（1957年5月）65頁以下（および同「就業規則の法的性質と若干の問題」阪大法学43号〔1962年7月〕1頁以下），越智俊夫「就業規則論」松山商大論集10巻3号⑴（1959年12月）274頁以下，中脇晃「就業規則論」九大法学9号（1961年）59〜60頁（および同「労働基準法以前の就業規則についての一考察」福島大学商学論集38巻1号〔1969年7月〕77頁，同「就業規則の一方的不利益変更をめぐる問題について──判例の整理を中心として」福島大学商学論集45巻2号〔1976年12月〕87〜88頁），木村五郎「就業規則についての若干の覚え書き──就業規則の概念と現行労働基準法の規制を受ける就業規則の法的性質」愛媛大学紀要（社会科学）4巻1号（1962年12月）47頁以下，荒木誠之「就業規則の効力」石井照久＝有泉亨編集『労働法大系5　労働契約・就業規則』（有斐閣，1963年9月）68頁以下。

　　以上の説のほかに，法規説をとるものの根拠不明なものも存在する。宮脇辰雄『就業規則の研究』司法研究報告4輯7号（1952年12月），森長英三郎『労働協約と就業規則』（労働法律旬報社，1953年3月）133頁，労働省労基局編著『労働基準法（下）』（労務行政研究所，1953年9月）1299頁以下，津曲蔵之丞『労働法総論』（有信堂，1954年7月）110頁以下。

(88)　諏訪・文献96頁。

(89)　野田進「文献研究⑹就業規則」季労166号（1993年3月）150頁以下，中村和夫「就業規則論」籾井常喜編『戦後労働法学説史』（労働旬報社，1996年2月）784頁以下および792頁以下。また，「法的効力付与説」の代表的論者である西谷敏教授の所説については，本稿第3章第1節Ⅰ2参照。

再登場となったのが，吾妻光俊教授の事実規範説である。

　昭和23（1948）年，吾妻教授は，法規説に対して以下の疑問を投げかけた。すなわち吾妻教授は，「就業規則を法規とすることは，近代的な契約概念に背馳するばかりか，近代的な法概念そのものとも矛盾する。……使用者から一方的に与えられ，労働者がひたすら服従のみを強制されるということは，それが使用者を拘束しない点に於ても，労働者を他律的に支配するという点でも，近代的な法の概念とは相容れず，また契約の思想とも矛盾する」と法規説を批判し[90]，「使用者が一方的に労働条件を決定することは法原理の上で認められず，したがってそのような就業規則はなんら法律上の効力を持つことが出来ず，単に事実的な状態であるに過ぎない」としている[91]。

　吾妻教授はその後（昭和25年），論旨をさらに展開した。すなわち，「就業規則は使用者が一方的にきめるのが，少なくとも従来の慣行であるところから，もし就業規則を国法上の法規と同一視すると，反って使用者の一方的，絶対的支配を容認することになり，労働者の自由意思を貶却する危険がある。……就業規則は，いわば社会学的には法としての性格を持つけれども，国法上は法規としての性格を持つものではないと考える」と説き[92]，法規説を批判するなかで，「就業規則は独立した法規でも法律行為でもない一種の事実上の規範であり」[93]，「原則として，事実上労働条件の内容をなす基準として考えられる」と説いている[94]。使用者によって一方的に作成された就業規則は労働者の明示的あるいは黙示的合意があってはじめて法的効力を生ずるとするのである。

　戦後初期には社会自主法説が優勢であったなかにおいて，事実規範説は，戦後における契約説の再登場に道を拓いたもので，戦後契約説の先駆と評することができる[95]。

---

[90] 吾妻光俊『労働法の基本問題』（有斐閣，1948年12月）136頁。
[91] 吾妻・前掲『労働法の基本問題』137〜138頁。
[92] 吾妻「労働協約と就業規則」曹時2巻1号（1950年1月）39頁。
[93] 吾妻・前掲曹時2巻1号39頁。
[94] 吾妻・前掲曹時2巻1号40頁。

(2) 事実たる慣習説

昭和27 (1952) 年，石井照久博士は，いわゆる事実たる慣習説を打ち出した(96)。労働契約の内容については「就業規則による」という事実たる慣行が存在する，というのである。

石井博士は，就業規則が事実上社会規範たることを認めるとともに，それが法律上各個の労働契約の内容として法律的にとりあげられる実定法の根拠については，「民法第92条にいわゆる『事実たる慣習』ということを連結点とする」との見解をとった。すなわち，労働者が個別にまたは労働組合を通して就業規則に対し特に異議を表明しない限り，労働契約の内容については「『就業規則による』という事実たる慣行が存する」ものとして，就業規則が法的に個々の労働契約の内容になるとする(97)。

就業規則の不利益変更については，石井博士は以下のように主張している。就業規則の変更自体はもとより使用者の自由になしうることであり，就業規則変更の通告は法律的には労働契約条項についての変更申入れにすぎない。使用者が一方的にこれを変更しえないことは当然のことであり，これを争う労働者は争議行為によりこれに対抗しうべく，使用者も，工場閉鎖あるいは労働契約の解消などによってその主張の貫徹を図るほかはない，とする(98)。使用者が就業規則を変更する場合，労働者側が異議なく働いていれば，使用者の労働契約内容変更申入れに対する黙示の承認となる，としている(99)(100)。

この事実たる慣習説は，当時は極めて注目され，上記法規説の系譜に属す

---

(95) 諏訪・文献85頁，中村・前掲『戦後労働法学説史』759頁参照。
(96) 石井照久「就業規則論」私法 8 号（1952年11月）17頁以下，石井照久『労働法の研究Ⅱ　経営と労働』（有信堂，1967年10月）103頁以下。
(97) 石井・前掲私法 8 号26〜27頁，石井・前掲『労働法の研究Ⅱ　経営と労働』113〜114頁。
(98) 石井・前掲私法 8 号33〜34頁，石井・前掲『労働法の研究Ⅱ　経営と労働』122頁。
(99) 石井・前掲私法 8 号36頁，石井・前掲『労働法の研究Ⅱ　経営と労働』125頁。
(100) 萩澤清彦教授も，就業規則の法的性質について事実たる慣習説を主張する（萩澤清彦「就業規則」『労働法演習』〔有斐閣，1961年 6 月〕202頁）。また，就業規則の不利益変更の法的効力については，就業規則の変更についての労働者の同意は通常は黙示の合意によるものであり，またこれをもって足りる，とする（204頁）。

る社会自主法説・保護法授権説と同様に、戦後の就業規則論争の主役となった[101]。

(3) 単純契約説

契約説のなかでその古典的論理に最も忠実なものが、就業規則は労働契約の草案であり、労働者の同意を得てからその拘束力が生ずる、という単純契約説である。

この単純契約説をとるものとしては、昭和27（1952）年の三宅正男教授の契約説がその代表である。まず、雇入に際して労働者に知らされた就業規則の規定については両当事者の合意が成立したのであるから、それが当然に労働契約内容となって法的効力が生じる。また、就業規則は示されたが労働者がそれを知ろうとしなかったときにも法的効力は生じるが、示されなかったときには契約当事者の一方のみの意思表示にすぎず就業規則の法的効力を生じない、としている[102]。そして就業規則の変更については、「契約の解消」および「新契約締結の申込み」であるとする[103][104]。

単純契約説は、契約原理に忠実に従って就業規則の法的効力を説明しようとしたもので、論理は明快で貫徹していたと評することができる[105]が、実際上の妥当性への配慮は欠いていたと言わざるを得ない。

(4) 小 括

契約説の系譜に属する学説は、その帰結として、就業規則は使用者によって一方的に作成・変更されうるが、労働者の明示的または黙示的な合意がなければ労働者を拘束できない、とする。労働者保護の観点からは、労働者の合意を得なければ就業規則変更の効力を直ちに導き出すことはできないという契約説の論理が明快なものと評される。しかし、黙示的な合意の存在によって就業規則不利益変更の拘束力を認めるとの点は、法規説の論者から厳

---

[101] 諏訪・文献87頁、中村・前掲『戦後労働法学説史』764頁参照。
[102] 三宅正男『就業規則』（日本評論新社、法学理論編110、1952年11月）90〜93頁。
[103] 三宅・前掲『就業規則』99頁。
[104] 契約説をとるものとして、楢崎二郎「就業規則と労働契約——昭電事件高裁判例批評」討論労働法35号（1955年2月）23頁以下、角田豊「就業規則改正の焦点と背景」季労22号（1956年12月）27頁以下。
[105] 中村・前掲『戦後労働法学説史』764〜765頁。

しく批判されるところである。

しかし，最大の問題点は，上記の法規説と同様に，契約説の系譜に属する学説においても，労働条件変更の必要性を認識して労働条件変更法理を構築する学説が見られなかったことである。

3　根拠二分説

根拠二分説は，就業規則は，当事者の合意を根拠として法的拘束力を有する部分（労働条件に関する規定）と，使用者の労務指揮権（指揮命令権）を根拠として拘束力をもつために合意を必要としない部分（服務規律に関する規定）とからなるが，就業規則が変更された場合，服務規律の部分に関しては当然に労働者を拘束するが，労働条件の部分については労働者の同意が得られなければ効力はない，とするものである。

この説をとる代表的な者は有泉亨教授である。有泉教授は，就業規則の事項には当事者を拘束する根拠を異にする2つの部分が含まれていると主張する。一つは，当事者がこれに合意した部分であり，もう一つは，使用者によって作成されそれが労働者に知らされた部分である。すなわち，「前者は労使の合意に根拠があり，後者は有効な労働契約（ないし労働関係の展開）を前提とする使用者の指揮命令権にその根拠がある」[106]。有泉教授は自らの学説を「根拠二分説」と称している[107]。

そして，就業規則の変更について有泉教授は，指揮命令権に根拠のある部分は労働者への周知によって効力を発揮するが，契約に根拠のある部分は合意が成立しなければ法的効果を与えられない，としている[108]。すなわち，就業規則が変更されることについて合意が成立しないかぎり，労働条件の部分については，新就業規則に同意しない労働者にとって旧就業規則が依然として妥当し，新就業規則はその効力を有しないことになる[109]。

---

[106]　有泉亨『労働基準法』（有斐閣，1963年11月）193頁。就業規則を二分する考え方については，有泉教授はすでに次の文献で言及していた（労働問題フォーラム「就業規則と労働協約」日本労働協会雑誌33号〔1961年12月〕63頁以下）。

[107]　有泉・前掲『労働基準法』195頁。

[108]　有泉・前掲『労働基準法』193～194頁。

[109]　有泉・前掲『労働基準法』210～211頁。

しかし，この根拠二分説の欠点としては，就業規則における，労働条件に関する部分と作業上の規律に関する部分との区別基準が不明確である，という点が挙げられる。この点もあって，同説を支持する論者はほとんど存在しなかった[110]。

4　集団的契約・合意説

集団的契約・合意説は，浅井清信博士によって唱えられたもので，就業規則は労働者集団に対して統一的に設定される規範であるから，その作成・変更が法的拘束力を持つためには労働者の集団的な同意を必要とする，というものである。

同博士はまず，就業規則の一方的作成・変更を阻止する法理をどう構成するかが，就業規則論の現段階における最大の課題であるとしたうえ，その解決の鍵を経営参加の発展の過程に求めた。すなわち，労働協約が普遍化し，就業規則がドイツのような共同決定の方法でなされるときは，就業規則の本質論はほとんど意味がなくなり，法規説が妥当となる。これに対して日本のように，就業規則の作成・変更に対する労働者の参加を確立しようとしている段階では，「契約説が重要な役割を果たす」が，「従来の契約説のように労働者の個人意思に還元して考える立場は，法規説と正面から矛盾する」のみならず，「現実には無意味である」。したがって，日本の現状においては，労働者の集団的意思に根拠をおく契約説（集団的契約説）がもっとも妥当であり，「固有の労働契約内容とされる労働条件に関するかぎり，使用者はその事業場又は工場の労働者の集団意思の同意を得て就業規則を作成変更しなければなら」ず，労働者の集団意思の同意を得ずになされる就業規則の作成・変更は無効となる[111]。そして，「集団的契約説は固有の労働条件に関し，集団的意思参加を要求するかぎり基本的には契約説の立場をとるのであるが，いったん成立した就業規則に法規範的効力を容認する点において，法規説を

---

[110]　下井教授は，かつて根拠二分説を支持したが，後に狭義の契約説に改説した（下井隆史「就業規則制度の諸問題」久保敬治＝下井隆史『労働法を学ぶ人のために』〔世界思想社，1975年2月〕86頁以下，下井隆史「就業規則」恒藤武二編『論争労働法』〔世界思想社，1978年4月〕289頁）。

[111]　浅井清信「就業規則の再検討」学会誌6号（1955年4月）40頁。

第 2 節　就業規則の法的効力に関する初期の学説　35

とるものである」と述べた[112]。

　集団的契約説や集団的合意説は，使用者の一方的制定権を前提とした現行就業規則法制の解釈論としては，飛躍があると言わざるを得ない。そのため，実際にも，これに追随するものは少ない[113]。

5　自治的規則としての附合契約説

　最後に，以上の労働法学者の学説以外にも，就業規則が普通契約約款と同様の性質を有し，就業規則を一種の附合契約（contrat d'adhésion）とする，民法学者我妻栄博士の見解が注目されるべきであろう。

　我妻博士は，昭和29（1954）年に出版した『債権各論上巻』において，就業規則につき下記の見解を示した。すなわち，我妻博士は，工場の就業規則も普通契約約款と同様の性質を有しているとして，「元来，近代法が契約をもって当事者間の法律関係を合理的に規定し得るものとしたのは，約款の一つ一つについて両当事者の意思の折衝・合致を前提とした上のことであった……。従って，契約における一方的・定型的な内容について，当事者の意思によってその合理性を保障し得ないときは，国家の積極的な監督によってこれを保障することが考えられるようになる」と述べたうえ，就業規則について，「常時10人以上の労働者を使用する使用者に対して，就業規則の作成を命じ，その作成の手続について一定の要件を課してその合理性を保障しようとしているのも同様の例である（労基法89条～93条参照）」と指摘している。また我妻博士は，「契約当事者が一方的・定型的に決定する約款について相手方が包括的に承認するより他にしようのない契約を附合契約（contrat d'adhésion）という」と述べ，そのうち「使用者が職場における労働者の就業条件を定めるものを就業規則という」と説いた。我妻博士は，この附合契約の法的性質が問題とされるのは，一方では，約款は当事者がそれに従う意思がないのにその効力を生ずることを説明し，他方では「その内容が一方の

---

[112]　浅井・前掲学会誌 6 号40頁。後に浅井博士は自説を再確認した（浅井清信『日本労働法の原理』〔有斐閣，1978年 4 月〕221～223頁，浅井清信『日本労働法の原理〔改訂版〕』〔有斐閣，1987年 3 月〕241～243頁）。

[113]　この説に同調する論者として，宮島尚史「就業規則の規範性」法時31巻 3 号（1959年 3 月）46頁以下。

当事者にとってあまりに不利益である場合に，裁判官による改訂を可能にする根拠を求めようとするためだといっても過言ではない」としたうえで，「第一に，たとい契約の内容が客観的に一定していても，一方の当事者が包括的にそれに従う意思を表示すれば，その効力を認めてもさしつかえあるまい。然し，第二に，それと同時に当事者が具体的に承認しなかった内容については——その点においては，当事者の意思による合理性の保障はないのだから，国家の特別の監督のある場合は別として，そうでないときには，——裁判官が——各個の当事者の意思を問題とせずに，社会経済上の立場に立って——これを合理的に改訂し得ることは当然だ，という理論を正面から認むべきである。然る上で，これをなお一種特別の契約とみるか（普通契約約款にはこの性質が強い），一種の規則とみるか（就業規則にはこの性質が強い）は，各場合について決定すれば足りると考える」との見解を示した[114]。

後に我妻博士は，昭和37（1962）年に出版された『債権各論中巻二』において，就業規則について下記の見解を示した。すなわち我妻博士は，使用者と各労働者との労働契約の内容は第一に就業規則によって定まるとし，「近代企業は多数の労働者を共通の規律の下に就業させることを必要とする結果，使用者は，就業時間，賃金・手当等の決定の基準，災害補償などについて一定の規則を作るのが常である。そして，個々の労働契約は，この基準によって内容が画一的に定められる。このことは，近代企業の性質から当然に生ずることであって，その契約内容を決定する効力を否定することはできない」と述べたうえで，「必要なことは，この規則の内容の合理性を保障する方法である」と強調した。また我妻博士は，「個々の労務者は就業規則の個々の条項を変更させる実際上の力を有しないから，その意思によって合理性を保障することは不可能である。それなら，——とにかく当事者は契約を締結したのだから——その契約内容を決定する効力のあることを承認するとともに（両当事者を拘束するとともに，使用者の一方的変更を許さないことになる），その内容の合理性は，一般的には裁判官の裁量・改訂の権限に待つことにするとともに，立法上の監督の途を講ずることを努めるべきである」と述べたうえで，「労働基準法は，この趣旨に従い，……使用者に対し，……就業規則

---

[114] 我妻栄『債権各論上巻』（岩波書店，1954年12月）23～24頁。

を作成して行政官庁に届出る義務を課する（同法89条）。そして，その作成・変更には，……労働組合……〔または〕労働者の過半数を代表する者の意見を聞かなければならないものとして，合理性を確保しようとする（同法90条）」と述べた。そして，就業規則の法的性質については，労基法93条の規定に鑑み，就業規則は「法律によって与えられた使用者の自治的規則制定権に基づく規則たる性質を有するもの」と解し，「強いて契約理論をもって説く必要も実益も感じられない」としている[115]。

　上記我妻博士の見解に対しては，労働法学者は格別な注意を払わなかったが，近年同見解に注目する学者が現れた[116]。後述するように，上記我妻博士の所説は，就業規則の効力をその合理性を要件として肯定する秋北バス事件大法廷判決の判旨に極めて類似しているが，同判決に影響を与えたかどうかは定かでない[117]。

6　小　括

　(1)　以上見たように，就業規則の法的効力に関する戦後の学説の流れとしては法規説が主流であり，その中では末弘博士の社会自主法説が優位に立っていたが，後には，沼田博士が提唱した保護法授権説を主張する者が多くなっている。これに対し，法規説に対する吾妻教授批判によって契約説が再び台頭し，これを受けて石井博士によって契約説が再構築された。このほか，折衷説として有泉教授によって提出された根拠二分説，別個の集団法的見解としての浅井博士の集団的契約説がある。

　(2)　すなわち，法規説については，戦後，労基法が制定されてからも，末弘博士は，戦前の自説がなお妥当すると主張した。この社会自主法説にいち早く従った松岡教授は，使用者による就業規則の一方的な変更に対して歯止めをかける道具の一つとして「既得権の理論」を提起し，野村平爾も既得権

---

[115]　我妻栄『債権各論中巻二』（岩波書店，1962年7月）556～558頁。

[116]　唐津博「労働条件変更の法的論理について──段階的構造論・集団的変更解約告知説（大内伸哉『労働条件変更法理の再構成』）が提起するもの」南山法学24巻1号（2000年7月）168～169頁。

[117]　我妻博士の見解と秋北バス事件大法廷判決との関連については，本稿本章第4節Ⅲ参照。

理論を主張した。

　他方、保護法授権説は、戦後、沼田博士によって、就業規則の法規範性の根拠をその強行的・直律的効力を定めた労基法93条の「授権」に求める考え方として提唱された。就業規則の不利益変更の効力について沼田博士は、原則として「保護法原理の真の実現に向かってのみ」使用者が就業規則を一方的変更することができ、使用者が就業規則を一方的に不利益変更することはできず、不利益変更には労働者側の同意を求めなければならない、とした。さらに、使用者による就業規則の一方的な変更に対する制限について沼田博士は、「保護法の目的や原理」を強調し、保護法の目的や原理に矛盾するかぎり、就業規則が法的なサンクションをうけることができず、そして、就業規則の内容が公序良俗に反し、あるいは権利濫用と認められるような場合には、その法的効力を否定される、とする。しかし沼田博士は、「合理的な理由」があれば使用者が就業規則を不利益に変更することも可能であることを示唆していた。

　これら法規説に属する諸説に対する批判は、労働契約関係における私的自治の原則の意義を無視していることに集中した。

　(3)　戦後、契約説は、法規説は近代的な法概念と矛盾するとの吾妻教授の事実規範説として再登場した。それは、使用者によって一方的に作成された就業規則は「一種の事実上の規範」であり、原則として事実上労働条件の内容をなす基準であり、労働者の明示的あるいは黙示的合意があってはじめて法的効力を生ずる、と主張した。

　この主張を発展させたのが、事実たる慣習説であって、これが戦後契約説の代表となる。その提唱者の石井博士は、労働者が個別的にまたは労働組合を通して就業規則に対し特に異議を表明しない限り、労働契約の内容については「就業規則による」という事実たる慣習が存するものとして、就業規則が法的に個々の労働契約の内容になる、とする。そして、就業規則の不利益変更については、就業規則の変更自体はもとより使用者の自由になしうることであり、就業規則変更の通告は法律的には労働契約条項についての変更申入れにすぎない、としていた。また、使用者が就業規則を変更する場合、労働者側が異議なく働いていれば、使用者の労働契約内容変更申入れに対する黙示の承認となる、としている。

第2節　就業規則の法的効力に関する初期の学説　39

　これら契約説に対する批判は，労働者の合意の形骸化という点に集中している。

(4)　有泉教授が主唱した根拠二分説は，就業規則を，労働条件に関する規定と服務規律に関する規定とに分けている。就業規則の変更については，後者の部分は労働者への周知によって効力を生ずるが，前者の部分は，合意が成立しなければ法的効力を生じない，としている。根拠二分説の欠点としては，就業規則における労働条件に関する部分と作業上の規律に関する部分との区別基準が不明確であるという点にある。

　浅井博士が主唱していた集団的合意説は，就業規則は労働者集団に対して統一的に設定される規範であるから，その作成・変更が法的拘束力を持つためには労働者の集団的な同意を要するとするものである。集団的合意説の欠点は，現行就業規則法制の解釈論としてやや困難が伴うことである。

(5)　以上の労働法学者の多様な学説のほかに，これらの論争とは別個に民法学者の我妻博士が，自治的規則としての附合契約説を唱えた。我妻博士は，就業規則は普通契約約款と同様の性質を有しているから一種の附合契約であり，その内容は裁判官の合理性審査に服すべきである，とする。

(6)　立法者は，法規説を念頭に置いて労働基準法における就業規則法制を立法化した，と指摘される[118]。そのゆえにか，法規説は，戦後の就業規則論議において多数説的な地位を占めていたといえるが，契約説やその他の説が発展して「4派13流」と称されるほど多彩な状況となった。これらは，社会自主法説，保護法授権説および事実たる慣習説を中心として展開されてきた[119]。また，多彩な学説が乱立するなかで，法的性質の論争よりも，就業規則をめぐる具体的な諸問題について論理的妥当性を有する解釈を見いだすのが重要である，という考え方も現れ始めた[120]。この時代の学者の主要な関心は，使用者によって一方的に作成・変更される就業規則から如何に労働者を保護するかにあったのではないかと思われる。そして，このことが，労

---

[118]　たとえば，末弘厳太郎「労働基準法解説五」法時20巻7号（1948年7月）36頁以下，浜田・前掲日本労働協会雑誌356号50頁，浜田37頁。なお，寺本廣作『労働基準法解説』（1948年7月初版〔時事通信社〕，1998年1月復刻版〔信山社〕）350頁も参照。

[119]　諏訪・文献96頁。

働条件変更法理の構築が遅れる要因となったのではないかと推測される。

(7) 以上のように，学説は収斂せず混沌たる様相を呈し裁判例を指導する役割を果たし得ない状況であった。そのため裁判例も，法的性質論において多岐に分かれ，就業規則の不利益変更問題の解決についても様々な模索を行っていた。

ただし，次節で見るように，学説によって主張されていた理論は，裁判例にある程度の影響を及ぼした。すなわち，一方では，学説における法規説や契約説などの基本的な考え方が影響を与え，秋北バス事件最高裁大法廷判決に至るまでには，法規説に立つものを中心として，契約説と二分説の系譜に属する裁判例が見られた。また，他方では，秋北バス事件大法廷判決の合理的変更理論の萌芽たるもの（例えば，既得権の理論など）も見られた。

---

(120) 山本教授は，「法的性質論争よりも，それぞれの説の立場から，就業規則をめぐる具体的諸問題をいかに解釈するのが論理的妥当性をもつか，といった点を詳細に検討することが，学界の今後の課題といえよう」と述べている（山本吉人「就業規則の制定・改廃」石井照久＝有泉亨編集『労働法大系5　労働契約・就業規則』〔有斐閣，1963年9月〕67頁）。

第 3 節　秋北バス事件判決までの裁判例

I　序　説

　秋北バス事件大法廷判決以前の裁判例としては，判例集に登載されている限り，就業規則変更に関連する最初の裁判例は昭和24（1949）年 6 月の帝国酸素事件決定[121]であるが，就業規則の法的性質およびその不利益変更の処理方法について裁判所がどのような法的構成を採ったかは不明である。昭和24年12月の愛知製鋼事件決定[122]においても同様である。

　昭和24（1949）年から昭和43（1968）年の秋北バス事件大法廷判決の登場までの判例の状況を概観すると，まず，就業規則の法的性質については，初期の裁判例において法規説の立場を採ったものが昭和24年に登場した後，二分説の立場や契約説の立場に立つ裁判例が昭和25（1950）年から相次いで現れた。しかし，昭和27（1952）年に至り，最高裁は，三井造船事件決定[123]において，法規説の一種である経営権説の見解をとった。同決定以後の下級審の裁判例は，契約説の立場に立ったもの[124]も見られるが，やはり同決定の見解に従って法規説[125]をとったとみるべきもの[126]が多くなった[127]。

---

[121]　神戸地決昭和24年 6 月 8 日労裁資 6 号205頁。

[122]　名古屋地決昭和24年12月19日労裁資 7 号332頁。

[123]　最二小決昭和27年 7 月 4 日民集 6 巻 7 号635頁。

[124]　三井造船事件最高裁決定前の，就業規則の不利益変更に関する事件としては，契約説の立場に立つ裁判例として，中川煉瓦製作所事件・大津地決昭和25年10月13日労民集 1 巻 5 号875頁，および同事件控訴審・大阪高決昭和26年 3 月 9 日労民集 2 巻 1 号89頁がある。三井造船事件最高裁決定以後，契約説の立場に立つ裁判例として，昭和電工事件・東京高判昭和29年 8 月31日労民集 5 巻 5 号479頁，および洞海産業事件・福岡地裁小倉支決昭和43年 7 月 5 日判タ226号134頁などがある。また，就業規則の不利益変更に関する事件ではないが，就業規則の法的性質について契約説の系譜に属する事実規範説をとっている裁判例として，日本通運事件・新潟地決昭和26年 8 月31日労民集 2 巻 4 号403頁がある。

また，就業規則の不利益変更の処理方法については，法規説の立場を採る裁判例も，異なる見解を採っている。そして，二分説や契約説に属する裁判例もそれぞれの方法をとっていた。要するに，この時期は，指導的見解が存在しないまま，裁判例の見解が多岐に分かれていたといえよう。

この時期の裁判例の特色は，一つには仮処分事件が多かったことである。

---

(125) もちろん，法規説の中でも，三井造船事件最高裁決定と同様に経営権説を採るものと，そうでないものの双方がある。

(126) 日本セメント事件・福岡地裁小倉支決昭和24年6月22日労裁資6号208頁，京都市交通局事件・京都地判昭和24年10月20日労裁資8号56頁，三井造船事件・岡山地決昭和25年4月14日労民集1巻2号273頁，函館船渠事件・函館地判昭和25年5月1日労民集1巻2号279頁，三井造船事件・広島高裁岡山支決昭和25年6月2日民集6巻7号648頁，トヨタ自動車事件・名古屋地決昭和25年6月24日労民集1巻4号670頁，日本放送協会事件・東京地決昭和25年7月26日労民集1巻4号616頁，三井造船事件・最二小決昭和27年7月4日民集6巻7号635頁，東洋精機事件・神戸地裁尼崎支決昭和28年8月10日労民集4巻4号361頁，昭和電工事件・東京地判昭和29年1月21日労民集5巻1号29頁，秋北バス（仮処分）事件・秋田地裁大館支判昭和32年6月27日労民集11巻1号57頁，同（仮処分差戻審）・秋田地裁大館支判昭和35年1月25日労民集11巻1号43頁，豊田工機事件・名古屋地判昭和36年5月31日労民集12巻3号484頁，朝日新聞社事件・大阪地判昭和36年7月19日労民集12巻4号617頁，秋北バス事件・秋田地判昭和37年4月16日労民集13巻2号459頁，秋北バス事件・仙台高裁秋田支判昭和39年10月26日労民集15巻5号1137頁，大阪日日新聞社事件・大阪地判昭和42年3月27日労民集18巻2号228頁。

なお，就業規則の不利益変更に関する事件ではないが，就業規則の法的性質について法規説をとっているとみるべき裁判例として，例えば，三菱化工機事件・東京地決昭和25年2月22日労民集1巻1号47頁，大林組事件・東京地決昭和25年4月11日労民集1巻1号54頁，日鉄鉱業事件・福岡地判昭和28年8月5日労民集5巻6号671頁，（1審）日本化薬事件・山口地判昭和30年10月13日労民集6巻6号916頁，三井造船事件・岡山地判昭和31年5月7日労民集7巻2号304頁（経営権説），ニコニコ自動車事件・広島地裁福山支判昭和33年12月10日労民集9巻6号902頁，日本化薬事件（控訴審）・広島高判昭和34年5月30日労民集10巻3号531頁，笹屋事件・神戸地判昭和34年10月31日労民集10巻5号853号，旭化成工業事件・宮崎地裁延岡支判昭和38年4月10日労民集14巻2号514頁。

(127) また，駐留軍基地事件・東京地判昭和35年8月31日労民集11巻4号906頁，上智学院事件・東京地判昭和43年6月29日判タ229号219頁において，裁判所は就業規則の法的性質についてどのような立場に立つか不明である。

第3節　秋北バス事件判決までの裁判例　43

その件数は19件もあり，14件は昭和24～28（1949～1953）年に集中した[128]。このことは，就業規則に関する本格的な判例法理の登場を遅らせる要因となったといえよう。そして，もう一つの特色としては，就業規則の変更に関する協議条項や同意条項が設けられていたケースが少なくなかったことが挙げられる。その件数は11件あり，しかもほとんど昭和24～25（1949～1950）年に集中していた[129]。これは，戦後初期における労働組合運動の高揚のなかで，労使の力関係で組合が優位に立って就業規則変更についての協議・同

[128] 就業規則の変更に関する裁判例の中には，仮処分事件として，帝国酸素事件・神戸地決昭和24年6月8日労裁資6号205頁，日本セメント事件・福岡地裁小倉支決昭和24年6月22日労裁資6号208頁，愛知製鋼事件・名古屋地決昭和24年12月19日労裁資7号332頁，三井造船事件・岡山地決昭和25年4月14日労民集1巻2号273頁，函館船渠事件・函館地判昭和25年5月1日労民集1巻2号279頁，三井造船事件・広島高裁岡山支決昭和25年6月2日民集6巻7号648頁，トヨタ自動車事件・名古屋地決昭和25年6月24日労民集1巻4号670頁，日本放送協会事件・東京地決昭和25年7月26日労民集1巻4号616頁，理研発条鋼業事件・東京地決昭和25年7月31日労民集1巻追録1314頁，中川煉瓦製作所事件・大津地決昭和25年10月13日労民集1巻5号875頁，理化学興業事件・東京地決昭和25年12月28日労民集1巻6号1078頁，中川煉瓦製作所事件・大阪高決昭和26年3月9日労民集2巻1号89頁，三井造船事件・最二小決昭和27年7月4日民集6巻7号635頁，東洋精機事件・神戸地裁尼崎支決昭和28年8月10日労民集4巻4号361頁，秋北バス（仮処分）事件・秋田地裁大館支判昭和32年6月27日労民集11巻1号57頁，同（控訴審）・仙台高裁秋田支判昭和32年12月23日労民集11巻1号66頁，同（仮処分差戻審）・秋田地裁大館支判昭和35年1月25日労民集11巻1号43頁，朝日新聞社事件・大阪地判昭和36年7月19日労民集12巻4号617頁，洞海産業事件・福岡地裁小倉支決昭和43年7月5日判タ226号134頁，などがある。

[129] 就業規則変更に関する協議条項関連のケースとしては，帝国酸素事件・神戸地決昭和24年6月8日労裁資6号205頁，愛知製鋼事件・名古屋地決昭和24年12月19日労裁資7号332頁，三井造船事件・岡山地決昭和25年4月14日労民集1巻2号273頁，函館船渠事件・函館地判昭和25年5月1日労民集1巻2号279頁，三井造船事件・広島高裁岡山支決昭和25年6月2日民集6巻7号648頁，トヨタ自動車事件・名古屋地決昭和25年6月24日労民集1巻4号670頁，理研発条鋼業事件・東京地決昭和25年7月31日労民集1巻追録1314頁，理化学興業事件・東京地決昭和25年12月28日労民集1巻6号1078頁，三井造船事件・最二小決昭和27年7月4日民集6巻7号635頁，豊田工機事件・名古屋地判昭和36年5月31日労民集12巻3号484頁，朝日新聞社事件・大阪地判昭和36年7月19日労民集12巻4号617頁，などがある。

意条項が締結されていたためと推測される。その後，使用者側の勢力回復によってこのような協議条項や同意条項はあまり見られなくなった。かかる協議・同意条項が存在するにもかかわらず，使用者が労働組合と協議せずあるいは労働組合の同意を得ていないまま一方的に就業規則を変更する場合の変更の有効性については，無効とする裁判例もあるが，最高裁は三井造船事件においてこれを有効とした。

本節においては，就業規則に関する昭和43（1968）年の秋北バス事件大法廷判決に至るまでの以上のような関連の裁判例を検討したうえ，同大法廷判決の定立した判例法理とこれら裁判例およびその背景となった学説との関係を解明し，就業規則の不利益変更に関する同大法廷判決の判例法理の淵源を探ることとする。

II 法規説を採った裁判例

昭和24（1949）年から昭和43（1968）年秋北バス事件大法廷判決の登場までの裁判例においては，就業規則の不利益変更に関して，法規説の系譜に属するものが主流となっている。

1 三井造船事件決定による経営権説の形成
(1) 三井造船事件最高裁決定以前の下級審裁判例

昭和24（1949）年の日本セメント事件決定[130]は，「既に労働協約が無くなった以上，被申請人（会社）は法令殊に労働基準法等の定むるところに反しない限り，就業規則を変更することができる訳であり，只変更するについては申請人（組合）の意見を徴しなければならない丈である」と述べ，本件就業規則の改正が有効であると判断した。同決定は，就業規則を法規範であるとは明言していないが，法規説の立場に立っていることは明らかである。

次いで，同年の京都市交通局事件判決[131]は，「就業規則は使用者が作成する当該事業場の就業に関する規則であり，使用者の事業組織を統制する地位

---

[130] 福岡地裁小倉支決昭和24年6月22日労裁資6号208頁。
[131] 京都地判昭和24年10月20日労裁資8号56頁。

第3節　秋北バス事件判決までの裁判例　　45

から派生する権限に基ずき(ママ)，使用者が一方的に作成し変更し得るものである。その作成変更された規則は現に効力のある労働協約並びに労働基準法その他の法令に抵触しない限り有効性を否定されない」と述べて，本件において変更された就業規則が有効であると判断した。これは，法規説のなかの経営権説の考え方を述べており，「経営権」説に立つの最初の裁判例といえる。

　法規説を採った裁判例の中にも，経営権説の立場に立っていなかったもの，あるいはその法的構成が不明のものが，前述の日本セメント事件以外にもいくつか見られた。まず，函館船渠事件判決[132]は，就業規則の法的性質について明言してはいないが，「元来就業規則は会社に於て一方的に制定し得るものではある」と述べて，法規説の立場に立っているようである。しかしながら同事件では就業規則の変更に関する協議条項が存在しているので，Y会社が就業規則の変更内容についての協議を尽くさず，就業規則を変更する場合においては，労働組合に対する限りその効力を主張できない，と判断された。

　またトヨタ自動車事件決定[133]は，法規説の立場に立ち，「就業規則はその本来の性質上使用者の側で一方的に制定するものであるとしても，一旦それが制定せられた以上，一個の法的規範として関係者に対し一般的妥当性を有し，企業の構成員はすべてその拘束を受けるのであり，制定者たる使用者といえどその例外をなすものではない」と説く。そして，変更の効力については，同意条項が存在している以上，使用者に対しても当然拘束力を有し，使用者は労働組合の同意を得ずに就業規則を変更することができない，としている。ただしこの決定は，就業規則の変更が「何人においても首肯すべき合理的根拠をそなえる場合」には，労働組合はその同意を拒否することができないから，不法にその同意を拒絶するならば同意権の濫用となり，使用者は労働組合の同意を得ていなくてもその変更をなしうる，とも述べている。この「合理的根拠」についての言及が本件の特徴であるといえる。

　なお，日本放送協会事件決定[134]は，就業規則の法的性質に関して，「就業

---

[132]　函館地判昭和25年5月1日労民集1巻2号279頁。
[133]　名古屋地決昭和25年6月24日労民集1巻4号670頁。
[134]　東京地決昭和25年7月26日労民集1巻4号616頁。

規則は使用者が一方的に制定するものであるとはいえ，一旦定立せられた以上は企業内における一の法的規範として労使双方を拘束する力をもつことは労働基準法第2条第2項の規定の趣旨からもこれを窺い得る。而してそのうち労働者の待遇に関する事項を定めた条項に違反した場合には法律上無効であると解すべきことも同法第93条の趣旨に徴し明らかである」と説いたうえ，「就業規則の解釈につき一定の基準が設定された場合において，合理的な根拠なくして労働者の不利益にこれを変更することは許されない」という一般論を立て，本件における変更の内容が合理性を持つものであるか否かを検討した結果，従来の解釈基準を変更する合理的根拠を欠く，と判断した。本件においても，この「合理的な根拠」を必要とする考え方が特徴であるといえる。

こうして，三井造船事件最高裁決定の登場までは，使用者による就業規則の不利益変更の事案において法規説を採った下級審裁判例が見られた。ただしそれらは，社会自主法説を採ったのか，経営権説を採ったのか，法的構成が必ずしも明確ではなかった。

また，当時は労働組合が強力で，就業規則の変更に関する協議条項や同意条項が存在していたので，就業規則の変更問題についてはこれら同意条項・協議条項の違反がしばしば問題とされた。このように，使用者が同意条項・協議条項が存するにもかかわらず労働組合と協議せずあるいは労働組合の同意を得ないまま一方的に就業規則を変更する場合については，その変更を無効とする裁判例が存在していた[135]。その理由は，①就業規則が法的規範として当事者双方を拘束しうるので，協議条項や同意条項がある以上，労働組合との協議を経ずあるいはその同意を得ないまま就業規則を変更することは

---

[135] 帝国酸素事件・神戸地決昭和24年6月8日労裁資6号205頁，函館船渠事件・函館地判昭和25年5月1日労民集1巻2号279頁，トヨタ自動車事件・名古屋地決昭和25年6月24日労民集1巻4号670頁。また，法的性質が不明な裁判例として，愛知製鋼事件・名古屋地決昭和24年12月19日労裁資7号332頁。そして，二分説をとった裁判例として，理研発条鋼業事件・東京地決昭和25年7月31日労民集1巻追録1314頁。なお，三井造船事件最高裁決定以降の裁判例として，朝日新聞社事件・大阪地判昭和36年7月19日労民集12巻4号617頁。

できない，あるいは②使用者がその就業規則を制定・改正する権能を自己の意思に基づいて制限したものであるから，協議条項や同意条項に違反して就業規則を変更してはならない，などであった。上記の法規説の裁判例は，このような場合については，使用者による就業規則の一方的変更権限を否定することに重要な意義があった。

(2) 三井造船事件最高裁決定の登場

以上のような法規説裁判例の系譜の中で，昭和27（1952）年に三井造船事件最高裁決定[136]が登場した。

本件の事実概要は次の通りである。Y会社が昭和24年3月1日に定めた就業規則には，「この規則を改正する必要を生じた場合は，労働組合との協議によって行う」という協議条項がある。Y会社は，X労働組合に協議を求めることなく，同年11月26日，5日間の回答期限を付して就業規則変更につきX労働組合の意見を求めたところ，X労働組合はその期限までY会社に意見を述べなかったので，Y会社は同年12月3日に就業規則を改正した。同年12月20日，X労働組合は，右就業規則の変更は前記の協議条項に違反して無効であると主張し，就業規則変更の効力停止および改正前の規則を就業規則としなければならない旨の仮処分を申請した。

1審の岡山地裁決定[137]は昭和25（1950）年4月に，経営権説の立場に立ち，「就業規則の作成変更は使用者の経営権の範囲に属するもので使用者が一方的に規定し得る」と説いて，本件における就業規則の改正が協議条項に違反しても有効であると判示した。これは「経営権」という言葉を初めて用いた裁判例である。

この見解は，同年6月に抗告審の広島高裁岡山支部決定[138]においても支持された。同決定は，「就業規則は使用者が職場単位に設ける規則であり，この点において相互協定たるを本質とする労働協約と性質上の差異があるといえる。それが使用者の完全な一方的専断的制定にまかせられて来た沿革はしばらくおくも，その制定に職場労働者の意見を反映せしむべく配慮した労

---

[136] 三井造船事件・最二小決昭和27年7月4日民集6巻7号635頁。
[137] 岡山地決昭和25年4月14日労民集1巻2号273頁。
[138] 広島高裁岡山支決昭和25年6月2日民集6巻7号648頁。

働基準法第90条も亦その作成，変更の権限がほんらい使用者に存するという基本的立場に立つことにおいては変りがない。それは，いわゆる経営権の思想を背景とし，その現実の発動たる職場の秩序として労働条件の基準等を定めることを使用者の権限たらしめたものといえるであろう」と，経営権説をより詳しく展開した。

　この事件の特別抗告審において最高裁[139]は，「就業規則は本来使用者の経営権の作用としてその一方的に定めうるところであって，このことはその変更についても異るところがない（労働基準法90条参照）」と述べ，経営権説を支持した。そして，協議条項違反の就業規則の効力如何については，「労使間の合意により，その変更を労使双方の協議により行う旨……の定めは単に労使双方の協議により作成された就業規則中においてなされたものであって，労働協約またはこれに基づく経営協議会規則等における定めではなく，しかも労使間の協議調わざる場合の措置等について何等考慮を払った形跡がないというのであって，この事実と……就業規則の制定権が元来使用者側にあるという事実とに鑑みれば，前記就業規則中の定めは，単に使用者が就業規則を改正するについては労働組合と協議すべき義務を負担するという趣旨たるに止まり，これが協議を経なかったとしても，それは右義務の違反たるは格別……，これをもっては規則改正の効力を左右する趣旨のものではない」と説いて，使用者は労働組合との協議を経ずに就業規則を有効に変更することできると判断した[140]。

　こうして最高裁は経営権説を採るに至り，また協議条項違反の就業規則の効力をも認めたのである。

---

(139)　前掲最二小決昭和27年7月4日。
(140)　変更有効という結論を下した裁判例は，三井造船事件についての3つの決定のほか，理化学興業事件・東京地決昭和25年12月28日労民集1巻6号1078頁，豊田工機事件・名古屋地判昭和36年5月31日労民集12巻3号484頁，などの裁判例がある。ただし，理化学興業事件決定は，二分説の立場に立つうえ，労働条件の部分について同意条項は当然のことを規定するものにすぎないが，労働条件以外の部分については使用者は同意条項を違反して労働者側の同意を得ないまま就業規則を変更することができる，としている。

2 三井造船事件決定以後の法規説裁判例による就業規則変更問題の模索

(1) 昭和27（1952）年に経営権説の考え方が最高裁に支持されたにもかかわらず、その後も、経営権説を採らない裁判例が見られた。まず東洋精機事件決定[141]は、法的性質についてどのような法的構成を採っているかは明らかではないが、「既存就業規則よりも労働者に不利な条件を課さんとする就業規則変更の場合は、労働者は既得権を主張して、労働者の同意なくしては之を其の不利益に変更することは出来ぬ」と述べ、既得権理論を用いて労働者の利益を保護しようとしている。

また、昭和29（1954）年の昭和電工事件東京地裁判決[142]は、経営権説とは異なり、「就業規則は使用者が労使関係を組織づけ秩序づけるために設定する法的規範であると解するのが相当であって、その内容が労働条件その他労働者の待遇に関する部分であってもこの本質を失う理由はない」と説いて法規説を採り、「就業規則中の賞与規定が、いわゆる労働条件に当たるとしても、……その変更自体に組合の同意を要するものとは解されない」と述べた。しかし、他方では、「就業規則が労働者に不利に変更されたからといって労働契約の内容が変更される理由がなく、労働契約の内容に反するからといって就業規則の変更が許されない筈もない」と述べて、就業規則より有利な労働契約を締結している労働者に対しては変更の効力は生じないが、別に労働協約や労働契約を持たない労働者は、就業規則の変更によってその労働条件も変更される、と判示している[143]。

(2) しかしながら、その後の裁判例においては、やはり最高裁の見解を踏襲して経営権の立場に立ったものが主流の地位を占めていった。ただし、就業規則の変更による労働条件の不利益変更については、なお種々の模索がなされていた[144]。

まず、秋北バス（仮処分）事件において秋田地裁大館支部判決[145]は、三井造船事件最高裁決定を引用したうえ、「労働者の意見を聴かないで一方的に

---

[141] 神戸地裁尼崎支決昭和28年8月10日労民集4巻4号361頁。
[142] 東京地判昭和29年1月21日労民集5巻1号29頁。
[143] 本判決は、その理由として、労働者はその変更に対し不満であれば、団体交渉を通じて別の労働契約や労働協約を締結することによって自らの利益を守るべきである、と説いた。

就業規則を変更したとしても，それが，法令並に労働協約に反しない限りそれ自体は有効であって，その変更の効力には少しも影響がない」と述べた。そして，昭和電工事件東京地裁判決(146)と同様に，「就業規則が労働者に不利益に変更されたからといって本来別個の存在である労働契約の内容が変更される理由がなく，労働契約の内容に反するからといって就業規則の変更が許されない筈もない」と説いて，新就業規則は変更後に雇い入れられた新規労働者と変更に同意した労働者，つまり「変更した就業規則の基準を労働契約の内容に取り入れた労働者」だけに適用されることになり，旧就業規則の基準より有利な内容の労働契約を締結した者はもちろん，旧就業規則の基準を労働契約の内容とする者に対しては新就業規則はその効力を生じない，としている。結論として，新設の部分が労働者Xらに対してその効力を生じないとしたのである。

この判決は，「契約説」の立場に立っているとの理解(147)と，「法的規範説」に立っているとの理解(148)があった。この判決に対してY会社が不服として控訴し，仙台高裁秋田支部判決(149)は，1審判決は訴訟手続上の重大な瑕疵を有するとして，これを取り消して，秋田地裁に差し戻した。差戻審において秋田地裁大館支部判決(150)は，経営権説の立場を明白に採用し，「本来，就業規則なるものは経営権の作用として使用者が一方的に制定変更しうる企業内の自主法規である」と述べながらも，就業規則が法令または労働協約に違反しない場合においても，労働法における労働者保護の精神に鑑み，一定の合

---

(144) なお，昭和36（1961）年の豊田工機事件判決（名古屋地判昭和36年5月31日労民集12巻3号484頁）は，「本来就業規則は使用者の経営権の作用として一方的に定め得るものである」と述べて経営権説の立場を採ったうえ，就業規則中の改廃については，組合との協議を要する旨の定めに違反してなされた就業規則の改廃も無効ではない，と判断した。この判決は，三井造船事件最高裁決定の見解に従ったものである。
(145) 秋田地裁大館支判昭和32年6月27日労民集11巻1号57頁。
(146) 東京地判昭和29年1月21日労民集5巻1号29頁。
(147) 川口實「秋北バス事件」学会誌34号（1969年10月）92頁，下井・就業規則283頁。
(148) 中山和久『就業規則の作成と運用』（総合労働研究所，1970年9月）179頁。
(149) 仙台高裁秋田支判昭和32年12月23日労民集11巻1号66頁。
(150) 秋田地裁大館支判昭和35年1月25日労民集11巻1号43頁。

第3節　秋北バス事件判決までの裁判例　51

理的制限に服すべきである，と判示した。より具体的には，本件のように，使用者が労働者に対して就業規則をもって停年制を新設する場合には，それが業務の性質に応じて人間の精神的・肉体的能力を適当に考慮し，社会通念上是認されうる限度においてなされるかぎり，使用者の経営権の作用として一方的にこれをなしうる。本件の定年制の新設は不利益な変更に当たるが，その不利益を補う代償措置があるので，「本件就業規則改正は申請人等の利益を著しく害する不当なものとはいえない」と判断した。

　なお，朝日新聞社事件判決[151]は，「就業規則は，使用者が企業所有権の一内容ともいうべき経営権に基づき，一方的に事業場における労働条件の最低基準を画一的，統一的に定立するもので，労働保護法の目的実現のために法規範性を認められたものと解すべきである」と述べて経営権説の立場に立ったが，変更の効力については，「就業規則の制定，変更により既存の労働契約の内容を一方的に労働者側の不利益に変更することは，労働者の同意がない限り，労働条件の労使対等決定の原則（労基法第2条）に照らしても，また労基法第93条の反面解釈からいっても，許されず，かような就業規則条項は当該労働者との関係では無効と解する」と，保護法授権説に近い論理を用いて[152]，社会通念上是認しうる合理的な理由を欠く定年制を設置することは，本来公共の福祉に適合して行使すべき企業経営権の範囲を逸脱し，権利の濫用として許されない，と判示した。

　(3)　昭和37（1962）年に至り，秋北バス事件（本訴）において秋田地裁判決[153]は，就業規則の法的性質を説明しないまま，「就業規則は，使用者が一方的制定変更し得るものであるが，その変更が既存の労働契約と対比して労働者にとって不利益な場合には，その同意なくして労働契約の内容を変更し得るものではない」と述べて，本件における定年制の新設は就業規則の不利益変更に当たり，労働者の同意がない限り労働契約の内容を変更し得ない，と判断した。いわゆる化体説的立場を採っているようである。控訴審に至って仙台高裁秋田支部判決[154]は，経営権説を採り，「就業規則は使用者が経営

---

[151]　大阪地判昭和36年7月19日労民集12巻4号617頁。
[152]　本判決は，経営権という言葉を用いながら，学説における保護法授権説に近い論理によったものであると思われる。下井・就業規則284頁参照。
[153]　秋田地判昭和37年4月16日労民集13巻2号459頁。

権に基づき所定の手続を経て自由に制定，変更することのできる経営内法規であって，……その制定，変更される規則の内容が労働条件その他労働者の待遇に関する部分であっても，またあるいは，その制定，変更される態容が労働者にとって，ことにその一部の個々の労働者にとって不利益であっても，この使用者が自由に制定，変更でき，そしてその規定内容に従って労働者を拘束する経営内法規であるという就業規則の本質が失われるとすべき法律上および実質上の根拠がない」と説いた。そのうえで，労働条件が実務上原則として一般的・画一的に決定・変更される必要性を強調し，その変更が労働者にとって不利益であっても有効である，と判断した。要するに，使用者は就業規則の制定・変更により労働条件を一方的に決定・変更することができるとした。そして，就業規則の作成・変更の限界については，次のように説く。「就業規則は法令又は労働協約に違反してはならないことはもちろん，労働法における労働者保護の精神にかんがみ社会通念上是認されるような客観的妥当性を要するものというべく，その就業規則の制定，変更にあたり労使の信義則に反し権利濫用となるようなことがあってはならない」と。そして，労働者がその不利益変更に反対する場合には団体交渉によってその解決を図るべきである，という。

　また，退職金支給基準の変更が争点となる大阪日日新聞社事件において大阪簡裁判決[155]は，その理由は不明であるが，労働者に有利な旧規定の定めるところによる退職金の請求を認容した。控訴審の大阪地裁判決[156]は，労基法の規定によれば就業規則の作成・変更は使用者の一方的行為に委ねられているから，変更された就業規則の内容が従前のものより労働者側に不利益であるというだけの理由で無効であるということはできない，としている。ただしこの判決は，労基法93条の解釈により，既存の労働条件が作成・変更後の就業規則の定める基準を上まわる場合においてこれに変更を加える効力を有するものではない，と判断している。すなわち，使用者の一方的変更の権限を認めるが，既存の労働条件が新就業規則の基準を上まわる場合は，労

---

[154]　仙台高裁秋田支判昭和39年10月26日労民集15巻5号1137頁。

[155]　大阪日日新聞社事件・大阪簡易判昭和41年9月26日労民集18巻2号234頁。

[156]　大阪日日新聞社事件・大阪地判昭和42年3月27日労民集18巻2号228頁。上告審・大阪高判昭和45年5月28日高民集23巻3号350頁，労経速729号3頁。

働者の同意がない限りその効力が生じない、という見解である。

(4) こうして、「合理性説」の萌芽は、昭和30年代以降すでに見いだすことができる。すなわち、使用者による就業規則の作成・変更の限界については、秋北バス事件（仮処分差戻審）判決[157]では「合理的制限」、また朝日新聞社事件判決[158]では「合理的な理由」、「権利の濫用」、そして秋北バス事件（本訴控訴審）判決[159]では「客観的妥当性」、「信義則・権利濫用」などの概念や法理が言及された。そして、「合理的制限」、「合理的理由」、「客観的妥当性」などは、信義則や権利濫用という伝統的法概念による処理を導くための重要な媒介要素となっている。

3 小括——法規説裁判例と就業規則変更問題の処理

(1) 法規説の立場に立つ裁判例は、「就業規則が一つの法的規範として使用者をも拘束するので一方的に変更できない」とするものもあるが、「法令・労働協約に反しない限り使用者による就業規則の一方的な変更を認める」とするものが多い。また、協議条項や同意条項が存在する場合に使用者による就業規則の一方的な変更が有効であるかどうかについては見解が分かれており、最高裁は有効説を採っていた。

この中において注目すべきは、法規説を採る裁判例の中に、就業規則変更の拘束力に関する秋北バス事件大法廷判決の合理性説の萌芽があることである。

まず、トヨタ自動車事件決定[160]は、一方では、同意条項が存在するために使用者は労働組合の同意を得ずに就業規則を変更し得ないが、他方では、もしその変更が「何人においても首肯すべき合理的根拠をそなえる場合」には労働組合はその同意を拒否し得ず、もし労働組合が不法にその同意を拒絶すれば同意権の濫用となる、としている。要するに同決定は、使用者による就業規則の変更が「合理的根拠」をそなえれば、労働組合の同意を得なくても就業規則を変更することができる、としている。また、日本放送協会事件

---

[157] 前掲秋田地裁大館支判昭和35年1月25日。
[158] 前掲大阪地判昭和36年7月19日。
[159] 前掲仙台高裁秋田支判昭和39年10月26日。
[160] 名古屋地決昭和25年6月24日労民集1巻4号670頁。

決定[161]は,「合理的根拠」を欠く場合,就業規則の解釈に関する一定の基準を不利益に変更し得ない,としている。これらの裁判例は,必ずしも「合理的」という言葉を意識的に用いたとはいえず,したがって,「合理性説」が昭和25（1950）年にすでに生まれていたとまではいえない。しかし,「就業規則を変更できない」という「不都合」を想定したうえ,「合理的根拠」を用いて,使用者が就業規則を合理的に変更して労働者を拘束しうる,という考え方は,ここに窺うことができ,これは合理的変更法理に通じる論法として注目に値する。

(2) 以上のような秋北バス事件大法廷判決の合理性説の萌芽は,昭和30年代半ばには,より明確な姿をとっていった。まず,昭和35（1960）年の秋北バス（仮処分差戻審）事件判決[162]は,就業規則は経営権の作用として使用者が一方的に制定・変更しうるとしながら,法令または労働協約に違反しない場合においても労働者保護の精神に鑑みて一定の「合理的制限」に服すべきである,と判示した。この判決は,本訴の控訴審判決の理論的な土台となり,かつ大法廷判決の多数意見の土台にもなったと指摘され[163],そして大法廷判決の「合理性」の判断に影響を与えたと思われる[164]。また朝日新聞社事件判決[165]は,社会通念上是認しうる「合理的な理由」を欠く定年制を設置することは,本来公共の福祉に適合して行使すべき企業経営権の範囲を逸脱し「権利の濫用」として許されない,と判示した。そして,秋北バス（本訴控訴審）事件判決[166]は,「就業規則は法令又は労働協約に違反してはならないことはもちろん,労働法における労働者保護の精神にかんがみ社会通念上是認されるような客観的妥当性を要するものというべく,その就業規則の制定,変更にあたり労使の信義則に反し権利濫用となるようなことがあってはならない」と説いて,「客観的妥当性」,「信義則・権利濫用」など使用者に

---

[161] 東京地決昭和25年7月26日労民集1巻4号616頁。
[162] 秋田地裁大館支判昭和35年1月25日労民集11巻1号43頁。
[163] 中山和久『就業規則の作成と運用』（総合労働研究所,1970年9月）210頁参照。
[164] 秋田成就「就業規則の一方的変更とその法的効果——秋北バス事件とその後の判例理論の展開」社会労働研究18巻2号（1972年3月）68頁参照。
[165] 大阪地判昭和36年7月19日労民集12巻4号617頁。
[166] 仙台高裁秋田支判昭和39年10月26日労民集15巻5号1137頁。

よる就業規則の作成・変更についての限界を言及した。

この3つの裁判例における「合理的制限」、「合理的理由」、「客観的妥当性」などは、信義則や権利濫用という伝統的法概念による処理を導くための重要な媒介要素となっている。このように、「合理性説」は、昭和20年代に萌芽ができ、30年代にはより明確に成長し始めていたといってもよい。

Ⅲ 契約説を採った裁判例と就業規則変更問題

(1) 昭和43（1968）年の秋北バス最高裁判決に至るまでの間に、契約説の立場に立つと理解できる裁判例は、①中川煉瓦製作所事件の大津地裁決定[167]および大阪高裁決定[168]、②昭和電工事件東京高裁判決[169]、③洞海産業事件福岡地裁小倉支部決定[170]などである。

(2) 初めて契約説の考え方を採った裁判例は、昭和25（1950）年の中川煉瓦製作所事件大津地裁決定である。同決定は、就業規則の法的性質を説明してはいなかったが、就業規則の「出来高給」に関する部分の変更の効力については、「使用者が就業規則を既存の労働契約よりも不利な労働条件に変更することはもとよりその自由であり、而もそのことによって既存の労働契約には何ら影響なく、労働者は既存の労働契約による権利義務を保有する」としたうえ、本件の事案ではY会社による「出来高給」に関する部分は労働契約の内容になっていないので変更が有効であると判断した。労働組合の組合長を含むXらは、この大津地裁の決定を不服とし、大阪高裁に抗告を申し立てた。大阪高裁は、就業規則の法的性質については説明せずに、「労働基準法第93条は就業規則で定める賃金よりも不利な賃金を労働契約で定めることを禁止すると同時に、既存の労働契約で定める賃金よりも不利な賃金を就業規則で定めることも禁止しているものと解する」と述べたうえ、Y会社のなした出来高給に関する就業規則の変更はXらに対しその効力がないと判断した。この大阪高裁決定は、法規説に属すると理解されたことがある[171]が、

---

[167] 大津地決昭和25年10月13日労民集1巻5号875頁。
[168] 大阪高決昭和26年3月9日労民集2巻1号89頁。
[169] 東京高判昭和29年8月31日労民集5巻5号479頁。
[170] 福岡地裁小倉支決昭和43年7月5日判タ226号134頁。

就業規則が事実上労働契約の内容を決定していることに着目しつつ，契約の原理を徹底しようとする趣旨であると考えられる(172)。

昭和29(1954)年に至り，契約説の代表である昭和電工事件東京高裁判決(173)が登場した。本件の事実概要は次の通りである。Y会社は，昭和27年10月21日施行の旧就業規則に「賞与は毎期末に於て，各人基準内賃金1ヶ月分を支給する」と規定していた。しかしながらY会社は，Z労働組合の反対意見があるにもかかわらず，昭和28年6月1日付で旧規定を「業務に応じて半期毎に賞与を支給することがある」と改正し，同年度上半期の賞与を従業員に支給した。そこで従業員Xら3名は，旧規則の時よりも賞与が少ないとして，旧規則による賞与との差額の支払を請求した。

1審の東京地裁判決(174)は，就業規則について法規説を採ってY会社の主張を支持し，Xらの請求を棄却した。これに対し東京高裁判決は，「労働者は使用者との……労働契約〔において〕……，予め使用者が一般的に定めて提示する就業規則を一括して受諾し，その就業規則に定めるとおりの，しかして使用者が企業運営の必要に基づき就業規則……を合理的に変更する場合にはこれによって変更されるとおりの労働条件に従って就労すべき旨，換言すれば使用者側で定めるとおりの賃金その他の労働条件を以て労働力を売り渡す旨を，明示若しくは黙示的に合意するのが一般の事例であって，その結果就業規則に定める労働条件は労働契約の内容をなし，就業規則にして変更されるときは労働契約の内容も亦従って当然に変更を受けることになる」という独特の契約説（就業規則による労働条件変更を許容する契約説）を表明した。同判決は，本件においては特段の事情がないので，労働契約は従来旧就業規則がその内容をなしていた部分について当然に新就業規則の定めるとおりに変更されたものである，と判断して，Xらの控訴を棄却した。当時この判決はかなり注目されていたが，その後の裁判例の大勢は，やはり三井造船事件最高裁決定(175)の見解に従うものとなった。

───────────────────────

(171) 駒田駿太郎・百選33頁参照。
(172) 柳川真佐夫ほか『全訂判例労働法の研究（上巻）』（労務行政研究所，1959年10月）171頁（高島良一執筆）。
(173) 東京高判昭和29年8月31日労民集5巻5号479頁。
(174) 東京地判昭和29年1月21日労民集5巻1号29頁。

また，昭和43（1968）年の洞海産業事件決定[176]は，就業規則の法的性質を説明しなかったが，「就業規則中従業員にとって重要な労働条件の変更も，それ自体としては有効であるが，右変更はただちに既存の労働契約の内容を変更するものではなく，当該従業員自身が右就業規則変更に同意することによって，既存の労働契約の内容となるものと解すべきである」と述べて，本件において労働者が既存の労働契約上出向に応ずべき義務を負っていなかったから，就業規則の一部変更により出向義務が明文化されても，このような労働条件の重要な変更は労働者の同意がない限り労働者に対し効力がない，と判断した。

(3) 契約説の立場を採るこれらの裁判例にも，秋北バス事件大法廷判決の合理性理論の萌芽がみられる。すなわち，昭和電工事件東京高裁判決は，労働契約を締結する際に労働者は，就業規則を一括して受諾し，その就業規則に定めるとおりの，しかして使用者が企業運営の必要に基づき就業規則を「合理的に変更する」場合にはこれによって変更されるとおりの労働条件に従って就労すべき旨，明示もしくは黙示的に合意するのが一般の事例である，としている。このような論理構成は，後述するように，下井隆史教授の「合理的変更への事前の黙示承諾説」によって支持されている[177]。このような「事例」が一般的に存在しているか否かは格別，「使用者が就業規則を合理的に変更」できるとする考え方は，大法廷判決の合理性理論の萌芽であるといえよう。

Ⅳ 二分説を採った裁判例と就業規則変更問題

二分説の立場に立つ裁判例は，理研発条鋼業事件決定[178]および理化学興業事件決定[179]のみであり，いずれも昭和25（1950）年の東京地裁の決定である。

---

[175] 最二小決昭和27年7月4日民集6巻7号635頁。
[176] 福岡地裁小倉支決昭和43年7月5日判タ226号134頁。
[177] 下井教授の所説については，本稿第3章第1節Ⅰ3(1)参照。
[178] 東京地決昭和25年7月31日労民集1巻追録1314頁。
[179] 東京地決昭和25年12月28日労民集1巻6号1078頁。

理研発条鋼業事件決定は、就業規則に規定される事項を、①職務秩序（職制）の確立、②職場秩序維持のための制度（服務規律とその違反に対する制裁）の設定、③職場における労働設備（広い意味の労働条件）の管理、④賃金、労働時間等（狭義の労働条件）の画一的決定、に分けて、④が当事者の合意によって決定されるべきものであり、①ないし③が使用者の一方的に決定しうる事項である、としている。また、労働条件の画一的決定は、事実上の必要に基づいて行われているものにすぎない、という。そして、就業規則変更の限界は、「(1)法令及び労働協約に違反しないこと（労基法第92条）、(2)労働契約を労働者の不利益には変更しないこと（同法第93条）、(3)団体交渉義務に違反しないこと（労組法第7条第2号参照）」であるとしている。したがって、「労働協約または就業規則に定める労働条件が労働契約の内容となった場合には（労働組合法第16条、労働基準法第93条）就業規則所定の労働条件を労働者の不利益に変更しても、労働契約の内容は、これ〔に〕より変更を受けないと解することができる」と述べた。また、「事前の通告及び協議なしに労働条件を決定または変更することは、団体交渉の拒否であり、従って、法律上効力を生じない」とも判示した。以上を踏まえて同決定は、就業規則の変更に関する協議条項は、労働条件に関する限り当然のことを規定しているのみならず、Y会社が自己の意思に基づいて制限したものであるから、決してY会社のいわゆる経営権を不当に制約するものではなく、有効である、と結論づけた。

また理化学興業事件決定は、「就業規則中労働条件……の基準を定める部分は、個々の労働契約に対して直律的効力をもつものであるから……、その変更は、労働協約によるか、又は労働契約の相手方たる労働者との合意によるものでない限り、許されない。……けだしこの事は契約原理当然の帰結である。……その余の部分は、本来経営権の専権に属する範囲であるから、法令または労働協約にてい触しない限り使用者において一方的に変更しうる」という二分説の見解を表明した。そのうえで、「〔同意条項〕は労働条件についての基準を定めた部分については当然のことを規定したものに過ぎないが、それ以外の本来使用者に属する労務指揮、職場内の秩序維持、施設保管、経営の仕方などに関する条項の変更についてはたとい使用者が組合の同意を得て行う旨明文を以て表示したとしても、かかる規定の自律性に永久的拘束力

をもたせることは労働協約における同種約款との対比において権衡を失するのみならず，就業規則本来の性質を逸脱するものといわなければならない」と判示した。要するに，同意条項が存在しているかどうかには関係なく，使用者は，労働条件の基準を定める部分は一方的に変更し得ないが，法令または労働協約に抵触しない限り労働条件以外の部分は一方的に変更し得る，と述べたのである。

これら二分説の裁判例においては，秋北バス事件大法廷判決の合理性理論に通じる考え方は見当たらないようである。

V 学説による影響

上記のように，秋北バス事件最高裁大法廷判決以前においては，法規説と契約説を中心とした学説の複雑な対立を反映して，就業規則に関する裁判例は理論的に多様であったが，そのなかで秋北バス事件大法廷判決が打ち出した「合理的変更法理」の萌芽と見られる考え方を示す裁判例が見られるようになっていた。そして，それらの考え方は，当時多岐にわたる学説から一定の影響を受けたのではないかと推測される。

すなわち，山本博弁護士[180]および石川吉右衛門教授[181]ならびに浜田冨士郎教授は，大法廷判決の判例理論と末弘説との間に一定の関連があることに言及した。浜田教授によると，合理性理論はひとまず最高裁の創造になるものであるという認識は基本的に正しいが，必ずしも独創的ではなかった。最高裁が秋北バス判決において合理性理論を提示する際に参考とし，そこから重要なアイディアを引き出すモデルとなったのは末弘説であった，と指摘している[182]。後に，籾井常喜教授も最高裁の合理性理論と末弘説との関連を

---

[180] 山本博「就業規則変更の効力――秋北バス最高裁判決をめぐって」労旬698号（1969年3月）14頁。

[181] 石川教授は，法的性質について「民法92条への言及した部分以外は，末弘説がそのまま採用されているように見える」と述べた。（色川幸太郎＝石川吉右衛門編『最高裁労働判例批評(2)民事篇』〔有斐閣，1976年4月〕490頁）。

[182] 浜田冨士郎「就業規則法制の展開過程と就業規則法理(下)」日本労働協会雑誌356号（1989年5月）57～58頁注4，浜田55頁注4および99～100頁。

示唆しており⁽¹⁸³⁾，大内伸哉教授も判例理論への末弘博士の影響に言及した⁽¹⁸⁴⁾。

末弘博士の見解においては，就業規則の内容が法的効力を与えるに相応しいものでなければならないという考え方がとられており，これが前記のような秋北バス事件大法廷判決の萌芽たる裁判例に取り入れられ，秋北バス事件大法廷判決に連なっていたと見ることができる。また，秋北バス事件大法廷判決の理論に連なっていた裁判例の背景としては，末弘博士の見解の外にも，二三の学説に注意を払うべきであろう。

まず，使用者による就業規則の一方的な変更に対して歯止めをかける道具の一つとして，松岡教授⁽¹⁸⁵⁾および野村教授⁽¹⁸⁶⁾によって主張された「既得権の理論」が挙げられよう。

次いで，孫田博士は，「信義誠実の原則」を用いて，使用者の就業規則の制定・変更権に一定の歯止めをかけた⁽¹⁸⁷⁾。すなわち孫田博士は，使用者が就業規則を制定・変更するに当たって労働者側の同意を得る必要はないが，使用者が就業規則の制定・変更権を濫用することは許されないので，信義誠実の原則に著しく触れない限りで使用者はその制定・変更権を行使しうる，と主張していたのである。

さらに，沼田博士も，使用者による就業規則の一方的な変更に対する制限について，「使用者が……労働条件を改悪するということは特に合理的な理由がないばあいは経営指揮権ないしは契約自由の濫用であると解すべき」と

---

(183) 籾井常喜「就業規則論における「末弘理論」と「沼田理論」」労旬1339号（1994年7月）4～5頁，同「就業規則の変更と『合理性』基準」労旬1346号（1994年10月）4～5頁，同「戦後労働法学説史研究会の記録③　労働法の権力的再編に対する理論対応と労働法学の原型の形成(1)」労働法律旬報1366号（1995年8月）29頁など参照。

(184) 大内24～25頁。

(185) 松岡三郎「就業規則の効力をめぐる最近の諸問題」労旬13号（1950年3月）3頁，同「就業規則と労働契約との関係について」季労15号（1955年3月）170頁。

(186) 野村平爾「就業規則の本質」労旬35号（1950年10月15日）5頁，同『野村平爾著作集第3巻　団体交渉と協約闘争』（労働旬報社，1978年6月）149～150頁。

(187) 孫田秀春「就業規則の労働条件規定は使用者が一方的に変更し得るか」討論労働法21号（1953年10月）8頁。

述べて[188]、「合理的な理由」さえあれば、使用者が就業規則を不利益に変更することも可能である、と示唆していた。また沼田博士は、就業規則の内容が公序良俗に反し、または資本所有権の濫用と認められる場合、法的効力は否定される、と説いていた[189]。なお、同博士は、就業規則の内容も、その運営も、またその変更・修正にしても、保護法の目的や原理に矛盾するかぎり、法的なサンクションをうけることができない、と説いて、「保護法の目的や原理」を強調した[190]。これらの、「合理的理由」、「公序良俗」、「資本所有権の濫用」、「保護法の目的や原理」などの論法は、就業規則の合理性審査の基準として「合理性理論」に通じる考え方であるといってもよいであろう。

以上の学説は、社会自主法説であれ、経営権説であれ、保護法授権説であれ、いずれも法規説の立場を採ったものであり[191]、使用者の就業規則の制定・変更権の濫用を防止して労働者の利益を保護するために、「公序良俗」、「既得権理論」、「信義誠実の原則」、「合理的理由」、「資本所有権の濫用」、「保護法の目的や原理」などの概念を用いて様々な模索を行っていた。実証することは困難であるが、当時およびその後の下級審裁判例はこれらの学説に何らかの影響を受けたと推測することができよう[192]。

---

[188] 沼田稲次郎「就業規則の法的性質」学会誌 4 号（1954年 4 月）15頁、同『就業規則論』（東洋経済新報社、1964年11月）119頁。

[189] 沼田・前掲学会誌 4 号19頁、同・前掲『就業規則論』123頁。

[190] 沼田・前掲『就業規則論』177頁。

[191] 契約説の一種である「事実たる慣習説」を主張していた石井照久博士は、個別的な労働契約の内容となった就業規則の条項の解釈に当たり、「合理的」という言葉を用いて、「多数の個別的労働契約の共通の内容となるべき就業規則の各条項の解釈として、特定の工場・事業場における労働者一般が、客観的に、かつ合理的に、いかなる意味内容を期待するかということに基準をおくべきである」と述べた。（石井照久「就業規則論」私法 8 号〔1952年11月〕29頁、同『労働法の研究Ⅱ　経営と労働』〔有信堂、1967年10月〕116～117頁）。

[192] なお、以上の諸説のほか、石崎政一郎教授は、就業規則の条項を契約条項および契約関係外条項に二分し、契約条項の部分は労働者の包括的承諾によって法的拘束力を生ずるが、当該条項が合理的なものであることを要する、としていた（石崎政一郎「契約定型と附合契約」『杉山教授還暦祝賀論文集』〔岩波書店、1942年11月〕239頁参照）。しかしこの主張は、戦後の下級審裁判例に影響を与えたとは推測できない。

例えば，「既得権理論」が用いられたのは，学説において昭和25（1950）年のことであり，裁判例において昭和28（1953）年の東洋精機事件[193]である。また，「信義誠実の原則」は，昭和28年に孫田博士によって言及され，昭和39（1964）年の秋北バス事件控訴審判決[194]においても用いられた。なお，「合理的理由」・「権利濫用」が昭和29（1954）年に沼田博士により用いられたが，他方，裁判例においては，昭和35（1960）年の秋北バス事件（仮処分差戻審）[195]における「合理的制限」，昭和36（1961）年の朝日新聞社事件[196]における「合理的な理由」・「権利の濫用」，昭和39年（1964）の秋北バス事件控訴審判決[197]における「客観的妥当性」・「権利濫用」，昭和43（1968）年の上智学院事件[198]における「合理的理由」，などがある。このように，各裁判例に先行して学説が登場していることは，裁判例に対する学説の影響を推測させよう。また，秋北バス事件控訴審判決[199]における「客観的妥当性」は，末弘説の具体的判断基準である「當該規則が適当であること」にも通じるものである。

Ⅵ　小　括

　以上を踏まえると，秋北バス事件大法廷判決に至るまでの裁判例における就業規則法理は次のようにまとめることができよう。

---

[193]　神戸地裁尼崎支決昭和28年8月10日労民集4巻4号361頁。
[194]　仙台高裁秋田支判昭和39年10月26日労民集15巻5号1137頁。
[195]　秋田地裁大館支判昭和35年1月25日労民集11巻1号43頁。
[196]　大阪地判昭和36年7月19日労民集12巻4号617頁。
[197]　仙台高裁秋田支判昭和39年10月26日労民集15巻5号1137頁。
[198]　東京地判昭和43年6月29日判タ229号219頁。上智学院事件は，Y大学が，多数の老齢教職員の雇用をそのまま続けることは財政上許されない状態にあり，新進気鋭の後進に道を譲ってもらうこと等の理由から，本件65歳定年制を新設した事案である。東京地裁は，本件定年制の新設については一応合理的理由の存在を首肯できないことはなく，かつY大学が不当・不法な意図によって本件定年制を新設したとは認められないことなどから，本件定年制の新設が無効ではない，と判断した。本件における「合理的理由」とは，定年制新設の必要性があること，かつX以外の教職員および組合に異議がなかったことなどである。これは，大法廷判決の合理的変更法理に通じる考え方ともいえよう。
[199]　仙台高裁秋田支判昭和39年10月26日労民集15巻5号1137頁。

第3節　秋北バス事件判決までの裁判例　63

　まず，就業規則の法的性質に関しては，初期の裁判例は法規説の立場を採ったものが最初に登場して主流となり，その後，二分説や契約説の立場に立つ裁判例が相次いで登場した。昭和27（1952）年に至って，最高裁は三井造船事件において法規説の一種である経営権説の見解を採った。以後の下級審の裁判例の大勢としては，やはり最高裁の見解に影響されて法規説を採ったものが多かった。

　また，就業規則の不利益変更に関する処理方法については，多岐に分かれていた[200]。

　注意すべきは，これらの裁判例においては，大法廷が定立した判例法理の萌芽と成長が見られることである。まず，トヨタ自動車事件名古屋地裁判決[201]や日本放送協会事件東京地裁決定[202]は「合理的根拠」に言及し，使用者が就業規則を合理的に変更して労働者を拘束しうるという考え方が窺われる。また，秋北バス事件秋田地裁大館支部判決[203]の「合理的制限」，朝日新聞社事件大阪地裁判決[204]の「合理的な理由」，秋北バス事件仙台高裁秋田支部判決[205]の「客観的妥当性」などは，信義則や権利濫用による処理を導くうえで重要なファクターとして登場しており，「合理性説」は昭和30年代以降すでに生まれていたといってもよい。以上の法規説の立場に立つ裁判例のほか，昭和電工事件東京高裁判決[206]および上智学院事件[207]においても，大

---

[200]　なお，法的性質が不明である裁判例としては，駐留軍基地事件・東京地判昭和35年8月31日労民集11巻4号906頁，および前掲上智学院事件・東京地判昭和43年6月29日がある。
　　　駐留軍基地事件判決は，間接雇用者（基地の消防士）の給与額が「給与基準表」の枠を超えて支給されていたが，超過部分に関する資金の償還をしない旨の駐留軍からの通告があったので，国がその後の給与を減額したことは，労働条件の一方的変更に当たって許されない，としている。本件では，就業規則には全く言及されておらず，その法的性質および変更についてどのような法的構成を採ったかは不明である。
[201]　名古屋地決昭和25年6月24日労民集1巻4号670頁。
[202]　東京地決昭和25年7月26日労民集1巻4号616頁。
[203]　秋田地裁大館支判昭和35年1月25日労民集11巻1号43頁。
[204]　大阪地判昭和36年7月19日労民集12巻4号617頁。
[205]　仙台高裁秋田支判昭和39年10月26日労民集15巻5号1137頁。

法廷判決の合理性判断に通じる考え方が見られる。

　他方，秋北バス最高裁大法廷判決の，就業規則の作成・変更によって既得の権利を奪うことは原則として許されないという部分に関連しては，すでに東洋精機事件決定[208]が「既得権理論」（有利性原則）を用いて労働者の利益の保護を図ろうとしていた点が注目される。

　こうして，大法廷判決までの下級審裁判例において「合理性説」，「既得権説（有利性原則）」などを用いたものが見られ，秋北バス事件大法廷判決の判例法理の諸要素がすでに出揃っていたといえよう。

　他方，学説においては，「公序良俗」，「既得権理論」，「信義誠実の原則」，「合理的理由」，「資本所有権の濫用」，「保護法の目的や原理」などが用いられ，労働者を保護するために様々な模索が行われていた。これらの学説は，当時およびその後の下級審裁判例に何らかの影響を与えたと推測することができよう。

　こうして，秋北バス事件大法廷判決による就業規則法理の淵源については，まず①就業規則の法的性質論としては法規説とりわけ経営権説が主流であったこと，しかし②就業規則の変更問題については，法規説による割切りはなされず，各説ともに種々の模索がなされたこと，さらに③その中には，秋北バス事件大法廷判決に通じる考え方を採る裁判例がいくつか見られ，これら裁判例は学説からも何らかの影響を受けていたと推測できること，などの結論が得られよう。

---

[206]　東京高判昭和29年8月31日労民集5巻5号479頁。
[207]　東京地判昭和43年6月29日判タ229号219頁。
[208]　神戸地裁尼崎支決昭和28年8月10日労民集4巻4号361頁。

第4節　秋北バス事件判決

Ⅰ　秋北バス事件大法廷判決の登場

　上記のように，就業規則の法的問題については学説や裁判例において見解が分かれていたが，昭和43（1968）年12月に秋北バス事件大法廷判決[209]が登場し，注目を浴びた。

1　事実関係および下級審判決
(1)　事実関係
　秋北バス事件の事実関係は次の通りである。
　上告人Xは，昭和20年9月に被上告人Y社に入社し，その後ある営業所の次長にまで昇進した。Xの入社当時，Y社には従業員の停年に関する定めがなく，昭和30年7月，一般職種の従業員を対象として，「従業員は満50歳を以て停年とする。停年に達したるものは辞令を以て解職する。但し，停年に達したるものでも業務上必要有る場合，会社は本人の人格，健康及び能力等を勘案して詮衡の上臨時又は嘱託として新に採用する事が有る」との就業規則条項が制定・施行されたが，Xのような主任以上の職にある者に対しては適用されなかった。しかし，昭和32年4月に至り，右条項本文は，「従業員は満50歳を以て停年とする。主任以上の職にあるものは満55歳を以て停年とする。停年に達したるものは退職とする」と改正された。Xは，この条項に基づき，すでに満55歳の停年に達していることを理由として，Y社から退職を命ずる旨の解雇通知を受けた。ただしY社は，解雇後も引き続きXを嘱託として採用する旨を申し出た。Xら中堅幹部の組織する「輪心会」の会員の多くは，この改正を後進に道を譲るためのやむを得ないものであるとして承認したが，Xは，55歳停年制を定めたこの条項について同意したことはなく，

---

[209]　最大判昭和43年12月25日民集22巻13号3459頁。

この改正規定は自分には効力が及ばないとして，Y会社に対し従来通りの雇用関係が存在することの確認を求めて，本訴を提起した。

(2) 下級審判決

1審の秋田地裁判決[210]は，本件の就業規則変更が無効であると判断した。その理由として，使用者は就業規則を一方的に変更しうるが，既存の労働契約の内容を不利益に変更する場合には当該労働者の同意が必要である，という。これに対し，控訴審の仙台高裁秋田支部判決[211]は，使用者は就業規則の変更を労働者の同意を必要とせずに一方的になしうるし，定年制の新設は合理性があって社会通念上是認できる措置である，と判示した。Xは，この控訴審判決を不服として最高裁に上告した。

2　多数意見の判旨

最高裁は，就業規則の法的性質に関する独自の理論を構築し，また不利益変更問題についても独自の「合理的変更」理論を打ち出した。

まず，就業規則の法的性質については，「労働条件を定型的に定めた就業規則は，一種の社会的規範としての性質を有するだけでなく，それが合理的な労働条件を定めているものであるかぎり，経営主体と労働者との間の労働条件は，その就業規則によるという事実たる慣習が成立しているものとして，その法的規範性が認められるに至っている（民法92条参照）ものということができる。……当該事業場の労働者は，就業規則の存在および内容を現実に知っていると否とにかかわらず，また，これに対して個別的に同意を与えたかどうかを問わず，当然に，その適用を受けるものというべきである」という極めて理解しにくい法的性質論を述べている。

そして，就業規則の不利益変更については，「新たな就業規則の作成又は変更によって，既得の権利を奪い，労働者に不利益な労働条件を一方的に課することは，原則として，許されない……が，労働条件の集合的処理，特にその統一的かつ画一的な決定を建前とする就業規則の性質からいって，当該規則条項が合理的なものであるかぎり，個々の労働者において，これに同意

---

[210]　秋田地判昭和37年4月16日労民集13巻2号459頁。
[211]　仙台高裁秋田支判昭和39年10月26日労民集15巻5号1137頁。

しないことを理由として，その適用を拒否することは許されない」と判示し，「合理的変更」理論を打ち出した。要するに最高裁は，就業規則の変更による労働条件の一方的な不利益変更は原則として許されないが，変更された条項が合理的なものであれば，変更に対して反対する労働者をも拘束する，としている。そして，これに対する不服は「団体交渉等の正当な手続による改善にまつほかはない」と述べている。

さらに，停年制の新設については，「労働契約に停年の定めがないということは，ただ，雇用期間の定めがないというだけのことで，労働者に対して終身雇用を保障したり，将来にわたって停年制を採用しないことを意味するものではなく，俗に『生涯雇用』といわれていることも，法律的には，労働協約や就業規則に別段の規定がないかぎり，雇用継続の可能性があるということ以上には出でないものであって，労働者にその旨の既得権を認めるものということはできない」と述べて，定年制の新設がXの既得権侵害にはならないとした。そのうえで，「およそ停年制は，……一般的にいって，不合理な制度ということはできず，本件就業規則についても，新たに設けられた55歳という停年は，わが国産業界の実情に照らし，かつ，被上告会社の一般職種の労働者の停年が50歳と定められているのとの比較権衡からいっても，低きに失するものとはいえない」と説き，次いで，本件就業規則条項には代替措置があり，ほかの「輪心会」会員の多くも新条項を認めていることを指摘した。

最後に最高裁は，以上のことを総合考較すれば，「本件就業規則条項は，決して不合理なものということはできず，同条項制定後直ちに同条項の適用によって解雇されることになる労働者に対する関係において，被上告会社がかような規定を設けたことをもって，信義則違反ないし権利濫用と認めることもできないから，上告人は，本件就業規則条項の適用を拒否することができないものといわなければならない」という結論を述べている。

3 反対意見からの批判

この大法廷判決において，横田正俊，大隅健一郎，色川幸太郎の3人の裁判官は，契約説の立場に立ったうえで，上記の多数意見に対して反対意見を出した。

横田裁判官および大隅裁判官は，まず，契約の本質論から，就業規則により一方的に決定・変更する労働条件が当然に労働契約の内容となって労働者を拘束するという見解はたやすく認めることはできないとした。また，就業規則と労働契約の関係については，「就業規則は，これに基づいて個々の労働者との間に労働契約が締結されることを予定して使用者が作成する規範であって，そのままでは一種の社会的規範の域を出ないものであるが，これに基づいて労働契約が締結されてきたというわが国の古くからの労働慣行……は単なる事実たる慣習にすぎないものであり，法たる効力を有するに至ったものとはとうてい認められないので，法律的にこれを観れば，社会規範たる就業規則は労働者の合意によってはじめて法規範的効力を有するに至るものと解するのが相当である」と説いた。そして，就業規則の変更に対し労働者の異議がない場合にはその変更に合意したものと解せるが，労働者に異議がある場合には，使用者は異議のある労働者に対してはその変更をもって対抗しえない，としている。もし，異議の有無により労働者の間に労働条件の統一・画一が維持されない不都合が生じても，「その不都合は，法規範的効力のない就業規則の改正によって安易に事を処理しようとした使用者においてその責を負うべきもののように考える」と述べた。

　かくして両裁判官は，「新たに……停年制を定める本件就業規則の改正は，どのような意味においても，既存の労働条件を上まわる基準を定めたものとは解されないから，基準法93条の適用を論ずる余地はなく，上告人が右改正規定に異議がないとは認められない本件においては，右改正規定は，上告人に対しては，その適用がない」という結論を述べている。

　また，色川裁判官は，上記の横田・大隅両裁判官の反対意見に概ね賛成し，次のように説いた。

　まず，「事実たる慣習は，契約を補充する作用を有するにすぎず，当事者がこれによる意思を有していたと認められたときに，はじめて，その慣習が法源となるにとどまる……（民法92条）……。前示の事実たる慣習が，法的規範となるためには，労使の一般的な法的確信によって支持せられ，両者の規範意識に支えられていることのために，契約当事者に対して強行せられるものでなければならないのである。もともと労働条件は，『労働者と使用者が，対等の立場において決定すべきもの』（労働基準法2条。以下，基準法と

いう。）である。これは，ひとり国家による要請であるのみならず，漸次成長しつつある労働者の規範意識であると認めることができるのである。したがって，労働条件が使用者の一方的に定める就業規則による，という事実たる慣習は，法的確信の裏付けを欠くが故に，とうてい法的規範たり得るものではない」とし，多数意見が民法92条を引用ししただけで，事実たる慣習が成立していることから直ちに法的規範性の存在を認めていることには納得し難い，と述べた。そして，就業規則の法的性質を法的規範とする場合は，それが適法に変更されれば契約内容も変更されるはずであって，多数意見が，就業規則の一方的変更によって労働条件を不利益に変更することは原則としてできないとする一方，その変更が合理的であれば，労働者側の不同意にかかわらず許されるとしている根拠は疑問である，という。

　次いで，就業規則の変更については，「もともと，労働契約締結の際に存在した就業規則所定の労働条件部分は，契約の内容に化体したものであるから，一旦成立，確定した契約内容を，当事者の一方がほしいままに変更しうべき道理はないのである。就業規則所定の労働条件部分を一方的に変更し，これを公にする行為は，既成の契約内容を変更したいという申入れ以外の何ものでもない。相手方たる労働者がこれに同意を与えない以上，当該変更部分は法律的拘束力を生じないのである」と説いて，労働者側が就業規則の変更に対して同意を与えない場合には，その部分は反対する労働者に対して拘束力を有しない，とした。なお，変更に対する労働者の同意は暗黙の同意でもよいと述べている。

　そして，同裁判官は，本件のような停年制の新設はXにとって労働条件の不利益変更に当たるとし，肉体労働者と管理職とを区別せずに一律に実施される「55歳停年制を合理的だとする多数意見には疑なきを得ない」と結論づけた。

II　学説からの批判と内在的理解・検討

1　学説からの批判

　秋北バス事件大法廷判決は，昭和27（1952）年の三井造船事件最高裁決定の経営権説の考え方とは明白に異なる。このプリミティブな経営権説を採ら

なかった点は評価されたところである(212)。しかしながら，大法廷判決の判旨は，当初から「説得力のない」「支離滅裂な論理の展開」(213)，「きわめてずさんでお粗末な理論を提示するだけでお茶をにごしている」，「最高裁判事諸公の不勉強をきびしく責めざるを得ない」(214)，「雑炊のようなもの」(215)，「論旨曖昧，企業傾斜の論法」(216)，「学説の雑炊の如き論旨曖昧，企業傾斜の判断の不当性は判例に汚点を残すもの」(217)などの酷評を加えられ，現在に至るまで学説上批判され続けている。

まず，就業規則の法的性質については，「この事件についての最高裁判決の立場は従来の学説をミックスした雑炊のようなものである。体系的に論旨一貫しているわけではなく，あるところは法規説的に，あるところは各種の契約説をまぜ合わせた奇妙なものになっている」という批判があった(218)。学者による批判の焦点は，反対意見と同様に，「事実たる慣習の成立から法規範を認めることを導き出す」という点にあった。すなわち，多数意見が「就業規則によるという事実たる慣習が成立しているものとして，その法的規範性が認められるに至っている（民法92条参照）ものということができる」と述べたのは，論理上誤っているというのである。確かに，反対意見と学説が批判するように，民法92条は意思表示の解釈に関する規定であり，反対の意思を明確に表示した労働者に対して拘束力を生ぜしめるものではないから，「法的規範性」を基礎づけることはできない(219)。この点について，契約説の

---

(212) 本多淳亮「最高裁と就業規則論——43・12・25秋北バス事件大法廷判決を契機として」法セ156号（1969年3月）43頁，山本吉人「就業規則の一方的変更とその効力——最高裁判決（大法廷昭43・12・25判）について」ジュリ419号（1969年3月）70〜71頁，野村平爾「就業規則の法的拘束力」『野村平爾著作集第3巻：団体交渉と協約闘争』（労働旬報社，1978年6月）151〜152頁（『月刊労働問題』1969年3月号所掲）。
(213) 本多・前掲法セ156号39頁。
(214) 本多・前掲法セ156号43頁。
(215) 川口實「秋北バス事件」学会誌34号（1969年10月）94頁および96頁，同「就業規則の一方的変更——秋北バス事件・最高裁大法廷判決をめぐって」慶應大学法学研究43巻4号（1970年4月）679頁。
(216) 宮島尚史・3版百選59頁。
(217) 宮島尚史・4版百選53頁。

一種である「事実たる慣習」説を主唱していた石井照久博士も,「民法92条……を根拠に法規範の成立を認めることは無理である。……かりに,そのような場合にまで拡張して,事実たる慣習による法規範の成立を肯定するにしても,就業規則についてこれを認めることは,……労使の合理的な規範意識に反するものとして,妥当でない」と説いて,この多数意見の判旨に反対した[220]。

また,不利益変更に関する多数意見の合理的変更法理に対しては,次のような批判が浴びせられた。まず,最高裁が,「新たな就業規則の作成又は変更によって,既得の権利を奪い,労働者に不利益な労働条件を一方的に課することは,原則として許されない」との原則を打ち出しながら,「労働条件の集合的処理,特にその統一的かつ画一的な決定を建前とする就業規則の性質からいって,当該規則条項が合理的なものであるかぎり,個々の労働者においてこれに同意しないことを理由として,その適用を拒否することは許されない」という例外論に至ることは,理由が不十分で唐突であり,原則と例外論の間の結びつきが明らかにされていない。はたして労働条件の統一的・

---

[218] 川口・前掲学会誌34号94頁,同・前掲慶應大学法学研究43巻4号679頁。その後,川口教授は,大法廷判決の判旨に対して好意的見方に転じるようになった(詳細は,後述の2を参照)。

[219] 本多・前掲法セ156号42頁,山本吉人・前掲ジュリ419号70頁,野村・前掲『団体交渉と協約闘争』153頁,慶谷淑夫「労働組合の統制権の限界と改正就業規則の適用の可否――労働事件についての最高裁の考え方」法律のひろば22巻3号(1969年3月)19頁,川崎武夫「労働者の同意なき場合の就業規則改正の効力」判評124号(1969年5月)127頁,花見忠「55歳停年制を新たに定めた就業規則改正の効力」ジュリ433号(1969年6月)171頁,川口實・前掲学会誌34号94頁,同・前掲慶應大学法学研究43巻4号679頁,中山和久『就業規則の作成と運用』(総合労働研究所,1970年9月)211～215頁,秋田成就「就業規則の一方的変更とその法的効果――秋北バス事件とその後の判例理論の展開」社会労働研究18巻2号(1972年3月)65～66頁,同「就業規則の改正と労働条件」『労働法の判例』(ジュリ増刊・1972年12月)125頁,恒藤武二・民商67巻6号(1973年3月)1023～1024頁,宮本安美「就業規則の変更の効力」片岡曻編『セミナー法学全集13:労働法』(法学セミナー増刊,1975年4月)225頁,佐藤昭夫「就業規則の一方的変更の限界」早稲田法学57巻1号(1981年11月)33～36頁,などを参照。

[220] 石井127頁。

画一的な処理が就業規則の不利益変更を正当化しうるかは疑問であるし，「合理性」を判断基準とすることの法的根拠は明らかではない。そして，合理性の概念とその判断方法およびその判断基準が明確ではないから，「合理性」判断が極めて困難な作業になるだけではなく，裁判官の恣意と個人の価値観によって判断の結果が左右されやすいから，裁判の結果を予測しがたい。そして，契約理論の観点からみれば，合理的変更法理は，個人労働者の契約自由を不当に軽視するものである，等々の批判である[221]。

なお，就業規則による停年制の変更についても，色川裁判官と同様に，停年を何歳とすることに合理性があるかどうかという問題を裁判所が判断しうるか，または判断するのが適切かどうかは疑問であり，これは法律判断をなすという裁判所の機能をこえる事柄であって，むしろ労使間の調整によって解決すべきである，と主張された[222]。

2 大法廷判決に一定の理解を示す見解

ただし，当時においても，大法廷判決の多数意見に理解を示す，次のような論評も見られた。まず，大法廷判決は，従来の最高裁の労働事件に対する態度と異なり，労働関係を新しい視野のもとに柔軟な発想方法をもって取り扱ったものとして，重要な意義をもつとされる[223]。また，「〔大法廷判決は〕

---

[221] 本多・前掲法セ156号43頁，山本・前掲ジュリ419号72頁，慶谷・前掲法律のひろば22巻3号19頁，花見・前掲ジュリ433号171〜172頁，川口・前掲学会誌34号95頁および前掲慶應大学法学研究43巻4号683頁，中山・前掲『就業規則の作成と運用』215〜219頁，秋田・前掲社会労働研究18巻2号68〜69頁および前掲『労働法の判例』125頁，恒藤武二・前掲民商67巻6号1026頁，宮本・前掲『セミナー法学全集13・労働法』226頁，色川幸太郎＝石川吉右衛門編『最高裁労働判例批評(2)民事篇』（有斐閣，1976年4月）490頁（石川教授執筆），などを参照。また，1980年代以降のものとして，佐藤昭夫・前掲早稲田法学57巻1号36〜37頁，蓼沼謙一「就業規則の改定と労働条件の変更——判例・学説の動向の検討」季労133号（1984年10月）46頁，浜田冨士郎「就業規則と労働契約」本多淳亮先生還暦記念『労働契約の研究』（法律文化社，1986年9月）402〜403頁および浜田50〜54頁・79〜80頁・108〜110頁，などを参照。

[222] 花見・前掲ジュリ433号172頁。

[223] 山本博・労旬698号（1969年3月）13頁。

具体的妥当性を追求しようとしており，そのためか結論的には，今少しはっきりしない点もあらわれている。これは，労働事件のむずかしさによるものであろうか。しかし，利害が正面から対立する者の間の法的紛争については，裁判所は，『調停者』としての立場にたつことは妥当でなく，正しい法的判断を明確にしていくべきである」と指摘した学者がいる[224]。なお，「多数意見の考え方は，もともと矛盾する要素をもっているが，いかにも日本の裁判所らしい利益調整的見解に立って結論を導き出しているように思える」というものがある[225]。そして，「多数意見の判旨は，『労働者の合意がないかぎり労働条件の切下げは絶対的に不可能となる』という少数意見の帰結を現実的立場から緩和しようとするところにその真意があるとすれば，それなりに一定の立法政策に沿ったものといえるであろう」とする[226]。そのほか，後に詳述する秋北バス事件の法理への支持論が現れた後には，前述のような強い批判を改めて，「裁判実務においては『合理性』という弾力的な枠組をこしらえておけば，あとはそれぞれの事案の特性に応じた無難な結論をそこに盛り込むこともできよう。その意味では現実的な解決を得るための賢明な方向づけであった」と好意的な見方に転じた学説もあった[227]。

Ⅲ　秋北バス事件大法廷判決の趣旨の再吟味

　就業規則の法的性質に関する多数意見の判旨については，当初は前記のように，首尾一貫しないとの批判が浴びせられ，また後には，約款説や定型契約説と理解する有力な学説も生じた[228]。しかしながら，大法廷判決に対する大方の理解は，当初から多数意見を法規説と解するものであった[229]。そして，その理解は適切であったと評することができよう[230]。その根拠としては，①判旨の文章において，「法的規範性」という文言が繰り返し用いられていること，②横田・大隅・色川裁判官の少数意見は，多数意見を法規説と理解したうえ，契約説に立脚しながら多数意見を批判していること，③従

---

[224]　慶谷・前掲法律のひろば22巻3号20頁。
[225]　秋田・前掲社会労働研究18巻2号64〜65頁。
[226]　秋田・前掲『労働法の判例』126頁。

来の裁判例の流れの主流は法規説を採っていたこと，④調査官による解説において，多数意見は法規説の立場を採ったと述べられていること，などがあげられる。

大法廷判決が出された翌年，当時の可部恒雄最高裁調査官は，多数意見が法規説を採った，と解説した[231]。可部調査官は，まず，学説の中では末弘博士の法例2条を根拠とする法規説が多数を占める学説であり，契約説は日本において極めて有力な学説たるを失わない，と説いた。そして「契約説は，

---

(227) 川口教授は，かつて大法廷判決の判旨を雑炊のようなものと批判したが，菅野教授の見解（菅野和夫「就業規則の不利益変更」『労働法の争点』〔1979年9月〕289～290頁）から影響を受けたのか，後に「雑炊と表現した意味は複雑で，一面ではいろいろな学説がミックスされているということと，一面ではそれらがハーモニーを醸し出しているという意味を込めていた。……最高裁判決が雑炊のいい味を出せるかどうかは，これによる判例の集積という方向づけがなされうるかどうかによってくる」と述べて，大法廷に対する見解を修正した。（川口實「就業規則の一方的変更と『合理性』の基準」慶應大学法学研究54巻1号〔1981年1月〕2頁および17頁参照）。

後に，小西國友教授は，最高裁判決の判旨が「雑炊のようなもの」という川口教授のコメントは酷評と読めるが，最高裁が諸説の持ち味を「ミックス」したことによって渾然一体としてまろやかな調和の取れた味が出ているということをも意味していたものであり，最高裁判決をそれなりに評価したもののようにも読める，と指摘している。（小西國友「就業規則と労働契約――電電公社帯広局事件判決等をめぐって」季労142号〔1987年1月〕21頁参照）。

(228) 本稿第2章第2節I参照。

(229) 例えば，本多・前掲法セ156号39頁，慶谷・前掲法律のひろば22巻3号19頁，山本・前掲ジュリ419号70頁，花見・前掲ジュリ433号171頁，宮島尚史「就業規則の社会的機能と法構造（下）――秋北バス最高裁判決を契機に」判タ236号（1969年9月）47頁，中山・前掲『就業規則の作成と運用』210～211頁，秋田成就・前掲『労働法の判例』124頁，宮本・前掲『セミナー法学全集13・労働法』225頁，蓼沼謙一「就業規則の法的性質と効力」季労別冊1号『労働基準法』（1977年6月）292頁，佐藤・前掲早稲田法学57巻1号27頁，などを参照。

(230) 荒木尚志教授も，最高裁は法規説の立場に立っていたと理解するのが素直な読み方であろう，と指摘している。（荒木(5)950頁，荒木244頁以下）。

(231) 可部恒雄・最高裁昭和43年12月25日大法廷判決解説・ジュリ421号（1969年4月15日）92～93頁。

第 4 節　秋北バス事件判決　75

法規説の欠陥を批判する点において，極めて鋭利であるが，契約の法理を貫徹するとすれば，労働条件を画一的に決定し，経済的事情に応じた企業の経営を図ることは，困難となろう。本判決において，多数意見が法規説をとった理由も，おそらくは，ここにあるものと臆測される。この不都合を避けるための契約説からする提案には，さらに，法規説からする批判がある。ともあれ，最高裁は，大法廷判決をもって，就業規則の法的性質および使用者による就業規則の一方的な不利益変更の許否について正面から判示したが，その見解は紛れもない法規説でありながら，従来の法規説には見られないものを含んでいる。人は，容易に，そこに石井説との相似と乖離とを見出すことができよう」と述べた。可部調査官の解説を見れば，多数意見は，法規説の立場を採用しつつも，労働者の保護と事業経営上の必要性との調整を図り，具体な事案における妥当な処理を図るための法理を追求した，と推測することができる。

　多数意見は，まず，就業規則の法的性質としては法規説の立場を採り，また，就業規則の不利益変更については，労働者の既得の権利を保護するために同説中の既得権理論を採ったと考えられる。そうしたうえで，長期的雇用慣行のもとでの集団的（統一的）な労働条件管理の必要性および労働条件変更の必要性を考慮し，既得権理論を貫徹した場合の不都合を避けるために，変更された就業規則条項が合理的なものであれば反対の労働者をも例外的に拘束するとの理論を採用した，と解釈できる。

　すなわち，日本の企業の年功的集団的人事管理においては，使用者は，就業規則を通じて労働条件を統一的・画一的に処理・決定する必要がある。また，長期雇用システム下では，労働関係は長期継続的契約関係であるので，経営環境の変化に応じて労働条件を調整し，場合によって不利益に変更する必要が生じる。この場合，団体交渉を通じて労働協約を締結するなど，何らかの形で労働者側の同意を得て労働条件を変更することが望ましい。しかしながら，そのような同意をすべての場合にすべての労働者から得ることは困難なので，既得権理論を貫徹すれば，労働条件を画一的に決定し経済的事情に応じた企業の経営を図ることができなくなり，妥当ではない。使用者が一部の労働者の同意を得られない場合であっても，労働条件を不利益に変更することが長期的には不可避なケースは，十分に考えられる。したがって，多

数意見は，合理性という概念を用いて，「当該規則条項が合理的なものであるかぎり，個々の労働者において，これに同意しないことを理由として，その適用を拒否することは許されない」という合理的変更法理を打ち出したと考えられよう。

以上のように，多数意見は，労働条件の変更をめぐる労使間の利益を調整するために「権利濫用論」あるいは「信義則」のような枠組みを示していると思われる[232]。前述のように，秋北バス事件大法廷判決に至るまでの下級審裁判例においては，「合理性説」，「既得権説」などを用いて労働条件の変更における労働者と使用者の利益の調整を図るものが一つの流れとして存在していた。他方，昭和43（1968）年までの法規説の学説においても，「公序良俗」，「既得権理論」，「信義誠実の原則」，「合理的理由」，「資本所有権の濫用」などの考え方を用いて使用者の就業規則変更権を制限し，労働者を保護するための様々な模索が行われていた。そして，これら裁判例と学説は相互に影響し合っていた。以上のような学説・裁判例は，多数意見の「合理性」の考え方に通じるものといえる。多数意見は，下級審の裁判例においてすでに現れていたこれらの概念を参考にし，労働者の利益保護と経営上の必要性とを斟酌したうえ，この合理的変更法理の判例法理を作り上げたものと推測されよう[233]。結局，秋北バス事件大法廷判決は，労使双方が新たな労働条件の合意を自ら達成しない限り，例外的に使用者による就業規則の変更による労働条件の変更権を認め，そして使用者の恣意を防止し労働者の利益を守るために，使用者の就業規則変更権に合理性判断という歯止めをかけたものといえよう[234]。

なお，唐津博教授は，秋北バス事件大法廷判決の判旨は我妻博士の見

---

[232] 菅野和夫＝諏訪康雄「労働判例この1年の争点」日本労働協会雑誌350号（1988年10月）11頁（諏訪教授発言），菅野＝諏訪36頁（諏訪教授発言）。

[233] 大内伸哉教授は，最高裁の合理的変更法理は，就業規則に法規範的な効力を認める立場を前提に，その立場を理論的に一貫させた場合に損なわれる労働者の利益に配慮し，従来の議論の成果を取り入れながら，ぎりぎりいっぱいの理論的妥協をしたものと評価することができる，と指摘している。（大内24～25頁）。

[234] 青野覚「判例における合理性判断法理の到達点と課題」学会誌92号（1998年10月）125頁。

解(235)に類似していると指摘している(236)。すなわち，我妻博士の見解は，就業規則が契約内容になることを承認したうえで，裁判所による司法審査（裁量権・改訂権）と立法上の監督によって就業規則内容の合理性を担保する，という就業規則法ルールの枠組みを提示し，そして「契約内容の一方的変更は許されないことを確認するが，変更内容の合理性審査によって，その変更が肯定される可能性は残されており，ここから，合理性の有無を基準とする変更就業規則の契約内容化の判断，すなわち判例法理としての合理性テストへと通じる道筋も浮かびあがってくる」と指摘する。

確かに，就業規則の具体的な内容の「合理性」（適正な就業規則の内容）を追求している点，および合理性審査の点では，我妻博士の見解は，秋北バス事件大法廷判決の合理性判断の発想に極めて類似している。しかし，最高裁が同博士の見解を参考として大法廷判決を下したのかは疑問である。秋北バス事件大法廷判決の調査官解説(237)においては，労働法学者の学説は多く引用されたが，我妻博士の『債権各論上巻』および『債権各論中巻二』は引用されていない。また，大法廷判決までの労働法学説も，我妻博士の学説には格別注目してこなかった。したがって，大法廷判決の判旨が我妻博士の見解に影響を受けたものとは考えにくい。そうすると，大法廷判決は，約款理論を前提としたものではなく従来の下級審裁判例および一部の労働法学者の学説を参考として作り上げられたものではないかと推測することができる。言い換えれば，多数意見は法規説を念頭に置いて大法廷判決を下した，という私の推測は維持できると考える。

なお，我妻博士の見解において注目すべきは，就業規則の変更という問題を解決するために，就業規則の法的性質を論ずる実益はないという点を示唆していることである。我妻博士は，就業規則を附合契約と捉えたうえで，就業規則の法的性質を法規と解しているようである。そして，普通契約約款で

---

(235) 我妻博士の見解については，本稿本章第2節Ⅱ5参照。

(236) 唐津博「労働条件変更の法的論理について――段階的構造論・集団的変更解約告知説（大内伸哉『労働条件変更法理の再構成』）が提起するもの」南山法学24巻1号（2000年7月）169頁参照。

(237) 可部恒雄・ジュリ421号（1969年4月）92〜93頁，『最高裁判所判例解説民事編昭和43年度(下)』（1969年11月）1499〜1501頁。

あれ，就業規則の内容であれ，同様な合理性審査によって合理性を担保することになるとしている。これは，結局，就業規則の法的性質論を論ずる実益はないことを意味する。そして，本稿第2章第1節Ⅰ2で見るように，このことは労働法学者によっても指摘されている。

第2章　就業規則判例法理の発展

第1節　判例の合理的変更法理の定着

Ⅰ　秋北バス事件判決直後の裁判例の戸惑いと統一

1　下級審の裁判例の動向

　秋北バス事件大法廷判決が登場して以降，同判決は下級審裁判例によって引用され始めた。例えば，昭和46（1971）年の上智学院事件東京高裁判決[1]は，就業規則の法的性質を説明せず，秋北バス事件大法廷判決を引用したうえ，同事件での定年制の新設は労働契約の改悪にはならないと判断した。ただし同判決は，大法廷判決を引用したとはいえ，「最高裁判所昭和43年12月25日大法廷判決，民集22巻13号3459頁参照」とのみ述べて，何らの説明も行っていない。また，昭和45（1970）年の大阪日日新聞社事件大阪高裁判決[2]も，就業規則の法的性質については説明せず，大法廷判決の判旨の後半（つまり不利益変更についての部分）のみを引用し，本件における就業規則の変更は「合理的なものとみることはできない」のみならず，労働者の同意をも得ていないから，労働者は新就業規則の規定の適用を拒否しうる，と判断した。
　大法廷判決の定立した判例法理は，①不利益変更が合理的な場合は賛成労働者と反対労働者を区別せず事業所労働者全員が同様に変更後の就業規則を

---

[1]　東京高判昭和46年11月30日判タ277号183頁。
[2]　大阪高判昭和45年5月28日高民集23巻3号350頁。

適用されるので，就業規則の分断適用を回避できる，②事案の内容に柔軟に対応し，当該事案の具体的な妥当性の要請を満足できる，などの長所をもつと思われる[3]。しかしながら，このような長所にもかかわらず，同判決の法理は，理由づけにおいて欠陥があったために，下級審裁判所に対する十分な説得力をもたず，就業規則変更に関する裁判例は，同判決後もしばらく揺れていた。例えば，前述の2つの判決のように，就業規則の効力についての根拠の説明を行わず，専ら最高裁の合理性基準のみ（つまり合理的変更法理）を引用する裁判例が数多く存在し，他方，大法廷判決の枠組みを採用しない裁判例も存在していた[4]。しかし最高裁は，御国ハイヤー事件判決[5]をはじめ，タケダシステム事件判決[6]，大曲市農協事件判決[7]，第一小型ハイヤー事件判決[8]，朝日火災海上保険事件判決[9]，第四銀行事件判決[10]，みちのく銀行事件判決[11]，羽後銀行（北都銀行）事件判決[12]，函館信用金庫事件判決[13]

---

[3] 浜田冨士郎「就業規則と労働契約」本多淳亮先生還暦記念『労働契約の研究』（法律文化社，1986年9月）403頁，浜田80頁。

[4] 大法廷判決の枠組みを採用しない裁判例として，例えば，合同タクシー事件・福岡地裁小倉支判昭和45年12月8日判タ257号198頁，日本貨物検数協会事件・東京地判昭和46年9月13日労民集22巻5号886頁，西九州自動車事件・佐賀地判昭和47年11月10日労判165号56頁，山手モータース事件・神戸地判昭和47年12月5日労判167号26頁，都タクシー事件・京都地判昭和49年6月20日労判207号45頁，日本貨物検数協会事件（控訴審）・東京高判昭和50年10月28日高民集28巻4号320頁，全日本検数協会大阪支部事件・大阪地判昭和53年8月9日労民集29巻4号590頁などがある。また，ソニー事件・東京地判昭和51年1月30日労判244号30頁も，大法廷判決の枠組みに従っていないようであるが，その立場は不明である。

　　また，大法廷判決の枠組みを採用しないものの，大法廷判決を意識しその合理的変更法理に沿って事案を判断し合理的な変更に当たらないと判断するものとして，例えば，前掲合同タクシー事件・福岡地裁小倉支判昭和45年12月8日，日西九州自動車事件・佐賀地判昭和47年11月10日がある。

[5] 最二小判昭和58年7月15日労判425号75頁。

[6] 最二小判昭和58年11月25日労判418号21頁。

[7] 最三小判昭和63年2月16日民集42巻2号60頁。

[8] 最二小判平成4年7月13日労判630号6頁。

[9] 最三小判平成8年3月26日民集50巻4号1008頁。

[10] 最二小判平成9年2月28日民集51巻2号705頁。

[11] 最一小判平成12年9月7日民集54巻7号2075頁。

などの判決において，秋北バス事件の判断枠組みを維持することを反覆表明し，また合理性の基準の明確化に努めてきた。下級審も，大曲市農協事件判決以降は最高裁の判断枠組みを前提とした判断をするようになり，判例法理は基本的な枠組みでほぼ固まったと思われる。このように，大法廷判決判決が定立した判例法理は日本の裁判実務で定着してきており，企業の人事管理・雇用管理もこの法理を基本的前提とするようになっている。これに対し学説は依然批判を続けているが，大法廷の定立した判例法理より適切で有用な枠組みを提示しないかぎりは，実務上，最高裁の合理的変更法理によって就業規則の不利益変更問題を解決するほかない状況にあると思われる[14]。

2 就業規則の法的性質論を前提としない合理的変更法理

極めて興味深いことに，秋北バス事件大法廷判決以後に，就業規則の不利益変更の法的効力を論じた裁判例は，最高裁判決であれ下級審判決であれその多くが，同判決における就業規則の法的性質論には言及せずに，同判決における合理的変更法理の枠組みのみを使って，就業規則の不利益変更の効力を判断している[15][16]。

裁判例の多くが就業規則の法的性質を論じなかった最大の理由は，就業規則の法的性質に関する大法廷判決の論旨が不明確であり，論理的整合性が欠けていることによる，と思われる。前述したように，就業規則の法的性質については，古くから法規説と契約説が2大学説として激しく対立していたが，大法廷判決の判旨は，そのいずれの立場に立つのか不明確であった。その法的性質論の不明確さは多くの学説によって激しく批判されたのところである。

---

[12] 最三小判平成12年9月12日労判788号23頁。
[13] 最二小判平成12年9月22日労判788号17頁。
[14] 下井・就業規則295頁（および下井隆史「就業規則の不利益変更――タケダシステム事件」ジュリ815号（1984年6月）209頁，下井隆史『雇用関係法』（有斐閣，1988年5月）296頁，下井239頁，下井・2版274頁，下井・3版308頁），岩村正彦「農協の合併に伴う退職給与規程の不利益変更の合理性――大曲市農協事件」ジュリ926号（1989年2月）115頁，岩渕正紀・大曲市農協事件最高裁判決解説・曹時41巻3号（1989年3月）835頁，秋田成就『就業規則と労働協約（改訂版）』（日本労働研究機構，1993年3月）72頁，浜田87頁。

このような情況において下級審判決は，理論的な困難を多く含んでいる最高裁の就業規則の法的性質論に言及せず，もっぱら「合理的変更法理」の判断枠組みを使って具体的な事案を解決するのがむしろ「安全な」途と考えた，と推測することができよう[17]。

山本吉人教授は，「法的性質論争よりも，それぞれの説の立場から，就業規則をめぐる具体的諸問題をいかに解釈するのが論理的妥当性をもつか，といった点を詳細に検討することが，学界の今後の課題といえよう」と指摘している[18]。すなわち，合理的変更法理の判断枠組みが確定している状況で，就業規則の法的性質の議論を展開しても，もはやそれ自体としては具体的問題の解決のための指針として有用とはいえず，ほとんど実益がないから，むしろ合理性判断の基準に焦点を当てて議論を展開したほうがいい，と[19]。また，就業規則の法的性質論を論ずる実益のないことも，民法学者我妻博士が示唆したところである[20]。

---

[15] 秋北バス事件大法廷判決の直後は，就業規則の法的効力について二分説や事実たる慣習説を述べた下級審裁判例があった。たとえば，合同タクシー事件・福岡地裁小倉支判昭和45年12月8日判タ257号198頁，日本貨物検数協会事件・東京地判昭和46年9月13日労民集22巻5号886頁，山手モータース事件・神戸地判昭和47年12月5日労判167号26頁，日本貨物検数協会事件（控訴審）・東京高判昭和50年10月28日高民集28巻4号320頁。

これに対し，就業規則の不利益変更を論じた最高裁判決は，すべて法的性質論を省略して大法廷判決の合理的変更法理を踏襲している。

[16] 就業規則の不利益変更に関する事案ではないが，大法廷判決の就業規則法的性質部分の判旨を引用した裁判例として，軽米町農業協同組合事件・仙台高判昭和48年5月14日労判178号46頁があるのに対して，大法廷判決と異なり，事実たる慣習説をとる裁判例として，名古屋放送事件・名古屋地判昭和48年3月30日判タ298号325頁がある。

[17] 秋田成就「就業規則の改正と労働条件——秋北バス事件」『労働法の判例第2版』（ジュリ増刊，1978年10月）125頁。

[18] 本稿第1章第2節Ⅱ6参照。

[19] 「新春判例研究会　最近の最高裁判例——その法理と問題点」労判418号（1984年1月）19頁（秋田成就教授の発言），野田進「文献研究⑥就業規則」季労166号（1993年3月）161頁，同『労働契約の変更と解雇』（信山社，1997年11月）491〜492頁，浜村彰・6版百選49頁。

そして，萱谷一郎教授は，就業規則の法的性質から一方的変更の有効・無効の効果を導き出す理論構成は誤っており，法的性質からは一方的変更を制限する理論は引き出せない，と主張している。同教授は，使用者による就業規則の一方的制定・変更権があるとしても，それは無制限のものではなく，一方的変更権の制約は，制定権を認めた労基法89・90条に内在する制約から演繹される，としたうえで，「恣意的でない」か，「差別でない」か，「公序良俗に反しない」か，「合理性があるか」，「労働者の意見を聴取したか」等の判断によって使用者による変更権の制限の法理を今後形成していかねばならない，と指摘している[21]。

　このように，法規説，契約説のいずれの説に立つとしても，大法廷判決の合理的変更法理に通じる考え方を見いだすことができる。最高裁は，法規説に立ちながら，事案の具体的妥当性を追求してこの合理的変更法理を作り出した，と評することができる。そして実務は，理論的な難点がある就業規則の法的性質を論じなくても，合理的変更法理の枠組みのみを用いて，結果の具体的妥当性を求めることができるのである[22]。

II　最高裁による合理性基準の明確化への模索

　秋北バス事件大法廷判決の合理的変更法理については，「合理性基準」が不明確であるという批判がなされた。この点については，大法廷判決以降に下されたいくつかの最高裁判決によって，合理的変更法理の枠組みが確定さ

---

[20]　本稿第1章第2節II 5および第4節III参照。
[21]　萱谷一郎「就業規則論攷」前田達男＝萬井隆令＝西谷敏編『労働法学の理論と課題（片岡昇先生還暦記念）』（有斐閣，1988年4月）421頁。また，萱谷一郎「未組織労働者と労働協約・就業規則の適用関係」労旬1226号（1989年10月）9頁も参照。
[22]　吉田美喜夫教授は，秋北バス事件大法廷判決は就業規則の法的性質論を明確に提示したわけではなく，その狙いは，まず就業規則に法的拘束力が認められることを明らかにし，就業規則が一方的に不利益変更されても，その「合理性」が認められるかぎり，変更に同意しない労働者をも拘束するという結論を引き出すための説明を加える点にあった，と指摘している。（西谷敏＝萬井隆令『労働法2（第3版）──個別的労働関係法』（法律文化社，1999年5月）63頁参照）。

れ，かつ合理性の判断基準が明確化にされてきているということができる。

1 「代償措置」の登場

昭和43（1968）年の大法廷判決以後，昭和58（1983）年に至り，就業規則の不利益変更に関連する2つの最高裁判決が出された。

まず，退職金算定方法の不利益変更に関する御国ハイヤー事件判決[23]において最高裁第二小法廷は，原審[24]の判断を是認した。この最高裁判決は，合理性判断の具体的基準として，不利益変更に対する代償的な労働条件の有無を提示した高裁判決を是認するものにすぎず，合理性の判断基準について最高裁自身の判断を示したものとみるべきではない，と思われる[25]。なお，1審判決[26]が大法廷判決の合理的変更法理に関する判旨を引用しており，また控訴審判決も，若干の訂正・付加を行いながら1審判決の引用を通じて大法廷判決の判旨を間接的に引用している。したがって，この最高裁判決は，大法廷判決の判旨を直接的に引用してはいないが，大法廷判決の合理的変更法理が先例としての妥当性を有することを前提としていた[27]。しかし，判例法理の著しい発展は見られなかったといえよう[28]。

2 合理性判断の基準の定式化
(1) 合理性判断の基準の提示

前記御国ハイヤー事件判決の4か月後，同じ最高裁第二小法廷は，生理休暇手当規定の不利益変更に関するタケダシステム事件[29]において，大法廷の定立した合理的変更法理を明確に継承し，より具体的な合理的基準を提示している。同判決は，秋北バス事件大法廷判決の枠組みを継承したうえ，「右

---

[23] 最二小判昭和58年7月15日労判425号75頁。
[24] 高松高判昭和56年9月17日労判425号79頁。
[25] 岩渕正紀・大曲市農協事件最高裁判例解説・曹時41巻3号（1989年3月）836頁。
[26] 高知地判昭和55年7月17日労判354号65頁。
[27] このような不利益変更に対する「代償措置」の有無について，御国ハイヤー事件最高裁判決に先行する下級審裁判例として，例えばソニー・ソニーマグネプロダクツ事件・東京地判昭和58年2月24日労判405号41頁。
[28] 荒木(5)957頁，荒木252頁。

変更が合理的なものであるか否かを判断するに当たっては，変更の内容及び必要性の両面からの考察が要求され，右変更により従業員の被る不利益の程度，右変更との関連の下に行われた賃金の改善状況のほか，上告人主張のように，旧規定の下において有給生理休暇の取得について濫用があり，社内規律の保持及び従業員の公平な処遇のため右変更が必要であったか否かを検討し，更には労働組合との交渉の経過，他の従業員の対応，関連会社の取扱い，我が国社会における生理休暇制度の一般的状況等の諸事情を総合勘案する必要がある」と説いて，合理性判断に関する具体的な判断基準を提示している。

このタケダシステム事件最高裁判決によると，まず，合理性の一般的な判断基準として「変更の内容及び必要性の両面からの考察」が必要としたうえで，本件に関する合理性判断に際して総合勘案すべき事情として，①変更により従業員の被る不利益の程度，②変更との関連の下に行われた賃金の改善状況，③旧規定の下において有給生理休暇の取得について濫用があり，社内規律の保持および従業員の公平な処遇のため右変更が必要であったこと，④労働組合との交渉の経過，⑤他の従業員の対応，⑥関連会社の取扱い，⑦わが国社会における生理休暇制度の一般的状況，などが挙げられた。同判決がこのような合理性判断に関する一般的判断基準および具体的判断事項を示したことは，秋北バス事件大法廷判決によって定立された就業規則の合理的変更法理（枠組み）を大きく発展させたものとして，かなり注目されたところである[30]。ただし，これらの具体的な判断事項は，本件事案の内容を判断するために挙げられたものにすぎず，また，各事項の相互関係は必ずしも明らかにされなかった[31]。このような合理性の判断基準の提示は，下級審裁判例においてもすでに行われていたものである[32]。

(2) 合理性判断の基準の定式化

(a) さらに，昭和63（1988）年に至り，大曲市農協事件最高裁判決[33]が登

---

[29] 最二小判昭和58年11月25日労判418号21頁。

[30] 手塚和彰「生理休暇に関する就業規則の一方的変更の効力——タケダシステム事件最高裁判決をめぐって」ジュリ808号（1984年3月）63頁，下井隆史「就業規則の不利益変更」ジュリ815号（1984年6月）208頁。

[31] 岩渕正紀・曹時41巻3号（1989年3月）836～837頁。

場した。本件は、7つの農業協同組合の合併に伴って新たに作成された退職給与規程の退職金支給倍率の定めが、一つの旧組合の支給倍率を引き下げることになった、というケースである。最高裁第三小法廷は、まず秋北バス事件大法廷判決の合理的変更法理の判断枠組みを維持し、合理性について次のように判示している。すなわち、「右にいう当該規則条項が合理的なものであるとは、当該就業規則の作成又は変更が、その必要性及び内容の両面からみて、それによって労働者が被ることになる不利益の程度を考慮しても、なお当該労使関係における当該条項の法的規範性を是認できるだけの合理性を有するものであることをいうと解される。特に、賃金、退職金など労働者にとって重要な権利、労働条件に関し実質的な不利益を及ぼす就業規則の作成又は変更については、当該条項が、そのような不利益を労働者に法的に受忍させることを許容できるだけの高度の必要性に基づいた合理的な内容のものである場合において、その効力を生ずるものというべきである」とする。

　岩渕正紀最高裁調査官の解説によると、この大曲市農協事件判決は、合理性の判断基準・内容の明確化を積極的に意図している[34]。この判決の上記判旨とその判断の実際の内容を総合すると、同判決における合理性判断については、当該変更の内容（不利益の程度・内容）と変更の必要性との比較衡量を基本とし、不利益の程度・内容の酌量において変更との関連で行われた労働条件改善の有無・内容を十分に考慮に入れるとともに、変更の社会的相当性や、労働組合の交渉経過、他の従業員の態度などをも勘案する、という定式を抽出できよう[35]。これによって、合理性判断の基準と方法はかなり明確になったといえる。このような定式のなかで同判決は、賃金・退職金など労働者にとって重要な労働条件に関する不利益変更については、これを労働者

---

(32)　たとえば、ソニー・ソニーマグネプロダクツ事件・東京地判昭和58年2月24日労判405号41頁。同判決については、本稿本章第3節I参照。なお、手塚和彰・前掲ジュリ808号66頁、小西國友「就業規則の変更の合理性とその判断基準」学会誌64号（1984年10月）116頁も参照。

(33)　最三小判昭和63年2月16日民集42巻2号60頁。

(34)　岩渕正紀・曹時41巻3号（1989年3月）835頁および837頁参照。

(35)　菅野和夫『労働法（第2版補正版）』（弘文堂、1989年4月）94頁（および菅野・5版補正115頁）参照。

に法的に受忍させることを許容できるだけの高度の必要性を要求している，といえる。

　こうして，タケダシステム事件最高裁判決から，就業規則変更の判断基準が列挙されるようになり，次いで大曲市農協事件最高裁判決は，従来不明とされた「合理性とは何か」を定義したうえで，基準の相互の関係を明確にした。これによって，就業規則変更の合理性判断については「定式」の樹立がなされたといえるのである。

　(b)　そして，平成9 (1997) 年に至り，第四銀行事件判決[36]は，秋北バス事件判決を含めて（御国ハイヤー事件判決を除いた）それ以降の最高裁判決を引用し，合理的変更法理の判断枠組みの一般論[37]を説いたうえ，具体的な判断の仕方を「右の合理性の有無は，具体的には，就業規則の変更によって労働者が被る不利益の程度，使用者側の変更の必要性の内容・程度，変更後の就業規則の内容自体の相当性，代償措置その他関連する他の労働条件の改善状況，労働組合等との交渉の経緯，他の労働組合又は他の従業員の対応，同種事項に関する我が国社会における一般的状況等を総合考慮して判断すべきである」と示している。この判決は，合理性判断の基準の定式化を一応完成させたといえよう。

　(c)　大曲市農協事件最高裁判決が樹立した合理性判断の定式は，その後，

---

[36]　最二小判平成9年2月28日民集51巻2号705頁。
[37]　「新たな就業規則の作成又は変更によって労働者の既得の権利を奪い，労働者に不利益な労働条件を一方的に課することは，原則として許されないが，労働条件の集合的処理，特にその統一的かつ画一的な決定を建前とする就業規則の性質からいって，当該規則条項が合理的なものである限り，個々の労働者において，これに同意しないことを理由として，その適用を拒むことは許されない。そして，右にいう当該規則条項が合理的なものであるとは，当該就業規則の作成又は変更が，その必要性及び内容の両面からみて，それによって労働者が被ることになる不利益の程度を考慮しても，なお当該労使関係における当該条項の法的規範性を是認することができるだけの合理性を有するものであることをいい，特に，賃金，退職金など労働者にとって重要な権利，労働条件に関し実質的な不利益を及ぼす就業規則の作成又は変更については，当該条項が，そのような不利益を労働者に法的に受忍させることを許容することができるだけの高度の必要性に基づいた合理的な内容のものである場合において，その効力を生ずるものというべきである」と判示している。

状況の異なる事案に適用されることによって，判断基準がさらに具体化されていった。

歩合給の計算方法を定める就業規則の不利益変更に関する，平成 4（1992）年の第一小型ハイヤー事件[38]においては，以下のような注目すべき点がある。すなわち，就業規則判例法理を適用するためには，当該就業規則の変更の不利益性の存在がその前提とされるが，本件では，歩合給の新計算方法に基づき支給された乗務員の賃金が，全体として従前より減少する結果になるのか増加する結果になるのかが定かではなかった。最高裁は，このような事案でも就業規則の不利益変更に当たるものとして，合理的変更法理の判断枠組みを用いた。裁判所は，実質的不利益の有無は変更の合理性で考慮し，判例法理適用の前提の有無に関する「不利益変更の有無」については，外形的な不利益変更（不利益性の主張）があればよいとしていると解される。これによって，合理的変更法理は就業規則による労働条件変更法理として広範な守備範囲をもつ法理と理解すべきことになる[39]。

また，平成12（2000）年 9 月に至り，高年齢労働者の賃金・処遇制度を大幅に引き下げた不利益変更に関するみちのく銀行事件最高裁判決[40]，および週休 2 日制導入に伴う変形労働時間制度導入に関する羽後銀行（北都銀行）事件最高裁判決[41]ならびに函館信用金庫事件最高裁判決[42]が次々と登場した。まず，みちのく銀行事件判決は，合理性の具体的判断のなかで，労働条件変更の合理性について，雇用の確保という見地から受忍すべき不利益変更があることを初めて明言した[43]。また，大曲市農協事件最高裁判決以来，賃金・退職金などの重要な労働条件の変更に際して高度の必要性が要求されてきて

---

[38] 最二小判平成 4 年 7 月13日労判630号 6 頁。

[39] 荒木尚志・ジュリ1058号（1994年12月）122頁，荒木(5)964～965頁，荒木262～263頁。

[40] 最一小判平成12年 9 月 7 日民集54巻 7 号2075頁。（本件については，本稿本章第 3 節Ⅲ 2 (2)参照）。

[41] 最三小判平成12年 9 月12日労判788号23頁。（本件については，本稿本章第 3 節Ⅲ 1 (2)参照）。

[42] 最二小判平成12年 9 月22日労判788号17頁。（本件については，本稿本章第 3 節Ⅲ 1 (3)参照）。

いるが，羽後銀行（北都銀行）事件判決および函館信用金庫事件判決は，「労働時間が賃金と並んで重要な労働条件である」と判示している。こうして，労働時間を変更する際にも高度の必要性が要求されるようになる。

(3) 小　括

こうして，御国ハイヤー事件，タケダシステム事件，大曲市農協事件，第四銀行事件などの最高裁判決を通じて，大法廷判決の合理的変更法理の枠組みは，一定の判断基準を一定の判断方法で組み合わせる定式へと発展した。また，第一小型ハイヤー事件，みちのく銀行事件，羽後銀行（北都銀行）事件，函館信用金庫事件などの判決によって，合理性判断の基準と方法が明確化してきている。しかし，定式が樹立され明確化されてきたとはいえ，それによる合理性の判断は一種の総合判断であるから，事案の内容によって，その具体的な判断事項はなお増えていく可能性がある。合理的変更法理は，その枠組みと定式が固まったとはいえ，さらに具体化と複雑化の方向に向かっていくであろう。

---

(43)　みちのく銀行事件最高裁判決は，「特に，当該企業の存続自体が危ぶまれたり，経営危機による雇用調整が予想されるなどといった状況にあるときは，労働条件の変更による人件費抑制の必要性が極度に高い上，労働者の被る不利益という観点からみても，失職したときのことを思えばなお受忍すべきものと判断せざるを得ないことがあるので，各事情の総合考慮の結果次第では，変更の合理性があると評価することができる場合があるといわなければならない」と判示している。

第2節　判例の法的性質論の変容
——法規説から契約説へ

　本稿第1章第4節Ⅲで述べたように，秋北バス事件大法廷判決の判旨は法規説の立場を採っていると思われる。しかし最高裁は，昭和61（1986）年の電電公社帯広局事件判決[44]において，同大法廷判決における就業規則の法的性質論を契約説として構成するようになったと見ることができる。これは，就業規則の法的性質について，最高裁の判例法理が「法規説をベースにしたもの」から「契約説をベースにしたもの」に変容したことを意味する。

　以下では，就業規則の法的性質論の変容およびこれに関する学説の影響について検討していきたい。

Ⅰ　学説による判例法理の読み替え

　前述したように，秋北バス事件大法廷判決が就業規則の法的性質について法規説を採ったのか，契約説の一種である約款説を採ったのかについては，解釈が分かれる。多数意見は，法規説を念頭に置いて書かれたということはほぼ確かである。にもかかわらず，電電公社帯広局事件判決において最高裁は，秋北バス事件大法廷判決を引用しつつ，就業規則の法的性質については契約説（定型契約説）を採っている。その法的性質論の変容については，以下で述べるように，学説が大きな影響を与えたのではないかと推測することができる。

　まず，大法廷判決多数意見における就業規則の法的性質論については，同判決から10年後の昭和53（1978）年に下井隆史教授が，「判旨は普通契約条款の法的性質に関する理論を就業規則論に適用したものと理解すべきではないのか」という疑問を提起した[45]。下井教授は昭和57（1982）年に再びこの

---

[44]　最一小判昭和61年3月13日労判470号6頁。

問題を論じた[46]。

　まず，下井教授は，普通契約約款の法的拘束力の根拠について，判例は，当事者がとくに反対の意思表示をした場合を除いて契約内容はその約款によるという意思が推定されるという考え方に立ち，契約者が約款とくに免責条項について不知であってもそれに従うとの意思の存在を肯定し，その理由を保険契約や運送契約が内容を知悉されることなく約款に従って締結されてきた「世間一般の事情」に求めてきた，と述べた。また，学説においては，ある種の企業取引においては一般に約款によるという事実たる慣習が成立しているため，個々の契約締結の際には当然に約款によるという意思の存在を推論するのが通説である，と指摘した[47]。

　そして，秋北バス事件判決の多数意見の判旨について下井教授は，「《秋北バス事件》最高裁判決は，多数労働者を使用する近代企業では経営上の要請にもとづき労働条件は統一的・画一的に決められ，労働者は使用者が定める契約内容の定型に従って付従的に契約を締結せざるをえない立場にあり，就業規則は，それが合理的な労働条件を定める限り労働条件は就業規則によるという事実たる慣習が成立しているものとして法的規範性が認められ，それゆえ労働者は就業規則の存在と内容を現実に知っているかどうか，また個別的に同意を与えたかどうかを問わずにその適用を受ける，としている。これはつまり，近代企業の労使関係にあっては労働条件は就業規則により統一的・画一的に決められるのが一般であるから，〈合理的〉な内容のものであるかぎり就業規則によって労働条件が決定されるという事実たる慣習が成立し，それゆえ個々の労働者の知・不知およびその具体的な合意の有無にかかわりなく，就業規則が労働契約内容となって労働者を法的に拘束する効力をもつ，ということで，……約款理論の適用が試みられていると評することができよう」と説いた[48]。要するに下井教授は，多数意見の判旨は約款理論を

---

[45]　下井隆史「就業規則——〈法的性質〉と〈一方的変更の効力〉の問題をめぐって」恒藤武二編『論争労働法』（世界思想社，1978年4月）286頁以下。ただし，この文章を脱稿したのは昭和51（1976）年2月であった。

[46]　下井・就業規則293頁以下。ただし，この文章を脱稿したのは昭和55（1980）年2月であった。

[47]　下井・前掲『論争労働法』286頁，下井・就業規則293〜294頁。

参考として創られたものであると主張している。

次いで、菅野和夫教授は昭和54（1979）年に、「最高裁は、使用者の解雇権が解雇権濫用法理によって厳しく規制され、またロックアウト権が防禦的にしか認められていない法的状況を前提としたうえで、労働条件や規律の集合的処理の要請と、労働者の利益保護の要請とを調和させることを模索したとも評することができる。そして、この枠組みでは、使用者による恣意的な変更の押しつけを裁判所が後見的にチェックできるとともに、労働条件や規律の集合的処理も可能となり、しかも具体的な事案に即した柔軟な処理も期待できる。理論的な理由づけの弱さは否定し得ないが、実務的な苦心の結果の巧妙な説たる面も否定しがたい」と述べて、大法廷判決の法的性質論は格別、その合理的変更法理に対して一定の評価を与えた[49]。これは、菅野教授自身が指摘しているように[50]、就業規則の不利益変更に関する大法廷判決の合理的変更法理を評価した最初のものであったようである。

そして、学説において大法廷判決は法規説を採っているといわれるのに対しては、判旨が約款理論に依拠しつつ就業規則の法的性質を論じたと理解した下井教授は、昭和57（1982）年の論文でこれにつきさらに詳論した。同教授は、「判旨には使用者が法規制定の権能を有するとか、あるいは『社会あるところ法あり』というたぐいの説明は全く見られない。かえって、労働条件は就業規則による事実たる慣習の成立から法的規範性を導きだすところは契約説の論理である」と説き、そして「『法的規範』という言葉があるからといって法規説がとられたことになるわけではない。契約条項も法的規範であることは間違いないからである」という重大な指摘をした[51]。また、上記

---

(48) 下井・前掲『論争労働法』286～287頁。同旨、下井・就業規則294頁。
(49) 菅野和夫「就業規則の不利益変更」『労働法の争点』（有斐閣、1979年9月）290頁。
(50) 菅野和夫「就業規則変更の限界とポイント——大曲市農協事件最高裁判決を契機に」労働法学研究会報1688号（1988年5月）4頁。
(51) 下井・就業規則293頁。また、岸井教授も、下井教授に同調し、大法廷判決にいう「法的規範性」とは「普通契約約款としての法的規範性」と解している（岸井貞男「頸肩腕症候群総合精密検診の受診義務——電電公社帯広局事件」ジュリ887号〔1987年6月〕204頁）。

菅野教授による合理的変更法理の評価に賛成し、「近年の下級審判例も、全体としては最高裁判決をそのような趣旨に理解する考え方にたって、変更の具体的な内容に即しつつ結局は衡平の見地からの利益衡量によって判断を下していると言える。そしてこの問題に関しては、理論的にはともかく実務上はおそらく、そのような方法によるしか解決の道はないと言わざるをえないであろう」と述べた[52]。

しかし、菅野教授および下井教授による合理的変更法理に対する上記評価は、いずれも消極的賛成にすぎないと評することもできる[53]。

その後、昭和60（1985）年に至り、大法廷判決の判旨に対する積極的な評価が出てきている。菅野教授は、まず、「たしかに判旨における『法的規範性』とは『経営主体と労働者との間の労働条件はその就業規則によるという事実たる慣習が成立しているものとして……の法的規範性』にすぎず、また判旨は、就業規則の定めがそれに反対の意思を明確に表示した者までを拘束するとは述べていない。こうして判旨における『法的規範性』とは『普通契約約款としての法的規範性』（その内容に合理性があり、内容が開示されているかぎり、黙っている者を拘束してしまう法的規範性）と解することが可能であり、このように解すれば判旨は契約説の一種ともいうべき『普通契約約款説』と命名できることとなる」と述べて、大法廷判決の判旨を「普通契約約款説」と名づけた[54]。その後、菅野教授は、この説の名称として「普通契約約款説」を「定型契約説」に変更した[55]。そして同教授は、「労働契約関係は、組織的労働を円滑にするための公平な労働条件と統一的な規律を必要とし、それらの実現のために契約内容の定型化を要請する。そして就業規則はかかる定型的契約内容を定めたものとして、当該事業所において普通契約約款のような機能を営むのである。最高裁の右判旨は、労働関係にこのような実態を労

---

[52] 下井・就業規則295頁。
[53] 大法廷判決の多数意見の判旨に対するこのような「約款説」や「定型契約説」的な理解について、学説からの批判がないわけではない。川口實「就業規則の一方的変更と「合理性」の基準」慶應大学法学研究54巻1号（1981年1月）11頁以下、本多淳亮『労働契約・就業規則論』（一粒社、1981年2月）176頁以下、など参照。
[54] 菅野93頁。
[55] 菅野和夫『労働法（第2版）』（弘文堂、1988年4月）90頁。

働者保護の配慮（『合理的な労働条件を定めているものであるかぎり』）を加えつつ契約関係の基本的構成に投影したものであり，是認できる法的構成と考えられる」と説いて[56]，就業規則の法的性質に関する秋北バス事件大法廷判決の法的構成に対して積極的に賛意を表明している。

　また，就業規則の不利益変更問題について菅野教授は，この判旨は，普通契約約款説を就業規則の不利益変更の問題にそのまま及ぼしたもののようであるが，契約説の枠をはみ出している点がある，と説いたうえ，「同判決の問題処理のわく組……自体は，法規範説および契約説の欠点を克服した苦心の作」と評している。そして同教授は，「前示の普通契約約款説の所属する契約説の立場からは，使用者による就業規則規定の一方的な新設・変更はそれに反対する労働者を拘束しえないのが原則であるが，例外として，当該規定が画一的取扱いを必要とする事項であり，事業経営上の十分な必要性が認められる合理的な範囲での変更であるという場合には，反対従業員について使用者による解雇権行使を許容しないかわりに就業規則の新規定の拘束力を承認すべきである。要するに，契約説貫徹の前提条件（解雇の自由）が崩壊しているがゆえに契約説をこの限度で修正せざるをえないのである。そして，契約説の基本的立場からは，……多数の従業員が変更に同意しているか否かが重要であり，多数従業員が変更に反対しているときには，事業経営上の必要性がきわめて高度で，かつ従業員の不利益が僅少であって，多数従業員の反対に合理性が認められないという変更でないかぎり，拘束力は認められないと考えられる」と説いている[57]。

　なお，大法廷判決の判旨を「普通契約約款説」または「定型契約説」として理解することについては，これに同調する学者も現れた。例えば，柳屋孝安教授は，大法廷判決の判旨に関する上記理解について，「このような解釈を施すことについて，これを否定すべき論拠を今のところ見出し得ない」と述べている[58]。また唐津博教授は，大法廷判決の就業規則の法的性質論が石井博士の「事実たる慣習説」の論理を援用したものであり，併せて我妻栄教

---

(56) 菅野93頁。
(57) 菅野96〜97頁。
(58) 柳屋孝安「就業規則の不利益変更をめぐる判例法理」学会誌71号（1988年5月）35頁。

授の所説[59]に照らし，そして秋北バス事件大法廷判決の就業規則論が「合理性」をキーワードとして構成されていることは明らかであることなどから，「最高裁は『合理性』という概念を駆使して就業規則の法的コントロールを図ろうとするのであるが，それは，その当否はさておき，一方当事者の定める定型的な約款に対する立法的・司法的コントロールのアイデアを就業規則へ応用したものと解されるのである」と指摘している[60][61]。

なお，民法学者内田貴教授は，「確かに，判例を定型契約説的に理解することは十分説得的であり，また就業規則変更の合理性をチェックするための基準も，相当程度明確化されてきたと思われる」と評している[62]。しかし，就業規則不利益変更の問題について内田教授は，就業規則を約款とみるならば，一方的当事者による契約条件の事後的変更は，他方当事者の同意がないかぎり認められないはずであるから，就業規則変更に関する秋北バス事件大法廷判決の結論は，伝統的な契約理論に立つかぎり，正当化は困難である，と指摘している[63]。

確かに，大法廷判決の判旨を「普通契約約款説」や「定型契約説」として理解することは巧妙な解釈といえる[64]。しかし，すでに述べたように，大法廷判決の多数意見は，法規説を念頭に置いて，就業規則の法的性質論および合理的変更法理を展開したものである[65]。この点に限っては，下井教授およ

---

[59] 本稿第1章第2節Ⅱ5参照。

[60] 唐津博「労働条件変更の法的論理について——段階的構造論・集団的変更解約告知説（大内伸哉『労働条件変更法理の再構成』）が提起するもの」南山法学24巻1号（2000年7月）168～169頁。なお，唐津博「就業規則の法的性質」季労160号（1991年8月）25頁以下も参照。

[61] 小西教授は，秋北バス事件大法廷判決は石井博士の事実たる慣習説を念頭において立論されたものとしている（小西國友「就業規則論の再検討（下）」公企労研究59号（1984年6月）52頁）。なお，平川亮一「就業規則の不利益変更をめぐる法理」『名城大学創立40周年記念論文集法学篇』（1990年10月）471頁も同旨。

[62] 内田貴「契約プロセスと法」岩波講座『社会科学の方法Ⅵ：社会変動のなかの法』（岩波書店，1993年6月）155頁。

[63] 内田貴・前掲「契約プロセスと法」155頁，同『契約の時代』（岩波書店，2000年11月）122頁。

[64] 後述Ⅱ2参照。

[65] 本稿第1章第4節Ⅲ参照。

び菅野教授の判旨に対する契約説的な「理解」は正しいものとはいえないであろう。しかしながら、下井教授による問題提起（大法廷判決の判旨に対する「新たな理解」）、および菅野教授による大法廷判決に対する積極的な評価、そして両教授による判旨についての巧妙な「読み替え」は、後述のように、判例法理の変容に影響をもたらしたと推測することができる[66]。

II 判例の法的性質論の修正——定型契約説への改説

1 電電公社帯広局事件判決

就業規則の法的性質に関しては、秋北バス事件大法廷判決とそれ以降の発展には一貫性の欠ける点を指摘することができる。すなわち、法規説の立場を採っていた秋北バス事件大法廷判決の後、就業規則の不利益変更に関する昭和58（1983）年の御国ハイヤー事件判決およびタケダシステム事件判決は、就業規則の法的性質に全く触れなかった。しかし、昭和61（1986）年の電電公社帯広局事件判決[67]において最高裁第一小法廷は、法規説を採った大法廷判決の判旨を引用しつつ、就業規則の法的性質を契約説のように言い替えたように見える。

電電公社帯広局事件は、就業規則の不利益変更に関する事件ではなく、頸肩腕症候群に罹って長期的に療養している労働者に対して使用者が精密検査を業務命令として発したが労働者がその命令に従わなかったので懲戒処分に付された事件である。その争点は検診の業務命令の正当性であったが、労働者が業務命令に服すべき根拠および範囲の前提として、就業規則の法的効力が論じられた。

最高裁第一小法廷は、「労働条件を定型的に定めた就業規則は、一種の社会的規範としての性質を有するだけでなく、その定めが合理的なものであるかぎり、個別的労働契約における労働条件の決定は、その就業規則によるという事実たる慣習が成立しているものとして、法的規範としての性質を認められるに至っており、当該事業場の労働者は、就業規則の存在及び内容を現

---

[66] 荒木(5)950〜951頁、荒木245頁も同旨。
[67] 最一小判昭和61年3月13日労判470号6頁。

実に知っていると否とにかかわらず，また，これに対して個別的に同意を与えたかどうかを問わず，当然にその適用を受けるというべきである」として，就業規則の法的性質に関する秋北バス事件大法廷判決の判旨を引用した。そのうえで，「使用者が当該具体的労働契約上いかなる事項について業務命令を発することができるかという点についても，関連する就業規則の規定内容が合理的なものであるかぎりにおいてそれが当該労働契約の内容となっているということを前提として検討すべきこととなる。換言すれば，就業規則が労働者に対し，一定の事項につき使用者の業務命令に服従すべき旨を定めているときは，そのような就業規則の規定内容が合理的なものであるかぎりにおいて当該具体的労働契約の内容をなしているものということができる」と判示した。このように，電電公社帯広局事件最高裁判決は，大法廷判決の判旨を契約説と理解したうえ，就業規則の内容が合理的な内容である限り当該労働契約の内容になって労働者を拘束する，と判示したのである。

　この電電公社帯広局事件判決は，秋北バス事件大法廷判決以降，就業規則の定める労働条件と労働契約との関係について正面から論及した初めての最高裁判決として注目される。これについては，本件は就業規則中の労働条件に関する不利益変更規定の法的拘束力を争点としていないのに，大法廷判決の判旨を先例として引用したのは適切ではない，という批判があった[68]。しかし，業務命令の根拠としての就業規則の法的効力が問題となった以上，その法的性質論は論理的前提となるので，秋北バス事件の法理が無関係とは到底いえない。最高裁は電電公社帯広局事件判決で就業規則の法的性質に関する秋北バス事件の法理を明確化することを意図して上記のような判旨を述べたと解することができよう。

　電電公社帯広局事件最高裁判決の上記判旨については，同判決以前の下級審裁判例において類似のものが見られたことを指摘できる。例えば，「労働条件を定型的に定めた就業規則は，使用者と労働者との間の労働条件はその就業規則によるという事実たる慣習が成立しているものとして<u>個々の労働契約の内容になるもの</u>ということができる」(傍線筆者)という裁判例[69]，そ

---

[68]　石井保雄「職業病総合精密検診の受診を業務命令により強制することの適否」季労141号（1986年10月）152頁。

して「一旦有効に成立した本件退職金規程の内容は，<u>原被告間の雇用契約の内容となったものと解するのが相当である</u>」（傍線筆者）という裁判例[70]である。これらの裁判例は，秋北バス事件大法廷判決の判旨に依拠しているとはいえ，判旨の文言からみれば，「就業規則は労働契約（雇用契約）の内容となる」としたのは，むしろ，「労働者が，とくに反対の意思を示さない限り，就業規則の内容が労働契約の内容になること，すなわち『就業規則による』という『事実たる慣習』（民法92条）が成立していることに，その根拠を求めるべきである」と説いた石井照久博士の契約説（事実たる慣習説）[71]に近いものということができる。電電公社帯広局事件最高裁判決は，そのような上記の下級審裁判例の系譜に連なるものと見ることができる。このような見方で，「就業規則の規定内容が合理的なものであるかぎりにおいて当該具体的労働契約の内容をなしている」との同判決の文言を読むと，同判決は，「合理的なものであるかぎりにおいて」を挿入したほかは，就業規則が「普通契約条款と，その法律上の本質は変わらない」[72]とした石井博士の契約説と極めて類似していると理解できる。すなわち，最高裁は同判決によって，大法廷判決の「合理性説」を維持しながら，大法廷判決の就業規則法的性質論の難点を克服するために，「法規説」から「普通契約約款説」ないし「定型契約説」への軌道修正を行った，と見るべきではないかと思われる。そして，就業規則の法的性質論に関するこの軌道修正は，これに先行して展開された前記の下井教授および菅野教授の「読み替え」に影響されている，と推測できよう。

2　日立製作所武蔵工場事件判決

その後，平成3（1991）年に至り最高裁第一小法廷は，日立製作所武蔵工場事件判決[73]において，電電公社帯広局事件判決と同様に，問題の業務命令の法的効力の前提として就業規則の法的性質を論じ，契約説の立場に立って

---

[69]　富里商事事件・東京高判昭和58年3月29日判時1080号151頁。
[70]　平和運送事件・大阪地判昭和58年11月22日労経速1188号3頁。
[71]　石井126〜127頁。
[72]　石井125頁。
[73]　最一小判平成3年11月28日民集45巻8号1270頁。

判断を行った。この事件は，就業規則の不利益変更に関する事件ではなく，いわゆる時間外労働義務を定めた就業規則が存在している場合に労働者が時間外労働義務を負うかどうかが争点となった事件であるが，最高裁第一小法廷は，秋北バス事件大法廷判決および電電公社帯広局事件判決を引用し，「当該就業規則の規定の内容が合理的なものである限り，それが具体的労働契約の内容をなすから，右就業規則の規定の適用を受ける労働者は，その定めるところに従い，労働契約に定める労働時間を超えて労働をする義務を負うものと解するを相当とする」という判断を示した。

これらの判旨は，就業規則が定型契約として労働契約の内容になるとの趣旨に解するのが素直である。そうだとすれば，就業規則の法的性質に関する判例法理は，「法規説をベースにしたもの」から「契約説をベースにしたもの」へ変容したことになろう。

しかし，上記のように，合理的な就業規則の規定が労働契約の内容をなすとすれば，その規定の変更は契約内容の変更であるから，労働者の明確な反対の意思が表明されれば当該労働者を拘束し得ないはずである。こうして就業規則の法的効力の契約説的構成からは，就業規則の不利益変更については，法規説よりも一層，「新たな就業規則の作成または変更によって，既得の権利を奪い，労働者に不利益な労働条件を一方的に課することは，原則として，許されない」(秋北バス事件大法廷判決)ということになる。この帰結は，長期雇用関係における労働条件の統一管理および経営環境の変化にあわせた調整の必要性からは難点となるが，ここでも，上述の「読み替え」学説の合理的変更肯定論がその解決に役立つこととなる。すなわち，契約説によれば，上記のような難点は就業規則の変更に同意しない労働者の解雇によって解決されるはずであるが，解雇権濫用法理による厳しい解雇規制のもとではそのような解雇を有効とするのが困難なので，労働者に強度の実質的雇用保障が与えられる反面として，合理的な範囲の就業規則の不利益変更が労働者をも拘束することが許容される，という考え方である[74]。

この点については，日立製作所武蔵工場事件判決の解説において増井和男最高裁調査官が，「秋北バス事件判決については，いわゆる法規説，契約説

---

[74] 菅野96〜97頁参照。

(「事実たる慣習」説，附合契約説など）等に基づくさまざまな理解が可能であろう」と指摘したうえで[75]，「本判決は，帯広電報電話局事件判決をも引用するが，秋北バス事件判決をどのように理解するのか，したがってまた，就業規則に基づく時間外労働の義務の発生根拠をどのように解するのかを明らかにしているものではない（蛇足ながら，本判決が『就業規則の規定内容が合理的なものであるかぎりにおいて当該具体的労働契約の内容をなしている』と説示した帯広電報電話局事件判決を引用していることをもって，直ちに本判決が法規説を採用していないということはできない）」と述べている[76]。これは非常に興味深いところである。すなわち，この増井調査官の解説は，法規説に立ちながら，就業規則が労働契約内容に化体する，との法的構成もありうることを示唆しているようである。

確かに，法規説のうち，就業規則の労働契約への化体を認める学者も見受けられる。例えば，保護法授権説の名称が適切ではないとして法的効力付与説を称する西谷敏教授は，労働条件を定める法規範は労基法上のものであれ労働協約上のものであれ労働契約への化体が生じると解すべきであり，就業規則についても同様に解すべきである，としている。すなわち西谷教授は，「労働契約において就業規則以下の労働条件が約定された場合，あるいは労働条件について約定がなされなかった場合には，就業規則は労働契約に化体することを通じて労働条件を規定すると解すべきである」と主張している。このような考え方の主要な論拠については，労基法2条1項にいう労働条件の労使対等決定原則に求めるべきだとする[77]。

このような「化体説」[78]に対しては，西谷教授の上記主張以前にすでに，法規説の動揺[79]，契約説への同化[80]，論理的矛盾撞着[81]などの批判が加えら

---

[75] その参考文献として挙げているのは，秋北バス事件大法廷判決に関する可部恒雄最高裁調査官の解説（ジュリ421号92頁）および菅野和夫教授の『労働法』である。増井和男・曹時44巻1号（1992年1月）315頁注5参照。
[76] 増井・前掲。
[77] 詳細は，西谷・就業規則462〜464頁参照。
[78] 西谷教授の前に契約化体説がすでに見られた。松岡三郎「就業規則と労働契約との関係について」季労15号（1955年3月）170頁参照。
[79] 下井・前掲『論争労働法』276頁

れていた。しかし西谷教授は，就業規則の法規範性と就業規則の労働契約への化体を同時に承認することは論理的に決して矛盾しない，と反論している[82]。この点については，契約説の立場に立つ大内伸哉教授[83]も，判例法理を「契約説」ととらえるのは論理的必然ではなく，判例法理は就業規則の労働契約への化体という論理構成をなして，法規説の論理に立ったものだ，と解している。大内教授は，「契約説か法規説かという点は，労働者の同意なしに拘束力が発生するかどうかという問題と関係しているのであり，労働者の同意なしに『契約』の内容になるとする場合には，法規説の論理に立っていると判断すべきことになる」と説明している[84]。

しかし，「化体説」の立論は，「就業規則は労働契約への化体を通して労働条件を規律すると解されるため，契約説に著しく接近し，法規説の実際的意義が失われる結果となる」[85]から，やはり上記のような批判を免れることができないであろう[86]。また，「労働契約の内容をなす」との電電公社帯広局事件判決の文言をそのまま読めば，それは契約説の立場をとっていると理解するのが自然なのではないかと思われる[87]。したがって，最高裁の判旨を化体説と理解する上記の説明には賛成しがたい。「労働契約の内容をなす」という最高裁の判旨は，やはり法規説をとった秋北バス事件判決の判旨を契約説的な考え方のように読み替えたものと解すべきであろう[88]。

こうして，大法廷判決の定立した就業規則の法的性質に関する判例法理は，

---

[80] 菅野・前掲『労働法の争点』289頁。なお，蓼沼謙一「就業規則の法的性質と効力」季刊労働法別冊1号『労働基準法』(1977年6月) 286頁も参照。

[81] 本多淳亮『労働契約・就業規則論』(一粒社，1981年2月) 209頁

[82] 西谷・就業規則464頁。

[83] 大内伸哉「労働条件形成・変更の段階的正当性(1)——労働条件変更法理の再構成」法協113巻1号 (1996年1月) 74頁注51。

[84] 大内39頁参照。

[85] 土田道夫『労務指揮権の現代的展開』(信山社，1999年10月) 353頁。なお，土田道夫「労働契約における労務指揮権の意義と構造(3)」法協105巻12号 (1988年12月) 1789頁も参照。

[86] 「化体説」に対する批判として，長渕満男「就業規則・懲戒」西村健一郎ほか『労働法講義3　労働者保護法』(有斐閣，1981年12月) 222頁以下，同「就業規則・懲戒」西村健一郎ほか『労働法講義3　労働者保護法(新版)』(有斐閣，1990年6月) 219頁以下も参照。

電電公社帯広局事件最高裁判決によって,「法規説をベースにしたもの」から「契約説をベースにしたもの」への意味内容(趣旨)の転換が行われた。そしてこの転換は,日立製作所武蔵工場事件判決によって確認され,「当該就業規則の規定の内容が合理的なものである限り,それが具体的労働契約の内容をなす」という法理の確立が行われたのである[89]。

(87) 菅野和夫「就業規則変更の限界とポイント——大曲市農協事件最高裁判決を契機に」労働法学研究会報1688号(1988年5月)6頁,同『労働法(第2版)』(弘文堂,1988年4月)90頁,菅野和夫＝諏訪康雄「労働判例この1年の争点」日本労働協会雑誌350号(1988年10月)10頁(諏訪教授発言),土田道夫・前掲法協105巻12号1788頁,同「労働協約・就業規則と労働者の義務」季労166号(1993年3月)99頁,同・前掲『労務指揮権の現代的展開』352〜353頁,下井隆史「就業規則変更の効力——大曲市農協事件」判評360号(1989年2月)52頁,下井・3版291〜292頁,唐津博「就業規則の法的性質」季労160号(1991年8月)26頁,石松亮二「最高裁判例における就業規則の法的性質論」久留米大学法学16・17合併号(1993年4月)18頁,浜田93〜94頁および202頁,中窪裕也＝野田進＝和田肇『労働法の世界』(有斐閣,1994年4月)85頁,安枝英訷＝西村健一郎『労働基準法(労働法Ⅱ)』(青林書院,1996年4月)402頁,小西國友＝渡辺章＝中嶋士元也『労働関係法(第3版)』(有斐閣,1999年9月)108頁(渡辺章教授執筆),荒木(5)950頁,荒木245頁参照。

(88) 荒木(5)950〜951頁。荒木244〜246頁も同旨。また,この点について渡辺章教授は,「法的論理構成の建て直しを図ったもの」や「法的論理構成の建て直しを図ったのである(契約説的構成の確立)」という表現を用いている(渡辺章「就業規則と労働契約」『企業法学4』〔商事法務研究会,1995年10月〕86頁,小西＝渡辺＝中嶋・前掲108頁)。

(89) 下級審においても,秋北バス事件大法廷判決および電電公社帯広局事件最高裁判決ならびに日立製作所武蔵工場事件最高裁判決を引用し,「就業規則の定めは,それが合理的な労働条件を定めるものである限り,……当該労働契約の内容をなしている」と判示したものが見られる。例えば,阪神交通管理事件・大阪地決平成3年6月17日労判592号23頁,商大八戸の里ドライビングスクール事件・大阪地判平成8年1月22日労判691号54頁,トーコロ事件・東京高判平成9年11月17日労判729号44頁も同旨。また,日本貨物鉄道(定年時差別)事件・名古屋地判平成11年12月27日労判780号45頁は,「合理性のない就業規則の条項は,そもそも労働契約の内容にはなり得ないものである」と判示している。そして,リンク総研事件・大阪地判平成8年8月30日労判703号33頁は,「退職金規定は,就業規則の一部として使用者と労働者との労働契約の一部を構成し,当事者の知,不知にかかわらず,拘束力を有するものである」と判示している。

Ⅲ 小　括

　就業規則の法的性質については，秋北バス事件大法廷判決の多数意見は法規説の立場を採っていると解釈できる。しかしながら，昭和53（1978）年に至り下井教授は，「判旨は普通契約条款の法的性質に関する理論を就業規則論に適用したものと理解すべきではないのか」という疑問を提起した。次いで菅野教授は，大法廷判決に対して当初は「消極的支持」の評価を示したが，昭和60（1985）年に至り，大法廷判決の判旨に対する積極的な支持論を打ち出し，判旨を「定型契約説」と名付けた。

　学説による秋北バス事件法理の定型契約説的理解と合理的変更法理の支持を背景として最高裁は，昭和61（1986）年の電電公社帯広局事件において，法規説を採った大法廷判決の判旨を引用しつつ，就業規則の法的性質を契約説のように言い替えて，就業規則の内容が合理的な内容である限り当該労働契約の内容になって労働者を拘束する，と判示した。また，日立製作所武蔵工場事件において最高裁は，大法廷判決および電電公社帯広局事件判決を引用し，「当該就業規則の規定の内容が合理的なものである限り，それが具体的労働契約の内容をなす」という判断を示した。

　こうして，大法廷判決の定立した就業規則の法的性質に関する判例法理の趣旨は，電電公社帯広局事件最高裁判決によって，「法規説をベースにしたもの」から「契約説をベースにしたもの」へとの転換が行われた。このような判例法理の変容については，法規説を採る大法廷判決の多数意見の判旨が，下井教授および菅野教授による大法廷判決の判旨に対する巧妙な「契約説的読み替え」によって，より説得力のある判例法理として生まれ変わったものと理解できよう[90]。

---

[90]　荒木(5)955〜956頁，荒木249〜251頁。

第3節　判例の合理的変更法理の変容
　　　　――「例外」の拡大

　大法廷判決は，就業規則の不利益変更は原則として許されないが，変更された条項が合理的なものであるかぎり例外的に許容されるとしていた。その合理性の基準は当初は不明確であったが，その後の一連の最高裁判決において，より明確になってきている。この過程においては，昭和63（1988）年の大曲市農協事件判決が，就業規則による労働条件変更の可能性と要件を正面から認め，労働条件変更法理を確立したものと見ることができる[91]。その後，第一小型ハイヤー事件判決，朝日火災海上保険事件判決，第四銀行事件，みちのく銀行事件，羽後銀行（北都銀行）事件，函館信用金庫事件などの判決においてさらなる変化が見られ，判例の合理的変更法理は，「経営事情による労働条件変更の必要性を正面から認めつつ，労働者の利益に配慮してその行き過ぎをチェックする法理（労働条件変更法理）に発展してきている」と思われる[92]。

　以下では，最高裁における変容と下級審裁判例における変容を分析し，就業規則による労働条件変更法理の形成を明らかにしたい。

I　下級審における「原則」「例外」関係の変容の開始

　秋北バス事件大法廷判決における合理的変更法理の原則は，「就業規則の不利益変更は許されない」であるが，その例外は，「変更された条項が合理的なものであれば，変更に対して反対する労働者をも拘束する」である。

---

[91]　菅野和夫・労働法学研究会報1688号（1988年5月）6頁，菅野和夫＝諏訪康雄「労働判例この1年の争点」日本労働協会雑誌350号（1988年10月）9～11頁，菅野＝諏訪32～38頁。
[92]　菅野・5版補正116頁。

第3節 判例の合理的変更法理の変容——「例外」の拡大

　もともと、このような合理的変更法理は、あくまでも「原則」をきちんと守り、合理性という判断手法をもって「例外」があるかどうかを厳しく審査するというものであったはずである。しかしながら、その後の裁判例における就業規則の合理性判断については、「原則」と「例外」の逆転現象がしばしば指摘されている[93]。例えば、西谷敏教授は、「実際には、最高裁判例における『合理性』判断はあまりにも緩やかであり、労働条件の一方的不利益変更は許されないという原則を後退させ、むしろ『合理性』があるが故に変更が許容されるという例外を事実上原則に近づける結果となっている点で、『合理性』なる一般条項に依拠した解決方法の危険性を露呈しているといえる」と指摘している[94]。

　実際、「原則」と「例外」の関係は昭和50（1975）年前後から変わってきているのではないかと考えられる。就業規則の不利益変更に関する考え方の変化の転換期は、石油危機直後の時期であると推測されるのである[95]。石油危機前後までは、企業の規模は拡大し続けており、新ポストおよび高い処遇を確保できた。ところが、昭和47（1972）年末に石油危機が発生し、日本の産業界は生産と雇用の大規模な調整の必要を余儀なくされた。この一環として企業は、労働条件の不利益な変更を行う必要に迫られ、これを就業規則の不利益変更によって実現することが必要になった。また、定年の延長のために、退職金などを定める就業規則の変更に関する実際的な必要が生じた。このように、日本のような長期雇用慣行のもとでは、高度成長期から構造調整期に移行すれば、企業経営上合理的変更法理の「原則」がそのまま妥当しなくなり、その「例外」が活用されるようになるのは当然といえよう。この結果、裁判実務上も労働条件変更法理が必要になり[96]、秋北バス事件大法廷判

---

[93] 川口教授は、「下級審判決には原則と例外が逆になる印象を与えるものがある」と指摘した（川口實「就業規則と労働契約——秋北バス事件・最高裁判決後の判例の動向と学説」慶應大学法学研究50巻1号（1977年1月）142頁注4）。また、本多淳亮「就業規則における生理休暇規定の一方的不利益変更の合理性判断の基準」判評305号（1984年7月）55頁以下。

[94] 西谷敏「労働法における自己決定の理念」法時66巻9号（1994年8月）37頁注56。

[95] 佐藤博史「不況・構造調整に伴う就業規則の不利益変更はどこまで可能か——最近の裁判例を中心に」労働法学研究会報1649号（1987年7月）5〜6頁参照。

決の合理的変更法理は内実において見直されるようになったと考えられる。

下級審裁判所は，それまでは大法廷判決にあまり従っていなかったが，おおよそこの頃から就業規則の不利益変更に関する考え方を変更し始め，合理的変更法理の「例外」を適用し，就業規則の不利益変更を認めるようになっていく[97]。昭和50（1975）年までの裁判例を見てみると，都タクシー事件判決[98]および医療法人一草会事件判決[99]は，秋北バス事件大法廷判決に忠実に従っているものの他の裁判例の多くは，秋北バス事件大法廷判決を意識しながら，実際上はその拘束力を免れるように理論を展開していた。例えば，二分説をとり，賃金のような労働条件は，定年制の新設に関する秋北バス事件大法廷判決の枠組みを採用しない，とするものが見られた[100]。

しかしその後，判例法理が下級審において徐々に定着を見た。その代表が昭和58（1983）年のソニー・ソニーマグネプロダクツ事件東京地裁判決[101]であり，御国ハイヤー事件最高裁判決よりも早く不利益変更に対する「代償措置」の有無に言及し，タケダシステム事件最高裁判決よりも早く詳細な合理性の判断基準を打ち出した。同事件は褒賞休暇の取扱いの変更に関する事案であるが，東京地裁は，秋北バス事件大法廷判決の定立した合理性判断基準に従い，就業規則の不利益変更の合理性の判断については，「〔就業規則の変更の〕合理性を考えるにあたっては，①労働者が就業規則変更前に享受して

---

[96] 菅野和夫・労働法学研究会報1688号（1988年5月）8頁。
[97] 例えば，医療法人一草会事件・名古屋地判昭和48年10月31日労経速841号3頁，同・名古屋地判昭和48年12月26日労判193号25頁，タケダシステム事件・昭和51年11月12日労民集27巻6号635頁，医療法人一草会事件・名古屋高判昭和52年1月31日労経速942号3頁，石川島播磨東二工場事件・東京地判昭和52年8月10日労民集28巻4号366頁，北九州市事件・福岡地判昭和53年2月28日労民集29巻1号111頁，ソニー・ソニーマグネプロダクツ事件・東京地判昭和58年2月24日労判405号41頁，などがある。
[98] 新潟地判昭和47年4月7日労経速779号7頁。
[99] 名古屋地判昭和48年10月31日労経速841号3頁，名古屋地判昭和48年12月26日労判193号25頁。
[100] 日本貨物検数協会事件・東京地判昭和46年9月13日労民集22巻5号886頁，山手モータース事件・神戸地判昭和47年12月5日労判167号26頁。
[101] 東京地判昭和58年2月24日労判405号41頁。

いた権利・利益の性質及びその内容，②就業規則変更の必要性，③変更内容，④変更により労働者の被る不利益の程度，⑤規則変更前の制度それ自体の合理性，⑥不利益変更に伴う見返り措置の有無及びその内容，⑦変更に至るまでの使用者と労働者との交渉の経緯等諸般の事情を総合考慮すべきである」（番号挿入は筆者）という基準を立てたうえ，この基準に沿った詳細な判断を行った。

秋北バス事件大法廷判決が定年制の新設を肯定したことが影響を与えたのか，定年制の新設に関する事案では合理性がやや容易に認められる傾向にあった[102][103]。しかし，定年年齢の引下げに関する事案では，合理性を否定した裁判例がほとんどである[104][105]。なお，男女差別の定年年齢の設定に関する事案[106]や，組合対策のために定年制を導入したと認定される事案[107]では，その合理性が否定されている。

この頃の下級審裁判例においては，判例法理を本格的に展開した大曲市農

---

[102] 合理性ありとされた定年制新設の事案として，例えば，上智学院事件（控訴審）・東京高判昭和46年11月30日判タ277号183頁，医療法人一草会事件・名古屋地判昭和48年10月31日労経速841号3頁，小川証券事件・大阪地判昭和57年2月4日労判381号付録15頁，工学院大学事件・東京地判昭和59年5月15日労判431号62頁，工学院事件・東京地決昭和61年3月24日労経速1253号15頁。

なお，大曲市農協事件最高裁判決以降の裁判例として，工学院大学事件・東京地判平成1年7月10日労判543号40頁，フジタ工業事件・名古屋地決平成2年7月10日労判569号55頁，愛知医科大学事件・名古屋地決平成4年11月10日労判627号60頁，住道美容事件・大阪地決平成8年9月9日労判703号29頁，東京大学助手事件・東京地判平成9年4月14日判時1617号140頁。

[103] 安枝英訷＝西村健一郎『労働基準法（労働法II）』（青林書院，1996年4月）413頁，大内27頁。

[104] 例えば，広島荷役事件（1審）・広島地判昭和62年5月20日労民集39巻6号609頁。また，大曲市農協事件最高裁判決以降の裁判例として，広島荷役（控訴審）事件・広島高判昭和63年11月22日労民集39巻6号593頁，朝日火災海上保険（石堂・仮処分）事件・神戸地判平成2年1月26日労判562号87頁，大阪精神薄弱者コロニー事業団事件・大阪地裁堺支判平成7年7月12日労判682号64頁。

[105] 大曲市農協事件最高裁判決以降，定年年齢の引下げにつき合理性を肯定した裁判例として，朝日火災海上保険事件（1審）・福岡地裁小倉支判平成1年5月30日労判545号26頁。

協事件最高裁判決における「重要な労働条件」の発想もすでに現れている。例えば，昭和53（1978）年の日本近距離航空事件判決[108]は「〔秋北バス事件大法廷判決〕の合理性は，個々の労働条件の種類，性格に応じて個別的にその存否を決すべきものであり，賃金，労働時間など労働契約上最も重要な労働条件の変更については，既存の就業規則作成当時予見できなかったような著しい事情の変動が生じ，しかもその変動は客観的経済情勢の変動等経営主体の責に帰し得ない事由によるものであって，従前の労働条件をそのまま維持させることが信義則上も妥当でないと認められるなどの特段の事情がないかぎり，前記合理性の存在は肯認できない」と述べている。この日本近距離航空事件判決が賃金・労働時間などの「重要な労働条件」は格別であると強調したのは，当該就業規則の不利益変更の合理性を否定するためでなかったかと思われる。そして，このような発想を明確に述べているか否かを問わず，大曲市農協事件最高裁判決までの下級審裁判例には，賃金・退職金の事案に関する就業規則の不利益変更を合理性ありとしたもの[109]は少なく，その多くは賃金・退職金の不利益変更を容易に肯定しなかったのである[110]。

　こうして，大曲市農協事件最高裁判決が登場する以前の下級審裁判例は，合理的変更法理の判断枠組みを用いつつも，賃金・退職金に関する事案については，なお合理的変更法理の「原則」を厳格に守っており，就業規則変更の合理性を簡単には認めなかったのである。

---

(106) 例えば，伊豆シャボテン公園事件（1審）・静岡地裁沼津支判昭和48年12月11日労民集26巻1号77頁，同（控訴審）・東京高判昭和50年2月26日労民集26巻1号57頁，同（上告審）・最三小判昭和50年8月29日労判233号45頁。
　　また，大曲市農協事件最高裁判決以降の裁判例として，大阪市交通局協力会事件（控訴審）・大阪高判平成10年7月7日労判742号17頁。

(107) 例えば，東香里病院事件・大阪地決昭和52年3月23日労判279号56頁，丸大運送店事件・神戸地判昭和56年3月13日労判363号58頁。

(108) 札幌地判昭和53年11月6日判タ380号144頁。また，大阪日日新聞社事件・大阪高裁判決大阪高判昭和45年5月28日高民集23巻3号350頁においても，「重要な労働条件」という表現が見られた。

(109) 例えば，都タクシー事件・新潟地判昭和47年4月7日労経速779号7頁，大曲市農業協同組合事件（1審）・秋田地裁大曲支判昭和57年8月31日労判450号76頁。

Ⅱ　大曲市農協事件最高裁判決による「原則」「例外」関係の変容

　岩渕正紀最高裁調査官が述べたように，大法廷判決の合理的変更法理に関する判旨は，その前半と後半とが文章上原則と例外の関係にあるものと読むほかないが，原則部分の表現が断定的であるのに比べて，例外部分が，「合理的」という，外延が明確でない概念をもって判断枠組みを作っているため，原則と例外の広狭については異なった読み方をなしうる余地がある[111]。したがって，合理的変更法理の「例外」を，「不利益であっても合理性さえあれば許される」というように読めば，労働条件変更法理を正面から承認する余地が十分にあったのである。また，就業規則の不利益変更の合理性審査を行う際に，合理的変更法理の「例外」が多用され，「原則」としての意味がほとんど活用されない論理構造になる[112]が，これは格別不思議なことでは

---

[110]　賃金の不利益変更については，変更の合理性を否定した下級審裁判例として，例えば，日本近距離航空事件・札幌地判昭和53年11月6日判タ380号144頁。その他の下級審裁判例は，合理的変更法理をとらずに，二分説または契約説の立場に立って，新就業規則の拘束力を否定する傾向がある。例えば，日本貨物検数協会事件・東京地判昭和46年9月13日労民集22巻5号886頁，山手モータース事件・神戸地判昭和47年12月5日労判167号26頁，都タクシー事件・京都地判昭和49年6月20日労判207号45頁，日本貨物検数協会事件（控訴審）・東京高判昭和50年10月28日高民集28巻4号320頁，全日本検数協会大阪支部事件・大阪地判昭和53年8月9日労民集29巻4号590頁，有田交通事件・和歌山地判昭和55年6月30日労判366号付録27頁。

　また，退職金の不利益変更について変更の合理性を否定した下級審裁判例として，例えば，栗山精麦事件・岡山地裁玉島支判昭和44年9月26日判時592号93頁，大阪日日新聞社事件（上告審）・大阪高判昭和45年5月28日高民集23巻3号350頁，ダイコー事件・東京地判昭和50年3月11日労判220号28頁，御国ハイヤー事件（1審）・高知地判昭和55年7月17日労判354号65頁，同（控訴審）・高松高判昭和56年9月17日労判425号79頁，総合健康リサーチセンター事件・大阪地判昭和58年9月27日労判418号36頁，平和運送事件・大阪地判昭和58年11月22日労経速1188号3頁，大曲市農業協同組合事件（控訴審）・仙台高裁秋田支判昭和59年11月28日労判450号70頁。

[111]　岩渕正紀・大曲市農協事件最高裁判決解説・曹時41巻3号（1989年3月）832頁。
[112]　中窪裕也＝野田進＝和田肇『労働法の世界（第3版）』（有斐閣，1999年3月）266頁。

ないと思われる。

かくして，就業規則変更の合理性判断について定式を樹立した昭和63 (1988) 年の大曲市農協事件最高裁判決は，合理性の判断基準と方法をより明確にしたのみならず，労働条件変更法理を確立させた意義を有すると評価することができる[113]。同判決は，従来の下級審の裁判例があまり認めていなかった退職金規程の不利益変更を，それが重要な労働条件であるので高度の必要性を要するとしながらも，その不利益変更を初めて認めた点で注目された。より重要なことは，最高裁が，合理的変更法理の「例外」を適用し，本件の事案に照らして退職金規程の変更の合理性の有無を「総合判断」したことである[114]。これはまさに労働条件変更法理を正面から認める契機となった。

大曲市農協事件最高裁判決以降の下級審裁判例を見てみると，賃金・退職金の不利益変更について合理性を否定した裁判例[115]も少なくないが，これを認めた裁判例[116]が増えている。このような裁判例の推移を見ると，大曲市農協事件最高裁判決が重要な労働条件の不利益変更について高度の必要性を要求したことは，高度の必要性さえあれば賃金・退職金の不利益変更も認められるとの趣旨に理解されたといえる。また，最高裁の狙いもそこにあったのではないかと思われる[117]。

Ⅲ 大曲市農協事件最高裁判決以降の発展

大曲市農協事件最高裁判決以降，合理的変更法理は，下級審裁判例においても確立し，事案の内容に照らした詳細な合理性判断が行われている。

---

[113] 菅野和夫・労働法学研究会報1688号（1988年5月）6頁，菅野＝諏訪32〜38頁。
[114] 後に登場した第一小型ハイヤー事件最高裁判決について，大法廷判決の「原則」が希薄化し，利益調整判断に重点が移されている，との意見がある（吉田美喜夫「歩合給の計算方法を定める就業規則の変更の合理性」民商108巻6号〔1993年9月〕935頁参照）。

1 不利益変更の合理性を肯定した裁判例

(1) 第四銀行事件

まず，大曲市農協事件最高裁判決の直後に登場した第四銀行事件を見てみよう。本件は，最高裁[118]によって就業規則変更の合理性が認められたものである。

---

(115) 例えば，第一小型ハイヤー事件（1審）・札幌地判昭和63年4月19日労判630号12頁，第四銀行事件（1審）・新潟地判昭和63年6月6日労判519号41頁，第一小型ハイヤー事件（控訴審）・札幌高判平成2年12月25日労判630号9頁，クレジット債権管理組合事件・福岡地判平成3年2月13日労民集42巻1号83頁，朝日火災海上保険事件（控訴審）・福岡高判平成4年12月21日労判691号22頁，みちのく銀行事件（1審）・青森地判平成5年3月30日労民集44巻2号353頁，アイエムエフ事件・東京地判平成5年7月16日労判638号58頁，三協事件・東京地判平成7年3月7日労判679号78頁，やまざき事件・東京地判平成7年5月23日労判686号91頁（ダイジェスト），大阪精神薄弱者コロニー事業団事件・大阪地裁堺支判平成7年7月12日労判682号64頁，駸々堂（仮処分異議申立）事件・大阪地決平成7年9月22日労判681号31頁，大輝交通事件・東京地判平成7年10月4日労判680号34頁，日本コンベンションサービス事件（退職金請求）（控訴審）・大阪高判平成10年5月29日労判745号42頁，池添産業事件・大阪地判平成11年1月27日労判760号69頁，日本交通事業社事件・東京地判平成11年12月17日労判778号28頁。

(116) 例えば，朝日火災海上保険事件（1審）・福岡地裁小倉支判平成元年5月30日労判545号26頁，高円寺交通事件・東京地判平成2年6月5日労判564号42頁，日魯造船事件・仙台地判平成2年10月15日労民集41巻5号846頁，名古屋学院事件（1審）・名古屋地判平成3年5月31日労民集42巻3号415頁，第四銀行事件（控訴審）・東京高判平成4年8月28日労判615号18頁，空港環境整備協会事件・東京地判平成6年3月31日労判656号44頁，福岡中央郵便局事件・福岡地判平成6年6月22日労判673号138頁，安田生命保険事件・東京地判平成7年5月17日労判677号17頁，名古屋学院事件（控訴審）・名古屋高判平成7年7月19日労民集46巻4号1076頁，みちのく銀行事件（控訴審）・仙台高判平成8年4月24日労民集47巻1＝2号135頁，駸々堂事件（1審）・大阪地判平成8年5月20日労判697号42頁，安田生命保険事件・東京地判平成9年6月12日労判720号31頁，幸福銀行事件・大阪地判平成10年4月13日労判744号54頁，日本貨物鉄道（定年時差別）事件・名古屋地判平成11年12月27日労判780号45頁。

(117) 岩村正彦「農協の合併に伴う退職給与規定の不利益変更の合理性——大曲市農協事件」ジュリ926号（1989年2月）114頁。

(118) 最二小判平成9年2月28日民集51巻2号705頁。

同事件は，旧就業規則上は55歳定年と定められているものの，慣行により58歳までの在職が認められていた銀行が，従業員組合と労働協約を締結したうえ就業規則を改定し，定年を60歳に引き上げるとともに，55歳以降の賃金水準を切り下げて，55〜58歳で受け取っていた賃金総額と55〜60歳で受け取るべき賃金総額とがほとんど変わらないようにした事案である。賃金総額の比較としては，原告Xが「在職制度」の下で55歳から58歳までの3年間に得られた総額は2870万9785円，「60歳定年制」により55歳から60歳までの5年間に得た賃金の合計は3078万7278円であって，「60歳定年制」の方が207万7493円多い。また退職金については，特別慰労金を含めた「在職制度」下での原告Xの得られた額は1205万7300円，「60歳定年制」では1229万9000円であって，「60歳定年制」の方が24万1700円多い。結局，原告Xが得られた賃金・退職金の総額は，「60歳定年制」下での額が「在職制度」のもとでの額を231万9193円上回ると計算された。

　1審の新潟地裁[119]は，本件就業規則の不利益変更を合理性なしとした。まず，労働期間が2年間延長されたにもかかわらず同期間分に得られる利息を考慮すると，「60歳定年制」の賃金総額は「在職制度」の賃金総額よりむしろ18万3121円を下回ることになる，という点においてこの変更はXにとって不利益なものとした。そして，諸般事情を総合して検討すると，定年制の実施によりXが被る不利益の程度は少なくなく，本件定年制の賃金水準自体の相当性や組合との協議状況などを考慮しても，就業規則の変更による本件定年制の実施は，それの適用を受ける従業員にとって不利益なものであるにもかかわらず，これを使用者が一方的に実施適用することを正当化するに足りるだけの合理性を備えていると認めることはできない，とする[120]。結局，1審判決が本件就業規則の不利益変更を合理性なしとした主な理由は，

---

[119]　新潟地判昭和63年6月6日労判519号41頁。同判決は，判断基準としては，「変更により従業員の被る不利益の程度，変更の内容自体の相当性，変更との関連の下に行われた代償措置の状況，変更の必要性の原因及び程度，労働組合との交渉の経過等の事情を総合考慮する必要があ」る，と判示している。

[120]　しかしながら，この判決は，本件における就業規則の不利益変更は合理性なしとしたが，労組法17条によって労働協約を非組合員のX（管理職）に拡張適用し，Xの請求を棄却した。Xは控訴した。

不利益が大きいことであろう。しかし，この判決に対して学説は，労働協約が成立したにもかかわらず，労働協約に基づいた就業規則の改定の合理性が否定されるのは奇妙なことである，という重大な疑問を提起した[121]。

これに対して控訴審の東京高裁判決[122]は，本件就業規則変更の合理性を肯定した。同判決は，本件における不利益性を「定年後在職制度の下で58歳まで勤務すれば得られたのとほぼ同額の賃金を，60歳定年まで勤務しなければ得ることができなくなるのは，その限りで不利益であるといえる」としたが，高年齢退職者の再就職問題などを考えれば，「本件定年制が賃金面で行員に不利益のみをもたらすものであるとはいえない」としている。そのうえで，事案に沿って具体的な判断を行い，結論として，「本件定年制の採用により行員が受けることとなる不利益の性質，内容及び程度と，本件定年制を採用するに至った被控訴人銀行の諸事情，本件定年制の内容ないしその賃金水準とを比較考量し，同時に行われたその他の労働条件の改善状況，組合との合意の存在等の諸事情をも総合的に勘案すると，本件定年制を定めた就業規則の変更は，それによって控訴人が被った賃金面の不利益を斟酌しても，なお，定年制度改革期における労働条件の定めとして合理性を失うものではない」と判示している。

控訴審で敗訴したXが上告したところ，最高裁は，本件の不利益性はかなり大きいとしながら，本件就業規則の変更を合理性ありと判示し，Xの上告を棄却した。その理由は，①定年延長問題は，Y銀行においても不可避的な課題として早急に解決することが求められていたから，定年延長の高度の必要性があったこと，②定年延長に伴う人件費の増大，人事の停滞等を抑えることは経営上必要なことであり，特にY銀行においては，中高年齢層行員の比率が地方銀行の平均よりも高く，今後さらに高齢化が進み，役職不足も拡大する見通しである反面，経営効率および収益力が十分とはいえない状況にあったから，従前の定年である55歳以降の賃金水準等を見直して変更する必要性も高度なものであったこと，③変更後の就業規則に基づく55歳以降の労

---

(121) 例えば，横井芳弘「定年延長と労働条件の不利益変更──第四銀行事件・新潟地判昭和63・6・6」ジュリ916号（1988年9月）70頁。

(122) 東京高判平成4年8月28日労判615号18頁。

働条件の内容は，55歳定年を60歳に延長した多くの地方銀行の例とほぼ同様の態様であって，その賃金水準も他行の賃金水準や社会一般の賃金水準と比較してかなり高いこと，④定年が延長されて，60歳まで安定した雇用が確保されるという利益は決して小さいものではなく，また，福利厚生制度などの措置の適用延長・新設は，年間賃金の減額に対する直接的な代償措置とはいえないが，本件定年制導入に関連するものであり，これによる不利益を緩和するものということができること，⑤本件就業規則の変更は，行員の約90%で組織されている組合（50歳以上の行員の約60％が組合員であった）との交渉，合意を経て労働協約を締結した上で行われたものであるから，変更後の就業規則の内容は労使間の利益調整がされた結果としての合理的なものであると一応推測することができ，また，その内容が統一的かつ画一的に処理すべき労働条件に係るものであること，などである。

本件においては，労働者の被る不利益は大きいが，変更の必要性が高く，かつ多数の労働者も変更に同意している。これが，最高裁が合理性を認めた主な理由ではないかと思われる。また，変更後の賃金水準が他行の賃金水準や社会一般の賃金水準に比較してもかなり高いとの点も，合理性を認めた重要な要素と思われる。

(2) 羽後銀行（北都銀行）事件

次に，銀行の完全週休2日制移行の実施に伴い，土曜日を休日とする代りに特定日の勤務時間を1時間延長するという就業規則の変更に関する，羽後銀行（北都銀行）事件判決を見てみよう。

1審の秋田地裁判決[123]は，平日には午後4時50分に勤務から解放されるという既得の利益の侵害として，本件就業規則の変更は労働条件の不利益変更に当たるとしたうえで，具体的判断については，本件就業規則変更の必要性があり，労働者が被った不利益が大きくなく，週休2日制から得られる利益，時間外手当を求める権利がないことなどを考えると，変更の合理性が認められるとした。この1審判決の判断においては，「組合との交渉経過」という要素が欠落しているのが注目される[124]。

これに対して，控訴審の仙台高裁秋田支部判決[125]では，1審判決とは事

---

[123] 秋田地判平成4年7月24日労民集43巻4号662頁。

実の評価が異なり，反対の結論となっている。同判決は，第四銀行事件最高裁判決の登場直後の判決であり，同最高裁判決の判旨をそのまま引用している。具体的な判断としては，①就業規則変更の必要性があり，②平均1か月あたり18,000円の減収という経済的な不利益は，週休2日制に付随して必要になる範囲を超えていること，③代償措置がないこと，④多数組合の同意があるとはいえ，本件就業規則変更によって少数者の権利を放棄させるには，少数組合員にとって「経済的な不利益が大きすぎる」こと，などからして，本件の就業規則変更の合理性を認めなかった。この控訴審判決の特徴としては，①「重要な労働条件の重大な不利益変更」の場合には高度の必要性・合理性が必要としたうえで，本件のような時間短縮のための労働時間制度の変更もそのような不利益変更にあたるとしたこと，②「多数組合との合意」を重視する姿勢を維持しているが，少数者の権益を不当に侵害してはならないとしたうえで，少数組合員によって提起された本件では少数者の利益の方を重視したこと，をあげることができる。

しかし，この控訴審判決の結論は最高裁[126]によって覆された。その理由としては，①Xらが本件就業規則変更により被る実質的不利益は，全体的にみれば必ずしも大きいものではないこと，②就業規則変更の必要性があること，③本件就業規則変更については，その内容に社会的な相当性があること，などがあげられている。そして，本件においては，少数組合である「従組がこれに強く反対していることやY銀行における従組の立場等を勘案しても，本件就業規則変更は，右不利益をXらに法的に受忍させることもやむを得ない程度の必要性のある合理的内容のものである」と判示した。

本件で最高裁は，労働者の被った不利益性が小さく，就業規則変更の必要

---

[124] 野田進・ジュリ1033号（1993年11月）120頁参照。Y銀行では平成元年5月時点で従業員987名がおり，従業員約30名によって組織された「従組」および約730名の組合員を有する「労組」の2つの労働組合がある。Xらは少数組合「従組」の組合員である。本件においては，Y銀行は「労組」と合意に達したが，「従組」とは合意に至らなかった。しかし，この点についての判断が行われなかったのは，適切ではないと思われる。

[125] 仙台高裁秋田支判平成9年5月28日労民集48巻3号186頁。

[126] 最三小判平成12年9月12日労判788号23頁。

性が高く，かつ社会的相当性があることなどから，本件就業規則変更の合理性を認めたのでではないかと思われる。

(3) 函館信用金庫事件

さらに，週休2日制の実施に伴い平日の所定労働時間を25分間延長するという就業規則の不利益変更に関する函館信用金庫事件判決を見てみよう。

1審判決[127]は，就業規則変更の合理性については，「変更の内容（不利益の程度・内容），変更の必要性，多数組合との交渉経過等の諸事情を総合して判断すべきである」と述べたうえで，労使交渉経過にはかなりの問題があるとしながらも，①従業員が受ける週休2日制の利益に比して不利益の程度が極めて軽微であること，②平日の業務量の増大への対応，Y信用金庫の経営環境の厳しさ，賃金コストの抑制・削減の必要などからY信用金庫側に変更の必要性があること，③ほかの金融機関と比較してもY信用金庫の経営判断が突出して不合理なものではない，などの理由に基づき，本件変更は全体として合理性を有すると判示した。

これに対して控訴審判決[128]は，第四銀行事件最高裁判決の提示した一般論を踏まえたうえで，本件変更は，その必要性に乏しいにもかかわらず，Xらにとって重要な勤務時間および賃金に関する既得の権利を一方的に奪うものであり，当時従業員数約210人のY信用金庫における絶対多数組合であったA組合（組合員数約100人）「の意見を聴いて真摯に協議し，尊重すべき意見があれば尊重するという姿勢には程遠い常態に終始し，実質的には組合の意見を聴かないまま新就業規則を実施するに至ったもの」とし，本件変更に合理性があったものと認めることができないと判示した。

しかし，前述の羽後銀行（北都銀行）事件と同様，控訴審判決の結論は，最高裁[129]によって覆された。最高裁は，変更の合理性を肯定した理由として，①全体的にみれば，Xらが本件就業規則変更により被る実質的不利益は必ずしも大きいものではないこと，②Y信用金庫にとって，完全週休2日制の実施は早晩避けて通ることができない課題であり，その際には土曜日の労

---

[127] 函館地判平成6年12月22日労判665号33頁，労民集48巻4号433頁。
[128] 札幌高判平成9年9月4日労民集48巻4号362頁。
[129] 最二小判平成12年9月22日労判788号17頁。

働時間の分を他の日の労働時間の延長によって賄うとの措置を採ることは通常行われるところであり，加えて，Y信用金庫は当時，相対的な経営効率が著しく劣位にあり，人件費の抑制に努めていたというのであるから，他の金融機関と競争していくためにもそのような措置の必要性が高いこと，③変更後の1日7時間35分，週37時間55分という所定労働時間は，当時のわが国の水準としては必ずしも長時間ではなく，他と比較して格別見劣りするものではないから，その内容に社会的な相当性があること，などをあげて，本件就業規則変更は「必要性のある合理的内容のもの」と判示した。そして，多数組合がこれに強く反対していることやY信用金庫と同組合との協議が十分なものであったとはいい難いことを勘案してもこの結論には変りないとした。

　羽後銀行（北都銀行）事件最高裁判決と同様，本件においても最高裁は，労働者の被った不利益性が小さく，就業規則変更の必要性が高く，かつ社会的相当性があることなどから，本件就業規則変更の合理性を認めたのではないかと思われる。なお，本件においては，多数組合が変更に反対したにもかかわらず変更の合理性が肯定されたことが特徴的である。

(4) 小　括

　以上のように，大曲市農協事件最高裁判決以降，第四銀行事件および羽後銀行（北都銀行）事件ならびに函館信用金庫事件の最高裁判決は，それぞれの事案に沿って合理性判断を行い，就業規則不利益変更の合理性を認めたものである。

　最高裁は，必要性が高く労働者の被った不利益性の大きくない不利益変更にはその合理性を認めている。羽後銀行（北都銀行）事件および函館信用金庫事件がそうである。これに対して，第四銀行事件のような，就業規則変更の必要性が高いが労働者の被った不利益性も大きい場合には，多数組合・労働者の同意が，合理性を認めさせた判断基準として機能しているのではないかと思われる。また，いずれの事案においても，社会的相当性が，労働者の被った不利益を受忍させる有力な理由として機能していると考えられる。

　ただし，函館信用金庫事件においては，多数組合が変更に反対したにもかかわらず最高裁は変更の合理性を認めた。これは，おそらく，労働者の被った不利益性が小さいこと，就業規則変更の必要性が極めて高いこと，かつ変更の内容に社会的相当性があること，などが理由ではないかと思われる。

このように，就業規則不利益変更の合理性審査においては，最高裁・下級審ともに合理性を認めるケースが増え，「例外」が拡大してきている。むしろ，最高裁は，就業規則による労働条件変更の可能性を正面から認めたうえで就業規則不利益変更の合理性審査を行うという態度をとるに至っているといえよう。言い換えれば，就業規則の不利益変更は「原則」として拘束力がないが，合理性があれば「例外」的に拘束力を有するとの枠組みから出発しつつ，変更の必要性と不利益の大きさの比較衡量を基本とした合理性判断の定式に沿って具体的な事情を総合的に考慮し，合理性の有無を決するに至っている。このような判断態度の結果，出発点たる枠組みにおける「原則」・「例外」関係は曖昧となり，要は上記定式による合理性の有無の問題となっているのである。

2 不利益変更の合理性を否定した裁判例

他方，最高裁では就業規則変更の合理性を否定した事案も存在する。朝日火災海上保険事件およびみちのく銀行事件ではなぜ就業規則不利益変更の合理性が否定されたのかを見てみよう。

(1) 朝日火災海上保険事件

本件は，定年年齢を63歳から57歳に引き下げ，それとともに退職金の支給率を引き下げた事件である。このような不利益変更の労働協約および就業規則が，労働契約上有利な労働条件を有していた非組合員に対して効力を及ぼすか否かが問題となったのである。

1審判決[130]は，労働協約の一般的拘束力によって非組合員Xへの拡張適用を認め[131]，また，労働協約に基づいた就業規則改定の効力をも認めた。就業規則変更の合理性については，被った不利益の程度は少なくないが，①高度の必要性があり，②内容も合理性があること，③いくつかの措置は，本件定年制の実施ないし代償としてとられたものではないとしても，考慮できる事情であること，④組合が本件定年制の実施に合意したことは積極的に考慮できる事情であること，⑤従業員の多くは本件定年制の実施をやむを得ない

---

[130] 福岡地裁小倉支判平成元年5月30日労判545号26頁。
[131] この点については，本章第4節Ⅱ2(2)(b)参照。

ものとして了承していたこと，などの理由から合理性を肯定した。

これに対し，控訴審判決[132]も最高裁判決[133]も，合理性ありとの1審の判断を覆した。両判決ともに，本件の定年年齢の引下げおよび退職金支給率の引下げ自体には高度の必要性を肯定したが，これらを57歳に達しているXに直ちに適用してXの退職金を大幅に減額することは不利益性が大きすぎ，この限度で合理性を有しない，とした。

この事件においては，労働協約および就業規則が効力を生じた際に当該非組合員はすでに定年年齢に達していたので，定年が6年間早まり退職金が157万4,800円引き下げられるとの大きな不利益を被ることになった。そこで最高裁は，就業規則の変更それ自体は合理性があるが，特別に大きな不利益を被るXについては合理性を否定したのである。

(2) みちのく銀行事件

次に，定年延長なしに一定年齢以降の賃金水準切下げを行うという就業規則の不利益変更に関するみちのく銀行事件を見てみよう。

事実関係は以下の通りである。被告Y銀行は，昭和51年10月1日合併によって成立した。Y銀行には，全行員2,095名（昭和62年3月）中1,567名（74.79％）（昭和63年3月では，全行員2,019名中1,482名（73.4％））が所属する「労組」と，従業員24名（昭和62年3月。63年3月に23名）が所属する「従組」との2つの労働組合があった。原告X_1～X_6はY銀行の従業員で，いずれも少数組合たる「従組」の組合員である。Y銀行は，合併前からの高コスト体質に加え，預金金利自由化などで経営が悪化して，昭和51年下期，56年度から60年度において，全国の地方銀行のうち，いずれも最下位か最下位に近い成績であった。また，Y銀行は合併当初から人事制度に問題を抱えており，厳しい環境の中で銀行業務を続けていくためには，賃金体系の変更を含めた人事制度について見直しをする必要性があった。そこでY銀行は，昭和61年1月30日「労組」に対して，同年2月3日「従組」に対して，「年齢55歳以上の賃金体系のあり方について」と題する文書を交付し，新人事制度を提案した。そして両組合とそれぞれ数度の協議を重ねた結果，昭和61年4月28日，

---

[132] 福岡高判平成4年12月21日労判691号22頁。
[133] 最三小判平成8年3月26日民集50巻4号1008頁。

Y銀行と労組は，①満55歳以上の行員の基本給の凍結，②満55歳に達した管理職階者は，別途創設する専任職とし，従前の役職から外れる，③専任職の賃金は，直前役職時の基本給に直前職の管理職手当・役職手当を除き専任職手当を加えたもの，とする本件専任職制度について合意に達した。しかし，Y銀行と従組とは合意には至らなかった。

　Y銀行は，就業規則やその他の規程の改正を行い，昭和61年5月よりこの「専任職制度」を実施した。しかし，本件専任職制度導入後も，経営内容は向上したものの，地方銀行中の順位は依然下位グループであった。そこでY銀行は，経営の効率化を一層強く推進するため，「従組」および「労組」に対して昭和62年5月の団体交渉時の提案に加えて，同年9月7日に再度の新人事制度導入の提案を行った。協議交渉を重ねた結果，Y銀行と従組の間には当該新人事制度についての合意は成立しなかったが，労組とは合意したので，就業規則などを改正したうえで，昭和63年4月1日よりY銀行は本件「新専任職制度」を導入した。

　この「新専任職制度」によって，①満55歳に達した行員は専任職とし，②専任職の基本給のうち業績給を段階的に削減し，昭和67年以降は55歳時業績給の50%とする，③専任職手当を段階的に削減し，昭和67年以降は廃止する，④賞与支給率を段階的に削減し，昭和67年以降は一律200%とする，とされた。

　Y銀行の行員であり「従組」の組合員であるX_1～X_6は，上記2回の専任職制度の導入によって賃金の減額を受けた。例えば，X_1は，本件「新専任職制度」実施後の昭和63年4月から退職時（平成4年10月9日）まで，総額630万2,120円の賃金減少となった。またX_2は，本件「新専任職制度」実施（平成元年3月1日）により平成4年3月まで，総額441万7,860円の賃金減少となり，退職時までの賃金差額は金930万6,760円となった。他方，Y銀行にとっては，本件「新専任職制度」実施後は，年間4億ないし6億円の人件費が節約できることによって，経営状態が極めて好調となり，昭和62年度には経常利益において8億5千万円の差があった青森銀行との格差も平成3年度になるとほぼ同等の経常利益を上げるまでに至った。

　X_1～X_6は，本件「専任職制度」および本件「新専任職制度」実施による処遇変更は，賃金減少等の不利益をもたらす労働条件の不利益変更であり合理

性を欠くと主張し，従前の制度による賃金支払を受けるべき労働契約上の地位を有することの確認および新制度と旧制度との賃金差額の支払を求めた。

1審の青森地裁判決[134]は，「専任職制度」導入の合理性を認め[135]，また「新専任職制度」のうちの役職制度に関する部分の合理性も認めたが[136]，給与体系の変更についての合理性は認めなかった[137]。

これに対して控訴審の仙台高裁判決[138]は，労働者の被った不利益は小さくないが，変更に高度の必要性があり，世間相場との比較・移行措置・代償措置，そして多数組合が同意したことなどからして，専任職制度の導入に伴う就業規則の改定および賞与の支給率の変更は「合理性を失わないものと認

---

[134] 青森地判平成5年3月30日労民集44巻2号353頁。
[135] 「専任職制度」についての具体的な判断としては，①本件の実施が従業員であるX₁にもたらす不利益はそれほど大きくはないこと，②賃金水準それ自体をみれば不相当なものであるといえないこと，③選択定年加算金制度の再制定などは，直接には年間賃金の減額に対する代償とはいえないにしても，合理性判断の一要素として評価すべきものであるが，X₁が受ける利益はあまりなく，X₁の被る不利益の程度を緩和する度合はやや低いこと，④行員の約74％で組織されている労組は，経営問題についてY銀行と検討する機会を持っており，本件についてもY銀行と交渉したうえで同意していることは，本件の妥当性を裏付けるものであり，その合理性の判断にあたり考慮されるべきこと，⑤本件実施後，Y銀行の経営状態が向上しているものの，地方銀行中の順位は依然として下位グループであったこと，などを認定し，本件専任職制度の実施には「合理性が認められる」としている。
[136] 「新専任職制度」についての具体的な判断としては，①経営体質の維持・向上を図るために，賃金体系の変更を含めた人事制度の見直しを再度図る必要性があったこと，②X₂らの給与における不利益は，その減額幅が大きくその不利益の程度は大きいこと，③本件実施前後の55歳以上の行員の賃金水準は，他の地方銀行の55歳以上の行員の賃金水準を上回っており，青森県や青森市の賃金水準をも上回っており，その賃金水準自体をみれば不相当なものとはいえないこと，④本件の導入に伴い，選択定年加算金制度・行員住宅融資制度・企業年金制度の改訂，行員特別融資制度の新設などの代償措置は，Xらに対し積極的に利益を与えるものではなく，Xらの被る不利益の程度を緩和する度合は低いこと，⑤行員の約73％が所属する労組との十分な協議および合意に基づいて本件が制定されたことは，その合理性の判断にあたって考慮されるべきこと，⑥本件実施後のY銀行の経営状態は極めて好調であること，などを認定した。そして，「新専任職制度のうち，役職制度に関する部分も合理性を認める」と判示した。

めるのが相当である」としている[139]。この控訴審判決については，「世間相場」と「変更に至る経緯」（「組合との交渉経過および多数組合の同意」）を重視する姿勢を窺うことができる。特に「変更に至る経緯」の評価については，多数組合の同意を合理性の判断要素として「間接的なもの」とした1審判決とはかなり異なっている。

この控訴審判決の結論は，最高裁[140]によって覆された。最高裁は，まず第四銀行事件最高裁判決によって提示された合理性判断の定式を踏襲し，本

---

[137] 給与体系の変更については，①専任職手当の廃止については，Xらが被った不利益は小さくないが，専任職手当は賃金の本質的部分ではなく，本件専任職制度実施により役職手当および管理職手当がなくなったことに伴う収入源を緩和するための措置としてとられたものにすぎないことに加え，本件新専任職制度を採用するに至ったY銀行の諸事情等をも総合的に考慮すると，就業規則（給与規程）の変更のうち，専任職手当を段階的に削減したうえ廃止した部分は合理性がある，としたが，②業績給および賞与の支給率の削減については，Xらが賃金面で被った不利益は大きく，業績給は基本給の一部であり賃金の本質的部分であることを考慮すると，これを正当化するために要求される必要性および内容の合理性の程度はかなり高度なものであることを要するが，Y銀行が経営危機に瀕していないなどの事情を総合的に考慮しても，「それを正当化するに足りるだけの高度の必要性に基づいた合理的な内容を備えたものということはできない」と判示している。

[138] 仙台高判平成8年4月24日労民集47巻1＝2号135頁。

[139] 具体的な判断には，①労働者の不利益は決して小さくはないが，②専任職制度の創設という方法によって組織改革を行うにつき高度の必要性があったこと，③軽易な業務内容の職位として位置付けられる専門職に移行することによって業績給が減額されるのは，その程度はともかくとしてやむを得ないところであるし，役職・管理職から外されれば役職手当・管理職手当が支給されなくなるのは当然であること，④新専任職制度を完全実施した場合においても，Y銀行の55歳以上の行員の賃金は，同じ地域の同業他社の55歳以上の年齢層の行員に比較してかなりの高水準を維持しているし，地域の全産業の平均年収と比較してみても遜色のないものであること，⑤段階的な移行緩和措置がとられていること，⑥各種の代償措置を会わせて考えると，給与面での不利益が社会的相当性を逸脱し，不当なものとまではいえないこと，⑦同業他行の中堅層行員と比較すると，下位に属していた中堅層の賃金に格段の改善が行われていること，⑧多数の組合員を擁する「労組」との長期にわたる討議と合意の成立という事実は「合理性判断の要素としては無視できない」こと，などを総合的に判断している。

[140] 最一小判平成12年9月7日民集54巻7号2075頁。

件就業規則等変更は，Y銀行にとって高度の経営上の必要性があり，また，職階および役職制度の変更に限ってみればその合理性が認められる，とした。しかしながら，本件第1次・第2次変更による高年層の行員に対する賃金面の不利益については，①変更による賃金の減額幅は，経過措置が適用されなくなる平成4年度以降は，得べかりし標準賃金額に比べておおむね40数％程度から50数％程度に達することとなり，Xらの年間賃金の削減率は，平均値で約33ないし46％に達していること，などからして，Xらの被った賃金面における不利益は重大というべきである，とする。また，②本件変更後のXらの賃金は，世間相場に照らしてもその水準が高いものではないこと，③本件変更は，高年層の行員につき雇用の継続や安定化等を図るものではなく，逆に，高年層の行員の労働条件をいわゆる定年後在職制度ないし嘱託制度に近いものに一方的に切り下げるものと評価せざるを得ないこと，④本件における賃金体系の変更は，短期的にみれば，特定の層の行員にのみ賃金コスト抑制の負担を負わせているものといわざるを得ず，その負担の程度も前示のように大幅な不利益を生じさせるものであり，それらの者は中堅層の労働条件の改善などといった利益を受けないまま退職の時期を迎えることになること，などを強調する。最高裁は，これらの理由を基本としつつ，⑤本件では不利益緩和のための経過措置が設けられていないことをも加えて，本件就業規則等変更のうち賃金減額の効果を有する部分はXらにその効力を及ぼすことができない，との結論に達している。

本件で賃金減額の合理性が否定された原因は，中年層行員は賃金水準が改善されたにもかかわらず，高年層行員は大幅な不利益を被り，不利益が高年層行員に集中した，との点にあると思われる[141]。

(3) 小　括

朝日火災海上保険事件およびみちのく銀行事件において最高裁が就業規則不利益変更の合理性を認めなかった最大な理由は，おそらく，労使交渉の過程において意見参加のできない非組合員（朝日火災海上保険事件）あるいは少数組合員（みちのく銀行事件）などのような少数労働者が，被る不利益があまりにも大きすぎるのみならず，当該変更がもっぱらこれらの少数者への

---

[141] こうした少数労働者の利益への配慮については本章第4節Ⅰ3参照。

しわ寄せであった，との点にあると思われる。この点は，就業規則の合理的変更法理における多数組合との合意の意義および少数労働者の利益への配慮の問題として，次節で詳論したい。

Ⅳ 小括——就業規則による労働条件変更法理の形成

秋北バス事件大法廷判決における就業規則変更理論の原則は「就業規則の不利益変更は許されない」であり，その例外は「変更された条項が合理的なものであれば，変更に対して反対する労働者をも拘束する」であった。しかしながら，このような「原則」と「例外」は，第1次石油危機後の昭和50（1975）年前後から変化が見られた。これは，石油危機および定年延長などによって就業規則の不利益変更が必要になったため，裁判所が合理的変更法理の「例外」の適用を積極的に認め始め，就業規則の不利益変更の拘束力を肯定するようになったことによると考えられる。つまり，日本における長期雇用慣行のもとでは，経済の構造調整に対応するための労働条件変更法理が必要になり，大法廷判決の合理的変更法理の運用が変化したのである。もともと，大法廷判決の合理的変更法理における「例外」を「不利益であっても合理性さえあれば許される」というように読めば，労働条件変更法理を正面から承認する余地が十分ありえた。

昭和63（1988）年の大曲市農協事件最高裁判決は，そのような変容に向けて歩みを始めたものである。そして，このような最高裁判決の変化は，下級審裁判例においても見られるようになった。下級審裁判例は，大曲市農協事件最高裁判決以降，従来簡単に認めなかった賃金・退職金の不利益変更についても，事案を総合的に斟酌して，変更の合理性を認めるようになっている。さらに，「第四銀行事件」・「みちのく銀行事件」・「羽後銀行（北都銀行）事件」の1審判決または控訴審判決のように，詳細な合理性判断を行う下級審裁判例も現れた。このような労働条件変更法理は，平成9（1997）年の第四銀行事件最高裁判決によって集大成され，平成12（2000）年9月のみちのく銀行事件最高裁判決および羽後銀行（北都銀行）事件最高裁判決ならびに函館信用金庫事件最高裁判決によって確認された。こうして，最高裁と下級審の双方を通じて，合理的変更法理の運用における「例外」が拡大されていき，

就業規則による労働条件変更法理が確立した,と見ることができる。これは,就業規則判例法理の2回目の変容であった。

しかし,就業規則の合理的変更法理は,労働条件変更法理に変身したとはいえ,その「原則」と「例外」の関係がなお意味を失っているわけではなく,「第四銀行事件」・「みちのく銀行事件」・「羽後銀行(北都銀行)事件」で見たように,両者の緊張関係が続いている。

実際,日本において(集団的な)労働条件変更法理を構築していくためには,就業規則による労働条件変更法理を検討するほかない。現行法制下では,労働者は,使用者に団体交渉を要求し,労働条件の変更を求めることができる。これに対して使用者は,労働条件改定のための労働協約を締結しようとしても,労働組合が団体交渉義務を負っていないから,新たな労働協約の締結によって労働条件を変更するのが必ずしも容易ではない。また,解雇権濫用法理が確立しているため,労働条件の変更に応じない労働者を簡単には解雇できないし,使用者による先制ロックアウトができないため,労働者側に経済的な圧力をかけることもできない[142]。以上の現状に鑑みると,使用者が労働条件を変更するには,就業規則の変更という手段しか存しない。これに対して,使用者による就業規則の一方的不利益変更に対抗する労働者側の手段としては,秋北バス事件大法廷判決が判示した通り,「団体交渉等の正当な手続による改善にまつほかはない」というべきである[143]。

しかし,この就業規則による労働条件変更法理はいくつかの問題点が存在している。まず,なぜ就業規則の合理的な変更が反対の労働者を拘束しうるのかという根拠が依然として不明のままである。また,判断基準はかなり明確にされているものの,裁判の結果が予測しにくい面も否定できない。第四銀行事件[144],みちのく銀行事件[145],羽後銀行(北都銀行)事件[146]では,1審判決と控訴審判決において,変更の必要性と不利益性の評価が異なったり,

---

[142] 丸島水門事件・最三小判昭和50年4月25日民集29巻4号481頁。

[143] しかし,このような方式が可能となるためには,①その労働者が属する労働組合が存在すること,②労働組合の内部に労働者の個別の苦情を取り上げる民主的手続が存在すること,③就業規則の変更に対抗して団交申入れを行いうるような対等の労使関係が存在すること,などの前提が必要である,と指摘されている(野田進『労働契約の変更と解雇——フランスと日本』〔信山社,1997年11月〕495頁)。

多数組合との合意の評価が異なるために，結論が分かれてしまった。また，みちのく銀行事件および羽後銀行（北都銀行）事件においては，控訴審判決と最高裁判決の結論が分かれた。このような状況は，函館信用金庫事件[147]においても同様である。このことは，諸般の事情を総合的に判断することの難しさ，および判例法理の不安定さを反映している，と思われる[148]。さらに，就業規則の不利益変更について，全体的には合理性を有するが，個別の労働者に適用する際に過酷な結果となりうることは想像できる。このような個別の労働者を保護する必要性および方法についてはさらなる検討を要するであろう。これらの判例法理の欠点については何らかの改善方法を模索しなければならないと思われる。個別的事件の処理は裁判所の任務であるが，より一般的な考察は学説の任務であるというべきであろう。

---

(144) 1審・新潟地判昭和63年6月6日労判519号41頁，控訴審・東京高判平成4年8月28日労判615号18頁，上告審・最二小判平成9年2月28日民集51巻2号705頁。
(145) 1審・青森地判平成5年3月30日労民集44巻2号353頁，控訴審・仙台高判平成8年4月24日労民集47巻1＝2号135頁，上告審・最一小判平成12年9月7日民集54巻7号2975頁。
(146) 1審・秋田地判平成4年7月24日労民集43巻4号662頁，控訴審・仙台高裁秋田支判平成9年5月28日労民集48巻3号186頁，上告審・最三小判平成12年9月12日労判788号23頁。
(147) 1審・函館地判平成6年12月22日労民集48巻4号433頁，控訴審・札幌高判平成9年9月4日労民集48巻4号362頁，上告審・最二小判平成12年9月22日労判788号17頁。
(148) 西谷敏＝萬井隆令『労働法2（第3版）――個別的労働関係法』（法律文化社，1999年5月）69頁（吉田美喜夫教授執筆）参照。

第4節　判例の合理的変更法理の発展
　　　——労使関係論との結合

　以上見てきたように，秋北バス事件大法廷判決で打ち出された就業規則の法的性質論および合理的変更法理は，その基本的立場を法規説から定型契約説へ発展（変容）させ，また，合理的変更が許容されるか否かの原則・例外が入れ替わるという発展（変容）を遂げた。そして，このような判例の就業規則法理は，近年において更なる発展を遂げる。それは，労働条件変更のために，展開される労使交渉の現実を合理的変更の判断基準の中に取り込み，かつ労使交渉の法理との整合性を図っていったことである。一言で言えば，就業規則の判例法理と労使関係論との結合である。

I　就業規則変更の合理性判断における労使関係論

1　変更の社会的相当性——「世間相場」の意義

　すでに述べた通り，判例において成立している就業規則による労働条件変更法理においては，「同業他社の状況」または「社会的相当性」が合理的変更の判断基準の一つとして掲げられている。例えば，秋北バス事件大法廷判決[149]にいう「わが国産業界の実情に照らし」，タケダシステム事件最高裁判決[150]にいう「関連会社の取扱い，我が国における生理休暇制度の一般的状況」，大曲市農協事件最高裁判決[151]にいう「退職金の支給倍率についての旧花館農協と他の旧6農協との間の格差は，従前旧花館農協のみが秋田県農業協同組合中央会の指導・勧告に従わなかったことによって生じた」という指摘，第四銀行事件最高裁判決[152]にいう「同種事例に関する社会の一般的状

---

[149]　最大判昭和43年12月25日民集22巻13号3459頁。
[150]　最二小判昭和58年11月25日労判418号21頁。
[151]　最三小判昭和63年2月16日民集42巻2号60頁。
[152]　最二小判平成9年2月28日民集51巻2号705頁。

況」，みちのく銀行事件最高裁判決[153]にいう「同種事項に関する我が国社会における一般的状況」，羽後銀行（北都銀行）事件最高裁判決[154]にいう「他行における従業員の労働時間の一般的状況等」，函館信用金庫事件最高裁判決[155]にいう「当時の我が国の水準」などがそうである。そして，下級審裁判例においても，同業他社の水準を考慮したり，それとの比較を行ったものも見られる[156]。これらは，一言で言えば，当該労働条件に関するいわゆる世間相場への配慮といえよう。

　就業規則不利益変更の合理性を判断する際に，このような世間相場という要素の提示は，春闘との関係が大きいのではないかと推測される。団体交渉の交渉力が小さいという企業別組合の弱点を克服するために，昭和30（1955）年の8単産共闘として発足した春闘（春季賃上げ闘争）は，後に「春闘相場」という言葉が社会的に定着するに至ったように，賃上げの社会的基準を設定

---

[153]　最一小判平成12年9月7日民集54巻7号2075頁。

[154]　最三小判平成12年9月12日労判788号23頁。

[155]　最二小判平成12年9月22日労判788号17頁。

[156]　定年制に関する裁判例として，例えば，丸太運送店事件・神戸地判昭和56年3月13日労判363号58頁，工学院大学事件・東京地判昭和59年5月15日労判431号62頁，同・東京地判平成元年7月10日労判543号40頁，フジタ工業事件・名古屋地決平成2年7月10日労判569号55頁，愛知医科大学事件・名古屋地決平成4年11月10日労判627号60頁，アール・エフ・ラジオ日本事件（1審）・東京地判平成6年9月29日労判658号13頁，同（控訴審）事件・東京高判平成8年8月26日労判701号12頁，住道美容事件・大阪地決平成8年9月9日労判703号29頁。

　　　また，労働時間に関する裁判例として，例えば，日本書籍出版協会事件・東京地判平成2年10月29日労判572号20頁，羽後銀行事件（1審）・秋田地判平成4年7月24日労民集43巻4号662頁，函館信用金庫事件（1審）・函館地判平成6年12月22日労判665号33頁，伊達信用金庫事件・札幌地裁室蘭支判平成7年3月27日労判671号29頁，羽後銀行（北都銀行）事件（控訴審）・仙台高裁秋田支判平成9年5月28日労民集48巻3号186頁，函館信用金庫事件（控訴審）・札幌高判平成9年9月4日労民集48巻4号362頁。

　　　そして，賃金に関する裁判例として，例えば，第四銀行事件（控訴審）・東京高判平成4年8月28日労判615号18頁，青森放送事件・青森地判平成5年3月16日労判630号19頁，みちのく銀行事件（1審）・青森地判平成5年3月30日労民集44巻2号353頁，空港環境整備協会事件・東京地判平成6年3月31日労判656号44頁，みちのく銀行事件（控訴審）・仙台高判平成8年4月24日労民集47巻1＝2号135頁。

する場としての役割を果たすようになったが(157)，1960年代に起こった賃上げ額の平準化において，企業は，賃上げの決定に際して重視する要素として，「企業業績」のみならず「世間相場」を多くあげるようになったのである(158)。例えば，労働省の「賃金引上げ等の実態に関する調査」によると，1975年以降，賃上げ等の決定に当たり最も重視した要素としては相変わらず「企業業績」であるが，次に重視されている要素は「世間相場」である(159)。実際上，賃上げのみならず労働時間短縮などの労使間のその他の重要な課題も春闘において取り上げられるようになっている(160)。

　確かに，春季の賃金改定プロセスにおいては，賃金決定基準として「企業の業績」が極めて重視されており，その比重がだんだん大きくなってきているのに対して，賃金改定の際に重視されている基準としての「世間相場」の比重は減っている。しかし，依然として「企業の業績」に次ぐ重要な基準であることに変わりはない(161)。この「世間相場」の重視は，有組合企業においてのみならず，無組合企業においてとくに顕著である(162)。こうした世間相場とほぼ同程度の賃上げは，世間相場が形成された少し後の時期に賃金改定が確定される有組合中小企業および無組合企業が多く，とくに無組合企業ではその傾向が強い(163)。このことから，無組合企業の少なくない部分は，

---

(157)　兵藤釗『労働の戦後史（上）』（東京大学出版会，1997年5月）143頁，島田晴雄『日本の雇用——21世紀への再設計（ちくま新書）』（筑摩書房，1994年9月）78頁以下。

(158)　兵藤釗・前掲『労働の戦後史（上）』144頁，久米郁男『日本型労使関係の成功』（有斐閣，1998年9月）121頁以下。

(159)　労働省『平成12年版労働白書』（日本労働研究機構，2000年6月）545頁の第33表参照および労働大臣官房政策調査部編『労働統計要覧2000年版』（大蔵省印刷局，2000年3月）151頁のE—11表「賃上げ決定に当たり最も重視した要素別企業構成比の推移」参照。

(160)　菅野和夫『雇用社会の法』（有斐閣，1996年3月）11頁。

(161)　労働省が1999年12月21日に発表した「99年賃上げなどの実態に関する調査結果」（速報）によると，賃上げに当たり最も重視した要素としてあげられたのが「企業業績」(81.5%) と「世間相場」(10.6%) である。同調査によると，「世間相場」を重視したのはこれまでで最低の割合まで落ち込んでいる『週間労働ニュース』2000年1月1日参照）。

有組合企業と労働組合が設定した「世間相場」に依拠していると思われる[164]。

こうして,裁判所が就業規則の不利益変更の拘束力を判断する際に「世間相場」または「社会的相当性」を考慮に入れることは,格別不思議なことではないと考えられる。なぜならば,「賃上げ」であれ「賃下げ」であれ,ともに賃金の「改定」に当たるからである。就業規則の変更による労働条件の不利益変更は一種の労使の利益調整(利益紛争)の場面であるので,「賃下げ」の場合にも「賃上げ」の場合と同様に,他の労使関係で折衝してから妥結に至る「世間相場」が合理性判断の基準の一つとして参考とされるであろう。しかし,このような「世間相場」は,他の会社とその労働組合が達成した合意であり,労使が自ら交渉して達成した合意ではないから,あくまでも副次的な判断基準にすぎない。例えば,第四銀行事件[165]で変更が合理性ありと判断されたのは,90％以上の従業員で組織された組合の同意が重視されたからであろう。しかし,世間相場が労使交渉の際に重視される要素の一つであることには違いない。場合によっては,合理性判断の結論を左右することもあり得よう。例えば,改定された就業規則の内容が労働者にとって不利益が極めて大きい反面,同業他社よりも良い労働条件を有している場合には,合理性は肯定されることがありうるが,他方,変更後の賃金水準が同業他社と比較してあまりにも低い場合には,労働者の被った不利益が大きすぎるものとして,就業規則変更の合理性が否定されることがありうる[166]。

こうして,就業規則変更の合理性判断に関する判例の定式においては,他の労使関係に妥当する世間相場という判断基準が極めて重要であるといえよ

---

[162] 日本労働研究機構調査研究報告書88号『無組合企業の労使関係』(日本労働研究機構,1996年10月) 6頁,144頁,156頁,182頁参照。同報告書144頁によれば,1995年春季の賃上げ決定に際して重視した項目について,有組合企業では「企業の業績」の重視率が相対的に高い(70.5％対56.4％)のに対して,無組合企業では「世間相場」の重視率が相対的に高い(26.0％対20.6％)。

[163] 前掲『無組合企業の労使関係』 6頁,151頁以下,156頁,182頁以下参照。

[164] 前掲『無組合企業の労使関係』184頁以下参照。

[165] 控訴審・東京高判平成 4年 8月28日労判615号18頁,上告審・最二小判平成 9年 2月28日民集51巻 2号705頁。

[166] 川神裕・第四銀行事件最高裁判決解説・曹時52巻 3号(2000年 3月) 195〜196頁参照。

う[167]。

2　多数労働者の意見の尊重

〔1〕　裁判所が，就業規則の不利益変更の拘束力を判断する際に，多数組合との交渉において現れる多数労働者の意見を重視する傾向がある，と指摘されている[168]。これは，「最高裁の就業規則論の前提には，安定的で民主的な多数組合による労働条件の設定および規制という理想モデルがある」[169]という指摘にも関連する。

まず，秋北バス事件大法廷判決においては，労働者の多くは定年制の新設もやむを得ないとして同意したという事情が合理性判断の一要素とされた。同判決においては，多数労働者の同意という事情が合理性判断の一補強要素として言及されたと思われる。これに対し，タケダシステム事件最高裁判決[170]は，上記大法廷判決の定立した合理的変更法理を具体化する判旨のなかで，「労働組合との交渉の経過」と「他の従業員の対応」とを明確な判断基準の一つとして掲げるに至った[171]。以後，多数組合の同意がある場合には結論として不利益変更の合理性を肯定した裁判例が増加するのであるが，そのような判断傾向のきっかけとなったのが同判決であるとされている[172]。同判決は，実際には，使用者が労働条件の不利益変更について組合と誠実な団体交渉を行ったが組合の同意を得られなかった事案である。したがって，同判決の判旨は，労働組合や従業員が反対し続けている場合でも，誠実な団

---

[167]　山口教授も，世間相場という要素が極めて重要ではないか，と示唆している（山口浩一郎「週休2日制導入に伴う勤務時間延長の是否──旧羽後銀行事件判決（〔仙台高裁平成9・5・28〕」労働法学研究会報2109号〔1997年9月〕15頁参照）。

[168]　大内40頁以下。

[169]　野田進『労働契約の変更と解雇──フランスと日本』（信山社，1997年11月）495頁。

[170]　最二小判昭和58年11月25日労判418号21頁。

[171]　最高裁は，ソニー・ソニーマグネプロダクツ事件判決（東京地判昭和58年2月24日労判405号41頁）に影響を受けてこのような判断基準を打ち出したのではないか，と思われる。なお，浜田冨士郎「就業規則の不利益変更紛争と労働団体法」学会誌71号（1988年5月）97頁注4，浜田217頁注4も参照。

[172]　大内41頁。

体交渉を経たうえであれば，就業規則の一方的な変更もやむを得ず許されうる，という趣旨を含んでいたのである(173)。

秋北バス事件大法廷判決以降の下級審裁判例としては，多数労働者または多数組合の同意がなかった事件では，結論として変更の合理性や拘束力が否定されるもの(174)が少なくなかった。そして，多数労働者・多数組合が就業規則の変更に同意した（または反対しなかった）事件や，多数組合との労働協約に基づく就業規則変更の事件では，結論として変更の合理性（拘束力）を認めるもの(175)が多かった。なお，誠実な団体交渉を行ったにもかかわらず労働組合との合意に達しなかったケースで就業規則の一方的変更の拘束力を認めた裁判例も存在していた(176)。

平成4 (1992) 年の，第一小型ハイヤー事件(177)においての最高裁第二小法廷は注目すべき判断要素に言及するに至る。すなわち，上記のタケダシステム事件判決以後，合理性判断の基準を詳論した大曲市農協事件判決においては，秋北バス事件大法廷判決およびタケダシステム事件最高裁判決が言及したような「組合との交渉経過」と「他の従業員の対応」には言及されておらず，それらは判断基準ではなくなったとの見方も可能であったが第一小型ハイヤー事件判決は，賃金体系の不利益変更に関する合理性判断において「Y会社と新労組との間の団体交渉の経緯等はどうか，さらに，新計算方法は，Y会社と新労組との間の団体交渉により決められたものであるから，通常は使用者と労働者の利益が調整された内容のものであるという推測が可能である」と述べるに至った。この判旨は，労組との交渉経緯を総合考慮の一要素としてしか位置づけてこなかった従来の最高裁判例と異なり，就業規則変更

---

(173) 大内41頁参照。

(174) 例えば，東京焼結金属事件・浦和地裁川越支判昭和50年3月24日労判233号66頁，光洋精工事件・徳島地決昭和51年7月29日労判262号55頁，平和第一交通事件・福岡地裁久留米支決昭和61年10月28日労判499号71頁。なお，秋北バス事件大法廷判決の枠組みを採用としない，日本貨物検数協会事件・東京地判昭和46年9月13日労民集22巻5号886頁，山手モータース事件・神戸地判昭和47年12月5日労判167号26頁，日本貨物検数協会事件（控訴審）・東京高判昭和50年10月28日高民集28巻4号320頁，全日本検数協会大阪支部事件・大阪地判昭和53年8月9日労民集29巻4号590頁。

の合理性判断において不利益変更に同意する多数労働者の意見を尊重する姿勢を示したものと見ることができる[178]。

多数労働者の意見を尊重する姿勢は，平成9（1997）年の第四銀行事件最高裁判決[179]においても見られる。同判決は，「他の労働組合又は他の従業員の対応」を判断基準の一つとして掲げたうえ，従業員の90％で組織された多数組合との労働協約に基づく就業規則の変更について，「変更後の就業規則の内容は労使間の利益調整がされた結果としての合理的なものであると一応

---

[175] 例えば，都タクシー事件・新潟地判昭和47年4月7日労経速779号7頁，医療法人一草会事件・名古屋地判昭和48年10月31日労経速841号3頁，医療法人一草会事件・名古屋地判昭和48年12月26日労判193号25頁，石川島播磨重工業東京第二工場事件・東京地判昭和52年8月10日労民集28巻4号366頁，ソニー・ソニーマグネプロダクツ事件・東京地判昭和58年2月24日労判405号41頁，工学院大学事件・東京地判昭和59年5月15日労判431号62頁，日本調査事件・東京地判昭和60年4月24日労判451号4頁，工学院大学事件・東京地決昭和61年3月24日労経速1253号15頁，基督教視聴覚センター事件・東京地判昭和61年7月29日労判481号付録85頁，朝日火災海上保険事件・福岡地裁小倉支判平成元年5月30日労判545号26頁，工学院大学事件・東京地判平成元年7月10日労判543号40頁，日魯造船事件・仙台地判平成2年10月15日労民集41巻5号846頁，三菱重工業事件・長崎地判平成3年4月16日労判591号51頁，名古屋学院事件（1審）・名古屋地判平成3年5月31日労民集42巻3号415頁。

なお，第一小型ハイヤー事件最高裁判決以降の裁判例としては，羽後銀行事件・秋田地判平成4年7月24日労民集43巻4号662頁，第四銀行事件・東京高判平成4年8月28日労判615号18頁，大阪相互タクシー事件・大阪地判平成4年12月11日労判620号37頁，青森放送事件・青森地判平成5年3月16日労判630号19頁，安田生命保険事件・東京地判平成7年5月17日労判677号17頁，名古屋学院事件（控訴審）・名古屋高判平成7年7月19日労民集46巻4号1076頁，みちのく銀行事件（控訴審）・仙台高判平成8年4月24日労民集47巻1＝2号135頁，住道美容事件・大阪地決平成8年9月9日労判703号29頁。

[176] 例えば，北九州市事件・福岡地判昭和53年2月28日労民集29巻1号111頁，タケダシステム事件（差戻審）・東京高判昭和62年2月26日労民集38巻1号84頁，日本書籍出版協会事件・東京地判平成2年10月29日労判572号29頁。なお，第一小型ハイヤー事件判決以降の裁判例として，福岡中央郵便局事件・福岡地判平成6年6月22日労判673号138頁，伊達信用金庫事件・札幌地裁室蘭支判平成7年3月27日労判671号29頁。

[177] 最二小判平成4年7月13日労判630号6頁。

推測することができる」としている。

(2) 労働条件の集団的変更は，使用者と労働組合が団体交渉を行い労働協約を締結することによって行われるのが望ましい。労使の合意の結果である労働協約は，法令や公序良俗に反しない限り原則として尊重されるべきである。日本では，労働協約に基づいて就業規則が改定されるのが，最も望ましい集団的労働条件の決定・変更の形態であろう。したがって，労働協約に基づいて改定された就業規則の内容は，労使の合意があったのであるから原則として合理性があるであろう，と推測してよい。多数労働組合または労働者の同意は「変更内容自体の妥当性を裏付けるものとしての意味を有する」[180]からである。

このように，裁判所は労使の自治を原則として尊重すべきであり，第一小型ハイヤー事件最高裁判決の前記判旨およびこれを発展させた第四銀行事件最高裁判決の上記判旨は，労使関係の実際の要請に合致する妥当な判断方法と評価できる。また，このような判断方法は，合理性判断の予測可能性の欠如という判例法理の問題の克服に役に立つということができる。また，このような判断方法の必要性は，一部の学説によっても主張されてきている[181]。裁判所はこれらの学説の影響を受けたと推測できよう。

(3) 第一小型ハイヤー事件最高裁判決および第四銀行事件最高裁判決以降，下級審裁判例は，合理性判断を行う際に，多数労働組合との交渉経緯をより重視しているようである。例えば，函館信用金庫事件控訴審判決[182]は，就

---

[178] 荒木尚志・ジュリ1058号（1994年12月）123頁参照。この第一小型ハイヤー事件判決と同様，下級審裁判例においても，過半数労働者の同意がある際に就業規則の不利益変更は合理性があると推定されやすい傾向が見られた。例えば，石川島播磨重工業東京第二工場事件・東京地判昭和52年8月10日労民集28巻4号366頁，ソニー・ソニーマグネプロダクツ事件・東京地判昭和58年2月24日労判405号41頁，ゴールド・マリタイム事件（控訴審）・大阪高判平成2年7月26日労判572号114頁，第四銀行事件（控訴審）・東京高判平成4年8月28日労判615号18頁，大輝交通事件・東京地判平成7年10月4日労判680号34頁，みちのく銀行事件（控訴審）・仙台高判平成8年4月24日労民集47巻1=2号135頁。なお，日本航空（操縦士）事件・東京地判平成11年11月25日労判778号49頁も参照。

[179] 最二小判平成9年2月28日民集51巻2号705頁。

[180] 川神裕・第四銀行事件最高裁判決解説・曹時52巻3号（2000年3月）198頁。

業規則変更の不利益性と必要性を詳細に判断しているが，使用者が多数労働組合の同意を得ようとしない事情を特に重視して，本件変更の合理性を否定したように見える[183]。

しかし，多数組合との合意も合理性判断に際しての絶対的な基準ではなく，なおほかの判断基準を総合的に比較考慮する必要がある。羽後銀行（北都銀行）事件[184]では，多数組合が変更に合意しているのに対して，函館信用金庫事件[185]では多数組合が変更に反対したのである。最高裁は，前者における少数組合との交渉経緯を勘案し，後者における多数組合との交渉経緯を勘案したうえで，変更の合理性を認めた。これについて学説は，多数労働者との交渉・同意の経緯という点を重視すると両判決の結論に矛盾を来たすとしたうえで，多数組合との交渉・合意の経緯が独立の判断基準ではないと指摘している[186]。

多数組合が就業規則の変更に賛成する場合には，「労使間の利益調整がされた結果としての合理的なものであると一応推測する」べきである。これに対して，多数組合が変更に反対する場合には，裁判所は，就業規則変更の合理性につき全面的な内容審査を行うべきであろう。函館信用金庫事件においては，労働者の被った不利益が必ずしも大きいものではないし，変更の必要性が高く，かつ変更の内容に社会的な相当性が認められる。これらの事情を勘案した結果，最高裁は，多数組合が変更に反対したとしても，この事案に

---

[181] 例えば，蓼沼謙一「就業規則の改定と労働条件の変更」季労133号（1984年10月）54〜55頁，毛塚勝利「就業規則理論再構成へのひとつの試み(2)」労判430号（1984年7月）11頁，毛塚勝利「集団的労使関係秩序と就業規則・労働協約の変更法理」季労150号（1989年1月）147頁，手塚和彰・ジュリ845号（1985年10月）115頁，横井芳弘・ジュリ916号（1988年9月）70頁。荒木(5)967〜968頁，荒木265〜266頁も参照。

[182] 札幌高判平成9年9月4日労民集48巻4号362頁。

[183] ここでは，多数労働組合との交渉経緯の位置づけは必ずしも明確ではないと思われる。

[184] 最三小判平成12年9月12日労判788号23頁。

[185] 最二小判平成12年9月22日労判788号17頁。

[186] 野田進「就業規則の変更の合理性――最高裁3判決をどう読むか」季刊労働者の権利238号（2001年1月）56頁参照。

限って当該変更はなお合理性を有するとしたのではないかと思われる。なお、本件においては、いわゆる同業他社の労使関係に妥当する「世間相場」も重要な参考となったといえる。

したがって、羽後銀行（北都銀行）事件最高裁判決および函館信用金庫事件最高裁判決をもって直ちに、多数組合との交渉経緯を重視する最高裁の姿勢が変更されたという見解には賛成できない。また、後に詳述するように、就業規則の不利益変更の際には、多数組合との交渉経緯が重視されるのみならず、少数労働者の利益への配慮も要請されている。

3 少数労働者の利益への配慮

(1) 上記第一小型ハイヤー事件最高裁判決および第四銀行事件最高裁判決の判旨は、「労使間の利益調整がされた結果としての合理的なものであると一応推測する」としているが、合理性があると「断定する」または「推定する」とは述べていないことに注意すべきであろう。したがって、労働協約に基づく就業規則の変更であっても、その合理性が否定される可能性は残っている[187]。例えば、多数労働組合との合意は達成したが労使間の利益調整がなされていない場合[188]、または、多数労働組合との合意は達成したが少数者の利益を不当に侵害する場合[189]には、就業規則の内容の審査によってそ

---

[187] 川神最高裁調査官は、「労働組合との合意がある場合に、定型的に、かつ、これを覆すのが困難な性質のものとしての合理性の推定を常に認めるのは適当ではなく、右合意の存在は、合理性判断の一要素として位置づけるべきであろう」と解説している（川神裕・第四銀行事件最高裁判決解説・曹時52巻3号〔2000年3月〕197〜198頁）。

[188] 例えば、タクシー会社における乗務員の賃金（一時金）引下げの事案である大輝交通事件・東京地判平成7年10月4日（労判680号34頁）は、多数労働組合との団体交渉が不十分であり、労使の利益調整が適当にされたといえず、多数労働組合と締結された労働協約に基づく就業規則の変更は拘束力を有しない、としている。

[189] 例えば、羽後銀行（北都銀行）事件・仙台高裁秋田支判平成9年5月28日（労民集48巻3号186頁）は、多数労働者が賛同しているとしても、少数労働者の権益を不当に侵害してはならないことを要請している。この判決は、第四銀行事件最高裁判決の判断枠組みを維持しながら、合理性の推測について一定の限度を示したものと思われる。清正寛・法時70巻10号（1998年9月）94頁参照。

の合理性が否定されうる。

　この事理を最初に示した判例が，前述の平成8（1996）年の朝日火災海上保険事件最高裁判決[190]である。本件では，非組合員の労働契約上有していた有利な労働条件（定年制）を不利益に変更した労働協約および就業規則の効力が争われた。最高裁は，本件の退職金支給率の引下げ自体には高度の必要性を肯定したが，就業規則の変更自体が有効であるとしても，変更された就業規則を個々の労働者に適用する際に，一部の労働者にとって就業規則の変更が一定の限度で合理性を有しないことがありうる，と判示した。本件では，非組合員である当該労働者は，協約および就業規則が効力を生じた際にはすでに定年に達していたので，専ら大きな不利益だけを被ることになった。定年年齢の引下げにおいては，定年に近い人々に対する不利益性および配慮の必要性が大きいことに鑑み，最高裁は，変更された就業規則は当該労働者に対して一定の限度で合理性を有しないとしたのである[191]。この点，少数労働者への配慮の姿勢が窺える。

　また，少数者の利益への配慮の態度を示した裁判例として，平成12（2000）年の徳島南海タクシー（未払賃金）事件判決[192]も注目に値する。この事件では，Y社は，タクシー乗務員の時間外・深夜割増手当などについて，B組合（組合員19名）およびC組合（組合員16名）と合意して協約を締結したが，A組合（組合員22名）とは合意に至らないまま就業規則を変更した。そして，後に，歩合給および時間外・深夜労働手当の乗率の変更について，B組合（組合員14名）およびC組合（組合員15名）と合意して協約を締結し，就業規則を変更した。しかし，この変更については，A組合（組合員22名）に通知はなされなかった。この2回にわたる就業規則の変更の効力が，A組合に属するXらに及ぶかどうかが，争点の一つとなった。

---

[190]　最三小判平成8年3月26日民集50巻4号1008頁。
[191]　多数労働者と個別労働者との利益調整の試みとして，経過措置および相対的無効論が諏訪教授によって提唱された（諏訪康雄「就業規則の新設・変更と効力」労働法学研究会報1812号〔1991年2月〕22〜23頁，菅野＝諏訪79頁参照）。なお，このような処理は，朝日火災海上保険事件（控訴審）・福岡高判平成4年12月21日労判691号22頁においても見られる。
[192]　徳島地判平成12年3月24日労判784号30頁。

同判決は，合理性判断について，「右の合理性の有無の判断は，規則の変更によって労働者が被る不利益の程度，変更の必要性の内容，程度，これに代替する他の労働条件の有無といった内容的側面のみならず，変更に反対する者の手続保障の充足，すなわち，変更に賛成する労働組合との交渉がこれに反対する労働者に変更後の規則の効力を及ぼすことを正当化しうるような内容，実質を有するものであったのかどうか，また，反対している労働組合とも合意に向けた誠実な交渉がなされたのかどうか，といった事情をも総合考慮して，判断するのが相当である」と判示した。そのうえで同判決は，C組合がY社との協調姿勢をとっていること，B組合について「変更後の組合からの脱退者の数をみると，必ずしも組合員の意見を反映した交渉がなされたといえるのか，疑問を抱かざるをえない」こと，Y社においてはA組合と合意にむけて誠実に交渉しようとする姿勢があったのかが疑問であること，といった労使交渉の経緯および賃金の減少額をも考慮したうえで，A組合の組合員Xらに対しては，変更後の就業規則は拘束力を有しない，と結論づけた。

この判決は，使用者に対して組合との交渉を誠実に行うよう要請するとともに，労働組合に対しても労働者を公正に代表するように注文を付けた，と見ることができる。これは，学説[193]によって提唱されている組合の公正代表義務という考え方に影響を受けたのではないかと推測される。

(2) このような少数労働者の利益への配慮が典型的に示された判例が，本章第3節Ⅲ2(2)で詳しく紹介した平成12（2000）年9月のみちのく銀行事件最高裁判決[194]である。同判決については，従来の判例と比較して，以下の3つの特徴を指摘することができよう。

第1の特徴は，本件における中堅層社員の賃金の改善および高年層社員の大幅賃下げに注目し，「企業経営上，賃金水準切下げの差し迫った必要性があるのであれば，各層の行員に応分の負担を負わせるのが通常である」と判

---

[193] 道幸哲也「労働組合の公正代表義務」学会誌69号（1987年5月）5頁以下，菅野和夫「就業規則変更と労使交渉——判例法理の発展のため」労判718号（1997年9月）6頁以下，菅野・5版補正117頁以下参照。なお，本稿第3章第1節Ⅱ2も参照。

[194] 最一小判平成12年9月7日民集54巻7号2075頁。

示し，会社に対し，賃金水準の引下げのような基本的労働条件の不利益変更については，特定のグループの労働者に対し不利益を集中するのではなく，他のグループの労働者をも含めて不利益を配分することを求めていることである。

第2の特徴としては，同事件における賃金体系の変更は，短期的にみれば，特定の層の行員にのみ賃金コスト抑制の負担を負わせているものといわざるを得ず，その負担の程度も大幅な不利益を生じさせるものであり，それらの者は労働条件の改善などといった利益を受けないまま退職の時期を迎えることを重視して，「就業規則の変更によってこのような制度の改正を行う場合には，一方的に不利益を受ける労働者について不利益性を緩和するなどの経過措置を設けることによる適切な救済を併せ図るべきであり，それがないままに右労働者に大きな不利益のみを受忍させることには，相当性がないものというほかはない」と判示したことがあげられる。

上述したように，定年の延長に伴う退職金の引下げに関する第四銀行事件判決は，「本件就業規則の変更は，それによる実質的な不利益が大きく，55歳まで1年半に迫っていた上告人にとって，いささか酷な事態を生じさせたことは想像するに難くないが，原審の認定に係るその余の諸事情を総合考慮するならば，なお，そのような不利益を法的に受忍させることもやむを得ない程度の高度の必要性に基づいた合理的な内容のものであると認めることができないものではない」と判示し，同事件では，経過措置を設けていなくても，当該労働者の対して就業規則変更の効力が生ずる，と判断していた。つまり，多数意見は，定年年齢を目前に控えた労働者の被る実質的な不利益に対して更なる配慮が望まれることを示唆していたが[195]，労働組合との交渉経緯，多数労働者との同意などを重視して，結局は，就業規則変更の合理性を認めたのである。しかし，河合裁判官は，同事件のXのような労働者については経過措置が必要であるとの少数意見を述べていた[196]。

みちのく銀行事件判決は，第四銀行事件に表明されている少数労働者の特別の不利益への配慮を徹底したものといえよう。

第3の特徴は，本件変更は多数組合との合意に基づき行われたものなので

---

[195] 川神裕・第四銀行事件最高裁判決解説・曹時52巻3号（2000年3月）202〜203頁。

これを尊重すべきであるとの会社の主張に対し,「本件では,行員の約73パーセントを組織する労組が本件第1次変更及び本件第2次変更に同意している。しかし,上告人らの被る前示の不利益性の程度や内容を勘案すると,賃金面における変更の合理性を判断する際に労組の同意を大きな考慮要素と評価することは相当ではないというべきである」と判示したことである。

　この判断については,本判決は多数労働組合の同意を合理性判断において重視しない立場をとっており,「不利益性の程度・内容いかんでは,多数組合との交渉・合意の経緯は大きな考慮要素とすることはできないことを明らかにしている」と説いたうえで,第四銀行事件において労働組合との交渉・合意の事実が独立した利益調整要素としてとらえられていた部分は3判決(みちのく銀行事件判決,羽後銀行(北都銀行)事件判決,函館信用金庫事件判決)によって変更された,と指摘している[197]。確かに,多数組合との交渉の重視という点では,みちのく銀行事件判決の判旨は,一見上記第四銀行事件最高裁判決よりも後退しているように見える。しかしながら,筆者は,これは,多数労働者の意見を尊重する姿勢の後退ではなく[198],本件における少数者の被った大きな不利益に鑑みて,少数者の利益を不当に侵害することができず,かつ労働者を公正に代表しなかった多数組合との同意を重視すべきではない,と判示したものと理解すべきではないかと考える。言い換えれば,この判旨はむしろ多数組合に対して公正代表義務を果たすことを要請したものと見るべきである。これも,学説における組合の公正代表義務の考え方に影響を受けたものと推測されよう。

---

[196]　河合伸一裁判官は,「本件就業規則の変更によって上告人が受けた不利益の内容及び程度からして,これを緩和する何らの措置も設けずにされた本件変更は,特別の事情がない限り,合理的とはいえないと考えるものである」と述べている。この河合裁判官の反対意見は,諏訪康雄教授の提唱した相対的無効論を取り入れたものとみることができる。

[197]　野田・前掲季刊労働者の権利238号56〜57頁参照。なお,この点について,山本教授は,「55歳以上に限定して不利益変更を強いることになる結果を直視して,多数賛成に合理性を認めなかった」と評した(山本吉人「労働条件の不利益変更の限界――最近の金融関係最高裁3判決の分析と評価――」労判788号〔2000年11月〕11頁)。

[198]　荒木268頁。

こうして，合理的変更法理は，多数組合の意見を重視しているとはいえ，労働組合の公正代表という考え方を組み入れた合理性判断によって，少数者の利益に対する不当な侵害を避けられるのではないか，ということを示している。

4　小　括

こうして，判例の就業規則の合理的変更の法理は，労使関係論と結びつくことによって更なる発展を示した。すなわち，最高裁は，多数組合との交渉に現れた多数労働者の意見を尊重することを，合理性判断の重要な判断基準とするに至っている。他方，少数労働者の利益に配慮するために，企業に変更の不利益性の公平な分担や経過措置の設置を要請し，また，多数組合に公正代表義務を負わせるようになりつつある。

これらが就業規則判例法理の3回目の変容といえるかは，いまだ未確定なものである。しかし，判例法理の更なる変容の兆しとはいえよう。多数組合との合意の重視は，以下に見る就業規則法理の労働協約法理への転移とも関連しているのである。

Ⅱ　就業規則法理の労働協約法理への転移

1　労働条件の不利益変更と労働協約——問題の所在

使用者が集団的労働条件を不利益に変更しようとする場合には，労働組合があれば，就業規則の一方的変更よりは，まず労働組合と交渉し，労働協約によって行われるのが普通（正道）である。この場合，組合員に対して労組法16条の規範的効力が及ぶのか，非組合員に対して労組法17条の一般的拘束力が及ぶのか，という問題が生じる。

前者については，そもそも「有利原則」（または有利性原則—Günstigkeitsprinzip）との関係が問題となる。労働協約の規範的部分は，労働者に有利な方向に片面的に作用するのか（有利原則肯定），それとも両面的強行性をもつのか（有利原則否定），という問題である。有利原則を肯定する学説では，協約水準を上回る労働契約の効力が認められ，労働協約の内容が不利益に変更されても組合員を拘束しないとされている[199]。他方，有利原則を否定する学

説では，協約水準を上回る労働契約の効力は認められず，労働協約の内容が不利益に変更されても原則として規範的効力を有するとされている[200]。今日では，有利原則肯定説は少なくなり，有利原則否定説が通説に近くなっている。しかし，有利原則肯定説が，労働協約において有利原則を排除しうると認めていたのに対して，有利原則否定説は，労働協約が最低労働条件を定めるならば有利原則を認めることができると論じていたから，有利原則の有無は協約当事者の意思解釈の問題に帰するとも指摘されている[201]。その後，有利原則を承認するか否かを一般的に論ずるのは適切ではなく，個々の協約基準の内容や性質，協約当事者の意思などに従って個別に判断すべきである，とする有力な学説もあらわれた[202]。

不利益変更された労働協約にも一般的拘束力が生じるか否かという問題は，上記の規範的効力の理論において，不利益変更された労働協約に規範的効力があるとの立論に立って初めて問題となる。その立論においては，労組法17条では，非組合員が労働協約の締結過程へ参加していないが故に，不利益変更の効力を及ぼして良いかが問題となる。この問題については，有利原則否定説の立場から，一般的拘束力の場合にも不利益変更を認める学説[203]が有力であるが，他方，有利原則否定説に立ちながらも，少数労働者が労働協約締結の意思決定に参加できないという理由で有利原則を認める学説も極めて多い[204]。不利益変更の効力を肯定する立場は，労働条件の集団的規制の実態と必要性を重視する傾向にあり，他方，不利益変更の効力を否定する立場は，未組織労働者に集団的規制を及ぼすことの，決定プロセスとしての正当性の問題を重視する傾向にある[205]。また，不利益変更か否かを問わず，協

---

(199) 孫田秀春『労働協約と争議の法理』（寧楽書房，1948年7月）72頁以下，吉川大二郎『労働協約法の研究』（有斐閣，1948年10月）102頁以下，柳川真佐夫ほか『判例労働法の研究』（労務行政研究所，1950年10月）532頁以下，吾妻光俊編『註解労働組合法』（青林書院，1959年5月）339〜340頁（および吾妻『新訂労働法概論』〔青林書院新社，1964年7月〕295頁），近藤享一「労働協約の一般的拘束力」石井照久＝有泉亨編集『労働法大系2　団体交渉・労働協約』（有斐閣，1963年2月）152頁，花見忠「労働協約と私的自治」学会誌21号（1963年4月）56頁以下，渡辺章「協約自治と個別労働者の法的地位」学会誌38号（1971年10月）53頁，中嶋士元也「規範的効力」日本労働法学会編『現代労働法講座第6巻・労働協約』（総合労働研究所，1981年9月）151頁。

⑳　東京大学労働法研究会『注釈労働組合法』（有斐閣，1949年12月）151頁以下，森長英三郎『労働協約と就業規則』（労働法律旬報社，1953年3月）61頁，菊池勇夫＝林迪廣『労働組合法』〔日本評論新社，1954年11月〕175頁（および菊池＝林『全訂労働組合法』〔日本評論社，1984年2月〕207頁），沼田稲次郎「企業別組合の実態に即した協約法の捉え方」『労働協約就業規則をめぐる法律問題』（東洋経済新報社，1955年9月）74頁（および沼田稲次郎『労働協約の締結と運用』〔総合労働研究所，1970年7月〕212頁以下），川口實「ドイツ労働協約法における『有利の原則（Günstigkeitsprinzip）』について」『慶應義塾大学創立百周年記念論文集第1部法律学関係』（1958年11月）394頁以下（および川口「労働協約の効力」『新労働法講座5　労働協約』〔有斐閣，1966年12月〕193頁），横井芳弘「労働協約の規範的効力」石井照久＝有泉亨編『労働法演習』（有斐閣，1961年6月）69頁以下（および横井「労働協約の規範的効力」有泉亨ほか編『新版労働法演習2』〔有斐閣，1982年11月〕25頁以下），深瀬義郎「労働協約の規範的効力」石井照久＝有泉亨編集『労働法大系2　団体交渉・労働協約』（有斐閣，1963年2月）132頁，久保敬治『労働法』（ミネルヴァ書房，1970年1月）165〜166頁（および久保＝浜田188頁），本田尊正「労働協約の規範的効力」片岡曻＝横井芳弘編『演習労働法』（青林書院新社，1972年3月）296頁（および中山和久ほか『注釈労働組合法・労働関係調整法』〔有斐閣，1989年2月〕347頁〔本田尊正教授執筆〕），片岡曻『労働法⑵』（有斐閣，1975年8月）288頁，外尾638頁，山口浩一郎『労働組合法講話』（総合労働研究所，1978年5月）206頁以下（山口167頁，山口・2版193頁），野村平爾ほか編『新版労働組合法』（日本評論社，別冊法学セミナー基本法コンメンタール，1978年5月）224頁（近藤昭雄教授執筆），林迪廣ほか編著『講義労働法Ⅱ（団結保障）』（青林書院新社，1983年3月）138〜139頁（網屋喜行教授執筆），菅野447頁（および菅野・5版補正548〜549頁），下井隆史「労働協約の規範的効力の限界」甲南法学30巻3＝4号（1990年3月）355頁（および下井・労使127頁），青木宗也＝金子征史『労働関係法（改訂版）』（日本評論社，1994年6月）196頁，名古道功「労働協約」萬井隆令＝西谷敏編『労働法1』（法律文化社，1995年4月）107頁，窪田隼人＝横井芳弘＝角田邦重編『現代労働法入門（第3版）』（法律文化社，1995年5月）135頁（毛塚勝利教授執筆），横井芳弘＝角田邦重＝脇田滋編『新現代労働法入門』（法律文化社，2000年5月）362頁および369頁（石井保雄教授執筆）。

㉑　諏訪康雄「労働協約の規範的効力をめぐる一考察——有利原則の再検討を中心として」久保敬治教授還暦記念論文集『労働組合法の理論課題』（世界思想社，1980年10月）185頁参照。

㉒　東京大学労働法研究会『注釈労働組合法（下巻）』（有斐閣，1982年12月）814頁以下，西谷・個人と集団281頁（および西谷・労組法331頁以下），盛336頁以下。なお，西谷敏教授は，有利原則を排除するかどうかについては協約当事者の意思が不明な場合には有利原則を肯定している。

約の一般的拘束力の発生の有無について，少数者が独自に労働組合を結成している場合の独自の団体交渉権との関係が問題となる。これについては，拡張適用を肯定する説[206]と否定する説とがあるが，否定説の中にも，少数組合が労働協約を締結している場合に限定して拡張適用を否定する説[207]や，不利益変更の場合に限定して拡張適用を否定する説[208]もある。現在では，複数組合主義を重視して拡張適用を全面的否定する学説[209]が多数説といえる。

　思うに，労働組合は，その目的が「労働者の経済的地位の維持改善」であるので，団体交渉を通じて組合員に有利な労働条件を獲得し，労働協約を締結するのが一般的である。しかしながら，経営環境の悪化などの事情によって，より有利な労働条件を獲得し得なくなるのみならず，組合員の雇用を確保するために労働条件を引き下げざるを得ないこともありうる。労働組合が

---

(203) 菊池＝林・前掲『労働組合法』187頁（および菊池＝林・前掲『全訂労働組合法』219頁），林ほか編著・前掲『講義労働法Ⅱ（団結保障）』142頁（網屋喜行教授執筆），菅野461頁（菅野・5版補正562頁），小西國友『要説労働法』（法研出版，1991年4月）64頁，久保＝浜田200頁，窪田＝横井＝角田・前掲『現代労働法入門（第3版）』137～138頁（毛塚勝利教授執筆）。

(204) たとえば，山口172頁（および山口・2版198頁），諏訪康雄「労働組合法17条をめぐる基礎的考察」一橋論叢99巻3号（1988年3月）366頁，西谷・個人と集団305～306頁（および西谷・労組法370～371頁），土田道夫「労働協約に基づく労働条件の不利益変更と一般的拘束力」『獨協大学法学部創設25周年記念論文集』（獨協大学法学会，1992年10月）374～376頁，西村健一郎「環境変化と労働条件の変更をめぐる判例法理」季労172号（1994年11月）49頁，下井・労使162頁，中窪裕也＝野田進＝和田肇『労働法の世界（第3版）』（有斐閣，1999年3月）150頁。

　しかし，諏訪教授は，「少数未組織労働者の意見反映の努力がなされ，その事情が公正に考慮され，組合員に比して不公正に取り扱われていない場合には，有利原則の適用が制限されることがある」と述べて拡張適用を例外的に認め（上記諏訪論文366～367頁参照），また土田教授も，未組織労働者との利害が調整された場合には例外的に拡張適用を認める（上記土田論文376～377頁参照）。

(205) 大内95～96頁。

(206) 菊池＝林・前掲『労働組合法』187～188頁（および菊池＝林・前掲『全訂労働組合法』219～220頁），後藤清「労組法17条に関する試論」民商93巻4号（1986年1月）472頁。

第4節　判例の合理的変更法理の発展　145

労働協約の不利益変更もやむを得ないと判断するときには，その判断が原則として尊重されるべきであると思われる。すなわち，一般論として，不利益に変更された労働協約は，組合員に不利な事項についても規範的効力を有する，と解するのが妥当である[210]。そして，不利益に変更された労働協約が，組合員を拘束するためには，まず組合内部における民主的な手続によって形成された集団的な意思を前提としなければならない，と思われる[211]。

後述するように，裁判所は学説の指摘を受けて，一般論としては不利益に変更された労働協約が組合員に不利な事項についても規範的効力を有するとしたうえで，その内容を審査するようになっている。ここで注目すべきは，裁判所は就業規則の合理的変更法理の判断枠組みを労働協約の不利益変更の司法審査にも応用するようになっている，ということである。すなわち，民

---

[207] 吾妻光俊『労働協約』（経営評論社，1949年9月）99頁～100以下（吾妻・前掲『新訂労働法概論』312頁），同編『註解労働組合法』（青林書院，1959年5月）385～386頁（蓼沼謙一教授執筆），近藤・前掲『労働法大系2　団体交渉・労働協約』152頁，近藤正三「労働協約の事業場単位の一般的拘束力」後藤清先生還暦記念『労働協約』（有斐閣，1963年10月）160～161頁，小西國友『要説労働法』（法研出版，1991年4月）63頁，中窪＝野田＝和田・前掲『労働法の世界（第3版）』150頁。

　裁判例として，例えば，香港上海銀行事件・大阪高判昭和60年2月6日労民集36巻1号35頁。また，桂川精螺事件・東京地判昭44年7月19日労民集20巻4号813頁は，少数組合との協約が存在する場合には拡張適用を否定した。なお，少数組合との労働協約が存在していない場合に拡張適用を肯定した裁判例として，吉田鉄工所事件・大阪地判昭和49年3月6日労判209号25頁，日産ディーゼル工業事件・浦和地判平成3年1月25日労判581号27頁。

[208] 森長英三郎・前掲『労働協約と就業規則』255頁，正田彬「労働組合法第十七条論」学会誌4号（1954年4月）54～56頁（および野村平爾ほか編『新版労働組合法（別冊法学セミナー基本法コンメンタール）』〔日本評論社，1978年5月〕249頁〔正田彬教授執筆〕），横井芳弘「労働協約の一般的拘束力」『労働法講座第4巻　労働協約』（有斐閣，1957年12月）1037頁，砂山克彦「複数組合併存下の労働協約の一般的拘束力」季労128号（1983年6月）43頁，中山和久ほか『注釈労働組合法・労働関係調整法』（有斐閣，1989年2月）374～375頁（中山和久教授執筆）。また，外尾648～649頁は，労働協約の競合を認め，有利原則を適用して拡張適用を否定するものである。

　なお，裁判例として，例えば，豊和工業事件・名古屋地判昭和23年12月8日労裁資2号162頁，福井放送事件・福井地判昭46年3月26日労民集22巻2号355頁，黒川乳業事件・大阪地判昭和57年1月29日労判380号25頁。

主的な手続を踏まえた労働協約の不利益変更に反対する少数の組合員にとって当該労働協約の変更が拘束力を生じるかどうかについて，裁判所は，協約の変更に特段の不合理性があるかどうかを審査するようになっている。また，不利益に変更された労働協約が一般的拘束力によって非組合員の労働条件を引き下げられるかどうかについては，合理的変更法理の判断枠組みを応用し，協約の変更に特段の不合理性があるかどうかを審査するようになっている。以下に，ここに至る裁判例の変遷を見てみよう。

2 労働協約の不利益変更への合理的変更法理の応用
(1) 合理的変更法理の応用前の状況

労働協約による労働条件の不利益変更の際に労組法16条の規範的効力が片

---

(209) 安屋和人「労働協約の一般的拘束力」『新労働法講座5・労働協約』（有斐閣，1966年12月）327～328頁，久保・前掲『労働法』176頁（および久保＝浜田200～201頁），石井441頁，楢崎二郎「一般的拘束力制度論」沼田稲次郎先生還暦記念『労働法の基本問題下巻』（総合労働研究所，1974年5月）438頁，石川189～190頁，山口172頁（および山口・2版199頁），林ほか編著・前掲『講義労働法Ⅱ（団結保障）』142頁（網屋喜行教授執筆），菅野461～462頁（および菅野・5版補正563頁），諏訪・前掲一橋論叢99巻3号369～370頁（および諏訪「労働組合法17条とは何だったのか？」学会誌90号〔1997年10月〕150～151頁），西谷・個人と集団309頁（および西谷・労組法372頁），秋田成就『就業規則と労働協約（改訂版）』（日本労働研究機構，1993年3月）196～197頁，小西國友＝渡辺章＝中嶋士元也『労働関係法（第2版）』（有斐閣，1995年3月）446頁（中嶋士元也教授執筆），下井・労使161頁，窪田＝横井＝角田編・前掲『現代労働法入門（第3版）』138頁（毛塚勝利教授執筆）などがある。

なお，同旨の裁判例として，例えば，西岡貞労組事件・大阪地決昭和47年4月19日労旬813号94頁，佐野安船渠事件（1審）・大阪地判昭和54年5月17日労民集30巻3号661頁，佐野安船渠事件（控訴審）・大阪高判昭和55年4月24日労民集31巻2号524頁，北港タクシー事件・大阪地判昭和55年12月19日労判356号9頁，大輝交通事件・東京地判平成7年10月4日労判680号34頁がある。

(210) 菅野・5版補正550頁，盛354～355頁，名古道功「労働協約の変更と拡張適用」日本労働法学会編集『講座21世紀の労働法第3巻 労働条件の決定と変更』（有斐閣，2000年5月）124頁。

(211) 菅野・5版補正551頁，名古・前掲『講座21世紀の労働法第3巻・労働条件の決定と変更』124～125頁。

面的な効力しか有しないのか，または両面的効力を有するのかについては，裁判例の立場は分かれていた。また，多数労働組合の締結した労働協約が労働条件の不利益変更を内容とする場合に，労組法17条の拡張適用により，未組織労働者または少数組合員も既存の有利な労働条件を労働協約基準まで引き下げられるか否かについても，裁判例は分かれていた。もともと，裁判例の立場が分かれていた原因は，有利原則の有無や労組法17条の立法趣旨・効力をめぐる解釈についての学説が多岐にわたってきたことと関係があると思われる。

　労働協約による労働条件の不利益変更が争われたケースとしては，まず，多数組合の労働協約は労組法17条によって未組織労働者（または少数組合員）に拡張適用できるのか，ということが問題となった。

　少数組合員に対する労働協約の拡張適用の問題を見てみよう。旧労組法の時代に，昭和23（1948）年の豊和工業事件判決[212]は，旧労組法23条（現行法17条）の趣旨を「労働者のために最低の労働条件を確保するにあり」と解して，多数組合の労働協約が少数組合の労働協約より有利な場合に限り，少数組合員に対する拡張適用を肯定する，とした。すなわちこの判決は，多数労働組合の締結した労働協約は，少数組合員の既存の有利な労働条件を労働協約基準まで引き下げることができない，とした。しかし，このような見解に対しては，少数組合の団結権の保障を根拠に，有利かどうかを問わず，少数組合が自ら労働協約を締結している場合には，多数組合の協約は拡張適用できない，とする学説[213]が唱えられた。また，少数組合の権利保護に着目して，少数組合への労働協約の不利益な拡張適用を否定した昭和57（1982）年の黒川乳業事件判決[214]は，労組法17条「による労働協約の拡張適用は，1つの工場事業所に2つの労働組合が存する場合に，多数派の労働組合の結んだ労働協約が，少数派の労働組合の組合員の労働条件よりも有利な部分に限ってなされるのであって，少数派の組合員の労働条件の有利な部分については，その拡張適用がないものと解すべきである」と判示している[215]。し

---

[212]　名古屋地判昭和23年12月8日労裁資2号162頁。
[213]　吾妻・前掲『労働協約』90頁。同・前掲『新訂労働法概論』312頁も参照。
[214]　大阪地判昭和57年1月29日判時380号25頁。また，この判旨について，控訴審判決（大阪高判昭和59年5月30日労判437号34頁）は意見を示していない。

かし，この考え方に立つと，少数組合は多数組合より常に完全に有利な立場にあることになる，と批判された(216)。近年，複数組合主義をとっている現行法制のもとでは少数組合の団交権が多数組合の団交権と同等に保障されているという観点から，少数組合が労働協約を締結しているかどうかを問わず，少数組合員への拡張適用を全面的に否定する学説が多くなっている(217)。

次いで，労働協約の少数未組織労働者への拡張適用について見てみよう。昭和46（1971）年の日産自動車事件1審判決(218)では，男子55歳と女子50歳の定年制を定める労働協約より有利な労働条件（55歳定年）をもつ非組合員の女子従業員に対して労働協約を拡張適用されるかが問題となった。同判決は，未組織労働者が労働協約に定める基準より有利な労働契約を締結している場合でも，労働協約の一般的拘束力は未組織労働者に及ぶ(219)と判示し，55歳から50歳への定年年齢の引下げを認めた。その理由は，労組法17条の趣旨が，労働組合の統制力の維持・強化を図り，事業所における労使関係の安定に寄与することにある，としている。この見解は，控訴審判決(220)においても支持された。しかし，学説からは，不当労働行為などの問題を生じることは別として，有利原則を肯定してよいのではないか，という疑問が出された(221)。前述のように，未組織労働者への拡張適用については，少数労働者が労働協

---

(215) 学説にもこのような考え方をとるものが存在していた。例えば，森長・前掲『労働協約と就業規則』255頁，正田・前掲学会誌4号54〜56頁，横井・前掲『労働法講座第4巻 労働協約』1037頁。また，砂山・前掲季労128号43頁も参照。

(216) 山口浩一郎・労経速1220号（1985年5月）29頁参照。

(217) 例えば，久保・前掲『労働法』176頁（および久保＝浜田200〜201頁），石井441頁，石川189〜190頁，山口172頁（および山口・2版199頁），菅野461〜462頁（および菅野・5版補正563頁），諏訪・前掲一橋論叢99巻3号369〜370頁，西谷・個人と集団309頁（および西谷・労組法372頁），小西＝渡辺＝中嶋・前掲『労働関係法（第2版）』446頁（中嶋士元也教授執筆），下井・労使161頁などがある。

(218) 東京地判昭和46年4月8日労民集22巻2号441頁。

(219) 同旨の学説としては，沼田稲次郎『労働法要説（改訂版）』（法律文化社，1972年3月）236頁。

(220) 東京高判昭和48年3月12日労民集24巻1＝2号84頁。

(221) 例えば，萩澤清彦・判タ266号（1971年11月）86頁。萩澤教授は，労働協約の規範的効力については有利原則を認める見解に傾いている。

約締結の意思決定に参加できないという理由で有利原則を認める学説が極めて多いので，こういう疑問が出されることは不思議ではない。

他方，労組法16条における規範的効力が争われたケースを見てみよう。昭和48（1973）年の函館東郵便局事件判決[222]は，「労働組合法第16条に所謂労働協約の規範的効力とは，当該労働協約に定める労働条件よりも労働契約の方が労働者にとって不利益な場合にのみ，その不利益な部分を無効とし，その場合には当該労働協約に定める労働条件の内容になるという片面的な効力をいうのである。したがって，労働協約が労働契約よりも不利益な労働条件を定めても，直接的には組合所属職員の労働条件について何らの効力も生じないのである」と判示している。すなわちこの判決は，有利原則を持ち出して，労組法16条における規範的効力は片面的な効力しか有しない，としている。しかし，これに対して学説は，労働協約の規範的効力が両面的効力をもつという立場から，次のように批判している。すなわち，企業別組合と個別使用者との間で締結される日本の一般的な労働協約においては，そこで定められる労働基準が一般的に最低基準の設定とは言えず，労働条件の標準規定になるという実態から考える限り，労働協約に定める労働条件基準に違反する労働条件は，個々の組合員にとって有利かどうかを問わずすべて無効として，労働協約に定める基準に置きかえられる，という[223]。

昭和53（1978）年に至り，大阪白急タクシー事件決定[224]が登場し，極めて注目された。労働協約不利益変更の組合員に対する規範的効力という問題については，従来の学説は規範的効力論の枠組みの中で有利原則の存否を議論し，有利原則を肯定する学説は不利益変更を否定するのに対して，有利原則を否定する学説は不利益変更を認めるのが一般的であった。しかし，大阪白急タクシー事件決定は，従来の学説と異なる手法をとり[225]，労働条件の維持・改善という組合の目的から，協約の締結権限の限界を導いたのである。本件は，タクシー労働者の労働組合がオール歩合給制を主たる内容とする企

---

[222] 函館地判昭和48年3月23日判時703号3頁。本件は，郵政職員への法内超勤命令の根拠としての労働協約が締結されたことによって組合員は時間外勤務義務を負うのかが争われた事案である。

[223] 青木宗也「法内超勤と残業義務」労判175号（1973年6月）48頁参照。

[224] 大阪地決昭和53年3月1日労判298号73頁。

業再建案についての協定を締結した事案であるが，同協約のオール歩合給制では，売上げの多い一部の組合員には有利である一方，大部分の組合員には実質的な賃金の低下になった。そこで，この賃金体系の不利益変更に反対している組合員をも拘束するのかが争点になった。同決定は，「労働組合は本来組合員の賃金その他の労働条件等を維持改善することを目的……とするものであるから，労働組合が賃金その他の労働条件について使用者と協定を締結する場合にも原則としてその維持改善を目的とするものでなければならず，労働組合が組員にとって労働契約の内容となっている現行の賃金とその他の労働条件より不利なものについて使用者と協定を締結する場合には個々の組合員の授権を要するものと解する」と判示している[226]。また，昭和55（1980）年の，定年制を新設した労働協約の規範的効力に関する北港タクシー事件判決[227]は，従来定年を過ぎても雇用されていた高齢労働者について59歳定年制を新設した労働協約の効力が争われた事案であるが，上記大阪白急タクシー事件決定と同様に，労働協約による労働条件の不利益変更が規範的効力をもつには個々の組合員の授権を必要とするという立場に立っている。

　上記大阪白急タクシー事件決定を契機に，労働協約は一体どの範囲において労働条件を引き下げうるのかという問題が学界の関心を集めるようになった[228]。大阪白急タクシー事件決定は賃金その他の労働条件の切下げに歯止

---

[225] 諏訪教授は，裁判所が一定の事案の処理に際して伝統的に採用してきた手法の延長線上にあると理解される，と指摘している（諏訪康雄・4版百選149頁，および諏訪「『協約自治の限界』の再検討――労働協約における「基準」とその違反をめぐる法的問題」労旬1029号〔1981年8月〕40～41頁および44頁参照）。なお，中窪裕也・ジュリ756号（1982年1月）206頁も参照。

[226] なお，後述するように，同決定は大きな批判を浴びた。後に，大阪白急タクシー事件・大阪地判昭和56年2月16日労判360号56頁は，新賃金協定の有利・不利に関する議論に立ち入ることなく組合代表者の「協約締結権限」を論じ，労働協約「の締結は労働組合にとって重要な意思決定であるから，組合規約にその旨の定めがなされているか，もしくは組合の最高意志決定機関である組合大会（これに準ずる集会を含む）の議決による委任を受けなければ，組合代表者といえども，当然には労働協約の締結権限を有するものではないと解すべきであり，たとえ労働協約の締結権限を有しない組合代表者が使用者との間で労働協約を締結したとしても，その労働協約は，事後に組合大会の議決による追認を得ない限り，労働協約としての法律上の効力を有しない」と判示している。

第 4 節　判例の合理的変更法理の発展　151

めをかける理論を述べたものとして注目されている[229]が，学説は一般に，この決定の論理とは反対の立場に立っている。まず，労働組合の目的に関する判旨については，「組合が現存条件の硬直した文字通りの維持改善に自己の目的を限定しているとは，一般的に考えられない」[230]，「団体交渉も一つの取引の場である以上，労働組合の目的は労働条件の維持改善であっても，これを硬直的にとらえるべきではない」[231]というような批判を受けている。また，協約自治の観点からいえば，賃金や定年制などの労働条件に関して団

[227] 大阪地判昭和55年12月19日労判356号 9 頁は，「労働組合は，使用者との間において，労働条件その他に関し労働協約を締結することができるのである（労組法14条参照）が，その内容について，何をどのように決めるかは，労働組合の規約及び就業規則が労組法 5 条 2 項および労働基準法89条において法定されているのと異り，全く当事者の自由に委ねられているかのごとくである。しかし，労働組合は，労働者が主体となって自主的に労働条件の維持改善その他経済的地位の向上を図ることをその目的として組織された団体である（労組法 2 条）ことからすると，労働組合が使用者との間において労働協約を締結する権限にも，自ずとその限界が存し，右のような目的の範囲に限られるべきものであるということができる。従って，労働組合が現に，機関の定めなく，継続して雇用されている従業員（組合員）に関する雇用契約を解約するなど右契約を終了させ，又はそのような結果を当然に生ぜしめるような労働協約を締結することは，到底，右目的の範囲に属するものということはできない。けだし，従業員が使用者との雇用契約を終了させるかどうかは，当該従業員にとってその地位を根底から覆し，最終的には生存にかかわるやもしれぬ極めて重要な事柄ということができ，それ故，右従業員の任意な意思によって決定すべきことであるから，たとえ労働組合といえども，これに干渉し，右従業員（組合員）を拘束するようなことはできないものといわなければならない。しかして，たとえ労働組合が内部的に多数決によって，当該組合員にかかる雇用契約を終了させ，又はそのような結果を生ぜしめる労働協約を締結することを決定し，使用者との間でその旨の労働協約を締結したとしても，右組合員が右協約を締結することに同意し，又は労働組合に対し特別の授権を与えることがない限り，右協約の効力は，右組合員には及ばないものというべきである」と判示している。
[228] 西谷敏「労働協約論」籾井常喜編『戦後労働法学説史』（労働旬報社，1996年 2 月）443頁。
[229] 石橋洋・労旬959号（1978年 9 月）54頁。
[230] 諏訪康雄・ 4 版百選149頁。
[231] 後藤清「協約自治とその限界」日本労働法学会編『現代労働法講座第 6 巻　労働協約』（総合労働研究所，1981年 9 月）32頁。

体交渉においてどのような合意を達成し，如何なる規範をもって労使関係を規律するのかは当事者の自由であると思われるし(232)，不利益変更の場合に常に個々の組合員の授権を要するということになれば，団体交渉の余地は著しく限定され，かえって労働協約による労使自治の機能を弱めることになり(233)，労働協約による労働条件の集団的な処理ができなくなる虞がある(234)，と批判されている。

　その後，昭和58（1983）年の電電公社帯広局事件控訴審判決(235)は，「一般に労働協約がその協約当事者以外の組合員たる個々の職員に対して直接に義務を負わせる効力を有することはあり得るとしても，それは組合が組合員たる職員のため処分権能を有する範囲あるいは組合員たる職員に対しその統制権能を及ぼし得る範囲に限られると解される」と説いて，「本来個人的領域に属し，組合といえどもこれを処分，制限することのできない事項」はこれに当たらないと判示し，労働協約の規範的効力の限界画定を行った(236)。

　このように，労働協約不利益変更の法的効力の問題について下級審裁判例は様々な模索を行ってきた。しかし，いずれの模索も学説によって批判され，同問題の有効な解決方法となっていない。結局，下記のとおり，労働協約不利益変更の法的効力の問題についても就業規則判例法理が同問題の解決方法として応用されるようになっている。

---

(232) 近藤昭雄「労働協約自治の限界——労働条件規制の構造と性格を媒介として」労判360号（1981年5月）4頁。

(233) 石橋洋・労旬959号（1978年9月）55頁，寺田博「労働条件の不利益変更協定の効力と少数組合員の権利」季労110号（1978年12月）138頁，西村健一郎「協約自治とその限界——わが国の判例を素材として」学会誌61号（1983年5月）64頁，菅野448頁。また，長渕満男「労働協約による労働条件の不利益変更」季労128号（1983年6月）16〜17頁，辻村昌昭「労働協約による労働条件の不利益変更と公正代表義務」学会誌69号（1987年5月）62頁，窪田＝横井＝角田編・前掲『現代労働法入門（第3版）』135頁（毛塚勝利教授執筆）も参照。

(234) 山口浩一郎「実務から見た最近の労働判例の問題点」労経速1118号（1982年5月）22頁参照。

(235) 札幌高判昭和58年8月25日労民集34巻4号629頁。

(236) この判決は，学説の影響を受けてこのような一般論を打ち出したようである（諏訪康雄・判評308号〔1984年10月〕58〜59頁参照）。

第4節　判例の合理的変更法理の発展

(2) 合理的変更法理の応用の開始と本格化への過程
(a) 一般的拘束力における判断への応用

　昭和59（1984）年に至り，東京商工リサーチ事件判決[237]の登場が注目を浴びた。同事件は，労働協約と就業規則の付属規定によって従来61歳定年退職後「第一種嘱託」として65歳までの雇用がなされていたものを，労働協約の改訂によって，第一種嘱託雇用の期間が最長2年，経過措置として，労働協約施行日現在で満62歳以上の男子従業員は施行日から1年間のみ勤務しうるとされたのに対して，労働者が満65歳までの雇用の確認と賃金の支払を請求した，という事案である。同判決は，労組法17条の立法趣旨を「多数組合の団結力の維持・強化」「統一的な労働条件の設定」と捉えて，「特段の事情」がない限り，労働協約の不利益変更は未組織労働者に対しても原則的にその拘束力が生じる，という見解を示した[238]。まず一般論として同判決は，労

---

[237] 東京地判昭和59年9月13日労民集35巻5号515頁。
[238] 同判決は，「労働協約の一般的拘束力を認めたのは，労働協約の適用を受けない未組織労働者が協約に定める基準（以下「協約基準」という。）より不利な労働条件で雇用されていると，景気の後退期等には，労働組合の組合員と未組織労働者との不公正な競争が生じ，それが協約基準の引下げへの圧力ともなるし，また逆に，未組織労働者が協約基準より有利な労働条件で雇用されていると，有利な労働条件を求めて組合を脱退する者が生じ，組織の団結力の維持，強化を阻害することにもなるから，これらの事態を未然に防止して組織の動揺を防ぎ，団結を強化し，ひいては組合員労働者の雇用の安定を図るとともに，あわせて統一的な労働条件を設定することを趣旨としていると解される」と説いて，「右のような規定の文言及び趣旨に照らすと，同条の定める一般的拘束力の範囲をX主張のように制限して解釈すべき理由はなく，未組織労働者が協約基準より有利な労働条件で雇用されている場合においても，新しい労働協約の効力が未組織労働者に及び，その労働条件は協約基準にまで引き下げられるものと解するのが相当である。ただ，右のような未組織労働者に対して新しい労働協約を適用してその労働条件を引き下げることが右規定の趣旨に反して著しく不当と解される特段の事情がある場合にはこの限りでないと解される。右のような特段の事情がある場合としては，未組織労働者がすでに使用者との個別の労働契約において，協約基準より有利な労働条件を獲得していることに合理的な理由があり，組織の団結力の維持，強化のためといえども，そのような個人の既得の利益を否定し尽すことが著しく不当であると認められる場合とか，労働協約の当事者が未組織労働者の労働条件を低下させることを目的として合理的な必要性もないのに労働協約を締結した場合等が考えられよう」と判示している。

働協約の不利益変更は原則として認められるが,「特段の事情」がある場合には例外的に認められない,とする。その「特段の事情」としては,「未組織労働者がすでに使用者との個別の労働契約において,協約基準より有利な労働条件を獲得していることに合理的な理由があり,組織の団結力の維持,強化のためといえども,そのような個人の既得の利益を否定し尽すことが著しく不当であると認められる場合」または「労働協約の当事者が未組織労働者の労働条件を低下させることを目的として合理的な必要性もないのに労働協約を締結した場合」をあげている。そして,本件については,①本件労働協約の締結について必要性と合理性が存在したこと,②男子従業員の定年年齢（満61歳）は協約締結の前と同一であること,③本件労働協約の変更後も満63歳までは勤務可能であること,④本件協約は経過措置を設けていること,⑤原告らが満65歳まで第一種嘱託として勤務できる制度は,労働協約および就業規則に基づくものであり,個別契約において獲得したものではないこと,⑥定年制および定年後嘱託として勤務できる制度は,一つの工場・事業所に常時使用される同種の労働者間においては統一的に定められるべき性質の事項であること,などを検討し,その他本件協約の内容,本件協約締結に至る経緯等に照らすと,原告に対して新しい労働協約を適用することが著しく不当であると認められる特段の事情が存するとはいえないとして,拡張適用を認めたのである。

　同判決の特徴としては,①有利原則を認めず,不利益に変更された労働協約は原則として未組織労働者に対して拡張適用されるとしたこと,②拡張適用が例外的に認められない「特段の事情」の有無という観点から労働協約内容を審査していること,③この審査においては,就業規則法理における合理性判断の基準を応用していること,をあげることができる。とくに③の合理性判断基準の応用については,「変更の必要性」,「被った不利益が大きくない」,「交渉経過」などを審査の基本ポイントとしており,就業規則の合理的変更法理の判断枠組みに非常に似ていると思われる。

　翌年（1985年）の東京都11市競輪事業組合事件判決[239]は,不利益変更の労

---

[239] 東京地判昭和60年5月13日労判453号75頁。同事件は,競輪事業組合の登録従事員に対する離職勧奨制度に関する労働協約は,離職勧奨に応じない未組織労働者たる登録従事員に対して拡張適用できるのかが争われた事案である。

働協約につき，労組法17条の要件を満たせば，何らかの無効原因がない限り，組合員にはもちろん未組織労働者に対しても拡張適用される，という一般論を述べた。すなわち同判決は，例外の「無効原因」がない限り，原則として，組合員には規範的効力が及ぶのみならず，未組織労働者にも拡張適用が生じるとしたのである(240)。本件は，前記東京商工リサーチ事件判決の枠組みを踏襲したといえるものであり，①有利原則の否定，②「特段の事情」に言及し，労働協約内容を審査すること，③就業規則法理における合理性判断の基準の応用，などを特徴としてあげることができる。しかし，その判断基準の応用については，「変更の必要性」，「被った不利益が大きくない」，「交渉経過」のほかに，さらに「社会的相当性」という判断を行ったのが特徴である。

これら判決に続いて，昭和63（1988）年の第四銀行事件1審判決(241)および平成元（1989）年の朝日火災海上保険事件1審判決(242)が登場した。この2つの判決では，前記東京商工リサーチ事件判決の判断枠組みがほぼそのまま踏

---

(240) 本件では，例外としての「無効原因」に関する具体的な検討として，①高齢者の賃金水準とその労働能力を比較考量したうえ，経営上の合理的必要性に基づくこと，②労働組合に提案し，誠実な団体交渉を重ねたうえで合意に至ったものであって，その動機および目的に不当な点はないこと，③内容的にみても，本件各協定は，他の競輪場で採用された制度に比べ，特に原告ら「従事員」に不利益なものではないこと，④満65歳に達した者について雇用を止めるのではなく，雇用継続を前提とするものであること，⑤賃金据置と一時金減額の措置がとられてはいるが，賃金は，全国の競輪場従事員の中で相当の水準にあり，他産業と比較しても高水準であって，一時金についても未だ「応援従事員」よりも高水準にあること，などをあげている。

(241) 新潟地判昭和63年6月6日労判519号41頁。「労働組合法17条の立法趣旨は，労働協約の適用を受けない未組織労働者が協約に定める基準より不利な労働条件で雇用されている場合には，労働組合の組合員と未組織労働者との不公正な競争が生じ，それが協約基準の引き下げへの圧力となり，また逆に未組織労働者が協約基準より有利な労働条件で雇用されていると，有利な労働条件を求めて組合を脱退する者が生じ組織を動揺させることになるから，これらの事態を未然に防止して労働組合の団結力の維持強化をはかること及び統一的な労働条件を設定することにあると解するのが相当であり，右の立法趣旨からすれば労働条件の不利益変更の場合にも労働協約の一般的拘束力は認められるべきであることによれば，労働条件の不利益変更の場合にも，特段の事情がない限り，労働協約の一般的拘束力が認められ，新しい労働協約の効力が未組織労働者にも及び，その労働条件は協約基準にまで引き下げられるものと解するのが相当である」と判示している。

襲されており，結論として「特段の事情」の存在が否定され，労働協約の不利益変更に関する非組合員への拡張適用が認められた。

　第四銀行事件は，定年延長に伴う賃金・退職金の減額に関する事件であるが，1審判決は，「特段の事情」の具体的検討において，①本件定年延長は従業員の一部にとって従来の制度よりも有利であること，②本件定年制の賃金水準それ自体が不相当なものではないこと，③本件定年延長は，経営上の都合によるものではなく，社会的要請と従業員の要求に応えるためであったこと，④会社には定年延長による人件費増に耐えうるだけの経営上の余裕はなく，賃金水準の見直しの必要性が大きかったこと，⑤本件定年制の実施までに十分な労使交渉を行っていること，⑥本件58歳までの定年後在職制度は事実たる慣習によるものであり，個別契約により獲得されたものではないこと，などをあげて「特段の事情」の存在を否定し，拡張適用を認めた。

　朝日火災海上保険事件は，非組合員の労働契約上有していた有利な労働条件（定年制）を不利益に変更した労働協約および就業規則の効力が主たる争点になった事案である。労働協約の部分に関する判断について，1審判決は，「特段の事情」の具体的検討について，①十分な労使交渉を行っていること，②本件の事業部合体による労働条件の統一の必要性が高かったこと，③本件労働協約にも合理性があるといえること，④一部の従業員にとって不利益になるが，統一化の過程でやむを得ない結果といえなくはないこと，⑤非組合

---

(242) 福岡地裁小倉支判平成元年5月30日労判545号26頁。「〔労組法17条〕の定める一般的拘束力の範囲をX主張のように制限的に解釈すべき理由はなく，未組織労働者が協約基準より有利な労働条件で労働契約を締結している場合（労働条件の不利益変更の場合）においても，未組織労働者に対して労働協約を適用してその労働条件を引き下げることが，右規定の趣旨に照らして，著しく不当と解される特段の事情がある場合を除き，新しい労働協約の効力が未組織労働者にも及び，その労働条件は協約基準にまで引き下げられるものと解するのが相当である」と説き，「そして，右のような特段の事情がある場合としては，未組織労働者が使用者との個別の労働契約で協約基準より有利な労働条件を獲得していることに積極的，合理的な理由があり，団結力の維持，強化のためといえども，そのような個人の既得の利益を否定することが著しく不当であると認められる場合，あるいは労働協約の当事者が未組織労働者の労働条件を低下させることのみを目的として，合理的な必要性もなく，労働協約を締結したような場合等が考えられる」と判示している。

員の労働条件を低下させることのみを目的としたものではないこと，⑥代償措置や経過措置によって，不利益を受ける者に一定の配慮をしていること，⑦従来の63歳定年制は，労働協約および就業規則に定められていたものであり，個別契約で獲得したものではないこと，⑧本件定年制度は一の事業所に常時使用される同種の労働者については統一的に定められるべき性質の事項であること，などをあげて，やはり「特段の事情」の存在を否定し，拡張適用を認めた。

　この2つの判決の特徴としては，前記東京商工リサーチ事件判決と東京都11市競輪事業組合事件判決と同様，①有利原則の否定，②「特段の事情」に言及し，労働協約内容を審査すること，③就業規則法理における合理性判断の基準の応用，などの特徴があり，そしてその判断基準の応用については，「変更の必要性」，「被った不利益が大きくない」，「交渉経過」，「社会的相当性」という判断を行った。また，朝日火災海上保険事件1審判決においては，「代償措置」に関する判断も見られるようになった。

　こうして下級審裁判例においては，就業規則法理における合理性判断基準が労働協約の一般的拘束力の判断においても応用されるようになった。

　(b)　規範的効力における判断への応用

　他方，労働協約不利益変更の規範的効力については，日本トラック事件1審判決[243]が昭和60（1985）年に登場し，極めて注目された。本件は，労働協約上，休業補償追加給付金に関する規定が設けられ，またそれと同一内容の規定が就業規則に設けられていたが，これが労働協約によって不利益変更された事件である（ただし就業規則は改訂されなかった）。同判決は，「労働協約のいわゆる規範的効力（労組法16条）が右のような労働条件を切り下げる改訂労働協約についても生ずるかについては，そのような労働協約を無効とする規定が存しないこと，労組法16条の趣旨は，労働組合の団結と統制力，集団的規制力を尊重することにより労働者の労働条件の統一的引き上げを図ったものと解されることに照らして，改訂労働協約が極めて不合理であるとか，特定の労働者を不利益に取り扱うことを意図して締結されたなど，明らかに労組法，労基法の精神に反する特段の事情がないかぎり，これを積極的に解

---

[243]　名古屋地判昭和60年1月18日労民集36巻6号698頁，労判457号77頁。

するほかはない」と判示している。

　従来の下級審裁判例は，労働協約の不利益変更が個々の組合員に拘束力を生じるかについては，授権を必要とするとか，協約の規範的効力は片面的にしか及ばない，などとしていた。しかしながら，この日本トラック事件1審判決を契機に，労働協約の不利益変更の拘束力が原則的に反対の組合員に及ぶという立場が裁判例において一般化していったのである[244]。この判決は，例外的に組合員を拘束しない「明らかに労組法，労基法の精神に反する特段の事情」として，「改訂労働協約が極めて不合理である」場合および「特定の労働者を不利益に取り扱うことを意図して締結された」場合をあげた。協約自治は尊重されなければならないとはいえ，一定の限界が確定されなければならないと思われる。ここにいう「改訂労働協約が極めて不合理である」とは，労働協約の内容のチェックを意味する。「特定の労働者を不利益に取り扱うことを意図して締結された」とは，労働組合が協約交渉において集団を公正に代表したか否かをチェックするものといえよう[245]。公正代表審査はいまだ中心的内容になっていないため，労働協約の内容チェックと平行して行われたのである。

　この日本トラック事件1審判決の立場は，学説[246]によって賛成され，同事件の控訴審判決[247]によっても支持された。控訴審判決は，「本件において

---

[244] 大内76頁。

[245] 後藤勝喜教授は，これが学説に影響されていると示唆している（5版百選195頁参照）。

[246] 諏訪教授はこの判旨に賛意を表明した。そして，諏訪教授は，「個人労働者の利益にもしかるべき配慮を払う必要がある」ことに言及し，組合の意思と個人の利益との間に，何らかの利益調整が要るとし，「既存の労働条件を引き下げる不利益変更労働協約に対しては，組合員全体の労働条件の統一的な維持改善という目的からして，①不利益変更に対してどれだけの代償があるか，②不利益変更内容が必要性・合理性を有するか，③組合員の均等待遇の原則に反するところがないか，などに注意しなければならない。必要性・合理性を欠き，または，均等待遇の原則に反したような不利益変更労働協約の締結は，組合の集団的規制権能の濫用と判断され，規範的効力そのものが認められないか，または，少なくとも引き下げの効力である両面的効力は認められなくなる余地がある」と述べている（諏訪康雄・判評323号〔1986年1月〕62頁参照）。

[247] 名古屋高判昭和60年11月27日労民集36巻6号691頁。

は，組合は経営危機解消を目指す使用者（被控訴人）からの提案に対応し，これと折衝を重ね，一方組合員らに対して執行部の基本姿勢と交渉経過の周知徹底を図って，組合員らに格別の反対意見もなかったことから，暫定協定の締結に至ったものであり，その内容も，経営危機の中で雇傭の安定，賃金水準の維持を図りつつ，やむなく不利益な変更にも合意したもので，不当・不合理なものということはできない」と説いて，協約の内容につき，「改訂労働協約が極めて不合理であるとか，特定の労働者を不利益に取り扱うことを意図して締結されたなど，明らかに労組法，労基法の精神に反する特段の事情」についての詳細な内容審査を行った。この1審判決および控訴審判決は，不利益変更の労働協約の規範的効力につき，例外としての「特段の事情」の観点からとはいえ，労働協約の内容について詳細な審査を行った最初の裁判例として意義がある。

続いて，昭和63（1988）年に神姫バス事件判決[248]は，上記日本トラック事件判決とやや異なる観点から判旨を展開した。同判決は，「一般に，労働協約のいわゆる規範的効力は労働者の団結権と，集団規制力を尊重することにより労働者の労働条件の統一的引上げを図ったものであるから，仮に従前の労働条件を切下げる内容の労働協約についてもその趣旨に反しない限り原則として労働協約のいわゆる規範的効力が及ぶと解されるが，労働組合の有する団体交渉上の決定権限も無制限ではなく，個々の労働者に任されるべき権利の処分などの事項については当然その効力が及ぶものではないし，一定の労働者に対して賃金の切り下げとなるなど著しい労働条件の低下を含む不利益を容認する労働協約を締結するような場合には個々の労働者の授権まで必要とはいえないけれども労働組合内部における討論を経て組合大会や組合員投票などによって明示あるいは黙示の授権がなされるなどの方法によってその意思が使用者と労働組合の交渉過程に反映されない限り組合員全員に規範的効力が及ぶものではないというべきである。……本件協定の成立過程には事務補職にある者の意思も反映されているといえるのであって，かかる事情のもとにおいてY会社との間に締結された本件協定の規範的効力はXらにも及ぶといわざるを得ない」と判示している。

---

[248] 神戸地裁姫路支判昭和63年7月18日労判523号46頁。

この神姫バス事件判決は，労働協約の規範的効力の両面性を原則として認めたが，組合の権限も無制限ではないとして，協約の締結に至るまでの組合内部における民主的な手続のプロセスを重要視しており，そのプロセスがふまれたかどうかについて司法審査を行ったものである。同判決は，前記日本トラック事件判決よりも公正代表審査を重視しているといえよう。こうして，労働協約による労働条件の不利益変更については，一方において，組合員に対して原則的に労働協約の規範的効力の両面性を認め，例外にあたるか否かという観点から協約締結のプロセスおよび協約内容を審査するようになった[249]。他方，未組織労働者への拡張適用については，就業規則の合理性審査基準を応用し，詳細な内容審査をするようになった。このような裁判例の状況は，その後さらなる変化を遂げる。

協約の不利益変更の規範的効力については，平成2（1990）年の日魯造船事件判決[250]が，就業規則の場合と同様な枠組みによって，合理性に関する判断を行った。学説は概ね，このような判断は労使自治を完全に無視したもので適切ではないと批判している[251]。この批判は，その後の裁判例に影響をもたらした。すなわち，その後の裁判例は，日魯造船事件判決のような労働協約内容に関する純粋な合理性審査をせずに，まず労働協約の締結プロセ

---

[249] 裁判例では協約締結のプロセスの公正さの観点と協約内容の合理性という観点とが混同されている，と批判されている（菅野・5版補正551頁）。

[250] 仙台地判平成2年10月15日労民集41巻5号846頁。「一般に使用者と労働組合との間で労働協約を締結した場合には，労使自治の理念に照らして，その内容が個々の労働契約の内容と比較して労働者に利益であると不利益であるとを問わず，個々の労働者にも効力を及ぼすというべきである。もっとも，労働協約の変更によって個々の労働者の既得の権利を一方的に奪うことは原則として許されないが，変更された労働協約の内容が合理的なものである限り，個々の労働者が同意したものでないとしても，変更後の労働協約につき個々の労働者において，これに同意しないことを理由としてその効力が及ぶことを拒むことは許されないと解すべきである。そして，退職金等，労働者にとって重要な労働条件について，労働協約が不利益に変更されたときには，特に高度の合理性が要求されることは，就業規則の変更について述べたところと同様であり，また右合理性の判断基準についても，就業規則の変更について述べたところと同様である」と判示している。

[251] 菅野和夫『労働法（第4版）』（弘文堂，1995年10月）504頁（および菅野・5版補正551頁），西谷・労組法313頁参照。

スを審査し（公正代表審査），そして労働協約の内容審査を行うようになっていくのである。

さらに，平成5 (1993) 年の朝日火災海上保険（石堂・本訴）事件1審判決[252]は，「労働協約のいわゆる規範的効力（労組法16条）は，既に組合員個人に生じた請求権等の剥奪は別にして，その内容が労働協約の切り下げにより個々の組合員に不利益なものであっても，それが標準的かつ画一的な労働条件を定立するものであり，また労働組合の団結権と統制力，集団的規制力を尊重することにより労働者の労働条件の統一的引き上げを図ったものと解される労組法16条の趣旨に照らして，特定の労働者を不利益に取り扱うことを積極的に意図して締結されたなどその内容が極めて不合理であると認めるに足りる特段の事情がない限り，不利益を受ける個々の組合員にも及ぶことは明らかである」と説いたうえで，「労働協約の内容が極めて不合理であると認めるに足りる特段の事情があるか否かを検討するについては，労働協約の締結，改定によって個々の組合員が受ける不利益の程度，他の組合員との関係，労働協約の締結，改定に至った経緯，労働協約中の他の規定との関連性（代償措置，経過措置），同業他社ないし一般産業界の取扱との比較などの諸事情を斟酌して総合的に判断しなければならない」と判示している。

この判決は，「特段の事情」があるかどうかについて審査を行ったが，とくに「特定の労働者を不利益に取り扱うことを積極的に意図して締結されたなど」という公正代表審査がその中心的内容とされていると思われる[253]。他方では，就業規則の合理的変更法理における判断要素を応用して合理性審査を行うべきである，としている。この1審判決の立場は，同事件控訴審判決[254]によって支持された。

また，平成6 (1994) 年の東海旅客鉄道（出向命令）事件決定[255]および平成7 (1995) 年の安田生命保険事件判決[256]は，日本トラック事件判決の系譜に属するものであるが，朝日火災海上保険（石堂・本訴）事件1審判決と同様，公正代表審査をより重視するものである。安田生命保険事件判決は，恐

---

[252] 神戸地判平成5年2月23日労判629号88頁。本件は，63歳定年制を57歳定年制に変更した労働協約の効力が主たる争点になった事案である。
[253] 大内78頁。
[254] 大阪高判平成7年2月14日労判675号42頁。

らく近年の学説から影響を受けて,「労組法は, 労働協約の内容が合理性を有しなければならない旨を規定しているわけではない」と明言し,「労働協約の内容が労基法に違反し, あるいは, 公序良俗に違反して無効であるなど, 特段の事情があると認められる場合でない限り」規範的効力が生じるとしている(257)。この判決の特徴は, 労使自治をより積極的に打ち出している点にあり, この基本的立場から,「特段の事情」の範囲を狭く解している。したがって, 本判決は,「協約に対する純然たる合理性審査は否定されるべきとの立場を宣明したもの」とみられる(258)。

このように, 就業規則の規範的効力については, 当初は, 協約内容チェックおよび協約締結のプロセスのチェック（公正代表審査）とが渾然一体として行われていた。しかし, 学説が, 協約の内容チェックは労働法の考え方にそぐわず, プロセスのチェックに限るべきと批判したことに影響されて, 公正代表審査が重要視され, 次第に公正代表審査が中心となるようになった, といえよう。

(3) 最高裁判例の登場

(a) 一般的拘束力について

平成 8 (1996) 年に至り最高裁は, 朝日火災海上保険事件判決(259)において, 労組法17条に関する労働協約の一般的拘束力という問題について初めての判断を下した。

---

(255) 大阪地決平成 6 年 8 月10日労判658号56頁。本件は, 定年年齢を55歳から60歳に引き上げる定年協定が締結され, 協定の中の54歳に達した日以降は原則として出向するとの規定に基づいて出向を命じられた労働者が, 出向命令効力停止の仮処分を請求した事案である。これについては同判決は「労働協約は, 労働組合が組合員の意見を公正に代表して締結したと認められる限り, たとえ従前の労働条件を切り下げる内容のものであっても, およそそれが協約自治の限界を超えるようなものでない限り, 換言すれば, 既得権の放棄など特定の労働者に著しい不利益を強いるものでない限り, いわゆる規範的効力を有するものと解するのが相当である。労働協約に規範的効力が認められる所以は, 労働者の団結権と集団的規制力ないし統制力に期待しこれを尊重することによって労働条件の統一的な引き上げを図ろうとするところにあるから, 多数決原理が支配するのは理の当然であって, それ故にその効力を限定的に解すべきではない」と判示している。

(256) 東京地判平成 7 年 5 月17日労判677号17頁。本件は, 営業制度の変更に伴う労働条件の不利益変更に関する事案である。

最高裁は，労組法17条の立法趣旨について，「主として一の事業場の4分の3以上の同種労働者に適用される労働協約上の労働条件によって当該事業場の労働条件を統一し，労働組合の団結権の維持強化と当該事業場における公正妥当な労働条件の実現を図ることにある」と解した[260]うえで，労働協約の不利益変更の非組合員への拡張適用を原則として肯定し[261]，非組合員に適用することが著しく不合理であると認められる特段の事情があるときは一般的拘束力が例外的に否定される，という見解を示している[262]。「特段の事情」の存否の判断については，就業規則の合理的変更法理における判断要素を応用している。

　同判決は，労組法17条の趣旨（特に労働条件の統一）に鑑みて，不利益変更された労働協約は，労組法17条の要件を満たせば，非組合員の未組織労働者に対しても原則的に拡張適用される，としている。しかし，この解釈には，

---

[257] 同判決は，まず，「労組法は，労働協約の内容が合理性を有しなければならない旨を規定しているわけではないから，協約内容については，労使間の自治的判断にゆだねられており，労働者は，その所属する労働組合が団結力と集団的規制力をもって使用者との間に締結する労働協約を通じて労働条件の維持改善を図っていくべきものであるとする趣旨であるとみることができ，労組法16条が，労働協約中の労働条件その他の労働者の待遇に関する基準に労働契約を直接規律する効力を付与しているのは，右の趣旨を端的に承認していると解せられる」と述べ，そして，「労働条件の一部又は全部を不利益変更する内容を含む労働協約についても，それぞれ労使間の自治的判断の結果締結されたものである以上，これに規範的効力が生ずるものと解するのが相当であり，当該労働協約の内容が労基法に違反し，あるいは，公序良俗に違反して無効であるなど，特段の事情があると認められる場合でない限り，右労働協約が定める労働条件は，労働契約の内容を直接に定める直律的効力を有するものと解すべきである」と説いたうえで，さらに，「本件各労働協約は，その内容について労基法違反，公序良俗違反として無効とすべき事情は見出しがたいうえ，……〔協約の〕締結過程に明白かつ重大な手続的瑕疵も認めがたく，Xが特定の労働者として不利益に取り扱われた事情も認められないことに照らすと，……本件各労働協約は，XがA労組に所属する組合員である限り，Xに対し，その規範的効力を及ぼすものと認めるのが相当である」と判示している。

[258] 大内81頁。

[259] 最三小判平成8年3月26日民集50巻4号1008頁。非組合員の労働契約上有していた有利な労働条件（定年制）を不利益に変更した労働協約および就業規則の効力が主たる争点になった事案である。

従来多くの学説が指摘している[(263)]ように，非組合員は労働協約の締結のプロセスにおいて意見表明の機会を有しないし，労働組合も非組合員の利益を擁護する立場にはない，という難点がある。同判決も，「未組織労働者は，労働組合の意思決定に関与する立場になく，また逆に，労働組合は，未組織労働者の労働条件を改善し，その他の利益を擁護するために活動する立場にないこと」への配慮を行い，未組織労働者に労働協約を拡張適用することによってもたらされる「弊害」を何らかの方法によって除去しなければならな

---

(260) 「労働協約には，労働組合法17条により，一の工場事業場の4分の3以上の数の労働者が一の労働協約の適用を受けるに至ったときは，当該工場事業場に使用されている他の同種労働者に対しても右労働協約の規範的効力が及ぶ旨の一般的拘束力が認められている。ところで，同条の適用に当たっては，右労働協約上の基準が一部の点において未組織の同種労働者の労働条件よりも不利益とみられる場合であっても，そのことだけで右の不利益部分についてはその効力を未組織の同種労働者に対して及ぼし得ないものと解するのは相当でない。けだし，同条は，その文言上，同条に基づき労働協約の規範的効力が同種労働者にも及ぶ範囲について何らの限定もしていない上，労働協約の締結に当たっては，その時々の社会的経済的条件を考慮して，総合的に労働条件を定めていくのが通常であるから，その一部をとらえて有利，不利をいうことは適当でないからである。また，右規定の趣旨は，主として一の事業場の4分の3以上の同種労働者に適用される労働協約上の労働条件によって当該事業場の労働条件を統一し，労働組合の団結権の維持強化と当該事業場における公正妥当な労働条件の実現を図ることにあると解される」と判示している。

(261) 判決は，「未組織の同種労働者の労働条件が一部有利なものであることの故に，労働協約の規範的効力がこれに及ばないとするのは相当でない」と述べている。

(262) 「しかしながら他面，未組織労働者は，労働組合の意思決定に関与する立場になく，また逆に，労働組合は，未組織労働者の労働条件を改善し，その他の利益を擁護するために活動する立場にないことからすると，労働協約によって特定の未組織労働者にもたらされる不利益の程度・内容，労働協約が締結されるに至った経緯，当該労働者が労働組合の組合員資格を認められているかどうか等に照らし，当該労働協約を特定の未組織労働者に適用することが著しく不合理であると認められる特段の事情があるときは，労働協約の規範的効力を当該労働者に及ぼすことはできないと解するのが相当である」と判示している。

(263) たとえば，山口172頁（および山口・2版198頁），諏訪・前掲一橋論叢99巻3号366頁，西谷・個人と集団305〜306頁（および西谷・労組法370〜371頁），土田・前掲『獨協大学法学部創設25周年記念論文集』374〜376頁，西村・前掲季刊労172号49頁，下井・労使162頁，中窪＝野田＝和田・前掲『労働法の世界（第3版）』150頁。

いとはしている(264)。

　この点については，就業規則法理における合理性審査の基準の応用が極めて好都合といえよう。そこで同判決は，「労働協約によって特定の未組織労働者にもたらされる不利益の程度・内容」，「労働協約が締結されるに至った経緯」，「当該労働者が労働組合の組合員資格を認められているかどうか」によって合理性を判断するという枠組みを提示した。この判断枠組みは，就業規則法理の合理性判断基準と極めて類似しているが，「就業規則の不利益変更の場合と同様の司法審査（合理性審査）を認めるものではない」とされている(265)。同判決は，「労働協約が締結されるに至った経緯，当該労働者が労働組合の組合員資格を認められているかどうか」と判示しているので，この枠組みには公正代表審査の考え方も含まれているといえるが，主としては，未組織労働者と組合との関係(266)に鑑みて，「当該労働協約を特定の未組織労働者に適用することが著しく不合理であると認められる特段の事情がある」かどうかを中心に労働協約の合理性審査を行うものと把握できる(267)。

　(b)　規範的効力について

　翌年（1997年），最高裁は，朝日火災海上保険（石堂・本訴）事件判決(268)において，不利益変更された労働協約の規範的効力の問題について初めての判断を下した。

　まず，労働協約の不利益変更は組合員に対して規範的効力を生じるのが原則であるとしている。前記非組合員に対する拡張適用の事案(269)においても労働協約の不利益変更の効力が原則として肯定されていることからは，組合員についても肯定されるのも不思議ではないと思われる。

　また，労働協約の規範的効力が例外として否定される場合については，協約が「労働組合の目的を逸脱して締結された」かどうか，また，「協約が特

---

(264)　綿引万里子・朝日火災海上保険事件最高裁判決解説・ジュリ1097号（1996年9月）138頁および曹時51巻3号（1999年3月）192～193頁参照。
(265)　綿引・前掲曹時51巻3号193頁。
(266)　「未組織労働者は，労働組合の意思決定に関与する立場になく，また逆に，労働組合は，未組織労働者の労働条件を改善し，その他の利益を擁護するために活動する立場にない」としている。
(267)　大内91頁も参照。

定の又は一部の組合員を殊更不利益に取り扱うことを目的として締結された」かどうかという観点から公正代表審査を行おうとしている。このような判断枠組みは、手続の面では協約締結のプロセスの公正さ（「同協約が締結されるに至った経緯」）、そして内容の面では協約内容の必要性（「当時の被上告会社の経営状態」）および合理性（「同協約に定められた基準の全体としての合理性」）を審査するものになっている。そして、これらの点についての具体的判断を経たうえで、本件労働協約は「特定の又は一部の組合員を殊更不利益に取り扱うことを目的として締結されたなど労働組合の目的を逸脱して締結されたものとはいえ」ないから、その規範的効力を否定すべきではない、という結論に至っている。

最高裁は、労働協約の合理性を審査する際に、なぜ協約締結のプロセスのほかに内容をも審査しているのであろうか。それは、公正代表審査を行うためには協約締結のプロセスの公正さをまず判断すべきだが、協約締結の「目的」を審査するためには協約内容の必要性・合理性を斟酌することが不可欠だからであろう[270]。ここでは、協約の拡張適用の場合とは異なり、審査基準がやや緩和されているようにみえる[271]。恐らくこれは、組合員は協約締結のプロセスにおいて意見表明の機会を有していることによる違いであると

---

[268] 最一小判平成9年3月27日労判713号27頁。本件は、63歳定年制を57歳定年制に変更した労働協約の効力が主たる争点になった事案であるが、「本件労働協約は、上告人の定年及び退職金算定方法を不利益に変更するものであり、昭和53年度から昭和61年度までの間に昇級があることを考慮しても、これにより上告人が受ける不利益は決して小さいものではないが、同協約が締結されるに至った以上の経緯、当時の被上告会社の経営状態、同協約に定められた基準の全体としての合理性に照らせば、同協約が特定の又は一部の組合員を殊更不利益に取り扱うことを目的として締結されたなど労働組合の目的を逸脱して締結されたものとはいえず、その規範的効力を否定すべき理由はない。これと同旨の原審の判断は、正当として是認することができる。本件労働協約に定める基準が上告人の労働条件を不利益に変更するものであることの一事をもってその規範的効力を否定することはできないし（最高裁平成5年（オ）第650号同8年3月26日第三小法廷判決・民集50巻4号1008頁参照）、また、上告人の個別の同意又は組合に対する授権がない限り、その規範的効力を認めることができないものと解することもできない」と判示している。

[269] 朝日火災海上保険事件・最三小判平成8年3月26日民集50巻4号1008頁。

[270] 大内79頁参照。

思われる。

　以上のように，最高裁は，労働協約の不利益変更の際に「労働者の個別の同意」または「組合に対する授権」を必要とせず，また従来の裁判例による「極めて不合理であると認められる特段の事情」という定式に言及せずに，労働組合の「目的」に着目して，労働協約の不利益変更の合理性判断を行った。このことは極めて注目に値する[272]。

　(c)　最高裁判例の意義

　労働協約の不利益変更の際に生じる労組法16条の規範的効力の問題および17条の一般的拘束力の問題については，下級審の裁判例における見解が分かれていた。この状況は，これらの問題について学説が多岐に分かれていたことと関係があると推測できる。昭和53(1978)年に登場した大阪白急タクシー事件決定[273]は，労働協約の不利益変更は個々の組合員の授権が必要であると判示したが，学説は一般に，この決定の論理に反対の立場を表明した。

　昭和59(1984)年の東京商工リサーチ事件判決[274]は，労働協約の不利益変更の拡張適用は原則として認められるが，「特段の事情」がある場合には例外的に認められない，とした。そして，この「特段の事情」を検討する際に，就業規則法理の合理的変更法理の判断枠組みを応用するようになった。その後，東京都11市競輪事業組合事件判決[275]，第四銀行事件1審判決[276]および朝日火災海上保険事件1審判決[277]も，この東京商工リサーチ事件判決の枠組みに従いつつ，合理的変更法理の判断枠組みを応用して，拡張適用が認められない「特段の事情」の存否を判断した。

　そして，不利益変更の労働協約の規範的効力については，日本トラック事

---

[271]　綿引最高裁調査官は，規範的効力が否定され得る場合があり得るとしても，一般的拘束力が否定される場合よりもかなり限られた場合になることは明らかである，としている（綿引・前掲曹時51巻3号202頁参照）。

[272]　大内79頁参照。

[273]　大阪地決昭和53年3月1日労判298号73頁。

[274]　東京地判昭和59年9月13日労民集35巻5号515頁。

[275]　東京地判昭和60年5月13日労判453号75頁。

[276]　新潟地判昭和63年6月6日労判519号41頁。

[277]　福岡地裁小倉支判平成元年5月30日労判545号26頁。

件1審判決(278)以降，労働協約の不利益変更の拘束力が原則的に反対の組合員に及ぶという立場が一般化してきている。また同判決は，労働協約の内容チェックおよび特定組合員の差別意図の有無という意味での公正代表審査を協約自治の限界画定の基準としている。その後，神姫バス事件判決(279)および朝日火災海上保険（石堂・本訴）事件1審判決(280)，東海旅客鉄道（出向命令）事件決定(281)を経て，差別的意図の有無および協約締結プロセスの妥当性という点での公正代表審査が，合理性審査の中心的内容になっている。そして安田生命保険事件判決(282)は，近年の学説から影響を受けて，協約に対する純粋の合理性審査を否定する立場を示しているように見える。

このような裁判例と学説の状況の中で，平成8（1996）年になってから，朝日火災海上保険事件最高裁判決(283)および朝日火災海上保険（石堂・本訴）事件最高裁判決(284)が登場した。両者は有利原則を否定し，労働協約の不利益変更の効力を原則として肯定しつつ，労働協約に対して公正代表審査を行っている。上記判決において最高裁は，労働協約の規範的効力が否定される場合の判断については，基本的には労働協約締結のプロセスの妥当性に関する公正代表審査を中心に，労働協約変更の必要性・内容の合理性を審査するようになっている。労使自治をできるだけ尊重して審査を行う態度をとっているといえよう。他方で，労働協約の一般的拘束力が否定される場合については，公正代表審査のみならず就業規則法理と類似した基準に沿って判断を行っている。こういう相違が生じた理由は，非組合員は労働協約の締結のプロセスにおいて意見表明の機会を有しないし，労働組合も非組合員の利益を擁護する立場にはない，という点にあると思われる。学説も，労使自治を基盤とする労働協約について就業規則に類似の内容審査を行うのはおかしいが，未組織労働者は労働協約の内容や組合の意思決定過程に自分の意見・利

(278) 名古屋地判昭和60年1月18日労民集36巻6号698頁，労判457号77頁。
(279) 神戸地裁姫路支判昭和63年7月18日労判523号46頁。
(280) 神戸地判平成5年2月23日労判629号88頁。
(281) 大阪地決平成6年8月10日労判658号56頁。
(282) 東京地判平成7年5月17日労判677号17頁。
(283) 最三小判平成8年3月26日民集50巻4号1008頁。
(284) 最一小判平成9年3月27日労判713号27頁。

益を反映する機会を持たず，就業規則の変更の際の労働者の立場と異ならないので，この程度の審査は当然に行われるべきである，と指摘している[285]。

また，このなかに，判例法理の不整合の現象が見られる。すなわち，就業規則の不利益変更の場合は，原則として拘束力はないが，変更が合理的であれば例外的に反対の労働者を拘束する。これに対して，労働協約の場合は，原則的に規範的効力（一般的拘束力）を有し，著しく不合理な場合に例外的に拘束力が否定される。同じ労働条件の統一のための制度たる労働協約の拡張適用および就業規則において「原則」と「例外」が逆転していることは，一見整合性がないようにみえる。しかし，両者の整合性を見出すことは可能である。すなわち，労使自治を基盤とする労働協約は，原則として規範的効力を生じ，その規範的効力を否定できる理由に関する判断は差別意図の有無および協約締結のプロセスの公正代表審査を中心に行われるべきであり，労働協約の内容審査はあくまでも副次的である。また，労働協約の未組織労働者への拡張適用についても，労使自治を基盤とする労働協約に対する審査は差別意図の有無および締結プロセスに関する公正代表審査を中心に行われるべきであるが，未組織労働者の立場に鑑みて，就業規則の合理性判断に近い詳細な内容審査を要するであろう。さらに，就業規則法理については，秋北バス事件大法廷判決ではすでに多数労働者の意見を重視する姿勢が見られ，また第一小型ハイヤー事件判決および第四銀行事件判決では，多数労働者との合意は労使の利益が通常「調整された内容」としての結果と推測できようとされている。言い換えれば，就業規則の合理性判断においては，もし変更された多数組合との労働協約の内容に従って就業規則を改定すれば，改定された就業規則の内容が合理的なものと推測できよう[286]。このような，団結権および団交権が保障されている現行法制のもとで「労働者の多数が反対する就業規則が作成されると云う事は事実上極めて少ない事と考えられる」[287]という労使関係の現実に沿ったものと見ることができる。

---

[285] 荒木尚志・ジュリ1098号（1996年10月）143頁，土田道夫・学会誌89号（1997年5月）147頁。

[286] 荒木尚志・ジュリ1098号（1996年10月）143頁参照。

[287] 寺本廣作『労働基準法解説』（1948年7月初版〔時事通信社〕，1998年1月復刻版〔信山社〕）158～159頁参照。

その後の下級審裁判例，例えば茨城高槻交通（賃金請求）事件判決[288]，中根製作所事件判決[289]，川崎製鉄（出向）事件判決[290]，日本鋼管（賃金減額）事件判決[291]は，基本的に最高裁判決の判断枠組みに従って判断を行ったものといえる。

3　合理的変更法理の応用への学説の批判

協約自治という労働法理論を貫徹すれば，労働協約の規範的効力についての内容審査はそもそも考えられない。しかし，裁判例の変遷によって，労働協約の内容が審査されるようになっているのみならず，その審査基準は，就業規則の合理性判断基準と極めて類似してきている。これは，就業規則の合理的変更法理が労働協約の規範的効力論へ転移しているという現象だといえよう。こういう現象が起きているのは，裁判所および一部の学説が企業別組合の労働者利益の代表能力に対して不信感を有しているからではないかと思

---

[288]　大阪地判平成11年4月28日労判765号29頁。「労働組合は，組合員の利益を全体的かつ長期的に擁護しようとして使用者と団体交渉を行い，労働協約を締結するものであるから，締結された労働協約が，組合員の従前の労働条件を将来に向かって不利益に変更するものであったとしても，そのことから直ちに当該不利益変更部分が無効となると解するのは相当でない。むしろ，当該労働協約事項が，労働協約の対象となるものである以上，個々の組合員が既に取得している具体的な請求権を放棄する等の特殊な場合を除き，不利益な労働協約であっても，組合内での協議を経るなどして集団的な授権に基づいて締結されたものである限り，これに反対し，労働条件を不利益に変更された組合員に対しても規範的効力を及ぼすものというべきである」と判示している。

[289]　東京地判平成11年8月20日労判769号29頁。

[290]　神戸地判平成12年1月28日労判778号16頁。「労働協約は，労働組合が組合員の意見を公正に代表して締結したと認められれば，特定の労働者に著しい不利益を課すなど著しく合理性を欠き，いわゆる協約自治の限界を超えるようなものでない限り，規範的効力を有〔する〕」と判示している。

[291]　横浜地判平成12年7月17日労判792号74頁。朝日火災海上保険（石堂・本訴）事件最高裁判決（最一小判平成9年3月27日労判713号27頁）を引用したうえで，労働協約が労働組合の目的を逸脱して締結されたかどうかの判断について，「組合員に生じる不利益の程度，当該協約の全体としての合理性，必要性，締結に至るまでの交渉経過，組合員の意見が協約締結に当たってどの程度反映されたか等を総合的に考慮することが必要である」と判示している。

われる[292]。1980年代後半以降，日本の企業別労働組合と使用者との間の企業別労使関係は安定化し，ストライキその他の争議行為は急激に減少した。この労使関係の安定は，近年の平成不況下で大規模な雇用調整や労働条件の不利益変更が頻繁に行われているようになっても維持されている[293]。このような労使関係の状況は裁判官に，企業別組合が必ずしも組合員の利益の擁護および組合員間の公平な利益調整を行っていないとの印象を与えているのではないかと推測される。日本における労働組合の基本組織として圧倒的な形である企業別組合の欠点の一つとして，労働組合と使用者との癒着という現象があり，御用組合になる危険性を体質的に持っていることはしばしば指摘されている[294]。学説も概ね，労働協約の不利益変更の規範的効力について，程度が異なるものの，組合員の意思が十分に反映できるような関与手続を保障することの必要性を強調している[295]。そして，一定の内容審査もやむを得ないとする学説さえ存在する[296]。これも，企業別組合による交渉結果を無条件に信頼することなく，労働協約の規範的効力の要件に名を藉りて一定の司法審査を要請する立場と理解できよう。

他方，労組法17条における労働協約の拡張適用の問題は非常に複雑化して

---

[292] 例えば，西谷敏・判評176号（1973年10月）129〜130頁，寺田博「労働条件の不利益変更協定の効力と少数組合員の権利」季労110号（1978年12月）136頁。
　　また，諏訪教授は，上記茨城高槻交通（賃金請求）事件判決および中根製作所事件判決では裁判官は労働組合の集団的処理への不信感を持っているようである，と指摘している（諏訪康雄・労判771号（2000年2月）15頁）。

[293] 労働争議の総件数は，昭和40（1965）年の3,051件から，昭和45年4,551件，昭和50年8,435件でピークに達し，昭和55年4,376件，昭和60年4,826件から，平成2（1990）年2,071件に減り，平成3年1,292件，平成4年の1,138件，平成5年1,084件，平成6年1,136件，平成7年の1,200件，平成8年1,240件，平成9年1,334件，平成10年1,164件となった。また，争議行為を伴う労働争議の推移については，昭和60年の4,230件から，平成2年1,698件となり，平成3年から平成10年までは，935件から526件までに減っている（労働大臣官房政策調査部編『労働統計要覧2000年版』〔大蔵省印刷局，2000年3月〕252頁の「Ⅰ-18　労働争議の種類別件数及び参加人員の推移」参照）。

[294] 白井泰四郎『企業別組合（中公新書）』（中央公論社，1968年11月）42〜43頁参照。
　　また，野村平爾ほか編・前掲『新版労働組合法』224頁（近藤昭雄教授執筆）も参照。

いる。というのは，労組法17条の立法趣旨の解釈についての学説も多岐に分かれていることによって，労働協約の一般的拘束力に関する解釈も分かれているのである。判例は，就業規則法理の合理性判断基準を応用し，拡張適用が認められない例外としての「特段の事情」を判断するようになっている。学説では，労使自治の尊重の観点から，非組合員への拡張適用（一般的拘束力）の場合も，裁判所が協約の内容を詳しく審査すべきではないとの考え方に立ち，就業規則の合理的変更法理に類似する内容審査は妥当ではないとするものが有力である。そこでは，就業規則の不利益変更が規制されるべき基準と労働協約の拡張適用の評価されるべき基準とを峻別すべしとする[297]。しかしこれについては，「拡張適用制度を事業所単位の労働条件統一のための制度と捉えると，未組織労働者にとって拡張適用の効力は，第三者の設定した規範の拘束力という，就業規則の不利益変更の場合と全く同様の法的問題となる」との指摘が正当であり，拡張適用の場合は就業規則法理と同様の内容審査を行うことが統一的労働条件設定システムとして一貫していると思われる[298]。

ただ，労働条件変更法理を論理一貫して構築していくためには，就業規則における合理性判断基準と労働協約におけるそれとを詳しく分析して，その共通点および相違点を検討しておく必要があろう。まず，共通点としては，就業規則変更も労働協約変更も事業所における労働条件統一のシステムであるということがあげられ，この観点からの一貫した論理の構築が必要とされ

---

[295] 後藤・前掲『現代労働法講座第6巻 労働協約』32頁，国武輝久「労働協約・就業規則の不利益変更とその効力」労旬1037号（1981年12月）9〜10頁，西村健一郎「協約自治とその限界――わが国の判例を素材として」学会誌61号（1983年5月）65〜66頁，片岡曻「協約自治論」学会誌61号（1983年5月）13頁，片岡曻『労働協約論』（一粒社，1984年10月）69頁，104頁および154頁参照。

　　しかし，組合自治に委ねるべきであるという意見もある（下井・前掲甲南法学30巻3＝4号362頁〔および下井・労使134〜135頁〕参照）。

[296] 西谷敏「労働協約論」籾井常喜編『戦後労働法学説史』（労働旬報社，1996年2月）444頁参照。

[297] 山田省三「労働条件の不利益変更と労働者保護」法律のひろば49巻7号（1996年7月）19頁。

[298] 荒木尚志・ジュリ1098号（1996年10月）143頁。

る。就業規則法理における多数意見重視の姿勢と，労働協約における規範的効力および一般的拘束力を原則として肯定する姿勢とは，この観点から一貫していると理解できよう。

　両者の相違点は，労働協約は労使の合意に基づいて締結されるが，就業規則は使用者によって一方的に作成される，ということにある。したがって，労働協約については労使自治の結果をできるだけ尊重することが要請され，労働協約の審査は，締結プロセスを中心として行うべきである。これに対し，就業規則は一方的に作成されるものであるから，その内容審査は労働協約の内容審査よりも詳細に行われるべきであろう。この点から考えれば，労働協約の拡張適用の際の審査も，就業規則の内容審査に近い程度で行われるべきである。そして，労働協約の審査はもちろん，その内容に従って作成された就業規則の内容の審査も，まず労働協約締結のプロセスから吟味されるべきである。

　すでに述べたように，労働協約の不利益変更における合理的変更法理の応用は，就業規則法理と整合的に理解することができる。この点については，労働協約の不利益変更における合理的変更法理の応用の必然性を説く盛誠吾教授の見解が注目に値する。盛教授は，企業別協約は，産業別協約とは異なり，多くの場合には当該企業における労働条件そのものを規定するものであって，その限りでは就業規則と同じ機能を営んでいるから，「両者の人的範囲が重なり合う場合に，それらの内容が同一であるにもかかわらず，一方が適用され，他方が適用されないというのは，いかにも不自然である。その意味で，これまで判例法理によって形成されてきた就業規則の不利益変更の合理性に関する評価基準は，半ば必然的に，労働協約による労働条件不利益変更の評価にもつながる可能性を含んでいたといえる」と分析している[299]。さらに，2つの方向から就業規則法理と労働協約法理の接近がもたらされることを指摘している。すなわち，「一方で，就業規則の不利益変更の合理性判断において，多数組合がそのことに同意していることが，就業規則変更の

---

[299] 盛誠吾「労働組合法17条と未組織労働者の労働条件不利益変更」労判699号（1996年10月）12頁，および盛360～361頁。なお，盛誠吾「労働条件変更の法理」自由と正義48巻11号（1997年11月）101頁も参照。

合理性を推定するための一つの要素として考慮される。他方で，多数組合が締結した労働協約の内容に関しても，『特段の事情』の考慮を通じて，裁判所による就業規則の合理性判断に類似した実質的評価が加えられる。このことは，問題の性質上，労働条件変更の合理性というよりは，その個別適用上の妥当性というべきものであるが，労組法17条による非組合員への労働協約適用のみならず，組合員にとっての『特段の事情』としても共通するものである」という[300]。

　こうして，判例法理の現状からは，労働条件変更法理を再構築することが可能という示唆を得ることができよう。就業規則法理では多数組合の同意から就業規則の不利益変更の合理性を推定することを認めているのに対して，企業別労働協約は，ある意味では事業所協定としての機能を果たしている。このような判例法理を通じ，多数組合を従業員代表と承認することによって，新たな労働条件変更法理の構築可能性や現行判例法理の改善可能性を見出すのが可能である，と示唆されている[301]。これについては次章において検証したいと考える。

---

[300]　盛361頁。
[301]　盛誠吾・前掲労判699号13頁参照。

第5節　小　括

(1)　秋北バス事件大法廷判決が登場してからも，下級審裁判例の多くはすぐにこれには従わなかった。しかし，最高裁が，秋北バス事件の判断枠組みを維持することを反覆表明し，また合理性の基準の明確化に努めてきた結果，下級審も最高裁の判断枠組みを前提として判断をするようになり，判例法理の基本的な枠組みがほぼ固まった。とはいえ，最高裁判決を含めて就業規則の不利益変更の法的効力を論じた裁判例の多くは，就業規則の法的性質論には言及せずに，合理的変更法理の枠組みのみを使って，就業規則の不利益変更の効力を判断している。その最大の理由はおそらく，就業規則の法的性質に関する大法廷判決の論旨が不明確であり，論理的整合性が欠けていることによると思われる。判例法理の法的性質論および合理的変更法理に対して学説は依然批判を続けているが，大法廷の合理的変更法理よりも適切で有用な枠組みを提示しないかぎりは，実務上，合理的変更法理によって就業規則の不利益変更問題を解決するほかない状況にあると思われる。

(2)　上記大法廷判決の多数意見は，就業規則の法的性質について法規説の立場をとっていたと解釈できる。しかしその後，最高裁は，就業規則の法的性質について契約説の立場をとるようになったと思われる。すなわち，学説による秋北バス事件法理の定型契約説的理解と合理的変更法理の支持を背景にして最高裁は，電電公社帯広局事件において，法規説をとった大法廷判決の判旨を引用しつつ，就業規則の法的性質を契約説のように言い替えて，就業規則の内容が合理的な内容である限り当該労働契約の内容になって労働者を拘束する，と判示した。また，日立製作所武蔵工場事件においては，大法廷判決および電電公社帯広局事件判決を引用し，「当該就業規則の規定の内容が合理的なものである限り，それが具体的労働契約の内容をなす」という判断を示した。こうして，大法廷判決の定立した就業規則の法的性質に関する判例法理の趣旨は，電電公社帯広局事件最高裁判決によって，「法規説をベースにしたもの」から「契約説をベースにしたもの」への転換が行われた，

と理解できよう。

(3) 判例法理の変容は、上記の法的性質論においてのみならず、合理的変更法理の運用においても見られた。すなわち、秋北バス事件大法廷判決においては、就業規則変更理論の原則は「就業規則の不利益変更は許されない」であり、その例外は「変更された条項が合理的なものであれば、変更に対して反対する労働者をも拘束する」である。しかし、日本のような長期雇用慣行のもとでは、経済の構造調整に対応するための労働条件変更法理が必要になり、大法廷判決の合理的変更法理の運用における変化、すなわち「例外」論の拡大が見られた。合理的変更法理は、大曲市農協事件最高裁判決によって変容し、第四銀行事件最高裁判決によって集大成され、みちのく銀行事件最高裁判決および羽後銀行（北都銀行）事件最高裁判決ならびに函館信用金庫事件最高裁判決においても確認された。また、しばらく揺れていた下級審裁判例も最高裁判決に従うようになり、そして大曲市農協事件最高裁判決以降、従来簡単に認めなかった賃金・退職金の不利益変更についても、事案を総合的に斟酌して、変更の合理性を認めるようになっている。こうして、最高裁と下級審の双方を通じ、合理的変更法理の例外を拡大して活用することによって、就業規則による労働条件変更法理が確立したと見ることができる。

(4) さらに、近年において、就業規則の判例法理と労使関係論との結合という現象が見られるようになっている。その現象とは、労働条件変更のために展開される労使交渉の現実を合理的変更の判断基準の中に取り込み、かつ労使交渉の法理との整合性を図っていったこと、すなわち多数労働者の意見や社会的相当性が合理性の判断基準とされてきていることである。第一小型ハイヤー事件最高裁判決および第四銀行事件最高裁判決は、多数労働者の意見をより重視するようになり、多数組合（労働協約）や多数労働者の同意に基づいた就業規則の変更が「労使間の利益調整がされた結果としての合理的なものであると一応推測する」とした。これは、労使関係の実際の要請に合致する妥当な判断方法であるだけでなく、合理性判断の予測可能性の欠如という判例法理の問題の克服にある程度役に立つと評価することができる。このような判断方法をとる必要性を主張する一部の学説の影響を受けたものであろう。他方、就業規則の合理的変更法理が労働協約の不利益変更論へ転移しているという現象も見られる。すなわち、労働協約の不利益変更に関し

て裁判所は，一般論として不利益に変更された労働協約が組合員に不利な事項についても規範的効力を有するとしたうえで，就業規則の合理的変更法理の枠組みを応用して労働協約の内容を審査するようになっている。また，非組合員への拡張適用についても，就業規則の合理的変更法理の枠組みを応用して労働協約内容を審査するようになっている。結局，合理的変更法理は，一種の「利益調整」の法理と理解することが可能であろう。

(5) 合理性の判断は一種の総合判断であるから，事案の内容に応じて，その具体的な判断事項はなお増えていく可能性がある。したがって，合理的変更法理は，その枠組みが固まったとはいえ，さらに具体化・複雑化の方向に向かっているといえよう。しかし，この就業規則による労働条件変更法理には，その根拠が不明であること，裁判の結果の予測可能性が低いこと，などの問題点が依然として残されている。これらの弱点を改善する可能性および学説による模索について，次章で検討してみよう。

第3章　就業規則判例法理の評価

第1節　判例法理への学説の対応

　第1章第4節Ⅱで述べたように，秋北バス事件大法廷判決の法的性質論は，当初から「雑炊のようなもの」などの酷評を加えられた。批判の焦点は，反対意見の批判と同様に，「事実たる慣習の成立から法規範性を導き出すのはおかしい」という点にあった。また，不利益変更に関する合理的変更法理については，原則と例外論の間の結びつきが明らかにされていない，「合理性」判断基準の法的根拠が明らかではない，合理性の概念とその判断方法およびその判断基準が明確ではない，裁判官の恣意と個人の価値観によって判断の結果が左右されやすい，個人労働者の契約自由を不当に軽視するもの，などの批判が加えられた。

　就業規則による労働条件の変更問題に関する学説の議論は，近年においても継続しているが，判例法理を批判しながら，判例法理を意識しつつ自らの理論を構築するもの判例法理の枠組みに賛成しつつその補強を試みるもの，判例法理を批判して独自の労働条件変更法理を構築するものなどが見られるようになった。要するに，判例法理の理論構成に賛成すると否とを問わず労働条件変更法理構築の必要性は，学者の共通認識となっていると思われる[1]。

---

[1] 大内57頁。

I 法規説・契約説による批判とそれらの説の再構築

判例法理を意識した学説の上記のような取組みは、まず伝統的な法規説・契約説それぞれの立場から、判例の法的性質論や合理的変更法理の論理や妥当性を批判しつつ、判例が提示した就業規則変更の実際的必要性に対処して、自説を補強する試みとしてなされた。

1 「疑似法規説」による批判と同説の再構築

蓼沼謙一教授は、秋北バス事件大法廷判決の判旨が就業規則の法規範性を肯定するために「合理的な労働条件を定めているものであるかぎり」との条件を引き出す根拠は全く不明確であり、「事実たる慣習」と就業規則の法規範性との間の論理的架橋が欠落しており、実際的には下級審を領導するだけの力をもっていない、と批判した[2]。また、就業規則の不利益変更に関する判旨については、判旨の就業規則法的性質・効力論と同様に、学説のいずれとも無縁な独自のものであり、「例外」の適用範囲の広狭が不明であり、「当該規則条項が合理的なもの」かどうかの判断の方法および基準が全く不明確である、と指摘した[3]。

蓼沼教授は、「各国就業規則法制の推移・動向にてらしての現行労基法上の就業規則規制の全体としての趣旨、その中の他の規定との関連からみて、労基法93条は、使用者が一方的に作成した就業規則の労働条件条項に対し、現行就業規則法制の趣旨にてらし、その一環として、『疑似法規的』な効力を認めたものと解する」と説いた[4]うえで、「就業規則条項を下回る約定を無効ならしめるという就業規則の『効力』は、就業規則の対する各個労働者の同意の有無を問わず認められるものであり、一見、使用者の一方的作成に

---

(2) 蓼沼謙一「就業規則の法的性質と効力」季刊労働法別冊1号『労働基準法』(1977年6月) 292頁、同「就業規則の改定と労働条件の変更」季労133号 (1984年10月) 46頁。

(3) 蓼沼・前掲季刊労働法別冊1号293頁、同・前掲季労133号46頁。

(4) 蓼沼・前掲季刊労働法別冊1号295頁。

かかる就業規則に強行的『法規範』としての性質・効力を認めたかのようにみえるが，それは『疑似法規的』効力にすぎない」と主張している[5]。この所説は，「疑似法規説」と呼ばれている[6]。

　他方，就業規則の不利益変更については，原則として就業規則の一方的不利益変更により従前からの労働者の労働契約内容が当然に引き下げられることはないとしている[7]。そして，労基法90条における就業規則の改定手続に着目して，「対象労働者の集団的，非集団的な対応行動に応じて」就業規則改定の効力を判断すべきであるとし[8]，労働関係は継続的関係であるから，雇入れのときに約定した労働条件の多くは，特約がないかぎり，事情変更の原則の適用があるような事情の変更が生じなくても，相当期間経過後は変更されることありうべきものとして約定されていると認定されよう，と指摘している[9]。蓼沼教授は，結論として，「労基法90条にいう過半数組合が，全従業員の代表として規則改定案に賛否の意見を述べるにとどまらず，組合として規則改定問題につき団体交渉を申し入れた場合には，規則改定による労働条件変更の問題は，団体交渉（広義）の帰趨によって決着がつけられ，この決着の内容が強行法規又は公序良俗に違反するものでない限り，裁判所のこれに対する事後的審査は及ばないものと解する」と主張する[10]。

　蓼沼教授の「疑似法規説」は，団体交渉の法理を就業規則の不利益変更という問題の解決に取り入れたものである。労使関係の現実に着目するこの見解は注目に値する。

2　「法的効力付与説」による批判と同説の再構築

　現在における法規説の代表的論者である西谷敏教授は，就業規則の法的性質について，「使用者の一方的に制定する就業規則は，それ自体当然に法規

---

[5]　蓼沼・前掲季刊労働法別冊1号297頁。
[6]　中村和夫「就業規則論」籾井常喜編『戦後労働法学説史』（労働旬報社，1996年2月）784頁。
[7]　蓼沼・前掲季刊労働法別冊1号299～300頁。
[8]　蓼沼・前掲季刊労働法別冊1号300頁，同・前掲労133号52頁。
[9]　蓼沼・前掲季刊労働法別冊1号301頁，同・前掲労133号52頁。
[10]　蓼沼・前掲季労133号54～55頁。

範的効力をもち得るものではなく，もし就業規則が法規範的効力をもつとすれば，それは国家が何らかの政策判断にもとづいて創設的に付与したものと解するほかはないと考える。その法的根拠は，今日の法体系の下では端的に労基法93条に求めればよいであろう」と説いて，保護法授権説ないし授権説という名称は適切でないとし，「法的効力付与説」と称している[11]。また，就業規則に法規範的効力が付与されるべきなのかについての審査基準としては，「公序良俗」という審査基準のみならず，「公序良俗」よりもはるかに厳しい審査基準である大法廷判決の「合理性」の基準を用いて，「裁判官は，具体的な事件において採用される就業規則の条項につき審査し，それらが未だ法令・協約違反ないし公序良俗違反の程度に達していないとしても，労働者保護の見地からして『合理性』を欠くと判断する場合には，当該条項の無効を宣言し，適用を否定すべきこととなる」としている[12]。そして西谷教授は，就業規則の内容の「合理性」審査が一種の総合判断であり，考慮すべき要素として，労働者保護の理念，労働者に及ぼす影響，一般的な労働慣行，企業経営上の必要性などがあげられるが，とくに過半数従業員を代表する者や労働組合の意見が重要である，としている[13]。

他方，就業規則の不利益変更についても，裁判官による「合理性」の事後審査に重要な意義を与えるべきだとしている[14]。すなわち，「就業規則の変更」と「就業規則による既存の労働契約の変更」とを区別して，就業規則の「合理性」判断を前者の要件としてのみ考慮する[15]のに対して，後者の場合には労働者の同意が必要であると主張している[16]。言い換えれば，「基本的には団体交渉もしくは個別合意によらなければ従前の労働条件を不利益に変

---

[11] 西谷・就業規則454頁。なお，西谷教授よりも早く，「授権説」というよりむしろ「効力付与説」と呼ぶのが適当であると主張したのは，荒木誠之教授である（荒木誠之「就業規則――その法的性質と効力」恒藤武二編『論争労働法』〔世界思想社，1978年4月〕264頁）。

[12] 西谷・就業規則472〜474頁。

[13] 西谷・就業規則474〜475頁。

[14] 西谷・就業規則502頁。

[15] 西谷・就業規則503頁。

[16] 西谷・就業規則505頁。

更することはできない」との立場に立って[17]，労基法90条1項における意見聴取義務を重視し，「労働組合が要求するかぎり，使用者は就業規則の制定・改訂に関する団体交渉に応じなければならない」として[18]，「使用者が団体交渉を経ずに就業規則を一方的に変更することは，原則として団体交渉拒否の不当労働行為となる」としている[19]。そして，就業規則による労働条件の変更について労働者の同意が必要とされるが，「日々ないし月々履行される賃金，労働時間などの労働条件」と「定年年齢や退職金の額など将来の1回限りの履行にまつべき労働条件」とを区別し，前者の場合には労働者の黙示の同意が認められるが，後者の場合には明示的な同意がない限り不利益に変更し得ない，としている[20]。

要するに西谷教授は，「就業規則そのものの不利益変更については裁判官による『合理性』の審査を要求しつつ，さらに就業規則内容が労働契約に化体していると見ることから，服務紀律に関するものを除く労働条件の変更については個々人の同意を必要とする」と主張している[21]。

西谷教授の所説に従うと，個々の労働者の同意を得ることができない場合には，就業規則による労働条件の変更が統一的に行われないことになり，事業所において労働条件の不統一という不都合を生じる虞がある。しかし，同説は，合理性判断基準を就業規則の審査基準として，過半数従業員を代表する代表や組合の意見を重要視する，という点が示唆的である。

3　契約説による批判と同説の再構築

次に，契約説の陣営においては，判例理論への次のような批判と自説の再構築が行われた。その代表的論者は，下井隆史教授，浜田冨士郎教授，土田道夫教授および渡辺章教授である。

---

[17]　西谷・労組法382頁。
[18]　西谷・労組法281頁。
[19]　西谷・労組法298頁。西谷・就業規則508頁も参照。
[20]　西谷・就業規則507頁。
[21]　西谷敏「就業規則の不利益変更と生理休暇――タケダシステム事件最高裁判決（昭58・11・25）をめぐって」法セ28巻5号（1984年4月）20頁。

(1) 合理的変更への事前の黙示承諾説

根拠二分説[22]から「狭義の契約説」に改説した[23]下井隆史教授は，大法廷判決の法的性質論が労働関係の現実にマッチした妥当な理論であると評価することは可能であるが，「『労働条件は就業規則による』という，わが国企業社会の全体をカバーする『超経営的慣行』……たる慣行の存在を前提とする論理を支持することには躊躇せざるを得ない」と指摘したうえで，就業規則の法的性質につき「狭義の契約説」をとるとしている[24]。また下井教授は，狭義の契約説に立ちながらも，就業規則による労働条件変更の必要性を認めた[25]。下井教授は，就業規則の不利益変更に関する判例の判断枠組みは今のところは最も適切で有用度が高く，法的性質論との論理的整合性も認めうるが，「『事実たる慣習』のロジックを用いた理論構成には賛成できない」としている[26]。就業規則の不利益変更については，昭和電工事件東京高裁判決[27]と同様，労働契約においては一般に，就業規則の改訂により労働契約内容を一定の合理的な範囲内で，かつ合理的な方法で変更することにつき，労働者はあらかじめ使用者に黙示の承諾を与えている，という理論構成をとっている[28]。後に，山川隆一教授もこの「合理的変更への事前の黙示承諾説」に同調している[29]。

しかし，長期にわたって経営環境や労働関係の変化を予測するのが困難であることに鑑み，労働者の承諾を重視するならば，事前の黙示の承諾ではな

---

[22] 下井隆史「就業規則制度の諸問題」久保敬治＝下井隆史『労働法を学ぶ人のために』（世界思想社，1975年2月）86頁以下。

[23] 下井隆史「就業規則」恒藤武二編『論争労働法』（世界思想社，1978年4月）289頁。

[24] 下井227頁（下井・2版261～262頁，下井・3版294頁）。

[25] 下井・前掲『論争労働法』289頁（および下井・就業規則292頁，下井238～239頁，下井・2版273～274頁，下井・3版307～308頁）。

[26] 下井239～240頁（および下井・2版274～275頁，下井・3版308～309頁）。

[27] 東京高判昭和29年8月31日労民集5巻5号479頁。本稿第1章第3節Ⅲ参照。

[28] 下井・就業規則297頁（および下井隆史『雇用関係法』〔有斐閣，1988年5月〕297頁，下井240頁，下井・2版275頁，下井・3版309頁）。

[29] 山川隆一『雇用関係法』（新世社，1996年10月）32頁（および山川隆一『雇用関係法（第2版）』〔新世社，1999年12月〕32頁）。

く，その都度の承諾を重視すべきではないかと思われる。したがって筆者は，下井教授の「合理的変更への事前の黙示承諾説」の論理構成には賛成できない。

(2) 変更条項による変更権取得説

浜田冨士郎教授は，就業規則の法的性質につき，「就業規則は労働者の同意を得てはじめて，契約として拘束力をもつといわざるを得ない」と説いて[30]，契約説をとっている。浜田教授は，就業規則によるという事実たる慣習が存在することを前提とする事実たる慣習説について，「地域，産業，業種，企業規模，労働者・労働の種類・内容などをいっさい問わず，一律に事実たる慣習が存在するというのは実証性に欠け，言葉のうえでの辻褄合わせの感を否めないし，法が他方でとっている労働契約の個性，就業規則からの独自存在性の尊重姿勢とも相容れないものがあると思われる。具体的状況によっては，就業規則によるという事実たる慣習が存在しうる可能性までを否定する理由はないが，これを一般的に肯定するには無理がある」と批判した[31]。そして，就業規則が拘束力を生じるためには「労働者のその旨の個別的な同意が必要であり，使用者は同意を得るために，労働者に対して就業規則を提示し，その内容を了知する機会を与えるべきことを原則とすべき」であり，「労働者が就業規則の存在・内容を了知するに及んだのち，特に異議を述べることなく労働に従事しつづけていれば，就業規則について黙示の同意ないしは意思の実現行為による合意の成立が認められる」と説いた[32]。就業規則の不利益変更については，就業規則における変更条項の挿入によって，使用者が就業規則の変更権を取得し，使用者による就業規則の一方的変更が可能となる，としている。また，使用者の就業規則変更権の行使を規制する方法として権利濫用が用いられるが，権利濫用にあたるか否かについての判断基準は，判例法理が提示する基準と実質的にほぼ重なり合う，としている[33]。

---

(30) 浜田冨士郎「就業規則と労働契約」本多淳亮先生還暦記念『労働契約の研究』（法律文化社，1986年9月）397頁，浜田73頁。
(31) 浜田・前掲本多先生還暦記念397頁，浜田73頁。
(32) 浜田・前掲本多先生還暦記念397〜398頁，浜田73頁。

浜田教授の所説によると，権利濫用という歯止めがあるとはいえ，使用者は，就業規則に変更条項を挿入することで原則として就業規則の変更権を行使しうることになる。就業規則の変更権の根拠は明確となるが，判例法理の「例外」たる合理的変更法理よりも，使用者に就業規則変更権＝労働条件変更権を広く認めることになる。また，個別労働者の同意を重視する点からは，集団的労働条件の統一的形成・変更が不可能になる虞がある。そして同説は，就業規則変更権の行使が権利濫用に当たるか否かについての判断基準として，合理的変更法理の判断基準の有用性に着目しているので，結局，就業規則の不利益変更を判断する際の基準は判例法理と異ならないこととなる。

(3) 合理的変更への同意ありと意思解釈する説

土田道夫教授は，就業規則の法的性質につき，私的自治の原則および労働条件対等決定の原則と合致するという理由で，契約説をとっている[34]。土田教授は，労働条件が就業規則によるという「事実たる慣習」の存在を承認するのには消極的である[35]が，電電公社帯広局事件最高裁判決および日立製作所武蔵工場事件最高裁判決の合理性要件との考え方を盛り込んだ契約説に賛意を示している[36]。すなわち，就業規則は，労働者の同意が明示的・黙示的になされることで直ちに契約内容となるのではなく，その内容が合理的な場合に限って拘束力を取得すると解し，その根拠を私的自治の原則および労働条件対等決定の原則に求めている[37]。そして，就業規則の不利益変更については，変更された規定が合理的であれば労働者の同意を不必要とする最高裁の立場には疑問をもっているが，「労働者の事前の同意であれ，変更の都度の同意であれ，就業規則の変更が合理的範囲内にとどまる限りでその変更に同意したものと解釈する」としている。この際に，「合理性」の判断基準は，

---

[33] 浜田112～113頁。

[34] 土田道夫「労働契約における労務指揮権の意義と構造(3)」法協105巻12号（1988年12月）1788頁，同『労務指揮権の現代的展開』（信山社，1999年10月）350頁。

[35] 土田・前掲法協105巻12号1788頁および1794～1795頁，同・前掲『労務指揮権の現代的展開』350～351頁参照。

[36] 土田・前掲法協105巻12号1788頁および1796頁，同・前掲『労務指揮権の現代的展開』356～357頁参照。

[37] 土田・前掲『労務指揮権の現代的展開』357～358頁。

基本的には使用者側の利益（必要性）と労働者が被る不利益との比較衡量に置かれるべきであるが，大曲市農協事件最高裁判決にいう「その必要性及び内容の両面からみて，それによって労働者が被ることになる不利益の程度を考慮しても，なお当該労使関係における当該条項の法的規範性を是認できるだけの合理性を有するものである」か否かとの基準が適切である，としている(38)。

　土田教授の所説が私的自治の原則および労働条件対等決定の原則から労働者の同意を重視するという点は，確かに共感できるところである。しかし，同説には意思解釈の限界を超えているとの疑問が残る(39)。

　(4)　合理的変更への同意を推定し，拒否の場合の解雇を肯定する説

　渡辺章教授は，判例法理の法的性質論について，「私には遂に理解することのできない内容であるといわざるを得ない」と説き，また合理的変更法理については，一定の支持を得ているとはいえ，「法理論構成に重大な問題を残したまま経営実務の処理に便利だということで支持することには，『法による裁判』の原則的観点から問題を感じる」と述べて，判例法理を「利害調整原理として基本的公正を欠く理論枠組み」と批判した(40)。

　渡辺教授は，就業規則の法的性質について，労働者の「擬制された合意」を基礎とするいわゆる「新契約説」の立場をとっている。就業規則が労働契約の内容として拘束力を生ずるか否かに関する判断基準としては，「労働者の一般的従属的立場を考慮し，当事者の意思から相対的に独自の評価基準（合理性，具体性，相当性）」を提起した(41)。すなわち，労働者は弱い立場に立っているから，就業規則の内容について，「合理性，相当性，具体性が保障されるように解釈および適用には法的コントロールが必要である」とする(42)。

---

(38)　土田・前掲法協105巻12号1804頁。
(39)　大内61頁。
(40)　渡辺章「労働法理論における法規的構成と契約的構成——法理論構成における事実と擬制」学会誌77号（1991年5月）13頁。
(41)　渡辺・前掲学会誌77号11頁。なお，渡辺章「就業規則と労働契約」『企業法学4』（商事法務研究会，1995年10月）87〜88頁も参照。

また，就業規則の不利益変更については，「休職，停年，退職金等のように性質上労働者が生涯 1 回限り，ないしは稀にしか適用を受けない」労働条件と「日常的に適用され，特に画一的規制の必要性が高い」労働条件とに分けてこれを論ずる。前者のような労働条件については，「不利益を必要最小限に止めるように相当期間の経過措置」を設けるべきであり，「経過措置期間のなかで変更後の就業規則への労働者の合意を」得るように最大限の努力を尽くすべきである，とする。これに対して，後者のような労働条件については，諸般の事情を総合的に判断し，当該変更の合理性が認められる場合は，判例法理のように直ちに法的拘束力を肯定するのではなく，労働者の同意を推定してから初めて法的拘束力が肯定されるべきである，とする。しかし，当該変更の合理性が認められても，労働者が同意しない場合には「使用者が労働契約の解約にいたるのもやむをえない」としている[43]。

渡辺教授の所説をとる場合にも，上記浜田教授の所説をとる場合と同様に，集団的労働条件の統一的形成・変更が不可能となる虞れがある。また，最も問題となるのは，解雇という禁じ手を使う点であり，果たして適切な方法であるのかが大いに疑問である。

4 小 括

以上のように，判例の就業規則法理は，伝統的な法規説・契約説それぞれの陣営からの批判を惹起しつつも，それら学説に対して継続的労働関係における就業規則変更の必要性を認識させ，就業規則変更権限の法的根拠と要件を再構築する努力を興させた。

すなわち，疑似法規説では，就業規則の一方的改訂による労働条件の不利益変更は原則として認められないが，労働条件が相当期間経過後には変更されうるものとして約定されると認定しうるし，また改訂された協約に基づいて就業規則を改訂する場合には，その内容が強行規定または公序良俗に反しない限り裁判所による事後的審査を受けない，とする理論が唱えられた。ま

---

[42] 小西國友＝渡辺章＝中嶋士元也『労働関係法』（有斐閣，1992年9月）114頁，同『労働関係法（第2版）』（有斐閣，1995年3月）118頁。
[43] 前掲『労働関係法』115～116頁，前掲『労働関係法（第2版）』120頁。

た，法的効力付与説は，就業規則の不利益変更については裁判官による「合理性」の審査が要求されると説き，就業規則の内容が労働契約に化体しているが故に，就業規則の改訂による労働条件の不利益変更については個々の労働者の同意が必要とされる，と説いた。

他方，契約説では，①労働者が就業規則の改訂による労働条件の合理的な変更について予め使用者に黙示の承諾を与えているとする説[44]，②就業規則における変更条項の挿入によって使用者が就業規則変更権を取得するとし，その変更権の行使を規制する方法として判例法理の判断基準を参考とした権利濫用法理を用いる説[45]，③就業規則は労働者の同意を得てかつ合理的な場合に限り拘束力を取得し，また就業規則の変更は合理的範囲内に限りその変更に労働者が同意したものと意思解釈し，その合理性判断は判例法理の判断基準に沿って行うとする説[46]，④就業規則の拘束力の根拠は労働者の「擬制された合意」にあり，この「擬制された合意」を認定するには就業規則の「合理性」が必要とする説[47]，などが見られる。これらはいずれも，就業規則の合理的変更の必要性に鑑み，合理的変更への事前の包括的同意を，労働契約の合理的解釈や就業規則条項の挿入によって擬制している。渡辺章教授が自説を含めてこれらの説を「新契約説」と称する所以である[48]。

こうして，上記の学説の多くは，法規説，契約説の論理に立脚しつつ，新たな就業規則変更法理を再構築しようとしているが，程度は異なるものの，判例の合理的変更法理を自説の中に取り込んでいるといえよう。

II　学説による判例法理の補強・明確化・合理化の試み

判例法理を意識した学説の取組みの第2グループは，判例の合理的変更法

---

[44]　本節 I 3(1)の下井教授の所説。
[45]　本節 I 3(2)の浜田教授の所説。
[46]　本節 I 3(3)の土田教授の所説。
[47]　本節 I 3(4)の渡辺教授の所説。
[48]　渡辺教授は，労基法93条は保護法目的を実現するための政策規定であるとして，その法意を就業規則の法的性質と関係づけずに法的効力とだけ関係づけて理解する立場を新契約説に位置づけている（渡辺章・前掲学会誌77号10頁以下参照）。

理を正面から支持しつつその補強・明確化・合理化を試みるものである。その代表的論者は，野川忍教授，菅野和夫教授，荒木尚志教授である。

1 理念型従業員代表同意説

まず，野川教授は，就業規則の集団的・統一的性格を強調して，合理性の内容の定式化を試みた。野川教授は，就業規則が労働条件を包括的に定め，それを労働者も容認して就労しているのが通常である，との実態を踏まえて，一定規模以上の事務所では一般的に就業規則により統一的に各労働者の労働条件が定められているといえると指摘したうえで，大法廷判決の法的性質論に対して一定の賛意を示している[49]。また，「合理性」の要件については，「就業規則の規定が労働契約の内容となるための要件として，当該就業規則規定が『合理的である』とは，『従業員一人一人の利益と，従業員総員との利益の双方を守ることを旨とし，その範囲で，使用者側の利益にも理解を示し得るという意味において最も合理的に行動するような従業員代表（理念型）の同意がえられるような場合』を意味するのである」と述べて[50]，独自の見解を示している。そして，就業規則の不利益変更については，「就業規則が労働契約の内容となる場合に，それが将来合理的な範囲内で変更され得ることも契約内容となっている」として，その合理性判断について「最も合理的に行動する従業員代表の同意」が要素となると解したうえで，最高裁の合理性の具体的基準が適切なものであることが理解されよう，としている[51]。

後に野川教授は，再び自説を確認し，就業規則改訂による労働条件の不利益変更は，民主的に形成された多数労働者の意思を反映し，かつ特定もしくは一部の労働者の利益の侵害が目的であるなどのような特段の事情がないかぎり，当該就業規則変更の合理性が推定され，また，仮に上記の条件が整えられていない場合でも，当該変更規定の内容の入念な審査により，「最も合

---

[49] 野川忍「就業規則と労働条件」東京学芸大学紀要第3部門第44集（1992年）17頁，同「就業規則と労使協定(上)」ジュリ1051号（1994年9月）73頁。

[50] 野川・前掲東京学芸大学紀要18頁。

[51] 野川・前掲東京学芸大学紀要19〜20頁，同「就業規則と労使協定（下）」ジュリ1052号（1994年9月）147頁。

理的に行動する従業員代表（理念型）の同意が推定される場合」に限って，当該就業規則変更の合理性も推定される，としている。ここにいう「最も合理的に行動する従業員代表（理念型）の同意が推定される場合」とは，「変更に十分な必要性が認められ，変更後の規定内容が従業員集団全体にとって十分有益な制度と判断しうるだけの合理性を有しており，かつ，反対する少数労働者に対してもその反対がむしろ不当・不合理といわざるをえないとみなされうるほど行き届いた配慮がなされているなどの事情が立証されうる場合」という(52)。

ここにいう「最も合理的に行動する従業員代表」は，理念型とはいえ，あまりにも抽象的すぎるため，果たして合理性の判断基準の明確化に寄与しうるのかが疑問であり，直ちに同意することはできない。しかし，多数労働者の同意の重視という点では，次に見る「多数組合・労働者との交渉重視説」に近いものといえよう。

2　多数組合・労働者との交渉重視説

第2章第2節Iで述べたように，菅野和夫教授は，判例法理の法的性質論および合理性判断に賛意を示しており，判例法理を自説として構成してきている。これは，裁判実務に一定の影響を及ぼしているとみることができる。平成9（1997）年に至り菅野教授は，第四銀行事件最高裁判決(53)を踏まえて，判例法理の判断枠組みの再構成を試みるようになった(54)。まず，第一小型ハイヤー事件最高裁判決(55)が示唆し，学説(56)によって提唱され，第四銀行事件が取り入れた「就業規則変更の合理性を労使間の利益調整の問題と捉える」との考え方に対して，「より適切で明確なもの」と評した(57)うえで，下記のような分析を行っている。

まず，労使交渉の有無によって，①従業員の過半数を組織する労働組合と

---

(52)　野川忍「変貌する労働者代表」『岩波講座　現代の法12　職業生活と法』（岩波書店，1998年2月）148〜149頁。
(53)　最二小判平成9年2月28日民集51巻2号705頁。
(54)　菅野和夫「就業規則変更と労使交渉――判例法理の発展のため」労判718号（1997年9月）6頁以下。なお，菅野・5版補正117頁以下も参照。

の交渉・合意に基づき就業規則が改定されて非組合員に適用される事案，②当該企業において従業員の（大）多数を組織する労働組合と，その少数を組織する労働組合とがあり，それぞれの労働組合との交渉が行われたが，多数労働組合との合意に基づいて改定された就業規則が，合意に達成しなかった少数労働組合の組合員に適用される事案，③上記①のようなケースであるが，その労働組合の組合員数が多数とはいえ従業員の過半数に達していない事案，④企業に組合が存在せず，労使交渉を経ずに労働条件が就業規則の改定によって行われる事案，などの4類型が区別される。上記①・②・③の類型については，就業規則変更の合理性問題は労働条件を変更する労働協約の効力の問題と重なり合って発生し，これに対して④の類型では，就業規則変更の合理性は，労働協約の効力と重なり合うことなくそれ自体で問題となる，としている[58]。

　また菅野教授は，合理性判断の枠組みは，ⓐ変更の必要性，ⓑ変更の内容（その不利益性の程度・社会的相当性），ⓒ変更のプロセス（組合との交渉経緯・従業員の反応）の3要素からなり，判断の内容は，ⓐとⓑとの比較による変更内容の相当性と変更プロセスの評価（ⓒ）とに大別できる，としている[59]。そして，前記①・②・③のような，労働条件の変更が労使の合意によって行われる類型では，「就業規則変更の合理性判断は主として変更のプロセスに関する吟味でよいはず」であり，④の類型においてはじめて変更内容の吟味が出てくるべきものではないか，と主張している。この主張に至った理由としては，「就業規則による労働条件変更問題の基本的性格にある」とする。すなわち，就業規則の変更は，個別的交渉によって解決されうる問題ではなく，「集団的交渉（合意）ないしは集団的決定のプロセスを必要とし，かつ労使間の利益調整のみならず，労働者集団のなかでの利益調整を必要」とす

---

(55) 最二小判平成4年7月13日労判630号6頁。
(56) 荒木尚志・ジュリ1098号（1996年10月）143頁。なお，荒木(5)967頁以下，荒木265頁以下も参照。
(57) 菅野・前掲労判718号7〜8頁。
(58) 菅野・前掲労判718号8頁。なお，菅野・5版補正118頁以下も参照。
(59) 菅野・前掲労判718号9頁。

るもので，また，就業規則変更問題は，新たな労働条件の形成に関する利益紛争であり，その解決について客観的基準がなく，「当事者間の互譲による合意によって解決されるべき性質のものである」としている(60)。こうして，上記①・②・③の類型の場合には，裁判所の合理性審査は基本的に，変更プロセスに関する審査（手続審査）に限定されるべきであり，交渉が真剣・公正になされていない場合に，例外的に本格的な内容審査が必要となる，としている(61)。また，使用者が交渉を誠実に遂行して組合との合意に努力したが合意に達しなかった場合には，使用者のこの努力を十分に考慮して，変更の内容と変更の必要性を比較衡量した合理性判断を行うべきである，とする(62)。これに対して，④の類型では，集団的労働条件の変更について労使間の利益調整や労働者集団内の利益調整を担う団体が存在しないから，「裁判所が変更内容について正面から後見的な吟味と評価を行い，その相当性を判定することが要請される」としている(63)。

　平成11（1999）年に荒木尚志教授は，労働市場，雇用システムおよび労働条件規制システムを総合的に考察し，望ましい労働条件変更法理を探求しようとして(64)，「雇用システムと労働条件変更法理——労働市場・集団と個人・紛争処理と労働条件変更法理の比較法的考察——」との論文を法学協会雑誌に発表した(65)。荒木教授は，就業規則法理について，基本的には菅野教授と同様，定型契約説の立場に立ちつつ(66)，判例法理の判断枠組みに賛意を示している。まず，日本のような雇用維持を重視した雇用システムにおいては，環境変化に対応して労働条件を柔軟に変更する必要性が必然的に高まる，と指摘し(67)，労働条件変更法理の構築に際しては，集団的労働条件と個別的

---

(60) 菅野・前掲労判718号9頁。
(61) 菅野・前掲労判718号9頁，菅野・5版補正119頁。
(62) 菅野・5版補正119頁。
(63) 菅野・前掲労判718号9〜10頁。
(64) 荒木(1)704頁，荒木7頁。
(65) すなわち，荒木(1)〜荒木(6)。後に荒木教授は，同論文を加筆・修正して，『雇用システムと労働条件変更法理』（有斐閣，2001年2月）というモノグラフを出版した（本稿における略語：荒木）。
(66) 荒木(5)955〜956頁，荒木(6)1120頁，荒木249〜251頁および323頁参照。
(67) 荒木(5)914頁，荒木214頁。

労働条件（個別規制条件）とを区別する必要がある，としている[68]。ここにいう「集団的労働条件」とは，「集団的規制，すなわち協約または就業規則によって設定された労働条件」，また「個別的労働条件（個別規制条件）」とは，「個別的規制，すなわち労働者との個別交渉（特約）によって設定された労働条件」と定義される[69]。そして，集団的労働条件規制に対して個別的労働条件規制が優先し[70]，「特約によって設定された個別規制条件は，就業規則の不利益変更法理の射程外と解しうる」と主張している[71]。

荒木教授は，合理的な就業規則の不利益変更の拘束力を認めるというルールの実質的妥当性を肯定し，「裁判所が合理性を審査して変更の拘束力を判断するというルールを創造したこと自体は支持できる」としている[72]。合理性判断枠組みについては，変更の必要性と変更内容の相当性（合理性）の相補的判断枠組みの確立を確認したうえで，変更の必要性の程度（必要性が大，または小）と変更内容の相当性の程度（不利益性が大，または小）を比較考量し，就業規則変更の総合判断における合理性の有無を決める，とする[73]。

また同教授は，第一小型ハイヤー事件最高裁判決[74]を契機に，多数組合との合意が存在する場合には合理性を推定すべきであると主張してきているが[75]，このような主張は第四銀行事件最高裁判決[76]によって相当程度肯定された[77]。このような合理性判断枠組みを妥当とする理由としては，①就業規則の不利益変更問題の実態は利益紛争であり，本来裁判所の判定よりも労使が合意によって決すべき性格のものであること，②労使の合意の存在を合理性判定の第一次的指標とすることによって，合理性判断の予見可能性が増し，

---

[68] 荒木(5)923頁，荒木224頁。
[69] 荒木(5)925頁，荒木226〜227頁。
[70] 荒木(5)925〜926頁，荒木227〜228頁。
[71] 荒木(5)932頁，荒木234〜235頁。
[72] 荒木(5)952頁以下，荒木247頁以下。
[73] 荒木(5)965〜966頁，荒木263〜264頁。
[74] 最二小判平成4年7月13日労判630号6頁。
[75] 荒木尚志・ジュリ1098号（1996年10月）143頁，荒木(5)967〜968頁，荒木265〜266頁。
[76] 最二小判平成9年2月28日民集51巻2号705頁。
[77] 荒木(5)968頁，荒木266頁。

法的安定性がもたらされること，③集団的労使関係制度（協約法理）とも整合的な処理となりうること，④多数の合意から合理性を推定することは労使当事者に真摯な合意模索のインセンティブを与えること，などをあげている[78]。これに対して，多数組合との合意が存しない場合は，裁判所は全面的な合理性審査によって，変更の必要性と変更内容の相当性（合理性）の相補的判断に沿って就業規則変更の合理性を審査すべきである，とする[79]。また，多数組合が存在するにもかかわらず，合意を目指した真摯な協議がなされなかった場合には，合理性判断に不利な働きを若干認めながら，変更の必要性および変更内容の相当性が大きいことによって，就業規則変更の合理性が肯定される余地が残る，と解する[80]。

ここでは，多数組合との合意の存在による就業規則変更の合理性判断に関する菅野教授の見解と荒木教授の見解との相違は，僅かながら存在するようである。というのは，菅野教授の見解では裁判所の内容審査が「特段の不合理性」に限定される[81]のに対して，荒木教授の見解では，上記の合意の存在はあくまでも合理性の推定であり，労働者は変更の不合理性の主張・立証によって上記推定を覆すことができるとされる[82]からである。

すでに述べたように，就業規則判例法理を最初に支持した菅野教授の見解は，その後の裁判実務に影響を与えてきたが[83]，多数組合・労働者との交渉を重視して労働組合の公正代表義務を提唱する近時の菅野教授の見解[84]は，下級審裁判例や[85]，みちのく銀行事件最高裁判決[86]にも影響を与え，労働組合の公正代表義務という考え方が取り入れられ始めている。

---

[78] 荒木(5)969頁，荒木267頁。
[79] 荒木(5)969頁，荒木268頁。
[80] 荒木(5)970頁，荒木268～269頁。
[81] 菅野・補正5版119頁。
[82] 荒木(5)977頁，荒木267頁注168。
[83] 第2章第2節Ⅰ参照。なお，中村和夫「就業規則論」籾井常喜編『戦後労働法学説史』（労働旬報社，1996年2月）802頁以下も参照。
[84] 第2章第4節Ⅰ3参照。
[85] 例えば，徳島南海タクシー（未払賃金）事件・徳島地判平成12年3月24日労判784号30頁。
[86] 最一小判平成12年9月7日民集54巻7号2075頁。

III 学説による独自の労働条件変更法理構築の試み

判例の就業規則法理の確立に対応する学説の取組みの第3グループは、判例の合理的変更法理を正面から批判し、これをとり得ないとしつつも、労働関係における就業規則変更の必要性に積極的に対応して理論構築を試みるものである。特に、毛塚勝利教授および大内伸哉教授は、新たな労働条件変更法理を意欲的に構築しようとしている。

1 労働契約内容変更請求権説

毛塚教授は、就業規則の変更によって労働条件が変更を受けるものでないことを当然としながらも[87]、労働条件の流動的形成の必要性を強調し、独自の労働条件変更法理の構築を試みた。

毛塚教授は、まず、労働契約関係は、その継続的契約関係からして「契約締結時に契約関係の全過程を見越して契約内容を確定しておくことは期待し難いし、期待することが不合理である。経済的社会的状況あるいは労働者の能力や生活環境の変化に応じて契約内容をあらたに形成していく必要性は使用者、労働者のいずれの側にも発生する。その意味で、労働契約にあっては契約内容を流動的に決定して行くことが最初から予定されているといってよい」と述べて[88]、労働条件の流動的形成の必要性を強調した。また、継続的契約としての労働契約においては、契約当事者は不当な拘束を免れるために基本的に解約の自由（使用者の解雇自由、あるいは労働者の辞職自由）が認められているが、「労働契約当事者にとって解約のもつ意味の差を考えれば、これは結局、労働条件の流動的形成、つまり、労働契約関係の存続を前提に事情の変化に対応して新たな労働条件を形成することを不可能とする論理」である、としている[89]。

---

[87] 毛塚勝利「就業規則理論再構成へのひとつの試み(2)」労判430号（1984年7月）4頁。
[88] 毛塚・前掲労判430号5頁。
[89] 毛塚・前掲労判430号6頁。

こうして,「一般的に,労働契約関係において事情の変更にもとづく契約内容の変更の申入れに対し相手方が承諾しないことが権利の濫用となり,結果的に承諾義務が認められるような権利——これを契約内容変更請求権と概念することにする——を認めることができるのではないか」と主張している(90)。すなわち,労働条件＝契約内容の流動的形成が不可避であること,「契約の自由」に委ねれば労働条件の流動的形成の余地がなくなること,労働条件の労使対等決定原則などに照らせば,「労働法秩序との整合性を損なわないかぎり,個別契約当事者間においても契約関係の存続を前提とした労働条件の取引を,つまり契約内容の変更を求める権利を一般に認めてもよいのではないか」とする(91)。なお,この権利は,「一方の当事者が契約内容の変更を申し入れた場合に相手方がそれに応じないことが一定の要件のもとで承諾拒否の濫用となり,承諾義務があるとみなされる権利である」としている(92)。

この契約内容変更請求権の行使の制約としては,①従前の契約内容を維持することが期待しがたいような事情が発生したこと,②集団的規制に服し個別契約当事者間で取引ができないもの,取引が制約されているものについては行使することができないこと,③契約内容変更請求権による労働条件の形成は,「司法機関によって当事者の意思とは関係なく新たな労働条件を強制するものであるから,その行使を認めるに際しては慎重を要する」こと,の3つをあげている(93)。

このような立場からは,労働条件＝契約内容の変更を目的として就業規則を変更する場合は,契約内容変更請求権の行使にあたる(94)。この契約内容変更請求権は,①すでに発生した権利の処分をめぐってすることはできず,また②集団的自治を侵害するかたちで行使することもできない。これらの契約内容変更請求権が行使しえない場合には,「もともと就業規則の不利益変更

---

(90) 毛塚・前掲労判430号7頁。
(91) 毛塚・前掲労判430号7頁。
(92) 毛塚・前掲労判430号7頁。
(93) 毛塚・前掲労判430号7頁。
(94) 毛塚・前掲労判430号10頁。

の合理性の問題は生じない，つまり，就業規則による労働条件の一方的変更はいかなる意味でも合理性をもちえない」[95]。そして，契約内容変更請求権の行使が適法と認められるために，「従来の契約内容＝労働条件を維持させることが期待しがたい事情の発生したこと」および「労働条件の変更が相手方当事者に期待可能なものであること」が要件となる[96]。

後に，唐津博教授[97]および中村和夫教授[98]ならびに藤原稔弘教授[99]は，毛塚教授の労働契約内容変更請求権説の提唱に対して一定の賛意を示している。しかし，唐津教授は，同請求権の論拠としては，毛塚教授の主張している労基法2条および労働契約関係の信義則とは異なり，「法システムとしての集団的および個別的な労働条件決定・変更の法的ルールの確立の必要性に求めるべきであろう」と主張している[100]。また唐津教授は，「変更の必要性と変更内容についての相当性判断」を必要としたうえで，この相当性判断について，「労働条件を変更しない場合と変更した場合の労働者利益と使用者利益のバランスの調整を図るという観点」から，合理的変更法理のような合理性テストの関する「当該労使関係一般に係る諸般の事情論」ではなく，「個別労使の契約関係に特有の事実関係に即した個別的判断」を行うべきである，と強調している[101]。そして唐津教授は，労働条件変更権の行使の対象となる労働条件事項は，「原則として個別賃金，職務内容，就労の場所等，個別

---

[95] 毛塚・前掲労判430号10頁。
[96] 毛塚・前掲労判430号10〜11頁。
[97] 唐津博「最高裁における就業規則の変更法理——大曲市農協事件判決（最三小判昭和63・2・16）に至る判例法理の推移」学会誌72号（1988年10月）146頁注15，同「長期雇用慣行の変容と労働契約法理の可能性——解雇・整理解雇の法理と労働条件変更の法理」学会誌87号（1996年5月）139〜142頁，調査研究報告書103号『労働市場・雇用関係の変化と法』（日本労働研究機構，1997年11月）270〜273頁（唐津博教授執筆）。
[98] 中村和夫「就業規則論」籾井常喜編『戦後労働法学説史』（労働旬報社，1996年2月）807頁。
[99] 藤原稔弘「労働条件変更法理の課題——個別的労働条件変更法理を中心として」労旬1495＝1496号（2001年1月）30頁。
[100] 唐津・前掲学会誌87号141頁。
[101] 唐津・前掲学会誌87号141頁。

労働者ごとに約定の必要性の高い労働者特定的な」事項に限定されるのであって[102]，労働時間制度，賃金制度のような事項は，「集団的レベルによる労働条件決定・変更の法制度による紛争解決が予定されている」と主張する[103]。この相当性判断を行う機構としては裁判所が考えられるが，「企業経営・人事労務を含む労使関係実務に精通した専門家からなる特別の調整機関」が望ましいとしている[104]。

しかし，「労働契約内容変更請求権説」の構成をとると，労働関係の柔軟性の要請に対応できないのではないかという疑問が生じる。というのは，労働者が契約内容の変更に応じない場合に，裁判所の確定判決が下されるまで労働者は原則として従前の契約内容における権利の行使および義務の履行を行いうる，とされている[105]からである。

2 集団的変更解約告知説

近年，大内伸哉教授は，労働条件変更法理を再構築し，「集団的変更解約告知説」を打ち出して注目を浴びている。

大内教授は，多数の者が協働する企業においては，労働者の就労する条件（労働条件）は制度として統一的に定立されるのが一般であり，このような従業員全体ないしその一部の集団を適用対象として形成される労働条件を「集団的労働条件」と呼ぶとする[106]。大内教授は，このような集団的労働条件を形成する際には民主性原理が妥当するが，民主性原理だけでは労働者に対する拘束力を十分に正当化できるものではなく，私的自治という正当性原理との調整が必要である，という説を立てる。そして，集団的労働条件が形成されて適用される過程は，①集団的労働条件の形成過程，②形成された集団的労働条件の労働契約への編入過程，③編入された集団的労働条件の具体的・個別的適用の過程，という3段階の構造をなしており，「第1段階では，

---

[102] 唐津・前掲学会誌87号142頁。
[103] 唐津・前掲学会誌87号142頁。
[104] 唐津・前掲学会誌87号142頁。
[105] 毛塚勝利「就業規則法制の『問題点』と検討課題」季労145号（1987年10月）63頁。
[106] 大内3頁。

民主性原理が，第2段階では，私的自治が正当性原理となり，それぞれの正当性原理をクリアーしてはじめて当該集団的労働条件が労働者に対して十全な拘束力をもつ」と主張している[107]。

大内教授は労働者の過半数の支持（民主性原理）を得て形成された集団的労働条件であっても当然に労働者に対する拘束力をもつものではなく，個々の労働者の同意（私的自治の原理）を得て始めて労働契約の内容となる，とする[108]。しかし，十分な説得交渉がなされても，労働者があくまでも当該集団的労働条件を労働契約の内容とすることに同意しない場合には，「労働条件の変更の申込と関連して行われる解雇の意思表示」であって，「労働契約関係の継続を前提としたうえでの労働条件の変更を目的とする」[109]変更解約告知が許されるとする[110]。この変更解約告知という労働条件変更手段は，判例法理よりも，労働者側に労働条件を承諾するか否かの選択権（すなわち，不同意の自由がある）があるという点で，私的自治原理に忠実な手段と評しうる，とされている[111]。

なお，集団的労働条件は集合的処理を必要とするものであるが，第3段階（すなわち，編入された集団的労働条件の具体的・個別的適用の過程）では，集合的処理の要請がなくなるので，契約原理から見れば，労働契約上対等であるべき労働者と使用者との間で「衡平な」利益調整が行われるようにチェックがなされるべきである，とする。言い換えれば，第3段階での正当性原理は「衡平」ということになる，とされる[112]。

また，裁判所の役割としては，第3段階では「集団的労働条件の『内容』ではなく，『適用』あるいは『行使』の『適法性』の審査が行われるので，まさに裁判所の積極的な役割が期待される」とし[113]，第1段階と第2段階

---

[107] 大内248頁以下。
[108] 大内263頁。
[109] 大内265頁。
[110] 大内伸哉「労働条件形成・変更の段階的正当性（4・完）——労働条件変更法理の再構成」法協113巻4号（1996年4月）686頁。
[111] 大内267頁。
[112] 大内286～287頁。
[113] 大内・前掲法協113巻4号686頁。

では，集団的労働条件の内容について審査する必要がない，とする。

民主性原理および私的自治を重視している大内教授の所説には高い評価がなされており[114]，共感できる点が多い。しかし，大内教授の所説には多くの疑問点もあり[115]，最も疑問なのは，労働者の不同意の自由を重視し，解雇という禁じ手を使う点である。労働者の選択権たる「不同意の自由」は，結局，労働者の退職の自由にほかならず，果たして適切な手法なのか大いに疑問を感じる[116]。

Ⅳ 小 括

昭和43（1968）年の秋北バス事件大法廷判決が登場してからも，学説の多くは判例法理を厳しく批判し，これに同調しなかった。しかし，その後の判例における就業規則法理の確立は，学説に対して大きなインパクトを与えることとなった。

一部の学説は，依然として判例法理に批判的な態度をとり，独自の理論を構築しているが，学説の多くは，判例の合理的変更法理の有用性に鑑み，その判断基準を受け入れるようになっている。また，判例法理の判断枠組みに同調する学説は，判例法理の判断基準の定式化を試み，判例法理を補強しようとしている。結局，独自の労働条件変更法理を試みたものを除き，学説の大勢は，程度が異なるものの，判例の合理的変更法理を受け入れ，就業規則の変更法理および労働条件の変更法理を再構成・再構築しようとしているといえよう。

---

[114] 唐津博「労働条件変更の法的論理について――段階的構造論・集団的変更解約告知説（大内伸哉『労働条件変更法理の再構成』）が提起するもの」南山法学24巻1号（2000年7月）147頁以下参照。

[115] 詳細は，唐津・前掲南山法学24巻1号150頁以下参照。

[116] 詳細は，唐津・前掲南山法学24巻1号158頁。

第2節　判例法理の妥当性とその補強

　以上で見た学説による就業規則変更法理と労働条件変更法理の再構成・再構築の検討を踏まえたうえで，筆者は，現行就業規則法制のもとにおける，就業規則不利益変更の難問の処理について，判例法理を基本的に妥当なものとして是認し，その弱点の補強を試みることとする。

I　継続的労働関係における労働条件変更の必要性

　労働関係は継続的契約関係であるので，経済情勢および経営事情の変化に応じて労働条件を変更する必要がある。また，この労働関係の継続的性格に照らして，雇用された際に合意された労働条件がそのまま固定されるのではなく，経営環境の変化や労働者側の能力・貢献度の向上などに応じて労働条件の内容は随時改訂されていくのがむしろ原則となっていると思われる[117]。昇進（昇級・昇格）や昇給・ベースアップの場合には，労働者は，異議を唱えずに黙って働き続けるであろう。言い換えれば，この際の労働条件の改訂は，労働者側の黙示の承諾によって，改訂につき合意が達成したといえよう。問題は，労働条件の不利益変更のときに発生する。しかし，不況の時には，雇用を確保するために，労働条件の不利益変更が余儀なくされるであろう。上述したように，この継続的労働関係における労働条件変更の必要性は，大方認められてきている[118]。

　このように，継続的契約関係たる労働関係においては，労働条件が労働者にとって有利にまたは不利に変更されることは，日常的に存在している。問題は，労働条件の変更方法にある。労基法2条1項の労働条件対等決定の原則に照らせば，労働条件は，労使の合意によってその内容が決定されるべき

---

[117]　外尾健一「労働契約の基本概念」学会誌96号（2000年10月）13頁。
[118]　大内57頁。

ものである。したがって，労働条件を変更する場合には，使用者は，従業員を組織する組合があればその組合と団体交渉をして，所期の労働条件の変更を内容とする労働協約を締結するのが，最も望ましい方法であろう。しかし，①協約が締結できても，少数組合員や非組合員との関係の場合，②組合との合意が達成できない場合，または③組合が存しない場合には，使用者が就業規則の変更によって労働条件を変更することが不可避となる。もちろん，使用者が，すべての労働者の同意を得て労働条件の制度を改訂することも考えられる。しかし，これは現実的な方法ではないし，統一的な労働条件の形成・変更が無理となると思われる。変更に反対する労働者が1人でもいれば統一的な労働条件の変更が許されないというのは，あまりにも硬直的な方法としかいいようがない。

こうして，統一的な労働条件を変更する手段として，就業規則の変更は最も現実的なものといえよう。そして，本章第1節で見た通りに，学説も，就業規則の不利益変更の問題を中心として，労働条件変更法理を再構築している。

II 法規説・契約説の修正の必要性

就業規則の法的性質について法規説や契約説をとる場合には，就業規則の不利益変更問題の処理について困難に直面することとなる。すなわち，法規説をとる場合には，理論的に就業規則の一方的不利益変更ができ，その拘束力を生じる，という結論になりやすい。法規説の論者は，このような結論を避けるための理論構成に苦心し，個々の労働者の同意がなければ就業規則を変更できず，拘束力を生じない，という結論に達した[119]。他方で，契約説をとる場合には，労働者の同意がないかぎり就業規則の変更ができないとか，反対の労働者に対してその拘束力を生じない，という結論になるはずである。しかしながら，このような理論構成はあまりにも硬直的であると言わざるを得ない。というのは，このような厳格な立場をとると，個々の労働者が同意

---

[119] 諏訪康雄教授は，「ある意味で，戦後の一方的変更をめぐる論争史は，この法規説よりする悪戦苦闘の歴史であった」と指摘している（諏訪・文献102頁）。

しない場合には，経営状態に応じた労働条件の変更および就業規則に定められた集団的な労働条件の処理が不可能となるから，実務の要請に合致せず，日常的に生じうる労働条件変更の必要性を直視していないことになる。

　前述したように，継続的労働関係における労働条件変更の必要性は，大方認められてきている。問題は，どのような理論をもって，使用者による労働条件の一方的変更を認めるのか，である。学説の多くは，今日では，継続的労働関係における労働条件変更の必要性を認識し，労働条件変更法理を再構築している。また，合理的変更法理を「消極的に」または「積極的に」支持する学説も少なくない。合理的変更法理への消極的支持については，法規説や契約説の帰結は労働条件変更法理の構築の要請に応えられるものではないという認識に基づくと指摘される[120]。合理的変更法理への積極的支持も，多かれ少なかれ法規説・契約説の限界を認識し，合理性判断基準の有用性に着目し，妥当な解決を模索した結果といえよう。

　要するに，伝統的な法規説・契約説の理論構成では，もはや労働条件の変更問題に対処できず，修正せざるをえない。

Ⅲ　成功していない学説の試み

　上述したように，継続的な労働契約関係においては労働条件変更の必要性があり，この必要性からは法規説・契約説はその論理と帰結を修正さざるをえない。就業規則判例法理の形成を契機にそれらの必要性が認識されると，法規説・契約説双方の立場から労働条件変更法理の再構築を試みる学説が相次いだ。また，独自の労働条件変更法理の構築を試みた学説も見られた。では，これらの学説による試みは果たして成功しているであろうか。

　まず，法規説は就業規則の不利益変更を認める帰結になりやすいが，この帰結を避けるために主張された，個々の労働者の同意がなければ就業規則の拘束力を生じないとする「法的効力付与説」は，伝統的な契約説の論法に同

---

[120]　唐津博「最高裁における就業規則の変更法理――大曲市農協事件判決（最三小判昭和63・2・16）に至る判例法理の推移」学会誌72号（1988年10月）143〜144頁参照。

調するものと見ることができ[121]、あまりにも硬直的にすぎると言わざるを得ない。「法的効力付与説」に従えば、集団的労働条件の統一的形成・変更は不可能となる虞がある。

　また、同様な批判は、「変更条項による変更権取得説」および「合理的変更の同意を推定し、拒否の場合の解雇を肯定する説」にも当てはまる。両説とも、労働者の個別的意思を重視するのであるが、それによれば、たとえ労働者が一人でも就業規則の変更に反対すれば、集団的労働条件の統一的な形成・変更は不可能になる虞があるからである。「変更条項による変更権取得説」は、使用者が就業規則に変更条項を挿入することによって就業規則変更権を取得するということだけで契約説との論理的整合性を追求した、という批判を避けられないと思われる[122]。また、当該変更の合理性が認められても労働者が同意しない場合には「使用者が労働契約の解約にいたるのもやむをえない」とする「合理的変更の同意を推定し、拒否の場合の解雇を肯定する説」は、解雇という「禁じ手」を使う点で、賛成しがたい。

　次に、「合理的変更への事前の黙示承諾説」および「合理的変更への同意ありと意思解釈する説」は、労働契約における労働者の意思の解釈によって、労働者の包括的同意を擬制した。しかし、「合理的変更への事前の黙示承諾説」は、論理自体は明快であるが、「就業規則の法的性質を議論することの実質的放棄の表明を意味する」[123]といえるし、「現実の規範意識を考えても果たして労働者は使用者に一方的な契約内容変更権を黙示に与えているといえるか大いに疑問であろう」と批判される[124]。また、「合理的変更への同意ありと意思解釈する説」は、「労働者の事前の同意であれ、変更の都度の同意であれ、就業規則の変更が合理的範囲内にとどまる限りでその変更に同意したものと解釈するのである」とするが、「同意の契機が希薄化されており、

[121]　このような法規説（法的効力付与説）の理論構成については、「法規説の理論的苦闘であった」と批判された（諏訪・文献102頁、渡辺章・前掲学会誌77号12頁）。
[122]　毛塚勝利「浜田冨士郎著『就業規則法の研究』」日本労働研究雑誌422号（1995年5月）60頁。
[123]　渡辺・前掲学会誌77号20頁注25。
[124]　毛塚・前掲労判430号8頁。

もはや『意思解釈』の限界を超えているのではないか」という批判[125]を避けることはできない。

さらに、「労働契約内容変更請求権説」は、使用者（または労働者）は労働者（または使用者）に契約内容の変更を請求し、労働者（または使用者）がこれに応じない場合、裁判所の確定判決が下されるまで労働者（または使用者）は原則として従前の契約内容における権利の行使および義務の履行を行いう る、とする[126]。しかし、このような結論に対しては、労働関係の柔軟性の要請に対応できないのではないか、という疑問が生じる。同説は、この問題を解決するために、「承諾義務があるとみとめられるときに、契約内容の変更が承認される権利とし、裁判所の事後的判断で変更の妥当性を審査させることでよしとしなければならない」とするが[127]、この「承諾拒否の濫用」[128]という構成は、その根拠が不明であるのみならず、「いかにも技巧的な感は否めない」[129]。

他方、「学界に大きな一石を投ずるもの」と言われる[130]「集団的変更解約告知説」は、民主性原理（多数決の原理）と私的自治の原理を貫いて労働条件変更法理を構築するという点で、共感できないわけではない。しかし、「合理的変更の同意を推定し、拒否の場合の解雇を肯定する説」と同様に、解雇という「禁じ手」を使ってしまった点で、結論の具体的妥当性について疑問を払拭しきれないと思われる[131]。

また、「疑似法規説」が、団体交渉の法理を就業規則不利益変更という問題の解決に取り入れた点は賛成できる。しかし「疑似法規説」は、団体交渉

---

[125] 大内61頁。
[126] 毛塚・前掲季労145号63頁。
[127] 毛塚・前掲季労145号63頁。
[128] 毛塚・前掲労判430号7頁、同・前掲季労145号63頁。
[129] 大内66頁。
[130] 蓼沼謙一「書評 大内伸哉著『労働条件変更法理の再構成』」民商121巻2号（1999年11月）329頁。また、大内教授の所説への評価および疑問点の詳細については、唐津・前掲南山法学24巻1号147頁以下。
[131] 毛塚勝利＝岩村正彦・大内伸哉「労働法理論の現在——1996〜98年の業績を通じて」日本労働研究雑誌464号（1999年2＝3月）18頁（岩村正彦教授発言）、唐津・前掲南山法学24巻1号156頁以下、荒木(5)973頁注140、荒木250頁注134。

による問題解決ができない場合の対処方法の最後の結論を留保した(132)ので，有効な解決方法を提示していない。

こうして，数多くの学説による労働条件変更法理の再構築や新たな試みは，いずれも成功していないように見え，「いまだ判例理論を凌駕する適切な調整わく組はできていないように見える」(133)と評されても仕方がないと思われる。結局，現行法制のもとでは，合理的変更法理こそが，労使間の利益調整にあたって適切かつ有用な枠組みであり，労働条件変更法理は合理的変更法理によって構築されるべきであると思われる。

Ⅳ　判例法理の射程──集団的労働条件

秋北バス事件大法廷判決は，「労働条件の集合的処理，特にその統一的かつ画一的な決定を建前とする就業規則の性質」に言及し，就業規則に定められた労働条件の統一的・画一的処理を重視している。そして，このような就業規則の統一・画一という性質は，判例法理の重要な基盤となっている。

しかし，近年，雇用制度(134)と労働者像(135)に変化の兆しが生じ，年功的処遇から能力主義的処遇への移行，個別労働者の能力・業績を重視する個別的雇用管理への動きが見られるなかで，労働条件が集団的決定によるよりは，むしろ個別的交渉による個別的決定・合意によってその内容が決定・確定されるものが多くなる可能性が指摘されている(136)。このような労働関係の変容を受けて，就業規則判例法理も一定の変化を免れないとする学説(137)，労

---

(132) 蓼沼・前掲季労133号57～58頁。
(133) 菅野・5版補正114～115頁。
(134) 菅野和夫＝諏訪康雄「労働市場の変化と労働法の課題──新たなサポート・システムを求めて」日本労働研究雑誌418号（1994年12月）2頁以下，土田道夫「変容する労働市場と法」『岩波講座　現代の法12　職業生活と法』（岩波書店，1998年2月）44頁以下。
(135) 菅野＝諏訪・前掲日本労働研究雑誌418号7頁以下，土田・前掲『岩波講座　現代の法12』52頁以下。
(136) 例えば，唐津・前掲学会誌87号135頁。
(137) 例えば，土田・前掲『岩波講座　現代の法12』67頁。

働条件の個別化の動きを重視して判例法理を批判する学説[138]も見られる。すなわち,判例法理と労働条件の個別化との関係が問題にされるようになっている。

確かに,近年,労働条件の個別化という動きが見られる。雇用慣行の変容に照らして,労働法の理論も一定の調整が必要とされるであろう。しかし,そもそも就業規則法理が集団的労働条件の決定・変更に関するものであるので,いわゆる「労働条件の個別化」の問題には,個別的労働契約で対応すべきではないかと思われる[139]。また,たとえ人事管理の個別化が進んでも,集団的労働条件(または労働条件制度)の設定の必要性は存続し続けると思われる[140]。労基法93条によれば,平等取扱原則に反するものや不当労働行為にあたるものでない限り,労働者が自ら個別交渉によって,就業規則に定められる労働条件よりも有利な労働条件を獲得することは,禁止されていないはずである[141]。

本章第1節Ⅱ2で述べたように,荒木尚志教授は,労働条件変更法理の構築に際して,「集団的労働条件」と「個別的労働条件(個別規制条件)」とを区別する必要があるとしている。荒木教授の定義によれば,就業規則によって定められる労働条件は集団的労働条件に当たる[142]。いわゆる労働条件の個別化は,個別の労働者と使用者との間の特約(労働契約)によって設定さ

---

[138] 例えば,野田進『労働契約の変更と解雇』(信山社,1997年11月)9頁以下,村中孝史「労働協約の拡張適用による労働条件の不利益変更について」学会誌90号(1997年10月)164頁以下,村中孝史「個別的人事処遇の法的問題点」日本労働研究雑誌460号(1998年10月)30頁以下。

[139] 荒木(5)925頁,荒木226〜227頁。また,大内伸哉教授も,「労働条件の個別化とその個別化の枠組みとなる集団的労働条件とは別のもの」と指摘している(大内72頁注170)。

[140] 荒木(6)1107頁注261,荒木303頁注252。

[141] 荒木(5)923頁,荒木224頁。

[142] 集団的労働条件および個別的労働条件については,荒木(5)923頁以下および940頁注71,荒木224頁以下参照。荒木教授よりも早く,集団的労働条件と個別的労働条件を分けて論じた者が見られる。例えば,唐津・前掲学会誌87号136頁以下,盛誠吾「労働条件変更の法理」自由と正義48巻11号(1997年11月)96頁以下,土田・前掲『岩波講座 現代の法12』65頁以下。

れるべきものであるから,「特約によって設定された個別規制条件は,就業規則の不利益変更法理の射程外と解しうる」との見解[143]は妥当なものと評することができる[144]。言い換えれば,判例法理は,個別的労働条件を判例法理によって変更しようとするものではないと思われる[145]。

　このことは,いわゆる自己決定の理念[146]との関係においても重要な意義を有している。すなわち,自己決定の理念の代表的論者である西谷敏教授は,合理的変更法理が私的自治＝自己決定の理念から大きく乖離していると批判している[147]。確かに,合理的変更法理によって,個々の労働者が自ら同意していない労働条件を強いられる可能性はある。この点では,私的自治（＝自己決定）の理念および労働条件対等決定の理念から乖離している現象が見られる。しかし,西谷教授の上記批判に対しては,必ずしも同意することができない。思うに,労働者個人は,その交渉力が一般に不足しており,使用者から有利または合理的な労働条件を獲得するのは困難であると言ってよい。労働者は,労働組合を組織・参加し,集団的自己決定を通じて実質的自己決定を回復する,とされている。「自己決定」をしようとする個別労働者は,十分な交渉力を有すれば,個別的交渉により,就業規則に定められた労働条件よりも良い労働条件を獲得することができるはずである。しかし,十分な交渉力を有していない場合には,やはり集団的な交渉力に頼って合理的な労働条件を獲得するしかない。もちろん,場合によっては,特定の労働者がその利益を犠牲とされる虞がある[148]。この際に労働組合は公正代表義務を

---

[143]　荒木(5)932頁,荒木234〜235頁。

[144]　ほかにも,「集団的労働条件」および「個別的労働条件」の定義を試みた学説が見られる。例えば,西谷・労組法281頁,大内4頁注4。なお,安枝英訷「わが国における労働条件と法規制」日本労働法学会編集『講座21世紀の労働法第3巻　労働条件の決定と変更』(有斐閣,2000年5月)26頁以下も参照。

[145]　大内72頁。

[146]　西谷・個人と集団77頁以下,同「労働法における自己決定の理念」法時66巻9号(1994年8月)26頁以下,同「労働保護法における自己決定とその限界」松本博之＝西谷敏編『現代社会と自己決定権――日独シンポジウム』(信山社,1997年5月)223頁以下,西谷・労組法27頁以下,同「労働法の理念――自己決定を中心に」労旬1495＝1496号(2001年1月)12〜14頁。

[147]　西谷・前掲法時66巻9号32頁。

求められる[149]。なお，企業別組合は必ずしも組合員の利益を擁護していないという現象が指摘されるが「自己決定」をしようとする個別労働者は，組合方針を主導できるように努力することが望ましい。少数組合の組合員には，多数組合と同等の団体交渉権が保障されているので，集団的自己決定をしようとすれば，団体交渉を通じて自らにとって有利な労働条件を獲得するのが可能であり，また多数派になるための努力をすべきである，と思われる[150]。

こうして，「労働条件の集合的処理，特にその統一的かつ画一的な決定を建前とする就業規則の性質」という秋北バス事件大法廷判決が定立した判例法理は，その射程を集団的労働条件に限定していると見ることができる。

V 判例法理の柔軟性と包括性

企業が景気変動や経営環境の変化に対応するときには，労働者を解雇するよりも，まず労働条件を不利益変更するのが，自然な発想と思われる[151]。というのは，使用者にとって，長期雇用システムのもとで労働者を解雇するのは，人的資源の保持の点でも，長期雇用システムの基盤である従業員の信頼を確保するうえでも得策ではない。また法的にも，解雇権濫用法理[152]および整理解雇の法理[153]の確立によって労働者を解雇するのは容易ではない。他方，長期雇用システムを維持するためには柔軟で弾力的な雇用管理が不可

---

(148) 例えば，みちのく銀行事件（最一小判平成12年9月7日民集54巻7号2075頁）におけるような，中高年労働者のみが不利益を被る場合である。

(149) みちのく銀行事件・最一小判平成12年9月7日民集54巻7号2075頁。なお，第2章第4節I 2および本章第1節II 2参照。

(150) 大内320～321頁も参照。

(151) 西谷敏「労働条件保障と雇用保障」労旬1361号（1995年7月）4頁。

(152) 日本食塩製造事件・最二小判昭和50年4月25日民集29巻4号456頁，高知放送事件・最二小判昭和52年1月31日労判268号17頁。なお，解雇権濫用法理の形成については，劉志鵬「日本労働法における解雇権濫用法理の形成――戦後から昭和35年までの裁判例を中心として（東京大学大学院法学政治学研究科修士論文，1987年12月）」（JILL Forum Special Series No. 5，1999年3月）。

(153) 東洋酸素事件・東京高判昭和54年10月29日労民集30巻5号1002頁。菅野・5版補正450頁以下。

欠となるので，使用者には，就業規則の規定に基づいて，配転命令[154]，出向命令，時間外労働命令[155]に関する命令権を広範に行使することが認められている。加えて，秋北バス事件大法廷判決が定立し，その後の判例によって確立した就業規則判例法理は，使用者による一方的な労働条件の柔軟な調整を法的に可能にしてきている。こうして，雇用の安定を維持しつつ経営の硬直化を避けるためには，労働条件の柔軟な調整を行うことが適切な対応となるのである。

　平成の長期・深刻な不況のなかでも，企業は雇用の調整のみならず労働条件の不利益変更を余儀なくされている。前述のように，労働条件の不利益変更の場合には，使用者は，労働組合と団体交渉を行い，労働協約の締結によって，労働条件を改訂するのが望ましい。しかし，少数組合員との関係の場合，労組法17条の要件を満たさず労働協約を非組合員に拡張適用できない場合，労働組合との交渉を行ったが合意に至らない場合，労働組合がない場合などにおいて，企業の存立ないし経営の健全化ならびに労働者雇用の確保のためには，就業規則の改訂による労働条件の不利益変更に訴えざるをえない。

　したがって，就業規則による労働条件の不利益変更は，一定限度ではこれを許容せざるを得ないのであって，問題は，どのような場合に変更に反対する労働者を拘束しうるかということである。判例法理は，就業規則による労働条件の一方的な不利益変更は原則として許されないが，就業規則の変更が合理的なものである限り，例外的に反対の労働者をも拘束する，としている。労基法2条1項の労働条件対等決定の原則に照らせば，判例法理の「原則」論が重要であることはいうまでもない。しかし，焦点は，やはり判例法理の「例外」論（合理的変更法理）に集中する。

　この合理的変更法理は，第2章第3節Ⅱで述べたように，原則部分の表現が断定的であるのに比べて，例外部分が「合理性」という，外延が明確でない概念をもって判断枠組みを作っているため，原則と例外の広狭について異なった読み方をなしうる余地がある[156]。そこで，判例法理においては，そ

---

[154]　東亜ペイント事件・最二小判昭和61年7月14日判時1198号149頁。
[155]　日立製作所武蔵工場事件・最一小判平成3年11月28日民集45巻8号1270頁。
[156]　岩渕正紀・曹時41巻3号（1989年3月）832頁。

の「例外」が活用される論理構造になっている。判例法理の総合判断という判断枠組みは，内容が不明確であると批判されているが，かえってその柔軟性を示しているのではないかと思われる。というのは，個々の事案に応じてもっとも適当と思われる判断を行うことができるからである。そして判例法理は，柔軟性に富んでおり，仮に雇用慣行が変化しても，合理性判断の内容を変容させ，有用な判断枠組みとして機能していくのではないかと思われる。

もちろん，就業規則の不利益変更は，多くの労働者にとって合理的なものと判断されても，少数の労働者にとって過酷な結果になる場合が考えられる。しかし，朝日火災海上保険事件最高裁判決[157]における具体的な判断にみられるように，就業規則の変更自体が有効であるとしても，変更された就業規則を個々の労働者に適用する際に，一部の労働者にとって就業規則の変更が一定の限度で合理性を有しないとされることもありうる。これは，いわゆる「相対的無効」の処理である。また，「経過措置」[158]が設けられることによって，一部の労働者の被る不利益も，ある程度緩和できる。要するに，少数労働者の利益に配慮した「相対的無効」の処理や「経過措置」の要件化によって，少数の労働者にとって過酷な結果を緩和することができ，事案に応じた具体的妥当性を追求しうると考えられる。

こうして，合理的変更法理によれば，事案の内容に応じて柔軟な対応を行い，適切な結論を出すことができるのではないかと思われる[159]。

Ⅵ 判例法理の定式化の試み

以上を踏まえて，判例の合理的変更法理は，労使の利益を適切に調整しうる枠組みとして支持できると思われる。しかし問題は，合理性判断の定式化にある。というのは，第2章第3節で述べたように，合理性判断は，裁判官

---

[157] 最三小判平成8年3月26日民集50巻4号1008頁。

[158] 第四銀行事件・最二小判平成9年2月28日民集51巻2号705頁における河合伸一裁判官の反対意見，みちのく銀行事件・最一小判平成12年9月7日民集54巻7号2075頁。

[159] 安枝英訷＝西村健一郎「労働判例この1年の争点」日本労働研究雑誌406号（1993年11月）14頁。

にとって極めて難しい判断となっており，また，裁判官によって異なる結論が出される可能性がある点で，不安定さという難問を抱えている。このような難問を克服するために，合理性判断の定式化を新たに試みる必要があるのではないかと思われる。

まず確認すべきは，「新たな就業規則の作成又は変更によって，既得の権利を奪い，労働者に不利益な労働条件を一方的に課すことは，原則として，許されない」[160]という判例法理の「原則」論の意義である。労基法2条1項における労働条件対等決定の原則に照らせば，この「原則」論はそれなりの意味があると思われる。すなわち，第2章第2節で述べたように，当初判例法理は法規説をベースにしたものであったが，その後契約説の考え方に立って発展してきていると解される。契約説をベースにする合理性変更理論として見た場合，判例法理の「原則」論は，契約説の帰結に当たるとともに，労働条件対等決定の原則にも合致している，と思われる。また，使用者は，変更された就業規則が合理的なものであるという「例外」を主張する場合に，新就業規則の合理性について立証責任を負うべきではないか，と思われる[161]。第2章第3節で述べたように「原則」と「例外」の逆転現象といわれるほどの「例外」の拡大現象が見られるとはいえ，判例法理は「原則」論をすでに放棄したとまでは言えないであろう。

次いで，判例法理の不安定さを改善するために，合理性判断の定式化の新たな試みが見られた。本章第1節Ⅱで見た「理念型従業員代表同意説」および「多数組合・労働者との交渉重視説」がその代表である。戦前の末弘博士の学説，その後の合理的変更法理の形成・展開および本章第1節で見た学説の多くにおいては，多数労働者の意見の重視が一つの流れとなっている。本

---

[160] 秋北バス事件・最大判昭和43年12月25日民集22巻13号3459頁。
[161] この問題については，安西愈＝古川景一＝和田肇＝山本吉人「《新春座談会》労働条件の不利益変更をめぐる判例法理」労判726号（1998年1月）12頁以下，小西康之「賃金等の減額を伴う定年延長を定めた就業規則変更の効力──第四銀行事件（最二小判平成9・2・28，民集51巻2号705頁）」学会誌91号（1998年5月）151頁以下，青野覚「判例における合理性判断法理の到達点と課題」学会誌92号（1998年10月）141～142頁。

稿は基本的に,「多数組合・労働者との交渉重視説」に賛意を表したい。すなわち,判例法理の不安定さを改善するために,使用者と多数組合・多数労働者との合意が基本的に尊重されるべきではないか,と考える。したがって,多数組合との合意が存在する場合には,改訂された就業規則の合理性が推定されるべきであろう。というのは,同説の論者が指摘した通り[162],就業規則の不利益変更問題の実態は利益紛争であるから,本来裁判所の判定よりも労使の合意によって決められるべき性格のものだからである。また,就業規則に定められている労働条件は集団的労働条件であるから,労使の自治によって決められるのが望ましい姿といえよう。労使の合意に基づく就業規則の改訂は,その合理性が推定され,変更に反対の労働者に対する拘束力が推定される。このようなケースでは,当該就業規則の変更が不合理であるから拘束力を生じないと主張する労働者側は,当該就業規則の変更が不合理であると立証する必要があることになろう。このような場合にも,少数労働者・少数組合の立証困難に鑑みて立証責任の転換を主張する学説が存在する[163]が,労使自治の法体制の下では労働者側が,改訂の就業規則が不合理であることについて立証責任を負うべきではないかと考えられる。

　労使の合意に基づく就業規則の改訂の場合には,改訂プロセスの審査が必要とされよう。というのは,企業別組合においては労働者間の利益が必ずしも一致していないため,その利益調整も必要とされるからである。例えば,たとえ多数組合との合意に基づいて就業規則を改訂しても,特定のグループ(例えば高齢労働者)の利益のみを犠牲にすることは許されない,とされる[164]。この点については,使用者側が立証責任を負うことになる。

　これに対して,改訂される就業規則の内容審査は,労使の合意がある場合は労働者側の不合理性の主張において,労使の合意がない場合は使用者側の合理性の主張において行われるが,これについては,判例法理の総合的判断の枠組みはなお維持されるべきである。また,その判断要素は,事案に応じて増やしていくことが可能である。これは,団体交渉の場面に極めて似てい

---

(162) 菅野・前掲労判718号9頁,荒木(5)969頁,荒木267頁。
(163) 青野・前掲学会誌92号135〜136頁および141〜142頁。
(164) みちのく銀行事件(上告審)・最一小判平成12年9月7日民集54巻7号2075頁。

るのではないかと思われる。すなわち，合理性の総合判断は，労使双方がいろいろな要素を総合的に考慮したうえでぎりぎりのラインを画して最終の合意を達成するという団体交渉の場面に類似している。諸要素の中では，変更の必要性（会社の業績）および労働者の不利益性が中心的なものとなるが，第2章第4節Ⅰ1で述べたように，「世間相場」は，新旧就業規則の内容を比較する客観的な基準として重要な意義を有している。

　したがって，前記の「多数組合・労働者との交渉重視説」のように，多数組合・労働者との合意が存在すればその合意はまず尊重されるべきであると解する。すなわち，この場合には，変更のプロセスを中心に合理性審査が行われるべきである。これに対して，多数組合・労働者の同意が存在しなければ，裁判所は，改定就業規則の内容を正面から審査する必要がある。また，菅野教授は，多数組合・労働者の同意が存在すれば，裁判所による合理性審査は基本的に変更プロセスに限定されるべきであり，例外的に内容審査が行われる，としているが，筆者は，その見解に基本的には賛成しつつ，疑問も有している。というのは，合理性審査を変更プロセスのみに限定すれば，必ずしも適切な合理性審査が行われるとは思わないからである。例えば，みちのく銀行事件[165]のように，多数組合との合意が存在するとはいえ，専ら中高年労働者が就業規則変更の不利益を被らせられたケースにおいては，内容審査が行われなければ，労働組合が公正に団体交渉を行わなかったことが発見できなかったと考える。

Ⅶ　判例法理の形成権説的理解の可能性

(1)　判例法理は，一方当事者である使用者による契約内容の一方的変更権限を承認するに等しいと思われる[166]。また，多くの学説[167]に指摘されているように，合理的に変更された就業規則の拘束力に関する法的根拠が不明のままである。判例法理の法的性質論を定型契約説と理解しても，就業規則の

---

[165]　上掲。
[166]　これについては，盛誠吾「労働条件変更の法理」自由と正義48巻11号（1997年11月）96頁以下，青野・前掲学会誌92号125頁以下など参照。

変更に反対する労働者まで拘束できるとの根拠を引き出せない，と言わざるを得ない[168]。この状況の下で，「契約説貫徹の前提条件（解雇の自由）が崩壊しているがゆえに契約説をこの限度で修正せざるをえない」という説明[169]，および「雇用システム全体から労働条件変更法理を検討する場合には，必然的に要請される事柄」という説明[170]は，合理的変更法理の実質的な妥当性を説明するものとして説得的であり支持できる。これらの説明によって，多くの学説に批判されている合理的変更法理の根拠不足は，ある程度は改善したといえよう。同様の説明は，継続的契約関係の特色を研究する民法学者によっても，「就業規則の不利益変更を肯定する法理は，……判例によって確定された，継続性原理（解雇権の制限）・柔軟性原理のもとでの契約プロセスに働く新たな関係的契約法理と見るべきではないか」としてなされている[171]。

しかし，労働条件の変更の必要性があり，あるいは継続的契約関係であることから，直ちに使用者による一方的な労働条件決定・変更の法的権限までが認められるのではないことは，すでに指摘されているところである[172]。筆者は，こうした指摘も勘案して，就業規則の法的性質を定型契約と捉えたうえで，合理的変更法理の法的根拠は使用者による就業規則変更権＝労働条件変更権にある，と理解するのが適切ではないかと考える。また，この使用者の労働条件変更権は，一種の形成権として理解できると考える。ここにいう形成権とは，使用者が就業規則による労働条件制度（集団的労働条件）を〔不利益に〕変更する必要が生じるときに就業規則の内容を変更しうる一方

---

[167] 例えば，浜田冨士郎「就業規則と労働協約」本多淳亮先生還暦記念『労働契約の研究』（法律文化社，1986年9月）402頁，浜津79～80頁，唐津博「最高裁における就業規則の変更法理——大曲市農協事件判決（最三小判昭和63・2・16）に至る判例法理の推移」学会誌72号（1988年10月）144頁。

[168] 菅野96頁，唐津博「就業規則の法的性質」季労160号（1991年8月）27頁，内田貴「契約プロセスと法」岩波講座・社会科学の方法Ⅵ『社会変動のなかの法』（1993年6月）155頁，同『契約の時代』（岩波書店，2000年11月）122頁，荒木(5)952頁，荒木246～247頁。

[169] 菅野97頁。

[170] 荒木(5)955頁，荒木250頁。

[171] 内田・前掲「契約プロセスと法」155頁以下，同・前掲『契約の時代』122頁。

[172] 盛・前掲自由と正義48巻11号97頁参照。

的な権限をいう。このような使用者の労働条件変更権の行使がもし権利濫用（労働条件変更権の濫用）に当たる場合は，合理性判断に際して不合理と判断され，その拘束力を生じないこととなる。さらに，権利濫用に当たるかどうかは，合理的変更法理の合理性判断によって判定されるのである。

(2) まず，第1章第1節Ⅲで述べたように，労基法89条および90条によれば，使用者は，一定の項目について就業規則の作成，そしてその際の意見聴取義務を義務づけられるとともに，就業規則を一方的に作成・変更する権限を有することになる，と理解することができる。確かに，労基法89条は使用者に就業規則の作成義務を課するが，就業規則の作成・変更権限までを与えてはいない，とする学説は多い[173]。他方，労基法89条は，使用者に就業規則の作成義務を課するのみならず，使用者による就業規則の作成権・変更権をも認めている，とする学説も存在する[174]。筆者は，後者の見解に賛成したい。その理由としては，立法者は，使用者が就業規則の作成権能を有していることを前提に，就業規則の変更権能も作成権能の一部に属するものとして，就業規則法制を作り出したと推測されるからである[175]。労働者保護の観点から就業規則の作成義務が強調されなければならないが，労基法89条の規定が使用者に対して就業規則の一方的な作成・変更の権限を付与したと解釈することも可能である。では，なぜ労基法89条は，就業規則を一方的に作

---

[173] 例えば，廣政順一『労働基準法　制定経緯とその展開』（日本労務研究会，1979年6月）334〜335頁，本多淳亮『労働契約・就業規則論』（一粒社，1981年2月）213〜214頁。また，中窪裕也＝野田進＝和田肇『労働法の世界』（有斐閣，1994年4月）29頁は，「もともと，就業規則の作成による労働条件の決定は，使用者の権限ではなく，義務として課されたものである。その意味で使用者は，就業規則の作成を通じて，当該事業場において労基法の趣旨に合致した合理的な労働条件を設定する，法的役割を課されているといいうる」と述べている（なお，79頁も参照）。

[174] 萱谷教授は，「就業規則の制定権は，労基法89条・90条にもとづき，またそのその一方的変更権も同条に内在している，と考える」と述べている（萱谷一郎「未組織労働者と労働協約・就業規則の適用関係」労旬1226号〔1989年10月〕9頁）。

また，上記の継続的契約関係を研究する民法学者も，就業規則の不利益変更法理は労基法89条・90条の文言（「変更」）をも間接的な根拠としている，と指摘する（内田・前掲「契約プロセスと法」155頁。ただし，上記「契約プロセスと法」を収録した内田・前掲『契約の時代』においては，この記述が削除された）。

成・変更できる権限を使用者に付与するのか。

　思うに，労働条件の決定については労使の対等が原則とされるが，労働条件を変更する必要がある場合に労使がどうしても合意できなければ，立法者はかかる変更権限を使用者に付与することとなるのではないか，と理解できよう。これは，労働者の反対があれば使用者は就業規則の作成義務を果たせないことになるのは妥当でないという考慮[176]に基づいて，使用者に一方的な作成・変更権限を付与したもの，といえる。結局，労働者側は，この変更に不服であれば，団体交渉・争議権を行使し，協約を締結することによって労働条件の制度を改善するほかない[177]。また，就業規則の不利益変更に反対する労働者は，辞職によって，就業規則変更による不利な労働条件を回避することができるが，再就職は必ずしも容易ではない。そして，使用者としても，労働条件の不利益変更によって経営コストを削減して経営体質の健全化を図ることができればそれで良いはずであり，有用な労働力を失うことになる労働者の解雇は必ずしも得策でない。また，解雇権濫用法理が確立した現在，使用者が労働者を解雇することはそれほど簡単ではない。要するに，労使双方とも雇用の維持を前提としているのであって，そのために，労働条件の制度を柔軟に変更していく必要が生じてくる。さらに，労働条件変更の圧力手段としては，労働者側によるストライキの行使および使用者によるロックアウトの行使も考えられるが，その代償が大きすぎて，必ずしも好ましいことではないし，使用者による攻撃的ロックアウトも認められていない[178]。また，使用者が団体交渉義務を負っているのに対して，労働者側は団体交渉義務を負っていないから，使用者が団体交渉を通じて労働条件を変

---

[175]　浜田教授は，「使用者は本来的に就業規則設定権能を有するとの前提に立って立法者は法制を編成しており，したがって，就業規則の変更もまた使用者の本来的権能の範囲内に属するとせざるをえない，その結果，変更された就業規則と労働契約との間で生じる相互関係の整備，再調整の問題は就業規則の法的性質論などにその解決を委ねる，とするのが立法者の最終的な判断ではなかったか」と推測する（浜田152頁注45）。

[176]　第1章第1節Ⅲ参照。

[177]　秋北バス事件・最大判昭和43年12月25日民集22巻13号3459頁。

[178]　丸島水門事件・最三小判昭和50年4月25日民集29巻4号481頁。菅野・5版補正620頁以下，下井・労使232頁。

更しようとしても，労働者側が団体交渉を拒否すれば，労働条件改訂の目的を達成することができなくなる。こうした状況の下に，労基法は，当事者が新たな労働条件に関する合意を達成できない場合に使用者に労働条件変更権限を例外的に認めた，と解するのが可能ではないかと思われる。

(3) このような変更権は，形成権の一種と理解されよう。形成権は，必ずしも労働法において馴染みのないものではない。というのは，労働法における形成権として，解雇権，年休権[179]，労務指揮権・指揮命令権・業務命令権[180]，配転命令権（異論があるが）[181]，出向命令権[182]などがあげられるからである。もちろん，就業規則の法的性質を定型契約としたうえで，使用者の労働条件変更権＝形成権を認めることは，労働条件対等決定原則に反して論理的に矛盾しているのではないか，これは法規説の帰結と異ならないものではないか，などの批判もありえよう。しかし，前述したように，判例法理の「原則」論は，まさに契約説に合致している論理である。のみならず，法規説の立場に立てば，形成権を法的構成とする労働条件変更権を認めるまでもなく労働条件変更権があることになるのではないか。言い換えれば，法規説をとれば，そもそも形成権論という法的構成を立てる必要がなくなるであろう。

では，形成権という法的構成をとらずに，使用者が改訂の就業規則の承諾を労働者側に求める権利を有する，という法的構成をとることは可能であろうか。ここでは，労使のその都度の合意を重視する立場に立つ仮説を「新就業規則承諾請求権説」と名付けよう。このような「新就業規則承諾請求権説」の法的構成は，毛塚教授の「労働契約内容変更請求権説」に極めて類似しているものといえるが，使用者側のみに認めるという点で，同説と異なっている[183]。また，「新就業規則承諾請求権説」をとる場合には，使用者の請求権

---

[179] 石井192頁，菅野・5版補正302頁，下井199頁以下，山川隆一『雇用関係法（第2版）』（新世社，1999年12月）174頁。

[180] 土田・前掲『労務指揮権の現代的展開』464頁以下，山川・前掲『雇用関係法（第2版）』73頁。

[181] 菅野・5版補正412〜413頁，山川・前掲『雇用関係法（第2版）』91頁。なお，下井69〜70頁。

[182] 菅野・5版補正418頁。

が濫用されていない限り（あるいは，合理的である限り），労働者側は，新就業規則への承諾の義務を負い，新就業規則の承諾を拒否することができないという帰結になる。もし，労働者が新就業規則の承諾を拒否すれば，使用者は，新就業規則の拘束力を生じさせるために，「労働者は新就業規則を承諾する義務があるから，新就業規則の承諾を命ずる」旨の判決を裁判所に求めるしかない。しかし，このような「新就業規則承諾請求権説」は，経営の機動性に対応できない難点が残され，この点に限って言えば，形成権という法的構成に優ることができない。

従来，合理的変更法理のような法的構成は権利濫用法理ではないか，としばしば指摘されている[184]。また，下級審において，秋北バス事件大法廷判決の判断枠組みを踏襲し，合理性のない就業規則の不利益変更は「信義則に反し，権利の濫用に当たるもの」として許されない，としたものも見られる[185]。筆者の見解では，使用者の労働条件変更権は一種の形成権であるから，使用者がこの変更権を合理的に行使すればその拘束力を生じ，反対の労働者をも拘束しうる。また，このような形成権の行使は無制限ではなく，権利濫用に当たらないことが必然的な要請となる[186]。

新就業規則に拘束される労働者は，新就業規則に反対する場合，裁判所に新就業規則の合理性審査を求めることができる。労働者は，確定判決が出るまで，新就業規則に定められる労働条件の下で働くこととなる。前述したように，使用者は，新就業規則が合理的なものであるということを立証しなけ

---

[183] 労働組合（労働者側）は団体交渉権を有しており，団体交渉を通じて使用者に労働条件の改善を求めることができる。仮に労働組合が存在していなくても，労働者は，自ら労働組合を結成し，団体交渉を通じて労働条件の改善を求める努力が必要とされよう。

[184] 花見忠「55歳停年制を新たに定めた就業規則改正の効力」ジュリ433号（1969年6月）172頁，諏訪康雄「就業規則法理の構造と機能」学会誌71号（1988年5月）30頁，同「就業規則の新設・変更と効力」労働法学研究会報1812号（1991年2月）20～22頁，同「少子化現象と労働法」高藤昭編著『少子化と社会法の課題』（法政大学出版局，1999年1月）174頁，小西國友「就業規則はなぜ労働者を拘束するか」法セ418号（1989年10月）99頁。

[185] 東香里病院事件・大阪地決昭和52年3月23日労判279号56頁，丸大運送店事件・神戸地判昭和56年3月13日労判363号58頁。

ればならない。また，使用者が「例外」を主張しているのであるから，その合理性審査は厳格に行われるべきである。

こうして，判例の合理的変更法理は，労使双方が新たな労働条件の合意を自ら達成しない限り，例外的に就業規則の変更による労働条件の変更権（形成権）を使用者に対して認め，そして使用者の変更権の濫用を防止し労働者の利益を守るために，使用者の変更権に合理性判断という歯止めをかけたもの，と理解することができよう。

Ⅷ 判例法理の労使関係的基盤

1 団体交渉権の保障

日本では，憲法28条により，労働組合の団体交渉権が保障されている。この団体交渉権の保障に基づく重要な立法措置としては，団交拒否の不当労働行為救済制度および労働協約の規範的効力があげられる[187]。労組法7条2号によれば，使用者が正当な理由なくして団体交渉を拒否することは，不当労働行為に当たる[188]。また，労組法16条によれば，労働協約に定める労働条件その他の労働者の待遇に関する基準に違反する労働協約の部分は無効となり，無効となった部分は基準の定めるところによることになる[189]。このような制度の目的は，一言で言えば，「労使自治」（「集団的私的自治」ないし

---

[186] 「一方的変更を制約する理論は89・90条から演繹される。例えば使用者に一方的制定権があるとしても，それは無制限のものではないことはあらゆる権利についてと同じである。一方的変更権の制約は，制定権を認めた労基法89・90条に内在する制約から演繹される。恣意的でない，差別でない，公序良俗に反しない，合理性があるか，労働者の意見を聴取したか等の判断によって制限の法理を今後形成していかねばならない作業が残っている」という萱谷教授の見解は注目に値するであろう（萱谷一郎「就業規則論攷」前田達男＝萬井隆令＝西谷敏編『労働法学の理論と課題（片岡曻先生還暦記念）』〔有斐閣，1988年4月〕421頁）。

[187] 菅野・5版補正24～25頁。

[188] 労働者側の団体交渉権が保障されているのに対して，使用者にはこれがない。使用者は，労働組合に団体交渉を申し入れても，労働組合は団体交渉を応諾する義務を有しない。

は「集団的自己決定」）の尊重にあるといえよう。

　このような労使自治の尊重の要請からは，労働条件の形成・変更の際に使用者は団体交渉を通じて労働組合と労働協約を締結するのが最も望ましい。とりわけ，多数組合との労働協約に基づいた就業規則の改定は，労基法立法当時における理想的なモデルといえよう[189]。後述のように，終戦後の日本では労働組合が急速な勢いで組織され，労働組合の推定組織率は，ほぼゼロから出発して，昭和21（1946）年に41.5％，昭和22年に45.33％になっていた。労基法の立法者は，敗戦後における労働組合運動の爆発的な発展[190]を無視し得ない状況にあった。言い換えれば，立法者は，当時の労働組合の組織状況を念頭において就業規則法制を立案した，と推測できよう。また，第2章第4節Ⅰ2で述べたように，最高裁の就業規則論の前提には，安定的で民主的な多数組合による労働条件の設定および規制という労使関係モデルがある，と指摘されている。こうして，就業規則の改定の際に，使用者は労働組合との交渉を通じて多数労働者の意見をできるだけ尊重するのが，現行労働法制上の要請と思われる。また，労使関係の現実から見れば，多数組合・労働者の同意を得ていない場合には，使用者による就業規則の一方的な不利益変更は困難となるのが通例である，といえよう[192]。

　使用者が，事業場において組合が存在するにもかかわらず組合を無視して就業規則を強行的に変更する場合には，かかる措置は団交拒否の不当労働行為に当たるとされる可能性があるが，仮に，使用者が団体交渉を経ずに一方的に就業規則を不利益に変更することが団交拒否の不当労働行為に該当しないとされても，当該就業規則の変更は，合理性審査において合理性なしと評価される可能性が残されている。なぜならば，そのような場合には，就業規則の変更について労使間の利益調整が整っていないと推測できるし，合理性

---

[189]　労働協約の規範的効力について，中窪裕也「文献研究(12)労働協約の規範的効力」季労172号（1994年11月）94頁以下，西谷敏「労働協約論」籾井常喜編『戦後労働法学説史』（労働旬報社，1996年2月）396頁以下。

[190]　寺本廣作『労働基準法解説』（1948年7月初版〔時事通信社〕，1998年1月復刻版〔信山社〕）159頁参照。

[191]　白井泰四郎『労使関係論』（日本労働研究機構，1996年7月）34頁。

[192]　菅野・5版補正117頁。

判断の一要素としての労働組合との交渉経過・従業員の対応という点で不利な判断がなされうるからである。

2　企業別組合の弱さ

昭和22（1947年）年労基法立法当時における労働組合像とは何か。前述のように，昭和20（1945）年終戦後の日本では，労働組合が猛烈な勢いで組織されていた。推定組織率は，昭和20年の3％から出発し，昭和21年の41.5％を経て，昭和24年に55.8％というピークに達した[193]。このような状況に照らせば，おそらく，労基法立法当時の組合像は，職業別組合や産業別組合などの企業横断的な強い労働組合であったと思われる。また，労働者の多く（絶対多数）が，労働組合を組織し，または労働組合に加入していくであろう，と予測されたと思われる。

しかしながら，組織された労働組合の多くは，想定されていた産業別の横断的組合ではなく[194]，企業別組合であった[195]。これら企業別組合は規模が企業単位に限定され，組合員は企業意識が強いために，その交渉力は弱くなりがちである。そこで，第2章第4節Ⅰ1で見たように，このような欠点を克服するため，春闘による交渉力の補完が行われ，相当程度に労働者の労働条件の向上（とりわけ賃上げ）に寄与してきている[196]。

しかし，春闘による交渉力の補完が行われてきているとはいえ，労働条件の多くは，企業内における労使交渉によって形成される。そして，交渉の主体である企業別組合は，団体交渉の場においてしばしば力不足を露呈している。企業別組合の交渉力が小さい場合は，団体交渉を通じて，有利な労働条件を獲得することは望めない。そのような労使関係においては，結局，労働

---

[193]　神代和欣＝連合総合生活開発研究所編『戦後50年産業・雇用・労働史』（日本労働研究機構，1995年12月）552頁の「戦後の労働経済の主要統計指標」参照。

[194]　諏訪康雄「労働組合法17条とは何だったのか？」学会誌90号（1997年10月）145頁。

[195]　日本では企業別組合が主流となった原因としては，白井泰四郎『企業別組合（中公新書175）』（中央公論社，1977年2月7版）30頁以下，盛125頁など参照。

[196]　神代和欣＝連合総合生活開発研究所・前掲『戦後50年産業・雇用・労働史』167頁，菅野和夫『雇用社会の法』（有斐閣，1996年3月）11頁。

条件の形成・変更は就業規則によるしかないことになる。

また，長期雇用システムをとる企業においては，会社と従業員の利益が一致することが多い故に，企業別組合が御用組合になる危険性を孕んでいることは否定できない。企業別組合は，必ずしも従業員全体の利益を公正に代表していない場合も多いと思われる[197]。おそらくこのような考慮から，第2章第4節Ⅱで見たように，裁判所は，合理的変更法理の合理性判断を応用して，労働協約の内容を審査するようになっている。そして，たとえ労働協約に基づいた就業規則の不利益変更であっても，改定就業規則の内容について合理性審査を行っている。このような裁判所の強い介入を批判している学説も見られる[198]が，学説の多くは，程度は異なるものの，裁判所による後見的審査を肯定している[199]。

労働組合への組織率は，昭和28（1953）年から昭和45（1970）年まで32～36%で推移したのち[200]，昭和60（1985）年以降30%以下になり，徐々に減りつつ，平成11（1999）年に約22.2%となるに至った[201]。このような組合組織率の低下は，構造的なものと思われる。すなわち，労働組合の組織率は，当初は組合員の数は大きく変化せず雇用者数の増加によって低下していたが，この数年間は組合員の絶対数も着実に減少傾向にある[202]。この傾向は，パートタイム労働者を中心とした非典型労働者の増加，ホワイトカラーの増加，労働者の所得・教育水準の向上などの要因によると見られる。

---

[197] 第2章第4節Ⅱ3参照。

[198] 例えば，大内86～87頁，313頁，327頁

[199] 例えば，道幸哲也「労働組合の公正代表義務」学会誌69号（1987年5月）5頁以下，辻村昌昭「労働協約による労働条件の不利益変更と公正代表義務」学会誌69号（1987年5月）54頁以下，毛塚勝利「集団的労使関係秩序と就業規則・労働協約の変更法理」季労150号（1989年1月）150～151頁，下井隆史「労働協約の規範的効力の限界」甲南法学30巻3＝4号（1990年）363～364頁，下井・労使134～135頁，西谷・労組法349頁。

[200] 神代和欣＝連合総合生活開発研究所編・前掲『戦後50年産業・雇用・労働史』552頁の「戦後の労働経済の主要統計指標」参照。

[201] 労働大臣官房政策調査部編『労働統計要覧2000年版』（大蔵省印刷局，2000年3月）236頁。

[202] 盛126～127頁。

第2節　判例法理の妥当性とその補強　225

　このような組合の推定組織率の低下によって，労働協約の締結がカバーできる労働者の範囲が小さくなるであろうから，就業規則の合理的変更法理はますます必要となるのである。

Ⅸ　判例法理について残る問題点

　上述のように，就業規則の法的効力について筆者は，学説による多様な理論の提示にもかかわらず，判例法理が相対的に最も優れたものであると考え，その定式化と精密化を試みた。しかしながら，就業規則の法的効力は，「労働法学にとっての永遠のアポリア」[203]と称されるように，極めて複雑で困難な問題であり，判例法理を基礎とした理論の提案を試みていく場合でも，なお問題点が残ることは否定しがたい。
　まず何よりも，合理的変更法理の法的根拠とは何かについて問題が残る。そこで，説得的な合理的変更法理の法的根拠を模索して構築していくことが必要とされる。これまで学説は雇用システムとの関係で判例法理の実質的妥当性を説明してきた[204]が，本稿では，雇用システムとの関係に関する説明のみならず，上記のように，合理的変更法理の法的根拠を労基法89条が規定する就業規則の作成・変更権限から導かれる形成権としての労働条件変更権にあると理解する仮説を提示した。しかし，形成権という理解については，私的自治の原理や労働条件対等決定の原則との関係においてさらなる検証が必要とされる。
　また，合理的変更法理はいくつかの要素を組み合わせた総合的判断であるだけに，結論の法的安定性において問題を残している。つまり，ある就業規則の不利益変更が合理性を有するか否かについて，裁判官によってその判断が異なる可能性は否定できない。この弱点を克服するために，合理性判断の

---

[203]　下井隆史「就業規則――〈法的性質〉と〈一方的変更の効力〉――の問題をめぐって」恒藤武二編『論争労働法』（世界思想社，1978年4月）288頁，下井・就業規則296頁。
[204]　荒木尚志「労働市場の変容と労働条件変更法理の課題」日本労働研究機構『労働市場の変化と労働法の課題』（日本労働研究機構，1996年3月）149頁，荒木(5)952～956頁，荒木247～251頁参照。

定式化を新たに試みて，多数労働者の意見を重視し，労使の合意に基づく就業規則の改訂の場合には，改訂プロセスの審査を中心とする合理性審査が必要とされるべきではないかと思われる。しかし，判例法理の法的安定性に有益となるとはいえ，この弱点を完全に払拭することは困難である。他方，企業別組合の弱さおよび労働組合組織率の低下に鑑み，改訂プロセスの審査を中心とする合理性審査に適する事案（労働協約に基づいた就業規則の不利益変更）も減っていき，変更内容の全面的審査が行われるべきことによって，裁判結果の予測可能性が改善できないのではないか，とも危惧される。

さらに，就業規則による労働条件変更法理は，その効力の成否を裁判所の合理性審査に委ねていることから，訴訟を提起しなければ適用されないことになる。形成権説をとる場合には，確かに経営の機動性に対応できるが，当該就業規則の変更に不服をもつ〔少数の〕労働者が裁判で就業規則変更の合理性を争う場合，長期にわたり当該変更の効力は確定しないことになる。こうして合理的変更法理は，実効性・安定性において弱点を残していると指摘されている[205]。これらの弱点を解決するためには，結局，労使紛争解決制度の整備が不可欠となる。

日本では，労使自治の機能不全のために，就業規則法理が労働条件変更法理としての中核的位置を占めている。その現状をそのまま容認してよいのか，または「労働法の基本理念である労使自治の関係から見直すべき点があるのではないか」という指摘がなされている[206]。現行法制のもとでは，就業規則の作成・変更は使用者によって一方的になされるが，就業規則に定められている集団的労働条件は基本的に労使自治によるべき問題であると思われる。従業員代表制の制度化によって労働条件の共同決定制度を導入すべきかという立法論が要検討の課題となろう[207][208]。

---

[205] 荒木・前掲『労働市場の変化と労働法の課題』149頁。
[206] 荒木・前掲『労働市場の変化と労働法の課題』149～150頁。
[207] 例えば，西谷敏「日本的経営の変化と日本労働法」労旬1382号（1996年4月）31頁。

X 小 括

　以上のような問題点を有しているにもかかわらず，現行法制のもとで，就業規則の不利益変更という難問を解決するには判例法理に頼らざるを得ないと思われる。

　その最も大きな理由としては，集団的労働条件の形成・変更を貫徹する手段は就業規則の変更によるしかないとの点にある[209]。すなわち，集団的労働条件の形成・変更について，労使双方は団交を通じて労働協約を締結しこれを実現するのが最も望ましいといえるが，労働協約が必ずしも締結されるとは限らないし，仮に労働協約が締結されても全従業員をカバーできるとは限らない。また，個々の労働者の同意を得てから労働条件を変更することも考えられるが，現実的ではない。結局，残された集団的な労働条件の変更手段としては，就業規則の変更しかない。

　また，現行法制のもとで，法解釈論による労働条件変更法理の再構築を試みた学説が多くあるが，判例法理よりも成功しているとはいえない。結局，労働条件の共同決定の導入への法改正が行われないかぎり，合理的変更法理による労働条件変更法理は，労使の利益に関する最も有用な調整枠組みとして，今後とも活用されていくと思われる。合理的変更法理は完璧なものとはいえないが，改善できないとはいえない。そこで，一番批判されている「法的根拠の不明」や「合理性判断基準の不明確」または「法的安定性の欠如」を中心として，学説は，判例法理を補強・改善するために力を注いできている。

---

[208]　就業規則法制の立法論の検討に関するものとして，例えば，山本吉人「『就業規則関係』改正上の問題点」季労139号（1986年4月）29頁以下，外尾健一「就業規則に関する立法論的考察——労基法研究会第一部会報告の検討——」日本労働協会雑誌323号（1986年5月）2頁以下，長渕満男「就業規則法制の立法論的検討」労旬1170号（1987年6月）5頁以下，毛塚勝利「就業規則法制の『問題点』と検討課題」季刊労働法145号（1987年10月）56頁以下，片岡曻＝西谷敏「労働契約・就業規則法制の立法論的検討」労働法律旬報1279＝1280号（1992年1月）4頁以下，深谷信夫「就業規則法制の立法論的検討」学会誌82号（1993年10月）105頁以下。

[209]　荒木(5)953頁，荒木247～248頁も参照。

合理的変更法理を労使の利益の適切な調整枠組みと考える筆者も，定型契約説に立ちながら，使用者による就業規則の一方的変更が変更に同意しない労働者を拘束しうる根拠は，労基法89条から導き出す使用者の就業規則変更権にあり，また「合理的変更法理」の判断基準は，就業規則の変更権の濫用の歯止めになる，と考えるに至った。また，判例法理の法的安定性の不足を改善するために，多数労働者の意見を重視する学説に従って，判断枠組みの定式化を新たに模索してみた。この法的安定性の欠如は労使関係的性格に由来するのではないかと思われる。労使交渉の場面においても見られるように，労使の力関係は時々刻々変化するので，交渉の妥結点を正確に予測することは困難だからである。このような欠点を改善するためには，たとえ共同決定制度を導入しても，労使の意見が一致しないときには，結局新たな調整機関（労使の専門家を加えた判定・調整機関）が必要となるのではないかと思われる。

第4章　就業規則判例法理の
　　　　台湾の判例への影響

　すでに述べたように，台湾の学者は，就業規則の法的効力問題を論ずる際，常に日本の学説および判例法理を議論の前提としている[1]。また，本章第2節で見るように，台湾の下級審裁判例においては，日本の就業規則判例法理の合理的変更法理を取り入れたものが登場し，1999年には台湾の最高法院すなわち最高裁判所もこれを是認し[2]，一つの流れを形成している。要するに，日本の判例理論が台湾における就業規則の法的効力論へ実際上の影響を与える下地となっているのである。

　本章は，台湾における就業規則制度と法理の形成，および裁判例による合理的変更法理の形成を検討したうえで，台湾における就業規則法理の発展の方向性を提示したい。

第1節　台湾における就業規則制度と法理の形成

　台湾における就業規則法制は，1929年の「工廠法」(すなわち工場法)によって創設された[3][4]。1984年の「勞動基準法」(以下「労基法」)も，工廠法の規定に若干の修正を加えながら，就業規則に関する規定を設けていた。しかしながら，後述するように，いずれも極めて簡単な規定にすぎないから，就業規則の不利益変更の法的効力などの問題の解決は判例や学説に頼らなければ

---

(1)　本稿「はじめに」を参照。
(2)　太平産物保険事件・最高法院（1999年7月30日）88年度台上字第1696號判決（最高法院民事裁判書彙編37期560頁）。

ならない。

本節では，台湾における就業規則制度と法理の形成を見てみよう。

第 1 款　工廠法時代（1929年から1984年 7 月まで）

I　就業規則に関する工廠法とその施行規則との規定

　工廠法は，1929年12月30日に制定され，1931年 8 月 1 日から施行されている。1932年12月30日，1975年12月19日の 2 回の改正を経て，現在なお有効である。1984年の労基法立法当時には工廠法を廃止するという意見があったが，工廠法と労基法の適用範囲が異なり，工廠法は適用されるが労基法は適用されない労働者を保護するため，工廠法は廃止しないことになった[5]。

　工廠法においては，就業規則に関する規定は75条のみである。同条は，「工廠規則の制定あるいは変更は，主務官庁に報告して認可を受け，併せて掲示しなければならない」と規定している。また，就業規則の記載事項については，1976年 6 月24日に発布された「工廠法施行細則」の36条が次のように規定している[6]。

---

(3) 1945年 8 月第二次世界大戦終戦まで台湾は日本の植民地であったが，中華民国政府（国民党政府）が台湾を接収した1945年から，台湾は中華民国の法制を適用するようになっている。そこで，現行の台湾の労働法制をより深く理解するためには，戦前の中華民国政府の労働法制を研究することが不可欠である。しかしながら，中華民国政府（国民党政府）が中国共産党との内戦で敗れて1949年に台湾に移ったため，戦前の中華民国の労働立法に関する多くの資料，例えば1929年「工會法」（労働組合法）や1929年「工廠法」の立法資料は，もはや台湾では入手できない。

　なお，中華民国では，1929年「工廠法」以前に，1923年「北京政府暫行工廠通則」，1926年「湖北臨時工廠條例」，1927年「上海勞資調節條例」「陝甘區域内臨時勞動法」「廣東工廠法草案」「北京工廠條例」などの労働保護立法が存在していた（史尚寬『勞動法原論』〔1934年上海初版，1978年台北重刊〕352～353頁参照）。

(4) 第二次世界大戦終戦後の，台湾における，日本法制から中華民国法制への過程および問題点については，王泰升「臺灣戰後初期的政權轉替與法律體系的承接（一九四五至一九四九）」『臺大法學論叢』29巻 1 期（國立台灣大學法律學院，1999年10月） 1 頁以下参照。

「工廠は，法の第75条によって工廠規則を制定するときには，下記の事項を明記しなければならない。
　一　雇入れ，解雇に関する事項。
　二　労働時間，休憩，休日，国定記念日，年次有給休暇および継続性作業の交替方法等に関する事項。
　三　賃金の基準，計算方法および支払日に関する事項。
　四　労働時間の延長に関する事項。
　五　工員の休暇請求に関する事項。
　六　年末の賞与あるいは利益配当に関する事項。
　七　工員が遵守すべき労働安全衛生法規に関する事項。
　八　工員が遵守すべき服務規律に関する事項。
　九　勤務評定，表彰，制裁に関する事項。
　十　工員の退職に関する事項。
　十一　労働災害・傷病の補償に関する事項。
　十二　定年，慰問，解雇（手当），福利厚生に関する事項。
　十三　その他被用者全員に関する共同事項。」
したがって，工廠法75条によると，就業規則の制定および変更については，主務官庁の許可がなければその効力を生じないことになる。また，工廠法の適用範囲が一般に動力機械を使用する工場に限られるので，工廠法を適用す

---

(5)　工廠法1条によると，一般に動力機械を使用する工場はすべて工廠法が適用される。これに対し，1984年立法当時の労基法3条によると，労基法の適用範囲は，①農・林・漁・牧業，②鉱業および土石採取業，③製造業，④土木建築業，⑤水道・電気・ガス業，⑥運送・倉庫および通信業，⑦マスコミ業，⑧その他中央主務機関が指定する事業，などの事業である。このような労基法の規定によると，約4割の被用者は労基法の適用範囲外にあった（たとえば，銀行は労基法の適用範囲外であった）。労働者の保護をさらに進めるため，1996年12月に労基法は，1998年年末までにすべての雇用関係に適用するように改正された（3条3項）。しかし，労基法を適用するのが困難であるときには適用しない（同但書）。また，労基法を適用しない労働者の人数は，上記①〜⑦以外の業種の労働者人数の5分の1を超えてはならない（労基法3条4項）。
(6)　同規定は，1932年12月30日の「修正工廠法施行條例」および1936年12月10日の「工廠法施行條例」に見当たらず，1976年に初めて登場したと考えられる。

る工場の使用者のみが就業規則の作成義務を有し,それ以外の使用者は就業規則の作成義務を有しない,と思われる[7]。そして,使用者が就業規則を作成する際に労働者の意見を聴取する必要もない。

工廠法における就業規則に関する規定はこのように極めて簡単なものであるので,就業規則の法的性質や不利益変更に関して同法がどのような考え方をとっているかを容易に判断することはできない[8]。

Ⅱ 学 説

工廠法時代において就業規則を論じた学者は極めて少なく,わずかに史尚寛教授[9]および黄越欽教授がいるのみである。

---

[7] 黄越欽(1978)56頁参照。しかし,工廠法75条およびその施行細則36条の文言から,直ちに「使用者が就業規則の作成義務を負う」とのことを導くことができるのかについては,疑問がないわけではない。1984年労基法の文言からは,法の規定によって使用者が就業規則の作成義務を負うということは確かである。しかしながら,工廠法75条の文言上は,使用者は,「自らの必要に応じて工廠規則を作成または変更する場合」に,「主務官庁の認可」および「公開掲示」を必要とされるのぞみであり,必ずしも就業規則の作成義務を課しているのではない,と解釈するのも可能であろう。

[8] 日本において最初の一般的就業規則法制が登場するのは,大正12 (1923) 年の工場法改正法の施行と同時に施行された大正15年の改正工場法施行令および同施行規則においてであったといわれる(浜田2〜3頁参照)。日本工場法施行令27条ノ4の文言と比較してみても,中華民国工廠法における就業規則法制が当時の日本の就業規則法制を参考として作られたものであるかは不明である。

[9] 史尚寛教授は1898年頃に中国安徽省で生まれた。京都第三高校を経て東京帝国大学法学部を卒業し,1922年秋からドイツのベルリン大学で法律学を2年間研究し,その後フランスのパリ大学で政治と経済を2年間研究した。1927年に中国に帰国し,中央大学,政治大学などの大学で法学教授を務めた。1920年代末期から中華民国の民法と労働法の立法に関与し,多くの労働立法の草案,例えば1928年「廣東政府勞動法典草案」,1929年「工會法」(労働組合法),1930年「團體協約法」(労働協約法)ならびに50年代末から60年代にかけて起草されて立法化に至らなかった「勞工法草案」(統一労働法典草案)を起草した。

第1節　台湾における就業規則制度と法理の形成　233

1　法規説

まず，1930年代において史尚寬教授は，当時の世界各国の就業規則法制を論ずる際に，「工廠規則の制定は強制されるのであるが，その内容が使用者に自由に規定されるのは不当である。従来の学説によると，工廠規則を使用者の契約の申込みとし，被用者は，雇用されるときにその工廠規則の内容について承諾をなすが故に，それに拘束されなければならない（契約説）。しかしながら，この説は，理論上も実際上も支持してはいけない。近来，工廠規則は，その制定手続の如何を問わず，工廠内における法律とされる」と述べた[10]。したがって史教授は，就業規則の法的性質について，契約説を排斥し，法規説をとっているようである。しかし，就業規則の不利益変更の法的効力については言及されていない。

また，1970年代に黃越欽教授は，就業規則の法的性質に関して，工廠法が法規説中の授権説をとっていると推測した[11]。そして，法規説によれば，使用者は一方的に就業規則を設定する権利を有するので，就業規則を変更する権利をも当然にもっている，と説明した[12]。

2　契約説

しかし，工廠法が法規説中の授権説をとっていると推測した黃越欽教授は，法規説を次のように激しく批判している。すなわち，現行法が就業規則に対し黙示的に法規説をとっていることは，法理論的に明らかに誤った選択である。法規説は就業規則の法的地位を高く評価しすぎ，私法人に立法権を不当に授与し，かつ国家が国民を統治するのと同様の地位に使用者を立たせるものである。このような使用者の法律制定権に対しては断固反対の態度を採らざるを得ない，という[13]。このような黃越欽教授の法規説に対する批判には，労基法時代に入ってから後述の劉志鵬弁護士および呂榮海弁護士が賛意を示しており[14]，また下級審の裁判例[15]によっても使われるようになった。

黃越欽教授の自説の概要は，次の通りである。すなわち，就業規則は使用

---

[10]　史尚寬『勞動法原論』（1934年上海初版，1978年台北重刊）381頁。
[11]　黃越欽（1978）61頁。
[12]　黃越欽（1978）65頁。
[13]　黃越欽（1978）62〜65頁。

者の「組織的な私法上の意思表示」であり，慣習法でもないし，法規でもなく，事実たる慣習の効力のみを有する(16)。就業規則は，個別労働契約の共同内容に関する「総予定」であるので，「労使双方の一般的な事実たる慣習」を「個別的労働契約内容」に転換する媒介の一種である。これは，一般の附合契約の状況と全く同じであり，附合契約に関する法理を適用すべきである。それ故，就業規則は，これを公開掲示しなければならないと同時に，行政監督を受けるべきである。そして，就業規則は使用者が一方的に制定できるが故に，就業規則を一方的に変更することも本来使用者の自由である。しかし，旧就業規則の内容に従って成立していた労働契約に対して，使用者は，変更後の就業規則が当然に有効であることを主張することはできない。けだし，契約の一方当事者は一方的に契約内容を変更する権利を有せず，就業規則の変更に反対して旧就業規則によって労務を提供する労働者と使用者との間の紛争は，契約上の新たな合意の問題であり，既存の契約の違反の問題ではないからである。もちろん，労働者は，黙示的に変更後の新就業規則に従って継続就労すれば，新就業規則を承認することにより契約上もそれを受け入れたことになり得る(17)。

なお，注意すべきは，黄越欽教授が，工廠法の就業規則法制に関する解釈について，法規説をとっている点である。

---

(14) 劉志鵬（1985）12頁，劉志鵬（1990b）62頁（劉志鵬・研究284頁），呂榮海『勞動法法源及其適用關係之研究』（國立台灣大學法律學研究所博士論文，1991年6月）197頁。また，劉士豪『德國，奧地利與我國一般解雇保護之比較研究』（國立政治大學勞工研究所碩士〔修士〕論文，1993年5月）107頁も同旨。

(15) 例えば，台北區中小企業銀行事件・台北地方法院（1996年1月25日）84年度勞訴字第38號判決，台北區中小企業銀行事件・台灣高等法院（1996年9月24日）85年度勞上字第16號判決，中國石油化學工業開發事件・台灣高等法院（1998年1月26日）86年度勞上更(1)字第17號判決，美商大都會人壽保險台灣分公司事件・台北地方法院（1998年2月27日）86年度勞簡上字第24號判決，富邦人壽保險事件・台北地方法院（1999年6月16日）87年度勞訴字第30號判決，敬鵬工業事件・桃園地方法院（1999年10月29日）87年訴字第1192號判決。

(16) 林武順『勞工法上解雇問題之研究』（國立政治大學法律學研究所碩士〔修士〕論文，1984年1月）122頁も同旨。

(17) 黄越欽（1978）65～66頁。

III 実務見解

1 行政解釈

　主務官庁であった内政部の行政解釈は一貫して，就業規則の法的性質について法規説をとっていると思われる[18]。例えば，「工廠が工廠法第8条と第10条[19]および同法施行条例第6条の規定によって労働時間の延長を行う場合，労働者は拒否し得ない。これを拒否する場合，当該工廠規則の規定によって処理する」[20]，「公共施設に大勢の人を集めて賭博を行う場合，刑法第266条の賭博罪になる。裁判所によって有罪判決が下され，あるいは違警罰法第64条第7号に違反し警察機関に処罰され，並びに工廠規則に明文規定がある場合，工廠法第31条第1号[21]におけるいわゆる『事情重大』に属する。」[22]などの解釈がある。しかし，就業規則の変更に関する行政解釈は見あたらない。

　また，労働条件の変更については，例えば，「使用者は，労働条件を変更しようとする場合，労働者の同意を得べきである」[23]，あるいは「労働契約

---

[18] 黄越欽（1978）61頁，劉志鵬（1990b）64頁（劉志鵬・研究289〜290頁），呉奎新「攸關權益──工作規則」『律師法律雜誌』第44期（1991年6月）32頁。しかしながら，これらの行政解釈は，必ずしも就業規則の法的性質を法規説と意識して行われたものではないと思われる。

[19] 工廠法第8条：「成年労働者の毎日労働時間は8時間を原則とする。地方の状況あるいは労働の性質により，労働時間を延長しなければならない場合，10時間まで延長することができる。」

　工廠法第10条：「第8条の規定のほか，天災・事変・季節の関係により，労働組合の同意を得た後，さらに労働時間を延長することができる。但し，毎日の総労働時間は12時間を超えてはならず，その延長労働時間の合計は毎月46時間を超えてはならない。」

[20] 内政部1957年1月12日台（46）内勞字第105653號代電復台湾省社會處。

[21] 工廠法第31条：「左記各号の状況に一つに該当する場合，たとえ労働契約期間の満了の前であっても，工廠は予告を経ずに契約を終了させることができる。
　一　労働者が工廠規則に違反し，かつその事情が重大な場合
　二　労働者が理由を有せずに連続3日以上欠勤した場合，あるいは1カ月内に理由を有せずに6日以上欠勤した場合」

[22] 内政部1961年4月10日台（50）内勞字第55882號令台湾省社會處。

の内容を変更しようとする場合，労使双方は，相手の同意を得なければならない。」[24]，などの行政解釈がある。しかし，これらの行政解釈は労働契約内容の変更についてのものであって，就業規則の変更についてのものではない。

  2 裁判例

台湾では，下級審の裁判例は1990年6月まで公表されていなかったので，工廠法時代の裁判例を体系的に研究することはほとんど不可能である。就業規則に関連する最高法院の裁判例もあったが，いずれも，就業規則の存在を無視して事案を判断したり[25]，就業規則でないものを就業規則と誤認して事案を判断する裁判例[26]であり，就業規則に関する本格的な判例ではない。

Ⅳ 小 括

まず，就業規則に関する工廠法の規定は極めて簡単なもので，その立法趣旨はいまだ明らかにされていない。

また，学説上，就業規則に関する論述は極めて少なく，法規説と契約説（事実たる慣習説あるいは附合契約説）のみがみられる。契約説を自説として主張する黄越欽教授も，就業規則法制に関しては，工廠法が法規説をとっているように解釈している。

そして，実務においては，行政解釈は法規説をとっていると解される。また，最高法院の裁判例は，就業規則の問題を認識していないように見える。

こうして，工廠法における就業規則法制については未解明なところが多く残されており，就業規則法理も本格的に展開されていなかった。後に見るように，就業規則に関する研究は，1984年の労基法が立法されてからようやく本格的に行われ始めたのである。

---

(23) 内政部1981年12月4日（70）台内勞字第55250號函。
(24) 内政部1981年12月28日（70）台内勞字第60130號函。
(25) 興南バス事件・最高法院（1964年1月18日）53年度台上字第92號判決中華民國裁判類編・民事法㈧13頁。
(26) 高雄県梓官区漁会事件・最高法院（1966年12月30日）55年度台上字第3285號判決中華民國裁判類編・民事法㈨510頁。

第2款　労基法時代（1984年から現在に至る）

I　労働基準法と労働基準法施行細則における就業規則に関する規定

1　労働基準法

台湾の労働基準法は，1984年7月30日に制定され，1984年8月1日から施行されてきている。

労基法の就業規則に関する規定としては，70条および71条がある。労基法70条は次のように規定している。

「常時30人[27]以上の労働者を使用する使用者は，その事業の性質によって，次の事項について就業規則を作成し，主務官庁に届け出た後，これを公開掲示しなければならない。

一　労働時間，休憩，休日，国定記念日，年次有給休暇および継続性作業の交替方法。

二　賃金の基準，計算方法および支払の時期。

三　労働時間の延長。

四　手当および賞与。

五　遵守すべき服務規律。

六　勤務評定，休暇請求，表彰，制裁および昇進転勤。

---

[27]　労基法草案では「10人」と規定されたが，立法院（国会に相当）で審議された際に，主務官庁であった内政部が「10人」を固持せず，立法委員（国会議員に相当）によって「30人」に変更された。その理由としては，次の2つのことがあげられた。まず，台湾では中小企業が多く，その大部分が就業規則を作成する能力を有しない。そして，工會法（労組法）によれば，同一の工廠で30人以上の労働者がいるときは労働組合を組織すべきであるから，職場に労働組合が存在すれば，就業規則の作成および執行を期待することができる（立法院公報73巻63期11〜12頁，同64期2〜6頁参照）。台湾労基法の立法過程においては，就業規則法制についてこの点は最も議論されたところである。なお，台湾労基法の立法過程に関する研究として，張昌吉『我國勞動基準法制定過程之研究』（國立政治大學政治研究所碩士〔修士〕論文，1985年7月）がある。

七　雇入れ，解雇，退職および定年退職。
八　労働災害・傷病の補償および慰問。
九　福利厚生。
十　労使双方が遵守すべき労働安全衛生の規定。
十一　労使双方の意思疎通および協力強化の方法。
十二　その他。」

行政院（内閣）が提出した草案の説明によれば，労基法70条は，「工廠法第75条を参照し，より詳細な規定」として定められる[28]。なお，同79条1号によれば，同70条に違反する場合には2,000元以上20,000元以下の過料が科される。

また，労基法71条は，「就業規則の中で，法令の強行規定若しくは禁止規定又は当該事業に適用される労働協約の規定に違反するものは，無効とする」と規定している。行政院の説明によると，71条が定められたのは，就業規則が法令の強行規定もしくは禁止規定または当該事業に適用される労働協約の規定に違反してはいけないからである[29]。ごく簡単な説明がなされているにすぎない。

2　労働基準法施行細則

1985年2月27日に国の主務官庁たる内政部によって制定・公表された「勞動基準法施行細則」は，就業規則に関して次のような規定を設けている。

　　37条1項　「使用者は，雇用する労働者の人数が満30人に至った場合においては，遅滞なく就業規則を作成し，並びに，30日内に主務官

---

[28]　立法院公報73巻51期59頁。また，内政部は労基法草案報告において，「工廠法においては，工廠規則の内容が提示されていない。労使双方が意志疎通を先に行って，争議を減らすために，労基法における就業規則の作成手続及び内容の重点を規定する」との説明を行っている（内政部『勞動基準法草案報告及有關参考資料』〔1982年4月〕31頁参照）。

　なお，立法過程においては，日本労基法90条を参考とし，就業規則の作成あるいは変更について労働組合や多数労働者の代表の意見を聴取する必要とすることを労基法70条2項として増訂する，との立法委員（国会議員）の意見があったが，採択されなかった。（立法院公報73巻57期100～101頁参照）。

[29]　立法院公報73巻51期60頁。

庁に届け出なければならない。これを変更した場合においても同様である。」

37条2項 「主務官庁が必要であると認める場合においては，使用者に，前項就業規則の修正を命ずることができる。」

38条 「就業規則が主務官庁に届け出た後，使用者は直ちにこれを事業場内に掲示するとともに印刷して各労働者に配付しなければならない。」

39条 「使用者が必要があると認める場合においては，法第70条各号について，各々別に規則を定めることができる。」

40条 「事業単位の事業場が各地に分散しているものについては，使用者はその事業単位の全部の労働者に適用する就業規則，或いは当該事業場にのみ適用する就業規則を定めることができる。」

1987年8月，内政部勞工司（労働局）から昇格した「行政院勞工委員會」（労働省に相当）は，中央政府労働行政の主務官庁として発足した[30]。上記37条は，1997年6月12日に行政院勞工委員會によって以下のように修正された。

37条1項 「使用者は，雇用する労働者の人数が満30人に至った場合においては，遅滞なく就業規則を作成し，並びに，30日内に主務官庁に届け出なければならない。」

37条2項 「就業規則は，法令，労使協議あるいは管理制度の変更により修正しなければならない。就業規則が修正された後は，前項の

---

[30] 1990年行政院（内閣）によって提出された労基法改正案においては，主務官庁に関する労基法4条の改正が予定されていた。行政院勞工委員會が1987年から主務官庁になった実際的根拠は，行政院（内閣）の発した命令である。労基法は1996年12月に，適用範囲と労働時間などの4つの条文が野党側の議員の「突撃」によって改正された。しかし，労基法4条にいう中央政府労働行政の主務官庁は依然として「内政部」のままであった。このことは，法治国家の観念が薄いという批判を免れることができないであろう（黃瑞明「廻光返照的團體協約法——評全總與工總的團體協商」劉志鵬＝黃程貫編『勞動法裁判選輯』〔月旦出版社，1998年5月〕605頁参照）。なお，工會法（労働組合法）3条においても同様な問題があった（黃越欽・新論373頁参照）。

2000年7月19日に至り，労基法4条および工會法3条の改正により，中央政府労働行政の主務官庁は行政院勞工委員會と明示された。

　　　　手続により届け出なければならない。」
　37条3項 「主務官庁が必要であると認める場合においては，使用者に，
　　　　前項就業規則の修正を命ずることができる。」
このように，労基法の就業規則関係の規定も極めて簡単なものであり，就業規則の法的性質や不利益変更の問題についての立場は不明である。労基法における就業規則法制の特徴としては，①就業規則が使用者によって一方的に作成され，変更されうること，②法令・労働協約に反してはならないこと，③就業規則が，法令，労使協議あるいは管理制度の変更に応じて修正されなければならないこと（労基法施行細則37条2項），④主務官庁による変更命令（労基法施行細則37条3項），をあげることができる。

II　学　説

　労基法が制定されて以降，学者や実務家は就業規則の問題に注目し始めた[31]。しかし，就業規則の法的性質およびその不利益変更に関する問題について深く論及した学者は未だ少ない。以下，法規説，契約説，根拠二分説，集団的合意説に分けて，それぞれ説明する。

1　法規説

　まず林振賢教授は，労基法が就業規則について規定していることから，法規説を基礎とすることを認め得る，と述べた[32]。しかし，その理由は不明確であり，しかも就業規則の不利益変更については何らの説明も行っていない。
　次いで呉奎新弁護士は，法規説を支持して，次のように説明する。まず，労基法によれば，就業規則の作成には労働者の同意が必要とされていない。また労基法12条4項4号は，労働者が就業規則に違反し，かつ情状の重大な場合においては，使用者は予告をせずに解雇しうる，と規定している。このことは，就業規則が法規範の性質を有する証拠である。そして就業規則は，

---

[31] 台湾では，労基法の制定が労働法の研究への関心を呼んだといっても過言ではない。

[32] 林振賢『勞動基準法釋論——中日韓勞動基準法之比較説明』(1985年12月初版) 210頁。

労基法70条の授権によって使用者が一方的に制定する社会規範であり，その運用においては法的規範と異ならない。したがって，法規説をとる以上，使用者が就業規則を変更する場合には，労働者の同意を得る必要がなく，かつ労働者に対する拘束力を有する。ただし，既得権の保障に関する法理は適用される。しかしながら呉弁護士は，実務家の立場から，法規説の欠点の存在を意識し，その克服を試みる。すなわち同弁護士は，就業規則を変更する際に労働者の権利を侵害する虞れがあるから，この欠点を解決するために労働者の意思を尊重したほうがいい，と説く[33]。

また黄越欽教授は，就業規則の法的性質に関して，労基法も工廠法と同じように法規説をとっているとし，その主な根拠として，①使用者が一方的に就業規則を作成することができ，労働者の同意を得る必要もなく，労働者の意見を聴取する必要もないこと（つまり，契約説ではない），②労基法施行細則7条によって規定される労働契約の内容は，労基法70条の就業規則の内容とほぼ一致している――ただし，労働契約は労使双方が平等の地位に立って合意されるものであるにもかかわらず，就業規則は使用者が一方的に作成するものであること（労働契約の内容の代替，授権説），③労基法施行細則39条は，使用者は必要がある場合においては法70条各号についてそれぞれ別に規則を定めることができる，と規定しているが，これは，使用者の就業規則作成に関する権力をさらに拡大すること，④労基法12条1項4号の規定によって，労働契約または就業規則に違反し，情状の重大な場合においては，使用者は予告をせずに当該労働者を解雇することができる[34]こと，などをあげている。そして，就業規則の不利益変更については，法規説をとれば，使用者は一方的に就業規則を制定する権利を有するのであるから，就業規則を変更

---

[33] 呉奎新「攸關權益――工作規則」律師法律雑誌44期（1991年6月）32～33頁，呉奎新『勞工權益――例解勞動基準法』（永然文化出版公司，1993年12月初版2刷）212～213頁参照。

[34] 黄教授は台湾では労働契約法が未だに施行されておらず，本条は，事実上就業規則違反の労働者に対する解雇規定であると指摘している。労働契約法は，1936年12月25日に国民政府によって制定されたが，いまだ施行されていない。したがって，勞動契約法は有効な法律ではなく，「法理」として参考されることがありうるにすぎない。

する権利をも当然にもっている，とする(35)(36)。

　法規説を主張する者が少なくなっているなかで，1999年に楊通軒教授は，行政解釈および裁判例を検討したうえで，法規説をとる実務見解のなかに，「既得権」や「信義則」あるいは「合理的労働条件」を用いて使用者の就業規則作成・変更権限を制限するものがあると分析し，それらの見解を「修正法規説」と称し，自らもこの修正法規説に立つ，とした(37)。楊教授は，まず就業規則の法的性質について，労基法の規定ならびに工廠法の歴史的沿革に照らして法規説をとるべきものとする。そして，法規説をとると，労働者の権利・利益を過度に侵害するおそれがあるが，既得権や合理的労働条件あるいは信義則を用いて使用者の権限を制限するという修正法規説であれば，使用者による就業規則の一方的制定権限を留保するのみならず，労働者の権利・利益も考慮に入れることができるから，ほかの説に比べて妥当であるとする(38)。また，使用者は原則として就業規則を一方的に変更することができるが，不利益変更の際に，既得権の保障・信義則を適用し，労働者の同意を得ていなければ当該労働者を拘束することができないとし，企業は経営上の必要に基づき就業規則を一方的に不利益変更する場合，労働者がすでに取得した既得権を放棄することができるか否かについては，より厳格な審査基準に基づくべきであると述べている(39)。

　以上のように楊教授は，経営の弾力性を保持するという経営上の必要性を

---

(35) 黄越欽129頁～135頁，黄越欽・新論198頁以下。なお，黄越欽教授の法規説に対する批判は，前述黄越欽（1978）のほか，黄越欽130～133頁および黄越欽・新論199～202頁参照。

(36) なお，初炳蔚『勞工安全衛生工作守則之研究』（私立中國文化大學勞工研究所碩士〔修士〕論文，1988年6月）26頁は，就業規則の法的性質を授権説で説明している。そして，朱言貴「工作規則的法源定位」勞工之友575期（1998年11月）22～23頁は，現行法制のもとで，就業規則の法的性質を授権説で説明している。

(37) 楊通軒「工作規則法律性質之探討――最高法院八十一年度台上字第二四九二號及八十四年度台上字第一一四三號民事判決評釋」（「勞動法讀書會」報告，1999年6月3日――その後，同報告は，中華民國勞動法學會編『勞動法裁判選輯(三)』（元照出版公司，2000年1月）77頁以下に収録されているので，以下では，すべて同書のページ数を引用する）。

(38) 楊通軒91頁。

重視し,「使用者による就業規則の一方的制定権限を留保する」という立場をとりながら,使用者による就業規則の一方的変更という法規説の欠点を克服するために,既得権や合理的労働条件あるいは信義則などを用いて,使用者の変更権限を制限しようとしている。そして,経営上の必要性に基づき就業規則を一方的に不利益変更した場合の拘束力については,「労働者の既得権を放棄しうるか否か」という審査基準を打ち出している。これは,「変更の必要性」と「労働者の被る不利益性」との比較考量という手法であり,基本的には日本における「合理的変更法理」および後述する劉志鵬弁護士の見解に通じる論法といえよう。

2　契約説

黄越欽教授は,労基法が法規説をとっていると解釈するが,自説としては,工廠法時代と同様に,事実たる慣習説(あるいは附合契約説)を主張している(40)。

また陳明裕氏は,就業規則は形式上労働契約の「附合契約」であると主張する。すなわち,就業規則は,まず使用者が作成し,そして労働者が就業規則の内容を理解してから使用者と労働契約を締結するので,労働者は就業規則の内容を受け入れているとみなすことができる,と主張する(41)。

契約説をより詳細かつ包括的に展開したのは,劉志鵬弁護士である。劉弁護士は,2度にわたって就業規則の法的性質を定型契約として説明している(42)。その理由としては,①日本では,法規説の授権説は労基法93条を理論根拠として引用しているが,台湾では労基法において類似の規定がない,②労基法のもとでは,就業規則は行政監督を受けなければならず,さらに主務官庁の通知に従って修正しなければならないので,就業規則が法規範の性格を持っていないことは明らかである,③台湾では,日本労基法90条のような意見聴取規定が存在していないので,伝統的な契約理論によって,台湾の就

---

(39)　楊通軒93頁。
(40)　黄越欽133～135頁。
(41)　陳明裕「勞動契約與工作規則之涵意與關連(下)」勞工之友雜誌466期(1989年10月)24頁,同『勞動政策』(1992年)169頁を参照。
(42)　劉志鵬(1985)12頁,劉志鵬(1990b)61～63頁(劉志鵬・研究282～287頁)。

業規則の法的性質を解釈することは一層困難であろう，④大勢の労働者に関する雇入れ，労働条件および勤務規律などの契約内容を定型的労働契約によって処理することは時代の要請であり，実務上就業規則はまさに定型的契約の化身である——つまり，台湾の労働関係の実態に照らして，労働者と使用者との労働条件が就業規則の規定によって定められることは，労使間に共同認識や合意のある事実たる慣習となっており，就業規則の拘束力の根拠もここにある，としている[43]。

劉弁護士は，以上の立論を発展させて，さらに次のような論説を行う。

① 労基法70条によると，使用者は，一方的に就業規則を作成し変更することができ，労働者の意見を聴取し，あるいはその同意を得る必要がない。この点に照らすと，伝統的契約説や根拠二分説は，わが国の労基法のもとでは成り立ちえない。

② 就業規則は，「核備」[44]を経てから使用者は直ちに事業所内においてそれを公表し，そしてそれを印刷して労働者に配らなければならない。このことは，約款の開示原則に符合し，定型契約の徴表とみられる。

③ 就業規則は，法令の強行規定や禁止規定，労働協約，慣習，法理に違反する場合には無効になる（労基法71条）。この立法的目的は，就業規則の内容の合理性を実現しようとする点にある。それ故，労基法71条の立法趣旨も，定型契約の特徴である合理性原則に符合する。

④ 行政官庁は，「核備」（労基法70条，同法施行細則37条1項），過料（労基法79条1号），使用者に就業規則を修正させること（同法施行細則37条2項）などの監督の権限を有する。そして，労働行政の中央主務官庁であった内政部は1984年に「工作規則審核要點」（就業規則審査要綱）を発令し[45]，使用者の届け出る就業規則を審査している。また，司法上，裁判所は労基法71条および民法72条[46]によって就業規則の合理性を審査す

---

[43] 劉志鵬（1990b）61〜62頁（劉志鵬・研究284〜285頁）。

[44] 「核備」とは，主務官庁に届け出てその審査を受けることをいう。すなわち，使用者は，就業規則を作成してから主務官庁にこれを届け出なければならない。当該就業規則は，主務官庁の承認を得なくても効力を有するが，主務官庁はそれを審査する権限を有しており，違法や不当なところがある場合には修正を命じられる可能性がある。

ることができる[47]。

　さらに，劉弁護士は，就業規則の不利益変更に関する問題について，就業規則に規定された労働条件の変更は労働契約内容の変更に属するとみなすべきであると述べたうえで，不利益変更の場合には，労働者の期待に違反するので，変更後の就業規則は労働者の同意を得て初めて有効になる，と主張していた[48]。しかし，劉弁護士はその後，この見解を変更した。まず，継続的労働契約関係のもとに労働条件の変動が不可避であることを強調し，労働組合の組織率が低く，団体交渉も重視されておらず，労働協約も少ない現状においては，就業規則の変更による労働条件の変更はごく通常の処理方法となる，としている。結論として，就業規則の不利益変更については，基本的には定型契約説の立場に立ちつつ，労働者利益の保護および企業経営の必要性を考慮して解決すべきであるとする。すなわち，使用者が一方的に就業規則を不利益に変更する場合，原則として変更に反対する労働者を拘束し得ないが，不利益変更が合理性および必要性を有する場合は，例外的に変更に反対する労働者をも拘束しうる。また，就業規則の不利益変更が合理的であるかどうかを判断する際に，裁判所は，個別的ケースに即して，使用者の経営上の必要性，合理性および不利益変更に伴う労働者の被る不利益の程度を総合的に判断すべきである，とする[49]。

　なお，就業規則の不利益変更の合理性判断をケース・バイ・ケースで行うために，判決の予測が困難であることが指摘されるが，この点に関して劉弁護士は，裁判例の累積に伴って「合理性」基準を徐々に帰納できると説く[50][51]。

---

(45) 内政部1984年10月29日台内勞字第266750號令。
(46) 台湾民法72条は，「法律行為は，公の秩序又は善良の風俗に反する場合において，無効とする」と定めている。
(47) 劉志鵬（1985）12頁，劉志鵬（1990b）61～63頁（劉志鵬・研究286～287頁）。
(48) 劉志鵬（1985）13頁。
(49) 劉志鵬（1990b）63頁（劉志鵬・研究287～289頁）。
(50) 劉志鵬（1990b）63頁（劉志鵬・研究288頁）。なお，劉弁護士の見解から影響を受け，契約説に立脚して日本の合理的変更法理を導入するとする見解として，蕭永昌『工作規則不利益變更之研究』（私立中國文化大學勞工研究所碩士（修士）論文，1994年6月）がある。

3 根拠二分説

根拠二分説を主張している論者は呂榮海弁護士である。同弁護士の見解の大要は次の通りである。まず呂弁護士は，何事も「合理性」という方向に沿って考えるべきであるが，契約説および法規説はそれぞれ不合理的なところがある，という。そして，基本的な立場として次の通り説く。

① 就業規則は，労基法70条の授権によって企業に一方的に制定される社会規範であり，「法規範」の地位に至っていないが，「法規範」の作用に類似し，社会規範の役割を演じている。

② 使用者は，就業規則を作成する場合，原則として労働者側の同意を得る必要はない。ただし，労働者の既得権を保護するために，法規説に対し適当な修正を加えなければならない。

③ 就業規則の労働条件に関する部分については使用者が一方的に変更できるが，変更された労働条件に関する部分は，すでに在籍している労働者を拘束する効力を有しない。労働者が労働条件の変更に同意して初めて労働者に対する拘束力が発生する。ただし，変更後の新就業規則は，新規採用された労働者を拘束する[52]。

④ 労働条件部分と非労働条件部分とを区別することは困難であると言われているが，合理的な解釈を得るために，それを区別する努力をしなければならない。

---

[51] 廖義男教授は，就業規則が定型契約の性質を有すると説く（廖義男「現行勞資爭議處理法規與抗爭手段規定之檢討」臺大法學論叢19巻1期〔國立台灣大學法律學系，1989年12月〕107頁）。また林炫秋教授は，配転・出向・転籍命令の効力を論ずる際に，その根拠としての就業規則の法的性質について定型契約説を主張する（林炫秋「關係企業間勞工之調動與勞工之同意權——評高雄地方法院八十二年度雄簡字第五二五號暨勞簡上字第六號判決」劉志鵬＝黃程貫編『勞動法裁判選輯』〔月旦出版社，1998年5月〕455～456頁参照）。

なお，定型契約説に立つものとして，張成發『我國勞動基準法上工作規則之研究——輔以台灣省電工器材業已成立工會之公司工作規則實施現況實證探討』（私立中國文化大學勞工研究所碩士（修士）論文，1991年6月）56頁もある。しかし，同論文62頁で張氏は，「我が国の就業規則の法的性質は，法規の効力に近い……」と述べている。

[52] 呂榮海『勞基法實用1』（1993年9月・14版）101頁。

⑤　根拠二分説が「法規説」の不合理を解決する方法の一つであり，この方法によって下される判決に伴う欠点は，「契約説」や「法規説」のみによるものより小さい。
⑥　台湾の裁判例の中には，「根拠二分説」に近いものも見られる。
⑦　日本最高裁秋北バス事件大法廷判決の「合理的」基準は，思考様式として根拠二分説とは大きな差がない。しかも，秋北バス判決の「合理的」基準による判断には合理と不合理の区別が難しいという問題もある。

以上のことを踏まえて呂弁護士は次の結論を出している。すなわち，就業規則の法的性質については法規説（社会規範であり，法律規範ではない）から出発して考えるべきであるが，法規説は，使用者が法規範たる就業規則を任意に作成・変更できるという点で労働者の不利益になりうるという欠点を有している。「根拠二分説」，「合理性」，「権利濫用」，「信義則」および「既得権」など法規説の欠点克服の「法理」に対して注意を払わなければならない。しかしながら，労働者の権利と利益の保護や産業の民主化がますます強調され要求されていけば，法規説は，法的論理としては妥当性を有するとしても，労働者の要求からは乖離する虞れがあり，また労使関係の協調を破壊しかねない。したがって，法規説の基礎に立ったうえで，使用者が労働者側の意思を尊重して多少「契約説」の趣旨に従った修正を施すのがより適切であろう。すなわち，就業規則中の勤務規律に関する部分は法規説に従って理解し，労働条件に関する部分は契約説に従って考えるのが適切である[53][54]。

この根拠二分説は次のように批判されている。まず，根拠二分説は労働条件と勤務規律とを区別しにくいという欠点を克服していない。また，抽象

---

[53]　呂榮海「勞工法法源㈡：工作規則」法學叢刊35巻第4期（1990年10月）127～128頁，呂榮海『勞動法法源及其適用關係之研究』（國立台灣大學法律學研究所博士論文，1991年6月）195～197頁。

[54]　呉俊成氏は，懲戒処分の法的根拠を論ずる際に，就業規則の法的性質について呂榮海弁護士の主張する根拠二分説に賛意を表明している（呉俊成『企業秩序服務紀律與懲戒處分之研究』〔私立中國文化大學勞工研究所碩士（修士）論文，1991年6月〕78頁参照）。また陳逢源弁護士は，配転命令権の根拠を論ずる際に，就業規則の法的性質について根拠二分説に立つことを示唆している（陳逢源『勞動法上人事異動之研究―以調職為中心兼論借調與轉雇』〔國立中興大學法律學研究所碩士（修士）論文，1998年6月〕46～49頁参照）。

な理論思考をするに過ぎず，わが国の労基法70条および71条の規定に対して実際的な考察を行っていない。そして，就業規則の内容を強いて二分するのは，就業規則の一体性を無視しており，労使双方によって合意されるべき労働条件の範囲を不当に狭くする[55]。

4　集団的合意説

学説の中で最も遅く登場したのは集団的合意説である。この説を主張しているのは黄程貫教授であり，次のように説いている。

労働条件は労働契約の内容であり，労使双方当事者の合意を経るべきであって，使用者が一方的に作成する就業規則は，労働者の同意を得てはじめてその効力が生じてくる。他方，企業経営上，労働契約を統一かつ迅速に処理するために就業規則を作成する必要が生じる。このような現実的な考量に基づき，就業規則は原則として個別労働者の同意を得るべきであるが，このような個別労働者の同意は，労働者の集団的意思の同意（例えば労働組合の同意）によって代替されることができる。しかしながら，論者自身が認めるように，いわゆる労働者の集団的合意は現行法上の法的根拠を欠いているので，解釈論としては無理があり，将来の立法の指針とされる[56]。

しかし，就業規則の不利益変更については黄教授は言及していない。

5　小　括

以上を踏まえると，就業規則の法的効力に関する学説の状況は次のようにまとめることができよう。

まず，就業規則の法的性質に関して法規説をとる学説は有力ではないといってよい。また根拠二分説は，二分されるべき境界線を明確にする基準を打ち出しておらず，その欠点を克服していない。そして集団的合意説は，立法論として主張されているとおり，現行法の規定からは解釈論としてやや無理がある。他方，契約説は，その名称が事実たる慣習説であれ附合契約説であれ定型契約説であれ，就業規則の拘束力の根拠をほぼ一致して，「労働者

---

[55]　劉志鵬（1990b）61頁（劉志鵬・研究283頁），黄程貫450～451頁参照。
[56]　黄程貫451～452頁。

と使用者との労働条件が就業規則の規定によって定められることは労使間の事実たる慣習となっている」ことに求めている。かかる契約説は，黄越欽教授の理論的な検討などを経て，劉志鵬弁護士によって最も説得性のある主張がなされるに至っている。しかし，未だ通説というるものは存在しない。なお，日本の「4派13流」のように，1996年に至って台湾では「4派」すなわち法規説，契約説，根拠二分説，集団的合意説が出揃っている。

また，就業規則の不利益変更の法的効力に関する学説は，日本の「4派13流」ほどではないが多岐に分かれている。単純に列挙すると，

① 法規説から出発して，使用者による一方的な不利益変更はもとより使用者の自由であり，変更に反対する労働者に対しても拘束力を有するとする学説

② 法規説から出発して，一方的な不利益変更は使用者の自由であり，変更を反対する労働者に対しても拘束力を有するが，既得権保障に関する法理の適用があるとする学説

③ 法規説から出発して，一方的な変更は使用者の自由であるが，不利益変更の際に「既得権保障」，「信義則」を用いて，労働者の同意を得ていなければ当該労働者を拘束することができないが，経営上の必要に基づく一方的不利益変更が，労働者の既得権を放棄しうるか否かについては厳格な審査基準に基づくべきである，とする学説

④ 根拠二分説から出発するが，労働条件部分に関する使用者の恣意的な変更は，権利濫用，信義則および既得権などの法理を適用（あるいは類推）したり契約説の趣旨も考慮して効力を制限する学説

⑤ 定型契約説から出発して，就業規則を一方的に変更することは本来使用者の自由であるが，使用者は労働者に対して新就業規則が当然に有効であることを主張できないとする学説

⑥ 定型契約説から出発して，日本のような「合理性」基準を導入する学説

などが見られる。

要するに，台湾では，就業規則に関する学説は「1人1説」「10人10説」という状況にある。しかし，上記③および⑥の説から，法規説であれ定型契約説であれ，就業規則の変更による労働条件変更法理が必要であるという認

識は生じ始めたといえよう。

III　実務見解

1　行政解釈

中央主務官庁であった内政部の行政解釈は，就業規則の法的性質について法規説をとっていると思われる[57]。例えば，「労働者が主務官庁に認可された就業規則に違反する場合には，予告をせず解雇できる規定に属するものであり，使用者は直ちに当該労働者を解雇することができる」[58]，「労働者が刑事事件による休職から職場に復帰する場合，就業規則に規定があれば，休職期間中の賃金を支払わないことができる。本件，陳君は業務に関連する事件のために公訴を提起された。会社は，法律により主務官庁に届け出た就業規則によって暫定的に休職させるのであれば，不当とはいいがたい。その後，裁判所により執行猶予を宣告されその判決が確定した場合には，その他法律による解雇可能の事由がなければ，職場に復帰させるべきである。当該会社の届け出た就業規則が，休職期間中の賃金を支払わない規定を有するならば，その規定に従うことができる」[59]などの解釈がある。

また，現在の中央主務官庁の「行政院勞工委員會」は，就業規則の法的性質についての見解は不明であるが，「労働条件は労使双方によって交渉されて約定されるものであり，使用者は，就業規則における労働基準法より有利な労働条件を不利益変更しようとするときには，かかる事項について労働者側と交渉すべきである」という解釈がある[60]。

2　1995年までの裁判例（司法実務）

労基法の施行後において，就業規則の不利益変更に関する効力を判断した最初の裁判例は，1987年台北地方法院の「国泰信託事件」判決[61]である。本

---

(57)　劉志鵬（1990b）64頁（劉志鵬・研究289～290頁），呉奎新「攸關權益—工作規則」律師法律雑誌44期（1991年6月）32頁，楊通軒87～88頁。
(58)　内政部1984年10月22日台（73）内勞字第253208號函。
(59)　内政部1986年9月23日台（75）内勞字第442697號函。
(60)　行政院勞工委員會1991年10月23日台（80）勞動1字第27545號函。

件の事実概要は次の通りである。

　原告Xは，1976年10月にY信託会社に就職した。Y社は1978年8月，「退職後6か月以内に同業他社に転職する場合には退職金を支払わない」という退職後の競業禁止規定を就業規則に新設した。さらに，1982年10月にY社は，上記の就業規則規定を，「退職後6か月以内に同業他社，賃貸業あるいは割賦販売会社に転職する場合には退職金を支払わない」と改訂した。Y会社は，これら2回の就業規則変更に際して新就業規則を従業員に周知させる措置をとったが，Xは，同意や反対の意思を表明せずに沈黙していた。1986年9月，XはY社から退職して退職金を請求したが，Y社は，Xが退職した後6か月未満で同業他社に転職したという理由で，退職金の支払を拒否した。そこでXは，Y社に対して本件退職金請求訴訟を提起した。

　1審の台北地方法院は，X勝訴の判決を下した。その理由としては，「XがY社に就職したとき，双方の間に労働契約（すなわち雇傭契約）が成立しており，Y社の当時の人事管理規則中の，一定の勤務期間を満了して退職する従業員が会社に対して退職金の支払を請求することができるという規定は，すでにこの労働契約の内容の一部分になっていた。……したがって，前項人事管理規則が1978年8月に改訂され，……〔退職後の競業禁止〕規定を新設したことは，労働者に対する労働契約内容の不利益変更に当たり，Xが上記の変更に同意していないときは，労働契約の内容は，1976年Xが就職した当時において成立した労働契約によるべきである」という。しかし，台湾高等法院は1審判決を覆し，Y社勝訴の判決を下した。その理由は，「Y社の人事管理規則が『同業他社に転職する場合には退職金を支払わない』と規定した（1978年8月改訂）ことは，公序良俗にも違反していないし，また憲法工作権の規定にも違反していない。かつY社がこの規定を新設した後すぐにXに通知し，改訂された新規則をXに配布したのであるから，双方の雇傭関係に照らして，Xが当該新設された約款に拘束されるべきことは当然である」としている。

---

(61)　国泰信託事件・台北地方法院（1987年11月13日）76年度訴字第6299號判決，控訴審・台灣高等法院（1988年4月18日）77年上字第95號判決。ただし，この会社は金融業であるので，当時の労基法3条によれば，労基法の適用のある業種ではなかった。

1審判決は，就業規則の法的性質を説明しておらず⁽⁶²⁾，就業規則がなぜ雇用契約内容の一部分になるのかを説明しないまま，就業規則不利益変更の問題を雇用契約内容の不利益変更の問題に転化させて処理をした。他方，控訴審判決は，就業規則の法的性質を説明しないまま⁽⁶³⁾，就業規則を労働者に周知させれば労働者を拘束することができ，労働者の同意を必要としない，と述べている。この判決の最大の欠点は，労働者の既得権の保護やそれとの調整を全く考慮していない点である，と指摘されている⁽⁶⁴⁾。

この1審判決の後には，就業規則の不利益変更の問題を同様に労働契約内容の不利益変更の問題に転化させて処理する裁判例も見られる⁽⁶⁵⁾。これに対し，法規説の中における経営権説に近い判決もある⁽⁶⁶⁾。また，就業規則の中には，使用者が就業規則の規定を変更できる旨の条項を設けるケースもあるが，このような場合には，裁判所は，使用者が就業規則を変更する権限を有すると認めやすいようである⁽⁶⁷⁾。なお，使用者が就業規則を変更できることを前提として，「公平性」を重視し，「分段適用」原則（すなわち，就業規則変更の前の在職年数の部分に旧規定を適用し，変更の後の在職年数の部分に新規定を適用する）をとる裁判例も見られる⁽⁶⁸⁾。

就業規則の効力やその不利益変更についてはいくつかの最高法院判決⁽⁶⁹⁾があるが，いずれも手続上の問題によって高等法院に差し戻された。よって，

---

(62) 契約説に近いものであると思われる。呂榮海『勞動法法源及其適用關係之研究』（國立台灣大學法律學研究所博士論文，1991年6月）187頁，黃程貫452頁，楊通軒90頁。

(63) この判決については，呂榮海弁護士と黃程貫教授と楊通軒教授は契約説に近いものであるといい，他方，劉志鵬弁護士は定型契約説の立場に近いものであるという（呂榮海・前掲『勞動法法源及其適用關係之研究』187頁，黃程貫452頁，楊通軒90頁，劉志鵬（1990b）65頁（劉志鵬・研究293頁））。

(64) 劉志鵬（1990b）65頁（劉志鵬・研究293頁）。

(65) 例えば，国際電化商品事件・台灣高等法院（1990年3月31日）79年度勞上易字第14號判決（なお，本判決は既得権理論をもって労働者の利益を保護しようとする），香港商恩平公司事件・台灣高等法院（1991年5月13日）80年勞上字第7號判決台灣高等法院民事裁判書彙編80年2期4冊105頁。

(66) 例えば，台湾テレビ事件・台灣高等法院（1989年6月12日）78年度重勞上字第1號判決，苗栗汽車客運（張）事件・台灣高等法院（1990年10月22日）79年度勞上易字第44號判決台灣高等法院民事裁判書彙編79年2期2冊779頁。

第1節 台湾における就業規則制度と法理の形成 253

就業規則の不利益変更に関して最高法院がどの立場をとっているかは，これらからは判断できない。

要するに，1995年までは，就業規則の法的性質について正面から検討する裁判例は存在していなかった[70]。また，就業規則の不利益変更に関しては，①就業規則がなぜ雇用契約内容の一部分になるのかを説明しないまま，就業規則不利益変更の問題を雇用契約内容の不利益変更の問題に転化させて処理した判決，②就業規則を労働者に周知させれば労働者を拘束することができ，労働者の同意を必要としないとする判決，③就業規則の作成・変更を使用者の権限とする判決，④使用者が就業規則の規定を変更できる旨の条項を設け

---

(67) 例えば，南泰企業（黄）事件・台灣高等法院（1990年7月2日）79年度勞上易字第22號判決台灣高等法院民事裁判書彙編79年1期1冊239頁。この判決は，就業規則の条項は現行法令や公序良俗に違反しないことを前提として有効であるとしている。

同一会社の別事件においても裁判所は，Y社の就業規則変更権限規定の存在を根拠として，Y会社はいつでも就業規則を変更することができ，X（労働者）の同意を得る必要はない，と判断している。すなわちこの判決は，「『従業員管理規則』を労働契約とみなすことができない場合であって，現行法令あるいは公序良俗に違反しない限り，一方的に就業規則を作成したY会社は当該就業規則を修正あるいは廃止することができる」と述べている。南泰企業（陳）事件・台灣高等法院（1990年7月16日）79年度勞上易字第19號判決台灣高等法院民事裁判書彙編79年1期2冊225頁を参照。

(68) 例えば，苗栗汽車客運（張）事件・新竹地方法院（1990年7月20日）79年度勞訴字第23號判決台灣新竹地方法院民事裁判書彙編79年1期1冊330頁，苗栗汽車客運（曽など）事件・新竹地方法院（1991年11月14日）79年度勞訴字第15號判決台灣新竹地方法院民事裁判書彙編80年4期2冊942頁，苗栗汽車客運（呉など）事件・新竹地方法院（1991年12月18日）79年度勞訴字第18號判決台灣新竹地方法院民事裁判書彙編80年4期3冊1567，苗栗汽車客運（黄など）事件・新竹地方法院（1992年4月9日）80年度勞訴字第4號判決台灣新竹地方法院民事裁判書彙編81年2期1冊48頁，苗栗汽車客運（謝など）事件・新竹地方法院（1992年10月30日）81年度勞訴字第5號判決台灣新竹地方法院民事裁判書彙編81年3期172頁。

(69) 例えば，苗栗汽車客運（張）事件・最高法院（1991年2月4日）80年度台上字第231號判決最高法院民事裁判書彙編3期636頁，苗栗汽車客運（林）事件・最高法院（1991年）80年度台上字第1691號判決，日本亜細亜航空事件・最高法院（1992年11月23日）81年度台上字第2744號判決，台湾嘉實多事件・最高法院（1993年7月23日）82年度台上字第1766號判決。

る就業規則については使用者に変更権限があるとする判決,⑤分段適用原則をとる判決,などが見られる。下級審においては,秋北バス事件大法廷判決が登場するまでの日本の下級審裁判例と同様に,その見解が分かれている。

なお,1989年2月に開催された「司法院第14期司法業務研究会」[71]は,関連問題の研究結論において,

① 就業規則における退職金規定が不利益変更された場合には,変更前の退職金については旧規定が適用され,変更後の退職金については新規定が適用される[72],

② 公開掲示済みの就業規則が主務官庁に届け出られなくても,法令の強行規定や禁止規定ならびに協約に違反しないかぎり有効である。また,合理的な労働条件であるかぎり,事業場における労働者は就業規則を

---

[70] 契約説の立場に立つ裁判例が主流を占めていると思われる(黄程貫452〜453頁参照)。なお,前記の契約説に近い裁判例のほか,就業規則の不利益変更に関する事案ではないが,契約説の立場に立つ裁判例としては,例えば,福宏企業事件・高雄地方法院(1990年11月19日)79年度訴字第2741號判決,同控訴審・台灣高等法院高雄分院(1991年5月20日)80年度勞上字第3號判決台灣高等法院高雄分院民事裁判書彙編80年3期1冊86頁,同上告審・最高法院(1991年10月11日)80年度台上字第2243號判決最高法院民事裁判書彙編6期808頁,同差戻審・台灣高等法院高雄分院(1992年5月25日)80年度勞上更(1)字第3號判決,同上告審・最高法院(1992年10月28日)81年度台上字第2492號判決司法院公報35卷2期24頁,最高法院民事裁判書彙編10期769頁などがある。

[71] 憲法77条によると,司法院は最高司法機関であるが裁判所ではない。司法院は,裁判官を再教育し裁判の質を高くするために,専門的法律問題や新しい法分野(例えば,労働法,著作権法など)について,1982年から「司法業務研究会」を開催してきている。その中で,労働法に関して,1985年10月に第7期研究会,そして1989年2月に第14期研究会が開催され,それぞれ30名の地方裁判所や高等裁判所の裁判官が参加した。第7期研究会の開催目的は,労働法の研究のほか,地裁と高裁における「勞工法庭」(すなわち労働部)の設立準備にあった。他方,第14期研究会に参加した裁判官は,(1988年に設立された)地裁や高裁における労働部の裁判官であり,したがって,実務見解の統一が第14期研究会の開催目的の一つである。裁判実務上,『民事法律専題研究(三)』(司法週刊雜誌社,1986年4月,前記第7期研究会に関する資料)および『民事法律専題研究(六)』(司法週刊雜誌社,1989年8月,前記第14期研究会に関する資料)がよく参考とされているようである。

[72] 『民事法律専題研究(六)』(司法週刊雜誌社,1989年8月初版)316〜317頁。

知っているか否か，そしてそれに同意したか否かを問わず，当該就業規則に適用すべきである。しかし，労働契約による特約がある場合には，就業規則は労働契約の内容を変更することができない[73]。
という結論を示した[74]。しかしながら，その理由は表明されておらず，どのような理論構成をとっているかは不明である[75]。

3　小　括

まず，学説との関係については，行政解釈および裁判例は学説からあまり影響を受けなかったといえよう。また実務においても見解は収斂しておらず，多岐に分かれていた。

その原因としては，以下のことを指摘することができよう。まず，台湾では，労働法の知識を有する裁判官が極めて少なく，仮に労働法を勉強したくても，労働法の文献もきわめて少なかった。労働法の研究が遅れているために，学説は実務を指導する役割を果たすことができなかったのである。また，下級審裁判例が公刊されていなかったために，裁判例を体系的に研究することが不可能であった。そして，日本の学者と異なり，台湾の労働法学者は，そもそも裁判例の体系的な研究に関心をもっていなかった。

しかし，次節で見るように，1996年に至り，就業規則の不利益変更の効力という問題について，学説の見解を取り入れた下級審裁判例が見られるようになった。このことは，台湾における就業規則法理の新たな展開，すなわち裁判例による合理的変更法理の形成へとつながっていった。

---

[73]　『民事法律専題研究(六)』（司法週刊雑誌社，1989年8月初版）318～322頁。
[74]　ただし，研究会のこの結論は，裁判官の参考資料にはなるが，裁判上の根拠として引用される性質のものではない。
[75]　楊通軒教授は，これらの見解について，まず就業規則の法的性質を法規説として使用者による就業規則の一方的な変更を肯定したうえ，他方，使用者による就業規則の一方的な変更が法令の強行・禁止規定，合理的労働条件，労働者の既得権などの制限に服する，と説明し，「修正法規説」と名付けた（楊通軒88～89頁）。

第2節　裁判例による合理的変更法理の形成

Ⅰ　合理的変更法理の判断枠組みをとる裁判例の登場

　前述したように，学説上，日本最高裁が秋北バス事件大法廷判決で定立した「合理的変更法理」は，台湾でも紹介され，あるいは自説として主張されている。1996年，かかる学説の影響を受けて台湾で「合理的変更法理」の枠組みを最初に提示した裁判例として「台北區中小企業銀行事件」台北地方法院判決[76]が登場した。この判断枠組みは，控訴審判決[77]にも支持された。後に，別の事件において最高法院も「合理的変更法理」を是認した[78]。

　台湾では，労基法に基づき労働者の退職金に関する規定が就業規則として設けられる[79]。裁判実務上，定年退職であれ依願退職であれ解雇であれ，労働者が退職金を争う事案は非常に多い。台湾の労働者にとって退職金は重要な収入源の一つとなっているからである。この「台北區中小企業銀行事件」は，退職金規定の不利益変更が争点となった，就業規則の不利益変更の事案として非常に典型的な事例である。

---

[76]　台北區中小企業銀行事件・台北地方法院（1996年1月25日）84年度勞訴字第38號判決（台湾寶瀛法律事務所劉志鵬弁護士提供）。

[77]　台北區中小企業銀行事件・台灣高等法院（1996年9月24日）85年度勞上字第16號判決（台湾寶瀛法律事務所劉志鵬弁護士提供）。

[78]　太平産物保險事件・最高法院（1999年7月30日）88年度台上字第1696號判決（最高法院民事裁判書彙編37期560頁）。

[79]　労基法55条によると，退職金の計算については，退職時の平均賃金を1単位とし，1年毎に2単位の退職金を与え，15年を超えて在職すれば，1年毎に1単位の退職金を加算し，最高総額は45単位とされる。

　なお，台湾の退職金制度については，郭玲惠「論勞工退休金制度」政大法學評論58期（國立政治大學法學院，1997年12月）351頁以下参照。

1 事件の概要

Xは，1958年8月27日にY銀行[80]に入社し，1995年1月5日に定年退職した。在職年数は合計36年4か月と8日である。

Yにおいては，1956年6月12日に制定したY銀行従業員退職規則があった。この退職規則によれば，従業員の退職金の計算については，退職当月の賃金（出納・外勤手当および交通費を除く）を1単位とし，在職5年間の者に9単位の退職金を与え，それ以上在職すれば1年毎に1単位の退職金を加算するが，在職10年満了以降，1年毎に2単位の退職金を加算する。但し，最高65単位を超えて退職金を受けとることはできない。そして，賃金の範囲は，毎月の基本給のほか，生活手当，役職手当，職務手当，住宅手当，出納・外勤手当，バイク・交通手当などの手当を含む。

しかし，1981年6月25日にYは上記退職規則を改訂した。新退職規則による退職金の計算は次の通りになる。①1981年7月からの在職年数に関する退職金の計算単位は，毎月の基本給に限る。②1981年6月までの在職年数に関する退職金の計算単位は，旧退職規則によって計算する。③最高61単位を超えて退職金を受けとることはできない。

旧退職規則によれば，Xに支払われるべき退職金の額は，1単位82,671元（基本給31,351元＋生活手当41,930元＋役職手当8,150元＋住宅手当1,240元）×65単位＝537万3,615元になる。しかし，Xが新退職規則によって支給された退職金の額は，合計401万6,531元であった。

そこでXは，Yのなした退職規則の不利益変更に同意しておらず新退職規則に拘束されないことを理由に，支払われた退職金との差額135万7,084元およびその他の金員（省略）をYに請求した。これが本件である。

2 判旨——退職金請求について一部認容

まず，就業規則の法的性質について本判決は，法規説に対し，「就業規則の法的地位を高く評価しすぎ，使用者に対して国家が国民を統治するのと同様の地位に立たせるものであり，労使対等の原則に違反し，労働者の意思を

---

[80] この判決が下された1996年当時の労基法3条によれば，銀行は労基法の適用される事業ではなかった。

無視するもの」であると批判したうえで、「就業規則は使用者が労働条件および服務規律を統一するために作成するものであり、現在の社会状況からみれば、労働者と使用者との間の労働条件が使用者によって制定される就業規則の内容によることは、労働者と使用者に合意のある事実たる慣習になっている。それゆえ、就業規則は労働者と使用者とを拘束する効力を有する。労働者が就業規則の存在およびその内容を知っているか否か、あるいはそれに同意するか否かにかかわらず、就業規則は当然に適用される。この場合には、就業規則……〔は〕、運送業または保険業に〔おける〕……普通契約約款……と同様に、当事者が反対の意思表示を表明するときを除き、当然に雇傭契約の内容の一部になっている」と判示している。

　本判決は、就業規則の法的性質につき、学説の法規説に対する批判[81]を取り入れて、就業規則の拘束力の根拠を労使の事実たる慣習に求めている。本章第1節第2款II2で見たように、これは劉志鵬弁護士の所説（すなわち定型契約説）に影響を受けたと思われる[82]。

　次いで、就業規則の不利益変更の法的効力について本判決は、法規説について、「就業規則が使用者によって一方的に制定されるので、労働者がその内容に同意するか否かにかかわらず労働者に対して効力を有するために、就業規則の改訂も使用者に属する権限であり、労働者がその適用を拒む権利は全くない」と説いたうえで、「労働者の権利と利益を全く無視しているので、偏るところがある」と批判した。また契約説についても、「就業規則の不利益変更について労働者の同意がなければ労働者に対して効力を生じないとしているので、労働条件の不統一および使用者の経営管理上の困難になりかねないから、偏るところもある」と批判した。本判決は、以上のような法規説および契約説の欠点を克服するために、「当裁判所は、労働者の利益を保護し、かつ使用者の経営管理上の必要をも考慮するために、使用者が就業規則を一方的に不利益変更するときには、原則として反対の意思を表明する労働者を拘束することはできないが、使用者がなす不利益変更が合理性を有する場合、例外的に反対の意思を表明する労働者を拘束することができる、とす

---

(81)　本章第1節第1款II2参照。
(82)　後のIV参照。

る」と判示し，「合理的変更法理」をとっている。これも，劉志鵬弁護士の見解を取り入れたものと思われる。

具体的な判断としては，
① Yが旧退職規則を不利益に変更したのは，一方的にXに不利益を課するもので，これによる退職金の減少が元従業員に与えた不利益は小さくなく，かつ何らの代償の労働条件をも提供していないこと。
② 1981年にYの各業務が成長し続け，かつ一定水準の黒字があり，したがってYがなした退職規則の改訂は，当時における財政上の負担の考慮による退職規則変更の必要性があるとは認めがたいこと。
③ Yは，従業員数が大幅に増加してきている現状の中で，業務競争および財政上の負担によって退職規則を改訂せざるをえないと弁明した。しかし，新退職規則施行前に在職の従業員に対して旧退職規則を適用すればどの程度の財務上の負担になるかについてYは立証していない。したがって，Yが就業規則を変更する高度の必要性があるとは認めがたいこと。
④ Yは，1993年と1994年の退職金支給について，新旧の計算方法のもとで退職金の支給額が会社の純益に占める割合の違いを説明したが，旧退職規則を適用し得る従業員数，そしてそれらの者の退職金を旧退職規則によって計算した場合の支給額の増加程度などについて説明していない。したがって，その変更の必要性の有無について判断することができないこと。

などを判示し，結論として，「XはYによってなされた退職規則の変更への同意を否認しており，YはXがその変更に同意したことを証明できない。そして，上記不利益変更は合理性を有しない。したがって，上記の不利益変更はXを拘束し得ず，Xには旧退職規則の規定を適用すべきである」としている。

Ⅱ 合理的変更法理の判断枠組みの支持

上記1審で敗訴したY銀行は，これを不服として控訴した。控訴審の台湾高等法院は，結論としてはXの逆転敗訴の判決を下した[83]。

控訴審判決は，1審判決の就業規則法的性質論および就業規則不利益変更

の効力の一般論に関する判旨をほぼ支持している。しかし控訴審判決は，1審判決の判旨について若干の修正あるいは補足を行った。

まず控訴審判決は，一審判決における「就業規則……〔は〕，運送業または保険業に〔おける〕……普通契約約款……と同様に，<u>当事者が反対の意思表示を表明するときを除き</u>，当然に雇傭契約の内容の一部になっている」（傍線筆者）の判旨における「当事者が反対の意思表示を表明するときを除き」の部分を，「就業規則の内容が法律の強行規定あるいは団体交渉に違反するのを除き」に変更した。また控訴審判決は，合理性の判断については，「就業規則の不利益変更が合理的であるかどうかを判断する際に裁判所は，個別的ケースに即して，使用者の経営上の必要性，合理性および不利益変更に伴う労働者の被る不利益の程度を総合的に判断すべきである」と述べている。これらの判断基準は，劉志鵬弁護士が主張していたものである[84]。

控訴審判決は，1審判決と同様に合理的変更法理をとっているにもかかわらず，なぜXの逆転敗訴の判決となったのか。その原因は次のように考えられる。①1審判決とは異なり控訴審判決は，全体の経営環境の変化，旧規定によるY銀行の財政負担（Y銀行が控訴審で証拠を提出した），財政部（大蔵省相当）の退職金単位の計算方式に関する指導があったことを考量し，Y銀行による就業規則の不利益変更は必要性および合理性がある，としている。②Xが就業規則変更当時反対の意思を表明したことがあるとしても，退職せずに，13年6か月間も会社に残り，改訂後の賃金構造によって「生活手当」の調整（昇給）を享受し，定年まで毎月82,671元の高い賃金を受けとり，かつ改訂後の就業規則によって401万6,531の退職金を受領した。控訴審判決は，以上の事実を新たに認定して，Xは就業規則の不利益変更をすでに黙示に同意したことが明らかである，と述べた。

しかしこの控訴審判決は，少なくともXの被った不利益の程度を考慮しておらず，自ら言及した「総合判断」になっていない点について，疑問がある。また，Xの黙示同意の成立に関する認定にも問題があると思われる。

---

[83] 台北區中小企業銀行事件・台灣高等法院（1996年9月24日）85年度勞上字第16號判決。
[84] 劉志鵬（1990b）63頁（劉志鵬・研究288頁）。

そして控訴審判決は、1審判決と同様に、「労働者と使用者との間の労働条件が使用者によって制定される就業規則の内容によることは、労働者と使用者に合意のある事実たる慣習になっている」と述べているが、こで問題となるのは「合意のある事実たる慣習」である。「事実たる慣習」という以上、それについての合意は必要とされないはずにもかかわらず、判旨がこのような言い回しとなったのは、劉志鵬弁護士が叙述する「労使間に共同認識や合意のある事実たる慣習」と関連していると思われる。すなわち、1審判決と控訴審判決は、劉弁護士が重要視する「共同認識」を見逃して、それを除いた叙述のみを取り入れてしまったと考えられるのである。

III 裁判例による契約説および合理的変更法理の発展

1 裁判例による契約説の発展

就業規則の法的性質については、前項で詳しく見たとおり、「台北區中小企業銀行事件」の1審判決および控訴審判決が定型契約説の判断枠組みを表明した。その後、その判断枠組みを踏襲しない台北地方法院の判決も見られるが[85]、台湾高等法院は、「太平産物保険事件」判決[86]および「中國石油化學工業開發事件」判決[87]を通じて、そして台北地方法院は、「台北大衆捷運事件」判決[88]、「長榮航空事件」判決[89]、「美商大都會人壽保險台灣分公司事件」判決[90]、「國華航空事件」判決[91]、「富邦人壽保險事件」判決[92]を通じて、

---

[85] 同様な判断枠組みを踏襲していないものとして、太平産物保険事件(1審)・台北地方法院(1997年2月4日)85年度勞訴字第85號判決がある。しかし、控訴審・台灣高等法院(1997年10月21日)86年度勞上字第14號判決は、1審判決の見解を支持しておらず、定型契約説をとっている。

　また、契約説に立っているものの立場が不明なものに、欣欣通運事件・台北地方法院(1996年12月4日)85年勞訴字第24號判決、および華僑商業銀行事件・台北地方法院(1997年3月26日)85年勞訴字第2號判決がある。

[86] 台灣高等法院(1997年10月21日)86年度勞上字第14號判決。

[87] 台灣高等法院(1998年1月26日)86年度勞上更(1)字第17號判決,台湾寶瀛法律事務所劉志鵬弁護士提供。

[88] 台北地方法院(1997年4月9日)85年度勞訴字第56號判決(台湾台北地方法院民事裁判書彙編86年1冊220頁)。

定型契約説を維持し発展させている[93]。

これらのうち,「台北大衆捷運事件」判決[94]では,就業規則は合理性があってはじめて労働者を拘束しうることが強調された。そのうえで同判決は,前記「台北區中小企業銀行事件」1審判決にいう定型契約説の判旨を,同事件の控訴審判決で修正された「当事者が反対の意思表示を表明するときを除き」の部分も含めて踏襲した[95]。

ついで「長榮航空事件」判決[96]も,「台北大衆捷運事件」判決と同様に,就業規則は合理性がある場合にはじめて労働者を拘束しうると強調する[97]。同判決について注目すべきは,日本学者菅野和夫教授の著書『労働法』第4版を判決文で直接に引用していることである[98]。ここでは,なぜ前記「台北區中小企業銀行事件」1審判決が依拠した劉志鵬弁護士の論文を引用せず,菅野和夫教授の著書を直接に引用するのか,という疑問が生じてくるのであ

---

[89] 台北地方法院(1997年8月7日)85年度勞訴字第69號判決(台湾台北地方法院民事裁判書彙編86年2冊911頁)。

[90] 台北地方法院(1998年2月27日)86年度勞簡上字第24號判決,台湾寰瀛法律事務所劉志鵬弁護士提供。

[91] 台北地方法院(1998年9月30日)87年度勞訴字第38號判決。

[92] 台北地方法院(1999年6月16日)87年度勞訴字第30號判決,台湾寰瀛法律事務所黃馨慧弁護士提供。

[93] しかし,德合機械事件・台北地方法院(1999年11月18日)85年度勞訴字第88號判決は,就業規則の法的性質について,附合契約で説明している。同判決は,「就業規則は,使用者が労働条件および服務紀律を統一するために一方的に作成した定型化規則である。使用者は,就業規則を公開掲示するときには,就業規則を雇傭契約の附合契約にさせ,労使双方を拘束しうる意思表示を表明しているのである。労働者が就業規則を知ってから,使用者に対して労務を引き続き提供するときには,当該就業規則の内容を黙示に承諾すると認めるべきであり,当該就業規則は附合契約の効力を生じるのである」と判示している。

[94] 事案の概要は次の通りである。台北の新交通システムX会社に雇用された労働者Yら6名は,X社の訓練を受けたにもかかわらず,従業員訓練規定(「作業要点」)に定められる在職義務期間に満たさずに辞職した。よってX社は,従業員訓練規定違反を理由に,Yらに違約金の請求を行った。そこで,かかる従業員訓練規定が労働者を拘束するかどうかが争点になっている。台北地方法院は,本件における従業員訓練規定が就業規則にあたり,両当事者間の雇用契約内容の一部となり,両当事者を拘束する効力を有する,と判示し,結論としてX社の請求を棄却した。

第2節　裁判例による合理的変更法理の形成　263

(95)　就業規則の法的性質について本判決は，「学説上，主に契約説と法規説との論争が存在している。就業規則は使用者が労働条件および服務規律を統一するために作成するものであり，現在わが国の社会状況からみれば，労働者と使用者との間の労働条件が使用者によって制定される就業規則の内容によることは，労働者と使用者に合意のある事実たる慣習になっている。それゆえ，就業規則（ただその内容が合理性を有しなければならない）は労働者と使用者とを拘束する効力を有する。労働者が就業規則の存在およびその内容を知っているか否か，あるいはそれに同意するか否かにかかわらず，就業規則は当然に適用される。この場合には，就業規則……〔は〕，運送業または保険業に〔おける〕……普通契約約款……と同様に，当事者が反対の意思表示を表明するときを除き，当然に雇傭契約の内容の一部になっている」（傍線筆者）と判示した。

(96)　事案の概要は次の通りである。1989年7月に航空会社X社に雇用された労働者Y₁は，X社に提供された国外での飛行機修理エンジニア訓練（4回，合計1年9か月）を受けた。X社は，「X社グループ管理規則」の規定により，1995年3月9日にウィーンへの配転，同年6月19日に9月11日付けでマニラへの配転，同年11月13日に1996年1月12日付けでバンコクへの配転など，3回にわたってY₁に配転命令を命じたが，Y₁はいずれの配転命令も拒否した。よってX社は，正当な理由なしに合理的な配転命令を拒否したことを理由に，上記管理規則に基づきY₁を解雇した。そしてX社は，教育訓練規定によるX社での在職義務期間を満たさないことを理由に，Y₁およびその連帯保証人Y₂に違約金を請求した。

(97)　この判決は，結論としては，本件の配転命令が権利濫用に当たらず，X社によるY₁の解雇は有効であり，よってX社によるY₁およびY₂への違約金の請求の一部（減額）を認めたものである。

　　本件では，配転命令の根拠として就業規則が論じられた。就業規則の法的性質については本判決は，「……就業規則は使用者が労働条件および服務規律を統一するために作成するものであり，現在の社会状況からみれば，労働者と使用者との間の労働条件が使用者によって制定される就業規則の内容によることは，労働者と使用者に合意のある事実たる慣習になっている。就業規則の内容が合理的であるかぎり，就業規則は労働者と使用者とを拘束する効力を有し，労働者が就業規則の存在およびその内容を知っているか否か，あるいはそれに同意するか否かにかかわらず，就業規則は当然に適用される（菅野和夫著『労働法』第4版第101・102頁参照）。本件X会社が作成した管理規則は，……就業規則であり，……両当事者間の労働契約の一部になる。かかる管理規則……によると，労働契約に使用者の配転命令権が定められ，かつY₁が雇い入れた際に勤務場所の特約はなされておらず，……X社はY₁に配転を命ずる権限を有しており，Y₁は当該配転命令に拘束されるべきである」（傍線筆者）と判示した。

さらに、「美商大都會人壽保險台灣分公司事件」判決[99]は、上記諸判決を踏襲したうえで[100]、「使用者の経営管理」と「労働者の利益」を比較考量し、就業規則が労働者を拘束するためには「公開掲示」および「内容が合理性を有すること」の両要件を備える必要がある、と説いた[101]。

上記3判決（「台北大衆捷運事件」判決、「長榮航空事件」判決、「美商大都會人壽保險台灣分公司事件」判決）は、「台北區中小企業銀行事件」1審判決と

[98] なお、配転・出向命令の有効性に関する判断の部分では、下井隆史教授の著書『雇用関係法』（有斐閣、1988年5月）が引用されている。

[99] 事案の概要は次の通りである。Xは、1994年3月18日に生命保険会社Y社の雇用要約書を受け取り、同年7月4日から1996年12月31日までY社に在職していた。Xは1996年度の年末賞与（1997年1月23日を支給日とする）として、雇用要約書により2か月間の給料に相当する金額をY社に請求した。これに対しY社は、当該雇用要約書によるのみならず、雇用契約の一部である人事規定およびその他の関連規定により、年末の賞与が恩恵的給付であること、支給日に在職者にのみ支給することなどを理由に、Xに1996年度の年末賞与を支給する義務がないと主張した。本判決は、争点となっている人事規定が就業規則に当たり雇用契約の一部になっているとして、結論としてXの年末所与の請求を棄却した。

[100] ただし、本判決は菅野教授の著書を引用していない。

[101] 本判決は、「……就業規則は使用者が労働条件および服務規律を統一するために作成するものであり、現在の社会状況からみれば、労働者と使用者との間の労働条件が使用者によって制定される就業規則の内容によることは、<u>労働者と使用者に合意のある事実たる慣習になっている</u>。よって、就業規則は労働者と使用者とを拘束する効力を有し、労働者が就業規則の存在およびその内容を知っているか否か、あるいはそれに同意するか否かにかかわらず、就業規則は当然に適用されるから、<u>当事者が反対の意思表示を表明するときを除き</u>、当然に雇傭契約の内容の一部になっている。本件では、X社の作成した人事規定は就業規則であり、雇用契約の一部になっている。……」「前述したように、<u>当事者が反対の意思表示を表明するときを除き</u>、就業規則を<u>労使双方に合意のある事実たる慣習とみなし</u>、労働者が就業規則の存在およびその内容を知っているか否か、あるいはそれに同意するか否かにかかわらず、就業規則は当然に適用される、という見解は、<u>使用者の経営管理に資する</u>。しかし、<u>労働者の利益も考慮する必要があるから、労働基準法第70条の趣旨を参考し、使用者の制定した就業規則は、「公開掲示」および「内容が合理性を有すること」の両要件を備えるうえで</u>、はじめて就業規則によって労使関係を規律し、労働者を拘束する効力を発生するのである」（傍線筆者）と判示した。

同様に，いずれも蔡正廷裁判官によって下されたものであり，文言は若干異なっているものの，「就業規則は内容が合理性を有する限り労働者を拘束しうる」という趣旨を述べており，定型契約説の定式化を模索していることを窺える。

また，台湾高等法院は「太平産物保險事件」[102]および「中國石油化學工業開發事件」[103]において，そして台北地方法院は「國華航空事件」[104]および「富邦人壽保險事件」[105]において，定型契約説の立場を引き続き維持している。このように定型契約説はその後台北地方法院以外の地方裁判所でも採られるようになっている[106]。しかし，いずれの判決においても，「合意のある事実たる慣習」という問題のある表現が依然として残っている。

2 裁判例による合理的変更法理の発展

他方，台湾高等法院および台北地方法院は，前記「台北區中小企業銀行事件」以後の判決において，就業規則の法的性質に関する定型契約説を前提に，就業規則の不利益変更については合理的変更法理の枠組みを維持し，発展させている。

台湾高等法院は，「太平産物保險事件」において，合理的変更法理の判断枠組みを維持した[107]。

また，「中國石油化學工業開發事件」[108]においても台湾高等法院は，合理的変更法理の判断枠組みを維持し，就業規則の不利益の変更の効力については，前記「台北區中小企業銀行事件」1審判決の一般論とほぼ同じ文言を用いて判示している。そして合理性の判断方法については，前記「台北區中小企業銀行事件」控訴審判決と同じように，「就業規則の不利益変更が合理であるかどうかを判断する際に，裁判所は，個別的ケースに即して，使用者の経営上の必要性，合理性および不利益変更に伴う労働者の被る不利益の程度

---

(102) 台灣高等法院（1997年10月21日）86年度勞上字第14號判決。
(103) 台灣高等法院（1998年1月26日）86年度勞上更(1)字第17號判決。
(104) 台北地方法院（1998年9月30日）87年度勞訴字第38號判決。
(105) 台北地方法院（1999年6月16日）87年度勞訴字第30號判決。
(106) 例えば，華濟醫院事件・嘉義地方法院（1999年4月22日）87年訴字第706號判決，敬鵬工業事件・桃園地方法院（1999年10月29日）87年訴字第1192號判決。

を，総合的に判断すべきである」と判示している。

具体的な判断は次のように行われている。すなわち，「本件では，Y社は，従業員の賃金構造を調整することは，国営企業から民営化に転換してから企業生存競争の必要および永続経営の考量に着目し，国営企業時代における年功による月俸を経営効率に資する多重賃金制に変更し，かつ労働組合の同意を得てから実施するものであり，X個人に対して行ったものではない。また，従業員全体は『移転民営条例』によって年功決算金を受け取ったから，相当の代償を受けており，従業員の利益を無視するのではない。当裁判所は，この賃金構造の全体的調整は必要性および合理性を有し，Y社の従業員全員を拘束することができる，と判断する。さらにY社は，民営化してから賃金額が再設定されることを従業員全員に周知した。Xは，このことを知ったにもかかわらず，民営化されたY社に移転したから，黙示同意の意思を有するのである。そして，新たな労働契約が成立したから，旧規定による賃金を請求することはできない」と判示し，Y社の主張[109]を受け入れた。本件は，国営企業の民営化に関する特殊な事例であり，賃金構造変更の必要性が高く，代償措置があり，かつ労働組合[110]も同意していた事例である。

(107) 台灣高等法院（1997年10月21日）86年度勞上字第14號判決。1審判決（台北地方法院（1997年2月4日）85年度勞訴字第85號判決）は，使用者による労働条件の一方的な変更は，原則として信義則に違反し許されないが，事情変更や行為基礎の変更から継続的労務給付関係の特徴に鑑み，労働者の保護の必要性と経営上の必要性を比較考量し，例外的に認めるとしている。この1審判決は，いわゆる事情変更原則や契約締結時の行為基礎の喪失などの観点から，使用者による労働条件の一方的な変更の拘束力を判断している。しかし控訴審判決は，1審判決の見解を支持せず，合理的変更法理の判断枠組を用いている。

(108) 台灣高等法院（1998年1月26日）86年度勞上更(1)字第17號判決。事案の概要は次の通りである。国営企業であったY社は，3年連続の巨額損失によって，政府の決定により1994年6月20日に民営化された。民営化されてからY社はXに，同年8月16日に同年9月30日付けの整理解雇の通知を行った。XはY社に対して，雇用関係の存在の確認のほかに，Y社の就業規則変更によって同年6月20日から9月30日まで減額された賃金台湾ドル19万8,705元，および同年10月1日から1999年8月31日（Xの定年予定日）まで在職すれば請求しうるであろう賃金およびその利息を請求した。結論として台湾高等法院は，Xによる雇用関係存在確認および上記金員の請求をいずれも棄却した。

また，1999年に至り台北地方法院は，「富邦人壽保險事件」判決[111]において，不利益変更の効力につき，合理的変更法理の判断枠組みを踏襲した。この判決は，「労働者の利益の保護」と「使用者の経営上の必要性」との比較考量を合理性判断の主要な基準としたうえで，代償措置の有無を合理性判断の補助基準としている[112]。また同判決は，賃金の不利益変更は「高度な必要性」を有する際に初めて合理性を有して労働者を拘束しうる，と判示している。ここにいう「高度な必要性」とは，会社の財務状況または経営状況が悪化し，就業規則における賃金に関する規定を変更しなければ会社の経営を維持できない程度の必要性を示しているのである[113]。

　なお，台北地方法院以外の地方裁判所においても，「合理的変更法理」の判断枠組みをとるものが見られるようになり[114]，下級審においては，「合理

---

[109] Y社は，①民営化に伴い企業競争力強化のため，賃金（月給）の構造を「年功的月俸」から「本俸＋成績給＋手当」に調整するのが，「合理性・必要性」のある労働条件の変更であること，②賃金構造の変更について度々工場で事前に周知させ，かつ個々の従業員にY社社長Aの従業員全員への手紙を配ったのみならず，社内誌（月刊誌，従業員1人に1冊配布）に掲載したから，Xを含む従業員全員がその事情を知っていたのであって，民営化された新会社への移転に同意した従業員は，民営化の後における賃金額の再設定を黙示に同意したこと，③Y社の従業員が加入しているZ労働組合は，賃金構造の調整について最初若干の意見を有したが，その後Y社はZ組合と協議し，かつ従業員全員と新たな労働契約（賃金は毎月の支払とし，Y社所定の基準によって支払う）を締結したのであって，Y社は企業の生存競争の必要に基づき，賃金構造を全面的に調整し，かつ労働組合の同意を得てから実施するものであり，X個人に対して行ったものではないこと，④民営化前後の賃金総額の比較からみればその差額が少ないこと，などの理由により，本件の就業規則変更が合理的なものであると主張している。

[110] 本件の労働組合である「台灣石油工會（台湾石油労働組合）」は，国営企業である「中國石油」および本件のY社（「中國石油化學工業開發」）の従業員によって組織されている労働組合である。Y社が民営化されてからもY社の従業員は「台灣石油工會」に加入している。台湾における労働組合の多くはその規模が小さく，力も弱いが，「台灣石油工會」は，規模が大きく，力が強いために，台湾の労働組合運動の先頭に立っている。

[111] 台北地方法院（1999年6月16日）87年度勞訴字第30號判決。

[112] 本判決は，「〔この〕不利益変更は，一方的に原告側の不利益を課し，……その不利益が大きく，かつ何らの代償の労働条件も提供していない」と判示している。

的変更法理」が徐々に定着しているように見える。

　注目すべきは，1999年7月に至り最高法院も「合理的変更法理」を取り始めたことである。前記「太平産物保険事件」において，労働者側が控訴審判決[115]を不服として最高法院に上告したが，最高法院[116]は，原審の事実調査につき問題があるとして，本件を控訴審に差し戻した。最高法院は，就業規則の不利益変更の効力については意見を直接に表明していないが，控訴審判決の「合理的変更法理」の判断枠組みを踏まえて事実審理の不足を指摘しているので，「合理的変更法理」を是認したといえよう。後に台湾高等法院は，同事件差戻審判決[117]および「復興航空運輸事件」[118]においても「合理的変更法理」を維持した。

　こうして，後述するように，日本で定着している「合理的変更法理」という判例法理は，学説によって台湾に導入され，学説の影響を受けた下級審裁判例によって取り入れられ，発展させられ，そして最高法院に支持され始めている。そして，台湾における「合理的変更法理」は契約説（定型契約説）

---

(113)　劉志鵬弁護士は，「高度な必要性」の部分の判旨の当否は別として，本判決が判断基準をより具体的かつ豊富になしていることに対して一定の評価を示している（劉志鵬「論工作時間等規制之除外適用──台北地方法院七十九年度勞訴字第〇一六號判決評釋──」中華民國勞動法學會編『勞動法裁判選輯（三）』〔元照出版公司，2000年1月〕54頁，劉志鵬・研究302〜303頁）。

(114)　華濟醫院事件・嘉義地方法院（1999年4月22日）87年訴字第706號判決。

(115)　台灣高等法院（1997年10月21日）86年度勞上字第14號判決。

(116)　最高法院（1999年7月30日）88年度台上字第1696號判決（最高法院民事裁判書彙編37期560頁）。

(117)　台灣高等法院（2000年7月11日）88年度勞上更(1)字第12號判決。

(118)　台灣高等法院（2000年9月5日）89年度勞上字第17號判決。同判決は，「就業規則の変更による労働条件の変更は，労働者の既得権を奪い，労働者に不利益な労働条件を課する場合には，原則として許されない。しかし，不利益変更は，その合理性および必要性を有する際に，変更に反対する労働者を拘束することができる。特に賃金・退職金などの重要な権利・労働条件を不利益に変更する場合には，『高度の必要性』を必要として，具体的な事案において，企業の経営状況の低迷，賃金制度を改定する必要性が生じるほど経営環境が悪化したかどうか，労働者の経済上の不利益の程度，関連待遇の改善の有無，および労働者集団との協議を行ったか否か，などを考慮すべきである」と判示している。

Ⅳ 日本の判例法理の影響

1 合理的変更法理の台湾への導入過程

秋北バス事件最高裁大法廷判決は，1985年に台湾で劉志鵬弁護士の論文によって最初に紹介された[119]。そして，「合理的変更法理」を最初にそして唯一支持したのも同弁護士である。

本章第1節第2款Ⅱ2で述べたように，劉弁護士は当初1985年の論文では「合理的変更法理」に賛成していなかったが，1990年の論文で同理論を自説として主張するようになった。このような主張に至る理由は，劉弁護士自身が認めているように，日本の判例法理から影響を受けたことにある[120]。また，同弁護士の1985年4月から3年間の東京大学大学院における留学経験を通じた日本労働法に対する理解や，指導を受けた菅野和夫教授の秋北バス事件大法廷判決に対する評価[121]も，自説の変更に影響したものと推測される。

台湾では，学者や専門家の著作は訴訟で証拠として提出されることが稀ではない。劉弁護士は，前記「台北区中小企業銀行事件」の労働者側の弁護士であるが，訴訟では自説を主張していないし，自分の論文も証拠として提出していない。しかし，同事件1審判決の判旨は，その判断枠組みおよび文言からみれば，明らかに劉弁護士の1990年論文[122]を参考としたものということができる。

劉弁護士の説が採用された背景としては，次のような事情が指摘できよう。まず，台湾では就業規則を論ずる論文がそれほど多くなく，かつその中でも説得力のある論文は極めて少ない。同弁護士の論文は，比較的詳細であり，かつ説得力のあるものの一つである。また，日本の裁判実務ですでに定着している「合理的変更法理」は，実務家たる裁判官に一定の信頼感をもたせる

---

[119] 劉志鵬（1985）11頁。
[120] 劉志鵬（1990b）63頁（劉志鵬・研究288頁）。
[121] 菅野96～97頁参照。
[122] すなわち，劉志鵬（1990a）および劉志鵬（1990b）（後に，劉志鵬・研究259頁以下に収録された）。

ものであったと推測される。

　台北地方法院と台湾高等法院(123)以外の地方裁判所においても，この「合理的変更法理」をとる判決が見られる(124)。こうしてこの「合理的変更法理」の判断枠組みは，一部の判決(125)を除いて，下級審においては徐々に定着し，最高法院においても採用され始めたといえよう。

2　台湾における「合理的変更法理」の比較法的検討

　そこで，「台北區中小企業銀行事件」1審判決(126)を中心に，台湾における「合理的変更法理」を日本のそれと比較してみよう。

　まず，就業規則の法的性質については，「台北區中小企業銀行事件」1審判決の判旨(127)は，前述したような学者による法規説に対する批判を引用した上，労働条件が使用者の作成した就業規則によるとの事実たる慣習の存在を認め，そして運送業や保険業における約款の理論を就業規則論に適用した。このような主張は，劉弁護士以前にも黄越欽教授によってなされていた。しかし，両氏の論文を比較しながら検討すると，判旨はやはり劉弁護士の論文に依拠したものということができる。

　次に，不利益変更に関する「台北區中小企業銀行事件」1審判決の前示の

---

(123)　台湾では，高裁レベルの裁判所としては，台湾高等法院を除き，台湾高等法院台中分院，台湾高等法院台南分院，台湾高等法院高雄分院，台湾高等法院花蓮分院，福建高等法院金門分院などがある。

(124)　華濟醫院事件・嘉義地方法院（1999年4月22日）87年訴字第706號判決。

(125)　例えば，全欧汽車事件・高雄地方法院（1997年3月19日）86年度勞訴更字第1號判決台灣高雄地方法院民事裁判書彙編86年1冊61頁は，就業規則の不利益変更について「合理的変更法理」という枠組みをとっておらず，「本件従業員ハンドブックは，被告Y社が従業員の権利・利益の保障，従業員制度と管理との健全化のため，労働基準法および関連規定によって作成した従業員を管理する規定であり，このことは当該従業員ハンドブックの第1条に明記されている。その中に整理解雇手当に関する関連規定は，整理解雇要件および整理解雇手当の計算方式を規制する重要規定であり，労使双方にとって一定の拘束力を有しており，一方当事者の意思によって変更され得ず，そして変更の内容が法令に違反するときに，その内容を変更する効力を生じない」と判示している。

(126)　台北地方法院（1996年1月25日）84年度勞訴字第38號判決。

(127)　本章第2節Ⅰ2参照。

判旨[128]は，すでに言及したように，劉弁護士の見解を受け入れたものである。これについては，比較法の視点から現在の日本の判例法理とのいくつかの違いを指摘できる。すなわち，第1に，秋北バス事件大法廷判決[129]では「既得権」という言葉が用いられたが，そのような言葉は「台北區中小企業銀行」1審判決では用いられていない[130]。第2に，大曲市農協事件最高裁判決[131]は「合理性」の判断枠組みについて説明しているのに対し，「台北區中小企業銀行事件」1審判決は「合理性」に言及するのみで，その判断方法について一般論を展開していない。第3に，「台北區中小企業銀行事件」1審判決における事案の判断の際には，①不利益の程度について労働者が被る不利益が小さくない，②代償措置が存しない，③変更の必要性がない，などが検討されているが，日本では重要な判断要素とされている「多数労働者との交渉経過」や「社会的相当性」（世間相場との比較）についての検討は行われていない。

これらの違いが生じたのは，「台北區中小企業銀行事件」1審判決が劉弁護士の所説に直接的に依拠したものだからであると思われる。劉弁護士は，論文で日本の就業規則判例法理の展開を忠実に紹介しているが，自説の主張においては，「既得権」という文言を用いておらず，そして「合理性」の判断枠組みについても説明しておらず，さらに，合理性の判断要素を提示しているとはいえ，上記①～③以外の要素を明示してはいない。また，「多数労働者との交渉経過」や「社会的相当性」（世間相場との比較）についての検討が行われなかったのは，恐らく台湾における労使関係の現状とは無関係ではないと思われる。

従来の裁判例と比較すると，「台北區中小企業銀行事件」1審判決は意欲的に論理を展開していると評することができる。本判決は，裁判例として最初に就業規則の法的性質を明らかにした点，および日本の就業規則判例法理を導入した点において，大変興味深いものである。

---

[128] 本章第2節Ⅰ2参照。
[129] 最大判昭和43年12月25日民集22巻13号3459頁。
[130] 後に，復興航空運輸事件・台灣高等法院（2000年9月5日）89年度勞上字第17號判決において，「既得権」という言葉が用いられるようになった。
[131] 最三小判昭和63年2月16日民集42巻2号60頁。

なお,「台北區中小企業銀行事件」控訴審判決は,合理性の判断について,「就業規則の不利益変更が合理的であるかどうかを判断する際に,裁判所は,個別的ケースに即して,使用者の経営上の必要性,合理性および不利益変更に伴う労働者の被る不利益の程度を総合的に判断すべきである」と,同事件1審判決では言及されていない一般論を述べている。

なお,1998年の「中國石油化學工業開發事件」判決[132]は,判断基準として「労働組合の合意」に言及した最初の判決である。また,2000年の「復興航空運輸事件」判決[133]においては,「労働者集団との協議を行ったか否か」が合理性判断の基準とされている。ただし,ここから,多数労働者の意見を重視する姿勢が芽生えていると推測しうるかどうかは,定かではない[134]。また,1999年の「富邦人壽保險事件」判決[135]は,賃金規定を不利益変更する際に高度の必要性を求めている。さらに,この3つの判決は,代償措置の有無を合理性判断の補助基準としている。

こうして,下級審裁判例においては,合理的変更法理の判断枠組みが維持され,その判断要素と定式化が模索されている,といえよう。

3 小 括

第二次世界大戦後,「国(国民党)共(共産党)内戦」で敗戦した国民党政府が台湾に移ったため,1920年代末からの労働立法に関しては立法資料の入手が困難である[136]。このような立法資料の欠如は,台湾労働法の研究に大きな支障をもたらしている要因の一つである[137]。

また,1990年6月まで下級審の裁判例が公表されていなかったために,学

---

[132] 台灣高等法院(1998年1月26日)86年度勞上更(1)字第17號判決。
[133] 台灣高等法院(2000年9月5日)89年度勞上字第17號判決。
[134] 仮に,多数労働者の意見を重視する姿勢が芽生えていると推測できても,台湾においては,後述のように,労働組合の組織率が低く,かつ労働組合の多くはその規模が小さく交渉力が弱いから,有利な労働条件を勝ち取る実力を有してはいない。
[135] 台北地方法院(1999年6月16日)87年度勞訴字第30號判決。
[136] 戦前の「立法院公報」(国会の官報)は,1989年に中国の南京で復刻版として再出版された。しかし,当時の立法院公報の内容はかなり簡略であり,現在の立法院公報と異なり,草案の内容・立法理由および議員の議論過程を掲載していないので,立法資料としての価値がそれほど高くないと思われる。

者は過去の裁判例を体系的に研究することが不可能である。そのような状況もあって，判例研究に関心のある学者は稀であった。そして裁判官は，労働裁判の分野においては，学説への関心を有しておらず，（例えば就業規則の分野においては）学説と裁判実務との見解の「交流」がほとんど行われていなかった[138]。就業規則の分野を見るかぎり，合理的変更法理を導入した「台北區中小企業銀行事件」台北地方法院判決は，結果的には学説の主張をほぼ受け入れたが，これは初めて積極的に学説を参考とした裁判例といえる。これからは，学説と裁判例が影響し合う時代に入っていくものと思われる[139]。

　従来，裁判例は，学説との関係が緊密ではないことから，外国の学説・判例理論を継受するものは少なかったと思われる。台湾の労働法学界ではドイツへの留学経験者が多い。しかし，法制度が似ているために，就業規則の問題については，学者はやはり日本の学説と判例理論を直接または間接に参考としたうえで議論を行っている[140]。「台北區中小企業銀行事件」台北地方法院判決による日本の判例理論継受の過程を再述すると，まず，日本に留学した劉志鵬弁護士は，恩師である菅野和夫教授の影響を受けて自らの見解を変更し，日本では裁判実務で定着している「合理的変更法理」を自説として主張するようになった。次いで，1審判決の担当裁判官の蔡正廷裁判官は，同地裁のある裁判官に勧められて，原告側の弁護士である劉弁護士の論文を読み[141]，劉弁護士の見解をほぼ全面的に受け入れた，と推測される。というのは，蔡裁判官はかつて，就業規則の拘束力について，就業規則の法的性質

---

[137]　台湾における労働法研究の難しさについては，黄瑞明「難矣哉，勞動法學！」政大法學評論第58期（國立政治大學法學院，1997年12月）307頁以下参照。

[138]　黄瑞明教授は，台湾の実務界は学界の意見をそれほど重視していないと述べている（黄瑞明・前掲政大法學評論58期323頁参照）。

[139]　例えば，台湾では最近の労働法教科書である黄程貫教授の『勞動法』（國立空中大學，1996年8月初版）は，判例への関心を示している。また，後述のように，いわゆる解雇に関する最後の手段原則という学説を判例理論に導入した過程においても，学説の裁判例に対する影響が見られる。

[140]　日本の議論を踏まえたうえで自説を展開する劉志鵬弁護士や呂榮海弁護士の論文は，就業規則についての重要な参考資料となっている。

[141]　原告側の弁護士劉志鵬氏によると，蔡裁判官は，劉弁護士からその就業規則に関する論文（すなわち劉志鵬（1990a），劉志鵬（1990b））を入手していたのである。

につき明言せずに，使用者が就業規則を届け出て公開掲示すれば労働者は当該就業規則に拘束されるべきである，との見解を示していたからである[142]。このことからも，蔡裁判官は劉志鵬弁護士の学説に影響を受けて「台北區中小企業銀行事件」1審判決を下したということが窺える。

前述したように，この判例理論は，下級審裁判例によって形成されて発展させられ，最高法院に支持されるようになっている[143]。しかしながら，「合理的変更法理」は日本の長期雇用慣行に基づき生まれたものと思われる[144]。台湾ではこのような慣行が一部にしか存在していないことに鑑みると，同判例法理をストレートに台湾に導入することの妥当性には疑問の余地があろう。台湾における就業規則法理は，日本法を参照しつつ新たな段階に入ったということができるが，台湾における労働市場の状況や雇用慣行に照らした同法理の整合性など，検証されるべき課題がなお多く残されているのである。これについては次節で見よう。

---

[142] 台灣新生報事件・台北地方法院（1992年4月29日）81年度勞訴字第7號判決台灣台北地方法院民事裁判書彙編81年2期1冊466頁参照。

[143] 太平產物保險事件・最高法院（1999年7月30日）88年度台上字第1696號判決（最高法院民事裁判書彙編37期560頁）。

最高法院は，就業規則不利益変更の効力に関する問題について，「太平產物保險事件」以前に意見を表明する機会はあったが，表明しなかった。すなわち，前記「台北區中小企業銀行事件」における原告（労働者側）は，控訴審判決（台灣高等法院（1996年9月24日）85年度勞上字第16號判決）を不服とし，最高法院に上告した。しかし最高法院は，この問題について意見を表明せず，手続上の理由により，上告を決定で却下した。劉志鵬「論工作時間等規制之除外適用──台北地方法院七十九年度勞訴字第〇一六號判決評釋──」中華民國勞動法學會編『勞動法裁判選輯㈢』〔元照出版公司，2000年1月〕53頁，劉志鵬・研究301頁）参照。

[144] 菅野・5版補正114頁参照。

第3節　台湾における就業規則法理の方向

　本節においては，就業規則の法的効力とその変更問題に関し，日本と台湾との前提的諸条件の違いを踏まえて，日本で形成された「合理的変更法理」がその判断枠組みとともに台湾においても適用できるか否かを検討したい。そしてそのうえで，台湾における就業規則法理の発展の方向性を検討したい。

I　前提的諸条件の違い

1　労働組合法制の不十分さ
(1)　労働組合に対する国家的規制の強さ

　台湾における集団的労使関係を規制する重要な法律としては，「工會法」（労働組合法）[145]および「勞資爭議處理法」（労働関係調整法）[146]ならびに「團體協約法」（労働協約法）[147]をあげることができる。これらの法律は，すべて1930年前後に中国大陸で立法され，1945年以降台湾において改めて施行されている。このなかで最も重要なのは，1929年の工會法である[148]。

　工會法（労働組合法）[149]によれば，組合の連合組織を除いて，設立できる

---

[145]　1929年10月21日公布，1929年11月1日施行。
[146]　1930年3月17日公布，1930年3月19日施行。
[147]　1930年10月28日公布，1932年11月1日施行。
[148]　台湾における労使関係システムを紹介する日本語文献として，佐護譽『人事管理と労使関係——日本・韓国・台湾・ドイツ』（泉文堂，1997年2月）225～249頁，張国興『戦後台湾労使関係の研究』（中国書店，2000年2月）がある。
[149]　現行1929年工會法の前に，1924年広東政府の「工會條例」が存在していた。この工會條例は，現行工會法よりも進歩的な立法であった。そして，1929年には勞動契約法・勞動協約法・勞動組織法・勞動保護法・勞動訴訟法・勞動救済法・勞動保険法の7編21章863の条文からなる「勞動法典草案」が作成された。これは立法化には至らなかったが，後に中華民国（台湾）の労働立法の基礎となった。上記工會條例および勞動法典草案ならびに現行労働法制の立法過程について，劉志鵬「労働組合の諸権利をめぐる法政策への外国法の影響——台湾」日本労働研究雑誌404号（1993年9月）18頁以下参照。

労働組合は，以下の2種類に限られる[150]。一つは「職業工會」(職業別労働組合)であり，もう一つは「産業工會」(企業別労働組合)である。工會法は，1947年の法改正によって，「単一組合原則」[151]をとるようになった。すなわち，企業別組合は，工會法の規定および労働組合行政[152]によって，1工場や1事業所に1つしか組織することができなくなった。こうして企業別組合は，台湾では「廠場工會」(工場・事業所組合)になってしまうのである[153]。このことは労働者の労働組合選択の自由を剥奪し，労働者の同盟自由の基本権侵害になっているが，その目的は，行政官庁の労働組合に対する監督管理のためであると思われる[154]。台湾政府(国民党政府)は，強い労働組合の誕生を望まず，かつ労働組合を自らの支配下に置いて，政治動員などに利用しようとしてきた。このため，工會法は，労働組合不信の態度をとり，厳しい行政監督を通じて労働組合を政府の支配下に置くことを意図していたものといわれる[155]。

また，工會法によれば，労働者は，労働組合を組織する義務(強制組織原

---

[150] 工會法6条2項は，「同一企業で，異なる職業の労働者によって組織したものを企業労働組合とし，同一職業の労働者が連合して組織したものを職業労働組合とする。企業労働組合，職業労働組合の種類は，中央主務機関によってこれを定める」と規定している。このような立法に対する批判については，黄程貫203～205頁参照。
[151] 工會法8条は，「同一の区域または工廠事業所における産業別労働者もしくは同一の区域の職業別労働者は，単一の労働組合に限り設立することができる。ただし，一の区域における同種の産業別労働者が第6条に規定する人数に不足するときは，合併して労働組合を組織することができる」と規定している。
[152] 工會法9条によれば，組合の設立は主務官庁に登録する必要がある。
[153] 黄程貫206頁。
[154] 黄程貫224頁。
[155] 劉志鵬「労働組合の諸権利をめぐる法政策への外国法の影響——台湾」日本労働研究雑誌404号(1993年9月)18頁以下。なお，台湾政府(および与党であった「中国国民党」)の組合政策の形成・発展を分析する文献として，李允傑『台灣工會政策的政治經濟分析』(巨流圖書公司，1992年8月)，李允傑『台灣工會政策的政治經濟分析(増訂2版)』(商鼎文化出版社，1999年9月)，沈宗瑞『台灣工會的角色與發展(1950～1992)——國家組合主義角度的分析』(國立台灣大學三民主義研究所博士論文，1994年12月)，日本語文献としては，張国興『戦後台湾労使関係の研究』(中国書店，2000年2月)76頁以下がある。また，戦後から1970年代にかけての，台湾における労働組合の結成過程については，張国興「戦後台湾における労働組合の結成過程(1)(2)(3)」久留米大学法学23号(1994年10月)39頁以下，24号(1995年2月)1頁以下，25号(1995年5月)1頁以下，および張国興『戦後台湾労使関係の研究』(中国書店，2000年2月)96頁以下参照。

則)⁽¹⁵⁶⁾，および労働組合に加入する義務（強制加入原則）を負っている⁽¹⁵⁷⁾。これは，1943年（日中戦争中）の法改正で設けられたものである。この法改正の目的は，労働組合が国家政策の遂行について政府に協力することによって日本の侵略に抵抗する政府の勢力を強化するため，労働組合の設立を促進することにあった⁽¹⁵⁸⁾。強制加入原則によって，満16歳以上の労働者は，労働組合に加入して組合員になる権利および義務を有している。工會法13条によれば，使用者側を代表して管理権を行使する経営管理者を除き（たとえば工場長，副工場長，人事課副課長，人事課職員などは組合員となる資格を有しない，と実務上認定されている⁽¹⁵⁹⁾），すべての被用者は組合員になる資格を有する。しかし，学者は概ね，この強制加入原則は労働者の消極的団結権を侵害するのみならず，実効性を有しない，と批判している⁽¹⁶⁰⁾。「工會法改正案」⁽¹⁶¹⁾によれば，強制加入規定は撤廃される予定となっている⁽¹⁶²⁾。

そして，工會法9条1項によれば，労働者が労働組合を結成するためには，30人以上の人数の署名をもって主務官庁に登録しなければならない⁽¹⁶³⁾。発起人は，準備会を組織して，組合員の募集や組合成立大会などの準備作業を

---

(156) 工會法6条1項は，「同一区域または同一工廠事業場で，満20歳の同種産業の労働者，または同一区域同種職業の労働者が30人以上のときは，法に従って企業労働組合または職業労働組合を組織しなければならない」と規定している。

(157) 工會法12条は，「労働組合が組織されている区域においては，満16歳の男女の労働者はすべて，その就労しているところの企業別または職業別労働組合に加入して組合員となる権利と義務を有する。ただし，すでに企業別労働組合に加入した者は，職業別労働組合に加入することを要しない」と規定している。

(158) 劉志鵬・前掲「労働組合の諸権利をめぐる法政策への外国法の影響――台湾」18頁以下。

(159) 組合員の資格の有無の判断基準については，黄程貫211～218頁参照

(160) 強制加入原則の問題点については，黄越欽288頁以下および黄越欽・新論399頁以下参照。

(161) ここにいう「工會法改正案」は，1990年7月5日に行政院（内閣）第2189回院会で審査・可決され，1990年8月15日に立法院に提出された草案を指す。この草案はすでに行政院によって撤回されたが，法改正の方向は概ね固まったといえよう。なお，最新の「工會法改正案」は，2002年5月1日に行政院に提出され，草案立法化されてから，3年後強制加入規定を撤廃する，とされる。

(162) この強制加入の撤廃の問題点を指摘するものとして，黄程貫「強制入會！？」台灣社會研究季刊13期（1992年11月）31～62頁，黄程貫226～231頁。黄程貫教授は，強制加入原則を撤廃する前提として，①「単一組合原則」および「廠場工會」の規制の撤廃を必要とすること，②労働組合の存続・運営などを十分に保障すること，③ユニオン・ショップ協定を締結しうる法制を整えること，をあげている。

行う。工會法9条2項によれば，労働組合を結成した場合には，結成の準備経過，組合員名簿，組合役員・職員の略歴，組合の規約[164]などを主務官庁に送付して登録しなければならない。これに対して，主務官庁は，登録証書を労働組合に交付する。工會法9条3項によれば，労働組合の役員の選挙は，上級組合の監督および主務官庁の指導のもとで行われる[165]。工會法27条1項によれば，労働組合は毎年12月に，役員の氏名・履歴，組合員の加入・脱退名簿，会計報告表などを主務官庁に届け出なければならない。また労働組合は，組合規約の改訂または重要な役員の更迭を主務官庁に届け出なければならない（工會法28条）。主務官庁は，労働組合の選挙または議決が法令または規約に違反したときに，これを取り消すことができる（同法30条）。主務官庁は，組合の規約が法令に違反するときは，労働組合に対してその規約の変更を要請することができる（同法31条）。

　組合の役員である理事および監事は，中華民国（台湾）の国籍を有する満20歳以上の組合員から選出される（工會法14条・16条）。理事会は，組合のあらゆる事務を行って組合を代表し，監事または監事会は，組合の会計および各種の事業の進捗状況を監査する（同法15条）。理事および監事の任期は3年とし，理事長の再選は1回限りとする（同法17条）。組合大会（または組合

[163] ここにいう「登録」は，「許可」または「同意」とは異なるが，実務上の操作によって「許可」または「同意」と異ならない効果を有しているから，ILO条約87号2条に抵触する，と批判されている。主務官庁に登録しない限り，組合結成の準備作業を合法的に行うことができず，組合結成の準備会が主務官庁に認められないからである。また，主務官庁は，組合結成の発起人の資格審査を行うために，実務上「発起人が被用者である」ことを使用者に照会する。よって，使用者側は，組合結成の動きを知り，様々の工作を行って，組合の結成を阻害し，または労働組合に介入して組合の自主性を妨げることが可能となる。黄程貫232〜234頁参照。

[164] 工會法10条によれば，組合の規約は，組合の名称，目的，区域，事務所の所在地，任務または事業，組織，組合員の加入・脱退および除名，組合員の権利および義務，職員定員・権限・任期および選任・解任，会議，経費および会計，規約の改訂，などの事項を定めるべきである。また，組合の規約を決定する際に，工會法11条によれば，組合創立大会に出席した組合員または代表の3分の2以上の同意を得なければならない。そして，工會法31条によれば，組合の規約が法令に違反するとき，主務官庁は労働組合に対してその規約の変更を要請することができる。

[165] この規定によって，主務官庁は労働組合の結成に干渉・介入することが可能である。主務官庁の代表が出席せず，または出席しても会議録に署名しない限り，主務官庁は実務上，組合の会議や選挙を無効と認定しうるからである。黄程貫234〜235頁参照。

代表者大会）は，理事長が召集する（同法19条）。組合の規約の改定，労働条件の維持または変更などは，組合大会または組合代表大会によって議決されなければならない（同法20条）。組合大会（または組合代表大会）は，組合員（または代表者）の過半数の出席によって初めて開催することができる。議決には出席者の過半数の同意を必要とするのが原則だが，規約の改訂または総工會や組合の連合組織の結成については，出席者の3分の2以上の同意を必要とする（同法21条）。

組合の経費は，組合員の加入費・会費，特別基金，臨時募集金，政府の補助金により賄われる（工會法22条1項）。加入費は加入時の2日分の賃金額を，会費は1か月分の賃金の2％を超えてはならない。政府の補助金は，県以上のレベルの労働組合連合会（総工会）を対象とする（同法22条2項）。この組合費の徴収金額に関する上限規定は，規模の大きい労働組合に対しての影響は小さいが，台湾における数多くの小労働組合に対しては大きな影響を及ぼしている。もともと得られる組合費も少ないうえに，上限規定が設けられていることによって，経費不足が生じ，その活動力も弱くなるのである[166]。

労使紛争については調停前置主義がとられ，調停手続を経ても解決しない紛争については，組合大会で無記名投票によって全組合員の過半数の同意を得なければ，ストライキを決議し宣告してはならないとされている（工會法26条1項）。また労働組合は，ストライキを行うときには，公共秩序の安寧を妨げたり他人の生命・財産および身体の自由を侵害してはならないし（同法26条2項）[167]，標準賃金[168]を超える賃金を要求するためにストライキを宣告することはできない（同法26条3項）。さらに，調停および仲裁期間中は，当該紛争についてストライキを行うことができないし（勞資爭議處理法〔労働関係調整法〕8条），労働協約が規定している事項については，争議行為を行ってはいけない（團體協約法〔労働協約法〕20条1項の平和義務規定）。これらの争議行為に対する制限規定からは，組合の結成・運営についての政府の

---

[166] 黄程貫239〜241頁参照。
[167] 黄程貫教授は，この制限は厳しすぎ，その適用を厳格に解釈すれば労働組合がストライキを行い得ないことになる，と批判している（黄程貫268〜271参照）。
[168] 実際上，台湾においては，ここにいう「標準賃金」が存在しない。この規定の問題点については，黄程貫271〜272頁参照。

干渉・介入を可能にするのみならず，争議行為の発生をもできるだけ阻止しようとしている姿勢を窺うことができる。

こうして，工會法の特徴としては，単一組合原則，強制組織原則・強制加入原則（撤廃予定），組合の登録制，組合費の上限規定，ストライキの規制などをあげることができる。これらの規定から，国は労働組合を強く監督する権力を有していることが窺いうる。実際上も，国は労働組合を厳しく監督していた[169]。国による労働組合へのコントロールの内容としては，例えば，与党（国民党）の党員を幹部とする労働組合の設立，御用組合の設立による他の組合の設立の阻止，厳しいストライキの規制によるストライキの防止などがある。

(2) 労働組合に対する保護の不十分さ

労働組合の保護については，工會法は，不利益取扱いの禁止[170]，就労時間における組合幹部の組合活動の許容（組合休暇を付与すること）[171]，黄犬契約の禁止[172]，争議行為参加者の保護[173]などの規定を設けている。しかし，労働組合および組合幹部ならびに組合員を保護するには，組合休暇の付与規定を除き，その実効性は不十分だと言われている[174]。たとえば，工會法に

---

[169] 李允傑『台灣工會政策的政治經濟分析』（巨流圖書公司，1992年8月）114頁以下，同『台灣工會政策的政治經濟分析〔増訂二版〕』（商鼎文化出版社，1999年9月）117頁以下。

[170] 工會法35条1項は，「使用者またはその代理人は，労働者が労働組合の職務を担当したことの故に，雇用を拒否したり，解雇およびその他の不利益な取扱いをしてはいけない」と定めている。工會法35条1項の不利益取扱いの禁止については，労働組合を結成したために発起人が解雇されるケースはしばしば発生している。

[171] 工會法35条2項は，「労働組合の理事・監事は，組合事務を行うために公假をとることができる。その休暇の時間については，常務理事は半日または1日の事務を扱うことができる。その他の理事・監事は，1人につき毎月50時間を超えることができない。特別な事情のある場合は，労使双方が協議し，もしくは労働協約を締結して，これを定めることができる」と規定している。ここにいう「公假」とは，組合休暇に当たる。

[172] 工會法36条は，「使用者またはその代理人は，労働者に対して労働組合の職務を担当しないことを雇用の条件としてはならない」と定めている。

[173] 工會法37条は，「労働者と使用者との争議期間においては，使用者またはその代理人は，労働者が争議に参加したことをもって解雇の理由とすることができない」と規定している。

[174] 黄程貫246頁。

おいては，使用者の労働組合に対する支配介入の禁止，団交拒否の禁止などの規定が欠如している。そして，黄犬契約禁止の工會法36条においては，「組合に加入しないこと」もしくは「組合から脱退すること」を規定しておらず，明らかに立法上の不備である。さらに，工會法37条における争議行為参加者の保護については，争議期間と解雇禁止が規定されているので，争議期間後および解雇以外の不利益取扱いについては明文の規定が設けられていない[175]。

　また，日本では，使用者は団体交渉義務を負っているが，台湾では，使用者側・労働者側（労働組合）ともに，団体交渉義務を負っていない。すなわち，台湾の労働法制度では，団交拒否という不当労働行為制度は存在していない。したがって，規模が小さく交渉力の弱い労働組合が使用者側に団体交渉を申し込んでも使用者側はこれに応じないのが一般的である。このことも，労働協約の締結数が少ないことの一要因となっている。

　したがって，台湾においては，労働組合および労働者を保護するために，アメリカ，日本および韓国における不当労働行為制度を参考として，不当労働行為救済制度を設けることが焦眉の課題であると思われる[176]。

2　実態としての労働組合組織の弱さ
(1) 労働組合組織率の低さ

　工會法（労働組合法）がとっている「強制組織原則」および「強制加入原則」によれば，労働者は労働組合を組織する義務および労働組合に加入する義務を負っている。このような法制度のもとでは，組合の組織率が高いはずであるが，現状では非組合員の労働者が数多く存在する。その原因としては，①台湾では30人未満の労働者を使用する中小企業が多いが，「組合強制組織原則」をとる工會法によっても，使用する労働者が30人未満であれば組合を組織する必要はないこと[177]，②労働者が労働組合を組織しないこと，または労働組合に加入しないことは加入強制に反するが，工會法には罰則が格別

---

[175]　黄越欽309頁および312頁，黄越欽・新論447頁。
[176]　黄越欽310～312頁，黄程貫246頁。なお，日本およびアメリカの立法を参考として，2002年5月1日行政院によって提出された工會法改正案と団体協約改正案では不当労働行為に関する規定が設けられる予定である。

設けられていないこと，③組合の交渉力が弱く，労働者にとって有利な労働条件を獲得するうえであまり役に立たないため，労働者が組合に加入するメリットはそれほどないこと，などがあげられる。

行政院勞工委員會(労働省に相当)の統計によると，1995年に台湾には3,704の労働組合が存在し，労働組合員の人数は313万5,875人であり，推定組織率は46.58％である。そのうち「職業工會」(職業別労働組合)は，2,413あり，その組合員数は253万7,396人，推定組織率は58.05％である。これに対して「産業工會」(すなわち「企業工會」，企業別組合)は1,204あり，その組合員数は59万8,479人，推定組織率は25.35％である[178]。そして，1999年には3,804の労働組合が存在し，組合員数は292万7,361人，推定組織率は39.98％である。そのうち「職業工會」は2,534あり，その組合員数は231万3,398人，推定組織率は50.33％である。これに対して「産業工會」は1,175あり，その組合員数は61万3,963人，推定組織率は22.53％である[179]。

しかし，次に述べるように，台湾ではほとんどの「職業工會」は労働組合として機能していないから，労働運動の主役はやはり企業別組合である[180]。このことに鑑みると，労働組合の実際の組織率は，日本の組合の組織率の半分以下，10％にも達していないといわざるを得ない。

---

[177] 日本労働協会編『台湾の労働事情』(日本労働協会，1987年9月) 91頁は，労働組合はほとんどの公営企業で結成されているが，私企業においては，大企業では普及してきているものの，中小企業ではきわめて少ない，と指摘している。また，黄程貫231頁は，近年29人以下を使用する中小企業は台湾における企業の80％以上を占めており，およそ全国労働者の50％はこれらの中小企業で働いているから，工會法9条の組合結成の発起人人数の制限によって，これらの労働者が労働組合を組織する可能性はない，と指摘している。

[178] 行政院勞工委員會『中華民國84年台灣地區工會概況調查報告』(行政院勞工委員會，1996年11月) 2頁。

[179] 行政院勞工委員會『中華民國88年台灣地區勞動統計年鑑』(行政院勞工委員會，2000年8月) 64～67頁参照。この統計によって，台湾においては労働組合の組織率が低下しているということを窺うことができる。

また，経済学者單驥教授は，力の強い労働組合は概ね国営・公営企業に存しているが，台湾においては中小企業が多いので，将来国営企業の民営化が進めば，労働組合は「最後の楽土」を失い，労働組合の力がさらに弱くなっていくであろう，と指摘している(單驥「二十一世紀台灣永續的經營——經濟轉型與產業及勞工政策」時報文教基金會編『邁向公與義的社會 (上)』〔時報文教基金會，2000年2月〕127～128頁参照)。

(2) 組合組織の形態——企業別組合の弱さ

前述のように，台湾の工會法（労働組合法）によれば，組合の連合組織を除いて，労働組合は「職業工會」（職業別労働組合）および「産業工會」（企業別労働組合）の2種類に限られる。「労働者保険用の労働組合」と呼ばれる職業別組合は数多く存在しているが，その多くは労働組合としてほとんど機能していない[181]。台湾においては，1994年8月9日に「全民健康保険法」が立法されるまで国民健康保険制度が存在していなかったため，その代りに，労働者保険が大きな機能を果たしてきている。1958年に立法された「勞工保險條例」は，その6条において被保険者の資格を定めている。同条例6条1項7号によれば，一定の雇主を有しない労働者，または自営業者（たとえば一人親方）は，職業別組合に加入すれば，労働者保険の被保険者資格を取得することができる[182]。これによって，労働者保険の被保険者になるために職業別組合に加入する者が多くなってきている。このように，台湾における職業別組合の多くは，単に労働者保険を扱っている組合にすぎない。また，自営業者は，工會法にいう労働者といえるかどうか大いに疑問である。これ

---

[180] 1995年に，企業別組合の57.76%，企業別組合の連合組織の41.43%が労働条件の改善を求めたのに対して，職業別組合の10.14%，職業別組合の連合組織の16.27%のみが労働条件の改善を求めた。また，職業別組合あるいはその連合組織が締結した労働協約の数は，全国で締結された労働協約の10%未満である（行政院勞工委員會『中華民國84年台灣地區工會概況調査報告』〔行政院勞工委員會，1996年11月〕16～21頁参照）。

また，行政院勞工委員會『中華民國87年台灣地區勞動統計年鑑』（行政院勞工委員會，1999年9月）提要分析7頁は，1998年に締結された300件の労働協約のうち，職業別組合によって締結されたのは僅か4件にすぎない，と指摘している。そして，行政院勞工委員會『中華民國88年台灣地區勞動統計年鑑』（行政院勞工委員會，2000年8月）提要分析7頁は，1999年に締結された301件の労働協約のうち，職業別組合によって締結されたのは僅か4件にすぎない，と指摘している。

[181] 台湾における職業別組合の機能および問題点に関する研究としては，王惠玲「我國職業工會功能之探討」政大勞動學報6期（國立政治大學勞工研究所，1997年9月）1頁以下がある。

[182] 同様な内容は，全民健康保険法8条1項にも見られる。この規定によれば，一定の雇主を有しない労働者または自営業者は，職業別組合に加入すれば，台湾における国民健康保険にいう第2類の被保険者資格を取得することができる。その実益は，保険料負担の違いにある。すなわち，全民健康保険法27条によれば，第1類の被保険者である上記の者は，保険料の全額を負担しなければならない。これに対して，職業別組合に加入すれば，第2類の被保険者となって，保険料の自己負担額が60%となり，その他の40%が政府の補助金によって負担されるのである。

らの者が加入している職業別組合に対しては，労働条件の改善などの行動を望むのがそもそも無理と思われる。これに対して企業別組合は，実際に労働者の労働条件の維持・向上のための活動に従事しており，職業別組合と比べれば，労働組合として機能している。しかしながら，企業別組合の多くは力不足である。

　前述したように，台湾の工會法が「単一組合原則」をとっていることによって，企業別組合は１工場や１事業所に１つの労働組合になっている。さらに，企業別組合は台湾では「廠場工會」（工場・事業所組合）になってしまう。このことによって，企業別組合の規模がさらに小さくなり，その力がさらに弱くなる[183]。経済部（経産省に相当）の調査によると，1993年に，就労者の78.65％は中小企業[184]，9.59％は大企業，11.76％は政府部門に勤めている[185]。このことからも，台湾の企業別組合の多くはその規模が小さいことを窺うことができる。したがって，企業別組合の多くは，団体交渉を通じて組合員のために有利な労働条件を獲得する実力を有していない。このように台湾の企業別組合は，日本の企業別組合よりもその規模が小さく，実力も弱い。

　また，企業別組合の組織のあり方と運営については，前述のように，工會法上，１工場１組合原則や組合費徴収の上限規定などの制限が課されており，企業別組合を弱くする一要因となっていると思われる[186]。特に，組合費徴収の上限規定[187]は，組合員の多い「台湾石油工會」や「中華電信工會」にはそれほどの影響を及ぼさないが，大部分の企業別組合のように規模が小さい場合には，徴収できる組合費を僅かなものとしている。こうして大部分の

---

[183]　黃程貫206～208頁。
[184]　ここにいう「中小企業」とは，就労者50人未満の「水道・電力・ガス燃料業」，「商業」，「サービス業」，そして就労者200人未満の上記以外の産業（たとえば農業，製造業など）を指す（経済部『中華民國83年中小企業白皮書』〔1994年10月〕394～395頁参照）。また，林荔華＝藍科正「試論中小企業與勞資關係」勞工研究季刊124期（私立中國文化大學勞工研究所，1996年7月）22頁は，就労者100名未満の企業を中小企業とする。
[185]　前掲経済部『中華民國83年中小企業白皮書』81頁および394～395頁参照。
[186]　黃程貫240～241頁。
[187]　2002年5月1日の工會法改正案24年によって，現行法22条における組合費徴収の上限規定が撤廃される予定となっている。

労働組合は財政的に豊かでないから，行いうる活動も制限されている。例えば，ストライキを決議しても，十分なストライキ基金を有していないから，ストライキを長く行うことはできない。

(3) 労働協約締結率の低さ

さらに，台湾においては，労働協約が締結されることはきわめて少なく（約300件）[188]，かつその内容は労基法の丸写しのような形式的なものが多く，いわゆる無協約状態に近いと思われる。これは，工會法（労働組合法）の種々の制限によって労働組合の規模が小さいためにその力が弱くなってしまうことに起因する[189]。したがって，現行の工會法の体制のもとでは，1930年に制定された團體協約法（労働協約法）は実務上ほとんど役に立たない法律であると指摘される[190]。ある学者は，團體協約法は六法全書に眠っている「死体」であるという酷評を加えた[191]。

台湾の現状では，労働協約の労働条件を規制する機能は極めて低いと言わざるを得ない。したがって，労働条件の規制機能に着目すれば，台湾における就業規則の重要性は日本におけるそれより大きいといえよう[192]。

3　労働移動の頻繁さ

台湾では中小企業が多く，労働者の転職・離職率は，日本の労働者の転職・離職率より遙かに高いといわれている[193]。労働者にとって転職は，よりよい労働条件を獲得するための手段の一つであるといわれている[194]。

「行政院（内閣）主計処」の統計によると，1994年の1年間の離職者数の合計は152万6,603人である[195]。そのうち一番多いのは依願退職の128万1,524人であり，離職者全体の83.95％を占めている。ほかには，解雇が5万2,998人（3.47％），定年退職が4万7,441人（3.11％），結婚退職が3万255人

---

[188]　台湾における労働協約の件数は，1998年現在で300件，1999年現在で301件である（行政院勞工委員會『中華民國87年台灣地區勞動統計年鑑』〔行政院勞工委員會，1999年9月〕提要分析7頁参照，同『中華民國88年台灣地區勞動統計年鑑』〔行政院勞工委員會，2000年8月〕提要分析7頁参照）。

[189]　劉志鵬「台湾労働法制の現状」季労174号（1995年5月）43頁参照。

[190]　黄程貫342頁参照。

[191]　黄瑞明「廻光返照的團體協約法——評全総與工総的團體協商」劉志鵬＝黄程貫編『勞動法裁判選輯』（月旦出版社，1998年5月）589頁参照。

(1.98％)，出産・育児が２万4,520人（1.61％），死亡・障害が8,061人（0.53％），その他が８万1,804人（5.35％）である。そして，上記離職者の勤続年数を見てみると，１年未満が約70万６千人（約46.23％），１年以上３年未満が約48万９千人（約32.02％），３年以上５年未満が約16万６千人（約10.87％），５年以上10年未満が約８万６千人（約5.63％），10年以上25年未満が約５万３千人（約3.47％），25年以上が２万７千人（約1.77％）である[196]。すなわち，勤続年数３年未満の者が離職者全体の約78.25％を占めている。このことから，転職率の高さを窺うことができる[197]。

このような転職・離職率が高い要因ないし背景としては，まず，台湾にお

---

[192] 台湾における電機・電子会社の就業規則の実態調査として，張成發『我國勞動基準法上工作規則之研究――輔以台灣省電工器材業已成立工會之公司工作規則實施現況實證探討』（私立中國文化大學勞工研究所碩士（修士）論文，1991年６月）111頁以下がある。同調査によれば，①就業規則の作成方法については，労働者の意見を聴取してから使用者による一方的作成が51.4％，労使共同作成が29.7％，使用者による一方的作成が13.5％であること（131頁），②就業規則の公開掲示方法については，約60〜70％の会社では従業員ハンドブックの支給が主な方法であるが，5.4％の会社では就業規則が公開掲示されていないこと（118頁，132頁），③就業規則の内容としては，その多くの項目が労基法と同じであるが，週労働時間と休日労働の割増賃金との水準が労基法の規定に優り，全体的にみれば87.5％の使用者は労基法の規定を就業規則の内容としていること（132頁），④就業規則の変更方法については，労働者の意見を聴取してから使用者による一方的変更が48.6％，労使の合意による変更が32.4％，使用者による一方的変更が24.3％であること（133頁），⑤労働者の就業規則内容に対する理解については，完全に理解している者が20.9％，大部分理解している者が50.7％であり（118頁），そして学歴の高い労働者が学歴の低い労働者より就業規則の内容を理解している（120頁）こと，⑥就業規則が人事管理の場で機能していること（151頁），などが明らかになっている。

[193] 日本労働協会編『台湾の労働事情』（日本労働協会，1987年９月）46頁，日本労働研究機構編『台灣の労働事情と日系企業』（日本労働研究機構，1992年３月）42頁，黄馨慧「配転規制法理の形成と発展」本郷法政紀要８号（東京大学大学院法学政治学研究科，1999年）269〜270頁参照。

[194] 台湾における労働移動の問題については，黄寶祚『勞工問題』（五南圖書出版公司，1993年10月２版３刷）127頁以下参照。

[195] 台湾では，同年（1994年）の就労者総数は約893万９千人であり，そのうち被用者は約616万人，雇主・自営業者は約201万２千人，その他（給料なしの家内労働など）は約76万５千人である。そして，失業者は約14万２千人である（『中華民國84年勞動統計年鑑』〔行政院勞工委員會，1996年10月〕12〜13頁参照）。また，1998年現在の就労者総数は928万９千人である（台湾研究所編集『台湾総覧（1999年版）』〔1999年11月〕369頁の「台灣地區重要勞動力指標」参照）。

[196] 『中華民國84年勞動統計年鑑』（行政院勞工委員會，1996年10月）82〜97頁および「提要分析」６〜７頁参照。

ける中小企業の多さを指摘することができる。すなわち，中小企業の存続期間が短いために，労働者は同一企業に長く働くことができないのである[198]。また，公営企業や大手企業と比べて中小企業においては労働条件制度が完備されていないから，比較的に有能な労働者は将来の生活を考えて[199]自営業（独立企業）を志向しがちである[200]。台湾は，およそ国民の30人に1人の社長がいる[201]計算になるため，「ボスアイランド」（Boss Island）と言われている。中小企業で就労している労働者は，より良い労働条件を求めるために転職したり離職したりして創業する者が少なくない[202]。また，台湾労働者の転職に対する考え方が，日本における労働者の転職に対する考え方と異なっ

---

[197] 台湾では，終身雇用制に依拠して，労働者に対する使用者の解雇権行使への制約を説く裁判例が存在している。たとえば，1990年の台北地方法院79年勞訴字第73號判決は，「労働基準法は，終身雇用制の原則に基づいて制定されたことを注意すべきである。したがって，使用者は，適法な理由が示されない場合には，自らその労働者との労働契約を終結させることはできない。これは労働基準法第11条および第12条に明確に規定されている」と判示している。しかしこの判決については，劉志鵬弁護士は，労基法11条および12条が，使用者の解雇権の任意な行使に対する厳しい制限を意味するものではあるが，労基法が終身雇用制の思想に基づくことを必ずしも示してはいない，と説く。劉弁護士の主張の根拠は，台湾の高い転職率にある（劉志鵬「労働組合の諸権利をめぐる法政策への外国法の影響──台湾」日本労働研究雑誌404号〔1993年9月〕22〜23頁参照）。

[198] 佐護譽『人事管理と労使関係──日本・韓国・台湾・ドイツ』（泉文堂，1997年2月）241頁は，「中小企業は寿命が短いために労働者が同一企業に永年・終身雇用される機会は少ない。労働者が転職する，あるいは独立して創業する頻度は高い」と指摘している。

[199] 社会学者によれば，労働者が基本的社会保障制度の保障を得られないことが，台湾の労働者の「自助意識」を構成する背景であるとされている（謝國雄『純勞動：台灣勞動體制諸論』〔中央研究院社會學研究所籌備處，1997年9月〕136頁参照）。
　なお，2001年3月1日現在，台湾においては公的年金制度がいまだ存在していない。2000年6月29日に立法院（国会）で，国民年金制度に関する政治協議が与党と野党との間に行われ，2001年1月から国民年金制度を発足させようとして，次期の国会で「国民年金法案」を審議して立法化するとの与野党合意が達成された（台湾の新聞紙「中國時報」2000年6月30日参照）。しかし，行政院長（内閣総理相当）は，2001年1月の「国民年金法」の立法化は困難であり，かつ財政難の現状に鑑みると，2001年1月1日からの制度の発足は不可能に近い，との見解を示し（中國時報2000年8月28日，9月23日参照），その後，立法院において「国民年金法案」の審議は行われていない。結局，2001年1月に「国民年金法案」が立法化されるに至っていない。

[200] 謝國雄・前掲『純勞動：台灣勞動體制諸論』78頁。なお，この自営業（独立企業）志向も，労働組合の組織率が低い要因の一つであろう。

[201] 佐護譽・前掲『人事管理と労使関係──日本・韓国・台湾・ドイツ』240頁。

ていることも，流動性の要因の一つとなる。すなわち転職は社会的に許容されており，労働者の待遇改善の一手段と考えられている[203]。そして，労働者の転職・離職率が高いため，企業は，労働者の教育訓練をせずに，同業他社より良い労働条件によって労働者を引き抜く傾向がある。このように，労働市場の流動性に起因する悪循環ともいえる状況もみられる。

4　解雇制限法制の潜脱

台湾の労基法における解雇制限法制においては，解雇は予告解雇と即時解雇に分けられる。即時解雇可能な法定解雇事由を構成するのは，いずれも被用者の責めに帰すべき事由である[204]。予告解雇理由となる法的解雇事由は，被用者の責めに帰すべき事由以外の事由である[205]。その区別の実益は，主としては，労基法17条によって，予告解雇の場合には解雇手当を支払う必要があるという点にある。

台湾の労基法は，解雇事由について法定列挙主義[206][207]をとっており，解雇正当事由説を立法原則としている[208]。すなわち，労基法における法定解雇事由に該当しない解雇は法規の違反として無効になる。そして，当該被用者は，裁判所に従業員たる地位の確認と，解雇されてから職場復帰を果たすまでの間の未払賃金を請求することができる[209]。

このように台湾の解雇制限法制は，その規制内容が比較的明確で具体的である。これは，特に労働組合の力が弱く，労働協約を通じて雇用保障を受けられない台湾の労働者に，法制上はかなりの保護を与えているといえる[210]。

---

(202)　同様の現象は，中小企業に限らず，大手企業においても見られるのである。たとえば，1971年前後の古い調査で，調査した大手企業の132社のうち定年退職制度を設けていない約半分の企業においては，その労働者の離職率は高くなる可能性がある，と指摘したものがある（行政院国際経済合作発展委員会人力小組「臺灣地區民營大型企業育才現況調査」李誠主編『臺灣人力資源論文集』〔聯経出版事業公司，1975年7月〕320〜323頁参照）。

　　　なお，1970年に台湾における労働者離職の原因を分析したものがある。陳希沼「臺灣地區産業員工異動研究」前掲『臺灣人力資源論文集』479〜503頁参照。

(203)　日本労働協会編・前掲『台湾の労働事情』109頁以下は，「台湾社会は家族主義と能力主義の考えが渾然としている。人事関係の違いは経営者の人事政策にも反映している。したがって，縁故関係のない人の転職は，社会的に許容されている。米国社会のように，転職は経験と認められ，主要な昇格ないし待遇改善の一つの手段であるとされている」と指摘している。

第3節　台湾における就業規則法理の方向　289

しかしながら実際には，台湾における解雇制限法制は必ずしも労働者に対して手厚い保護を与えていないと思われる。まず，解雇に対する社会的規制が薄く，偽装倒産などによる解雇でないかぎり，会社は労働者を解雇しても社会的に批判されることは稀である。また，組合の組織率が低く，かつその

---

(204)　労働基準法12条1項は，「労働者に次の各号に掲げる事情の一がある場合においては，使用者は，予告をせずに労働契約を解除することができる。
　一　労働契約を締結する際に虚偽の意思表示をなして使用者の判断を誤らせ，その誤認が使用者に損害を与える恐れのある場合
　二　使用者，使用者の家族もしくは代理人または共同作業をしている他の労働者に対して，暴行を加え，または重大な侮辱行為をした場合
　三　有期徒刑以上の刑の確定判決を受け，刑の執行猶予または罰金刑に易科することを言い渡されなかった場合
　四　労働契約または就業規則に違反し，情状の重大な場合
　五　機器，工具，原料，産製品そのた使用者所有の物品を故意に損耗させ，または使用者の技術上，営業上の機密を故意に漏洩し，それによって使用者が損害を被った場合
　六　正当な理由なしに継続無断欠勤が三日または一ヶ月内に無断欠勤が六日に達した場合」
と規定している。

(205)　労働基準法11条は，「次の各号に掲げる事情の一に該当するものでなければ，使用者は，労働者に予告して労働契約を解除してはならない。
　一　廃業または営業を譲渡した場合
　二　赤字または操業を短縮した場合
　三　不可抗力による事業の一時停止が一ヶ月に及ぶ場合
　四　事業の性質の変更によって人員数を減少する必要があって，適当な配置転換の業務がない場合
　五　労働者が担当している職務の遂行において，確実に能力上不適格と認められる場合」
と定めている。

(206)　労基法11条の予告解雇については，黄程貫483頁。

(207)　しかし，労基法12条1項の即時解雇について黄程貫教授は，当該条文が完全列挙的な規定ではなく，民法489条1項にいう「重大事由」の具体化であり，したがって民法489条1項にいう重大事由に該当する場合には使用者は即時解雇を行いうる，と主張している（黄程貫492〜493頁参照）。林更盛教授も同旨。林更盛「評最高法院對於勞基法上解雇事由的認定」（行政院勞工委員會等主辦「勞工法規研討會」参考資料，1997年4月）5—27頁，および林更盛「論作為解雇事由之「勞工確不能勝任工作」」中原財經法學4期（私立中原大学財經法律學系，1998年12月）102頁参照。

(208)　黄越欽教授は，正当事由説が台湾労働基準法の立法原則として採られていると述べている（黄越欽211〜212頁，黄越欽・新論223頁）。また，劉士豪『徳國，奥地利與我國一般解雇保護之比較研究』（國立政治大學勞工研究所碩士（修士）論文，1993年5月）12，91，124頁，および李琬惠『我國資遣制度之研究』（國立政治大學勞工研究所碩士（修士）論文，1998年6月）28頁も参照。

力が弱いので，組合による解雇規制もほとんど期待できない。そして，解雇については，解雇正当事由説を立法原則としているとはいえ，法の逃げ道もある。たとえば，労基法12条1項4号にいう「労働契約または就業規則に違反し，情状の重大な場合」というのは，労基法12条1項の他の事由と比べればその内容が明確ではないから，その判断基準は裁判所の判断によらざるを得ない。結局，この規定によって労働者が解雇される事案がしばしば見られる[211]。

Ⅱ 就業規則の法的性質論──契約説の妥当性

以上のような台湾における前提的諸条件の下で，就業規則の法的性質を検討しよう。

日本では，就業規則の法的性質については未だ通説がなく，「4派13流」と称される多彩な学説が乱立している。台湾でも同様に，法規説，契約説，根拠二分説，集団的合意説の「4派」が出揃っているが，これらの中ではいわゆる定型契約説が有力であるといってよい。台湾における契約説においては，その名称が事実たる慣習説であれ，附合契約説であれ，定型契約説であれ，ほぼ一致して，就業規則の拘束力の根拠は，「労働者と使用者との労働条件が就業規則の規定によって定められることは，労使間の事実たる慣習となっている」ことにある，と主張する。筆者は，上述のような台湾の労働法制と雇用・労使関係を前提として，この定型契約説の驥尾に付したい，と考えている。その理由は次の通りである。

---

[209] 劉志鵬「日本労働法における解雇権濫用法理の形成──戦後から昭和35年までの裁判例を中心として」（JILL Forum Special Series No. 5，1999年3月）7頁（東京大学大学院法学政治学研究科修士論文，1987年12月）。労働者の原職復帰が困難であろうと指摘するものとして，劉志鵬『勞動法解讀』（月旦出版社，1996年1月）195～196頁，黄程貫493～495頁。

[210] 劉志鵬・前掲「日本労働法における解雇権濫用法理の形成」7頁，劉志鵬「論『勞工確不能勝任工作』──最高法院八十四年度台上字第673號判決評釋」劉志鵬＝黄程貫編『勞動法裁判選輯』（月旦出版社，1998年5月）427頁，劉志鵬・研究140頁。

[211] また，労基法11条に定められている事由に該当しなければ整理解雇を行えないが，法の文言が不明確なところがあるから，結局「解雇権を濫用してはならない」という原則を用いて，整理解雇の行使を制限すべきである，としているものがある（李琬惠・前掲『我國資遣制度之研究』63～64頁参照）。

第3節　台湾における就業規則法理の方向　291

　第1に，契約説以外の説は，それぞれに難点がある。まず根拠二分説は，労働条件の範囲を不当に狭くする欠点を有するのみならず，二分されるべき境界線を明確にする基準を提出していないという欠点を克服していない。また集団的合意説は，現行法の規定に照らせば解釈論としては無理があると思われる。そして，大方が批判しているように，法規説は私的自治の原則を無視しているという根本的な難点を有しているから，筆者は法規説には同調しがたいと考えている。

　第2に，定型契約説が主張している就業規則の拘束力の根拠は台湾の雇用実態に合致している。すなわち，労働協約制度が発達していない台湾では，使用者は，個々の労働者を採用する際に，労働契約を一々検討して雇用関係を結ぶことは不可能である。一般的には，労働契約を締結する際に労働者は，就業規則を提示されまたは交付されて，就業規則への同意を求められる(212)。労働者は，その交渉力が弱いため，就業規則への同意を拒否すれば使用者に雇用してもらえなくなるのである。この際，労働者は，賃金，労働時間，休暇制度，退職制度などの重要な労働条件を確認したうえで使用者と労働契約を締結するのが一般的である(213)。こうして台湾においては，「労働者と使用者との労働条件が就業規則の規定によって定められることは，労使間の事実たる慣習となっている」ということが，就業規則の拘束力の根拠として最も妥当な説明と思われる(214)。

　第3に，定型契約説に対しては，就業規則への同意とは労働者意思の擬制

---

(212) 台湾における電機・電子会社の就業規則に関するある実態調査によれば，労働者の就業規則内容に対する理解については，完全に理解している者が20.9％，大部分理解している者が50.7％であり，また就業規則の公開掲示方法については，約60～70％の会社では従業員ハンドブックの支給が主な方法であるが，5.4％のみの会社では就業規則が公開掲示されていないのである（張成發『我國勞動基準法上工作規則之研究――輔以台灣省電工器材業已成立工會之公司工作規則實施現況實證探討』〔私立中國文化大學勞工研究所碩士（修士）論文，1991年6月〕118頁および132頁参照）。

(213) もっとも社会学者謝國雄教授が調査を行った際に，ある労働者は，就業規則について，「我々工廠では就業規則があって，公布されているが，労働者に配られていない。……我々が応募したときに，雇主は就業規則や賃金の計算方法を言わずに，賃金総額のみを言った。休暇，残業規定などについても，雇主は言わなかった。労働者はこれらについて聞く勇気がない。これらのことを聞くと，採用してもらえないからである。……」と述べている。（謝國雄・前掲『純勞動：台灣勞動體制諸論』159頁参照）。しかしこれが台湾の一般的状況とは解されないと思われる。

にすぎないという批判がありうるが，就業規則が拘束力を発生する根拠は，「労働者の就業規則に対する明示的または黙示的な同意」や「労働条件が就業規則の規定によって定められることは，労使間の事実たる慣習となっていること」に求めるほかない，と考える。確かに，労働者は就業規則に同意しなければ使用者に雇い入れてもらえず，職を得るためには，就業規則の内容について不満をもっても，当該就業規則の適用に同意せざるを得ない。そこで，労働者の不利益を緩和し，不当な就業規則の内容を回避し，公正な労働条件を形成するために，行政による審査および裁判所による審査が，就業規則の合理性を保障しているのである。このことは，保険約款や普通契約約款が行政官庁によって審査されているのに似ている。すなわち，行政官庁は，「核備」(労基法70条，同法施行細則37条1項)，過料(労基法79条1号)，使用者に就業規則を修正させること(同法施行細則37条2項)などの監督の権限を有する。そして行政官庁は，1984年に発令された「工作規則審核要點」(就業規則審査要綱)に基づき，使用者の届け出る就業規則を審査している。また，司法上，裁判所は，労基法71条および民法72条によって就業規則の合理性を審査することができる[215]。

劉志鵬弁護士が指摘するように，就業規則が法令の強行規定や禁止規定または労働協約に違反する場合は無効とすると定める労基法71条の立法目的は，就業規則内容の合理性を実現しようとする点にある。そして，使用者に就業規則作成義務を課すことによって，使用者に就業規則の内容を遵守させ，主務機関への「核備」によって就業規則の定めている労働条件をより容易に「妥当させ」，就業規則の公開掲示または交付[216]によって職場における労働条件を公平にさせ明確化させる，というのが労基法70条の立法目的であると思わ

---

[214] 1997年1月に行政院勞工委員會が行った調査によると，労働者の76.60％が「事業所において就業規則の存在」を知っており，13.23％が「事業所において就業規則の不存在(すなわち事業所においては就業規則が作成されていないこと)」を知っており，8.95％が「就業規則の有無」を知らず，そして1.22％が「就業規則が作成中であること」を知っている(行政院勞工委員會『中華民國八十六年台灣地區勞工意向興需求調査報告(第三梯次：勞資關係)』〔1997年6月〕80頁参照)。

[215] 劉志鵬(1985)12頁，劉志鵬(1990b)61〜63頁，劉志鵬・研究286頁参照。

[216] 「勞動基準法施行細則」38条は，「就業規則が主務官庁に届け出た後，使用者は直ちにこれを事業場内に掲示するとともに印刷して各労働者に配付しなければならない」という規定を設けている。

れる[217]。要するに，就業規則に関する労基法および労基法施行規則の関連規定の目的は，合理的かつ公正的な労働条件を担保することを通じて労働者を保護しようとしているのである。

　台湾の就業規則法制は，日本法と異なり，使用者は就業規則を作成・変更する際に労働者の意見を聴取する義務を負っていない。私見によれば，日本労基法90条における意見聴取義務の立法目的の一つは，就業規則の合理性を保障する点にある。すなわち，日本では，労働者の意見を聴取することによって，使用者はできるだけ労働者の意見を尊重し，就業規則の内容を適正化させている，と考えられる。もし使用者が，多くの労働者の意見を無視して就業規則を作成・変更し，行政官庁に届け出る場合には，行政官庁は，当該就業規則に対してより多くの注意を払い，その内容を審査することも理論上は考えられる。そして，もし当該就業規則の内容が法令または労働協約に抵触するときには，行政官庁は，日本労基法92条2項によってその就業規則の変更を命ずることができる。これに対して台湾では，1984年10月29日に主務官庁であった内政部によって公布された「工作規則審核要点」5条は，「労働者が就業規則の内容に対して異議を申し立てたときには，慎重に審査すべきである」と定めており，主務官庁は，労働者が就業規則に不満を表明する際に当該就業規則の内容を詳細に審査する，という意図を窺うことができる。

　前述のように，労働組合の国家的規制が強い上，労働組合に対する保護が弱く，実際の組合組織も力が弱いこと，解雇法制は一応整備されているが，実際には解雇に対する社会的規制の弱さからそれは実効性を有していないこと，などの前提的諸条件からいっても，就業規則の法的性質については，労働者の同意を尊重した契約説をベースに考えることが妥当と思われる。

Ⅲ　就業規則の変更理論——合理的変更法理確立の必要性

1　合理的変更法理の原則的妥当性

前述のように前提的諸条件は異なっているが，下記の諸般の理由で，筆者

---

[217]　林更盛「論作為解雇事由之「勞工確不能勝任工作」」中原財經法學4期（私立中原大学財經法律學系，1998年12月）108頁。

は，日本で確立した合理的変更法理が台湾においても原則的に妥当すると考えている。

(1) 就業規則法制の基本的類似性

すでに言及したように，日本と台湾の労働法制は，使用者による就業規則の一方的作成・変更を許容している。このような就業規則法制の基本的類似性に鑑みると，台湾においても，使用者によって作成・変更される就業規則の内容を審査する理論の必要性が生じると考えられる。言い換えれば，就業規則法制の基本的類似性を考えれば，日本で確立している合理的変更法理が台湾においても原則的に妥当するという可能性は十分ある。

(2) 労働条件変更の必要性および法制度の不備

第3章第2節Iで述べたように，労働関係は継続的契約関係であるので，経済情勢および経営事情の変化に応じて労働条件の制度を変更する必要があり，日本では，この継続的労働関係における労働条件変更の必要性が大方に認められてきている。他方，台湾においても，このような労働条件変更の必要性が認識されつつあるといえる。しかし，継続的労働関係のもとで労働条件変更の必要性が存在するにもかかわらず，台湾の労働法制においては，労働条件の変更に関する法制度が整えられていない。

まず，前述のように，労働組合法制によって労働組合の結成は保障されているとはいえ，実際上は，労働組合の力が弱く，使用者には団体交渉義務がないこともあって，団体交渉はほとんど行われていない。仮に使用者が団体交渉に応じても，交渉力が弱いため，組合にとって満足のいく合意を達成しうるかは疑問である。また労働協約が仮に締結されたとしても，前述したように，労働条件を規制する機能は極めて低い。そして，台湾労基法においては，工廠法に由来する労使会議制度がある[218]ものの，その設置率は低く，ほとんど機能していないといってよい[219]。さらに，台湾における就業規則法制においても，日本の秋北バス事件判決の判例法理のような適切な調整枠組みは，前述のように下級審裁判例に見られ，かつ最高法院に是認され始めたが，確立されているとは言い難い。

学説においては，定型契約説の論者である劉志鵬弁護士が，労働条件変更の必要性を認識し，そして日本における合理的変更法理の実際的な有用性に鑑み，同理論を台湾に導入することを提唱してきている[220]。また，「修正法

規説」に立っている楊通軒教授も，労働条件変更の必要性を認めている。楊教授は，一方的な変更は使用者の自由であるが，不利益変更の際には，「既得権保障」「信義則」により，労働者の同意を得なければ当該労働者を拘束することはできず，経営上の必要に基づく一方的不利益変更が，労働者の既得権を放棄させうるか否かについては厳格な審査基準に基づくべきである，としている。この見解は，合理的変更法理に通じる論法と評することができる[221]。結局，就業規則の法的性質論は異なるものの，劉弁護士と楊教授は，労働条件変更の必要性を認め，就業規則による労働条件変更法理の構築を試みたといえよう。

(3) 企業別組合の弱さと組織率の低さ

前述のような台湾における企業別組合の弱さとその組織率の低さに鑑みると，団体交渉を通じて労働協約を締結し，労使の合意による労働条件の変更を期待するには無理がある。現行の労働組合法制を改革しない限り，ごく少数を除いて，労働組合は，使用者と団体交渉を行って合意を達成できる実力を有しない。仮に合意が達成できるとしても，労働協約の内容は，労基法の規定の丸写しになりがちである。また，組合の推定組織率の低さからみれば，労働協約のカバーできる労働者の数は少ない。

結局，労働協約による集団的労働条件の形成・変更はそもそも期待できな

---

[218] 労働基準法83条は，「勞資関係の協調を図り，労使間の協力を促進し，労働能率を高めるために，事業は労使会議を開催しなければならない。その規則は，中央主務官庁と経済部（経済産業省に相当）が合同で立案し，行政院がこれを決定する」と定めている。台湾における労働者参加法制の沿革の研究については，陳繼盛＝呉慎宜＝陳宜君『我國勞工參與企業經營法制之研究』（行政院勞工委員會委託研究，1993年5月）83頁以下参照（呉慎宜氏執筆）。

[219] 佐護譽・前掲『人事管理と労使関係――日本・韓国・台湾・ドイツ』244～247頁参照。

また，台湾における労使会議制度の実態調査として，袁梅玲『我國勞資會議實施状況之研究』（私立中國文化大學勞工研究所碩士（修士）論文，1990年6月）がある。同調査によると，1989年末現在，労使会議を開催したのは僅か835個の事業であり，かつその多くが労使関係のよい大手企業であり，労使会議の機能は「労使会議の代表」に肯定されているのである。なお，1998年末現在で労使会議を開催したのは1,052個の事業である（行政院勞工委員會『中華民國87年台灣地區勞動統計年鑑』〔1999年9月〕提要分析7頁参照）。

[220] 本章第1節第2款II 2参照。

[221] 本章第1節第2款II 1参照。

いと言わざるを得ない。このような現状において労働条件の規制機能に着目すれば，台湾における就業規則の重要性は日本におけるそれより大きいといえよう[222]。

(4) 長期雇用システムの一部存在および雇用維持の重視

本章本節Ⅰ3で言及したように，労働者の転職率が高い台湾においても，長期雇用は，ごく僅かではあるが存在している。上記の統計をみてみると，離職者全体の中に，勤続年数10年以上25年未満の者は約3.47％，勤続年数25年以上の者は1.77％を占めている。例えば，水道・電力・ガス燃料業においては，労働者の離職の主な原因は定年退職であり，離職者の勤続年数は25年以上が最も多い[223]。ここからは，台湾における水道会社・電力会社が公営企業で，ガス会社が大手企業（あるいは中堅企業）であり，諸労働条件や定年退職などが制度化されていることを窺うことができる。また，長期雇用の傾向は，公務員や国（公）営企業・公営銀行および大手企業グループなどにおいても見られる。

実際の雇用関係における慣行のみならず，国の労働政策としても，雇用の安定を重視する傾向が見られる。すなわち，台湾「就業服務法」（職業安定法に相当）23条前段は，「中央主務官庁は，経済不景気のために大量失業が生じたときに，雇主が，労働組合または労働者と協議し，労働時間を短縮すること，賃金を調整すること，教育訓練を行うことなどの方法によって，従業員の整理解雇を回避することを奨励することができる」と規定している。ここにいう「賃金を調整すること」とは，賃下げであろう。つまり，中央主務官庁（行政院勞工委員會）は，大量解雇（整理解雇）を回避するために，労使の協議による賃下げを奨励しうる，とされている。ここからは，労働条件の不利益変更を認めても雇用の維持を図るべきであるという価値判断を窺う

---

[222] 行政院勞工委員會の統計によると，1998年末現在，締結された労働協約は僅か300件であるのに対して，就業規則を作成している事業場の数は13,847である（行政院勞工委員會『中華民國87年台灣地區勞動統計年鑑』〔1999年9月〕提要分析7頁参照）。また，就業規則が人事管理の場で機能しているという共通認識があるとするものとして，張成發・前掲『我國勞動基準法上工作規則之研究』151頁参照。

[223] 『中華民國84年勞動統計年鑑』（行政院勞工委員會，1996年10月）の提要分析6～7頁参照。

ことができる。確かに,台湾の労働市場は,かつて失業率の低さから,「完全雇用を達した労働市場」といわれていた[224]。しかし,近年の世界的不況のなか,台湾の景気も悪くなり,失業率が高まっている。国の統計によると,台湾における2002年12月現在の失業率は約3%である[225]が,新聞などでは,実際の失業率はもっと高いのではないかという観測もある[226]が,2002年に失業率が5%を超えている。要するに,労働者がいったん解雇された場合,新たな職を見つけることは必ずしも容易ではなくなっているのである[227]。しかも,使用者側も必ずしも「労働者を解雇する」ことを望んでいるわけではなく,労使双方が労働関係の終了を望んでいないから,いわゆる「変更解約告知」という手法を用いるのは適切ではないと考える。

日本における就業規則の「合理的変更法理」は,長期雇用慣行に基づいて創られた判例法理であると言われているが,台湾でも長期雇用システムが一部存在すること,および雇用の維持を重視する傾向が生じていることなどに鑑みると,同理論の枠組みが今後の台湾の労働関係には適切であろう。

(5) 解雇制限法理の動向

本章本節Ⅰ4で述べたように,台湾における解雇制限法制は解雇事由の法

---

[224] 日本労働研究機構編『台湾の労働事情と日系企業』(日本労働研究機構,1992年3月)39頁以下。

[225] 台湾における失業率の推移は次の通りである。1993年は平均1.45%,1994年は平均1.56%,1995年は平均1.79%であるが,1996年は平均2.60%,1997年は平均2.72%,1998年は平均2.69%,1999年は平均2.92%になり(行政院勞工委員會『中華民國88年台灣地區勞動統計年鑑』〔2000年8月〕14~15頁参照),2000年には平均2.99%と(中國時報2001年1月21日),失業率は高くなってきている。

また,行政院主計處の統計によると,2000年9月現在の失業率は3.10%に達し(中國時報2000年10月24日),2000年11月および12月現在の失業率は3.23%に達し(同2000年12月27日,2001年1月21日),2001年1月現在の失業率は3.35%に達している(同2001年2月24日)。

[226] 中國時報2000年10月26日社説参照。また,「非労働力」に当たる「仕事はないが仕事を探さない者」を広義の「失業者」として計算すると,2000年11月の「広義の失業率」が4.71%に達し(中國時報2000年12月27日),2001年の「広義の失業率」は4.96%に達している(同2001年2月24日)。なお,2002年6月現在,失業率は5.11%に達している。行政院主計処『中華民国台湾地区人力資源統計月報』346期(2002年9月)提要分析13頁。

[227] 2000年11月現在,失業者が新たな職を見つけるに要した時間は平均25週間である(中國時報2000年12月27日参照)。

定列挙主義をとっているが，使用者は，「労働契約または就業規則に違反し，情状の重大な場合」に該当するときには即時解雇を行うことができるとする労基法12条1項4号を利用して，違法解雇をしばしば行っている。したがって，労基法11条または12条1項に列挙された事由によって行われる解雇についても，解雇権の濫用に該当していないのかの審査を行うべきである，と主張されている[228]。

ここで注目すべきは，ドイツ連邦労働裁判所の判例における「解雇の『最後の手段原則』（ultima-ratio Prinzip）」[229]という理論が台湾に導入されたことである。この理論は1997年4月に林更盛教授により，ドイツにおける学説・判例の詳細な分析を伴って紹介された[230]。林教授は，解雇の「最後の手段原則」によれば，解雇は終局的で，回避不可能で，かつやむを得ない手段でなければならない，としたうえで[231]，台湾における同理論の適用可能性を検討し，結論としてその可能性を肯定している。同教授の見解の概要は次の通りである[232]。

解雇が「最後の手段原則」に服する根拠は，憲法15条[233]における労働権保障の価値判断に求めることができる。解雇は，労働者がすでに就いている仕事（雇用）を失ってしまうことに関わる問題であり，労働権保障の中核範囲に属している事項といえる。したがって，解雇が認められるかどうかを法的に判断する際には，使用者に期待可能な範囲において，解雇という手段を使わず，労働者の権益に影響が小さい他の手段をとることを要求するのが，憲法における労働権保障の価値判断に合致するし，同時に，労基法1条1

---

[228] 李琬惠・前掲『我國資遣制度之研究』63～64頁参照。
[229] この理論を紹介する日本語文献として，根本到「解雇法理における『最後的手段の原則（ultima ratio Grundsatz）』と『将来予測の原則（Prognoseprinzip）』——ドイツにおける理論の紹介と検討」学会誌94号（1999年10月）195頁以下参照。
[230] 林更盛「論解雇之最後手段性」（行政院勞工委員會等主辦「勞工法規研討會」参考資料，1997年4月）5－2頁以下。なお，林教授の紹介以前に，劉士豪・前掲『德國，奧地利與我國一般解雇保護之比較研究』130～131頁がすでに，解雇の「最後の手段原則」の導入を提言している。しかし，台湾における同原則の適用可能性を本格的に検討したのは，林教授である。
[231] 林更盛・前掲「論解雇之最後手段性」5－2頁。
[232] 林更盛・前掲「論解雇之最後手段性」5－6頁以下。
[233] 中華民国憲法15条は，「人民の生存権，労働権および財産権は，これを保障する」（「人民之生存權，工作權及財產權，應予保障」）と定めている。

第 3 節　台湾における就業規則法理の方向　299

項[234]における「労働者権益の保障」という立法目的にも合致する。台湾法上，解雇に比し，労働者の権益への影響が比較的小さい手段としては，①労基法70条 5 号と 6 号によって作成された就業規則における「遵守すべき服務規律に違反する際の懲戒処分」(例えば，けん責・戒告，奨金を支給しないこと，減給，降給，昇格をしないこと，降格など)，②契約範囲内における配置転換，③雇用継続のために労働者の同意を前提とする労働条件を変更すること，などをあげることができる。そして，法定解雇事由の解釈は，原則として「最後の手段原則」を参考にして行われるべきであるが，労基法12条 1 項 1 号[235]・ 3 号[236]・ 6 号[237]における事項については，その性質や立法上明確にされていること等に照らして，当該原則を参考にする余地はない，としている。さらに，労基法11条 4 号は，「事業の性質の変更によって人員数を減少する必要がある」際に行いうる解雇を，「適当な配置転換の業務がない場合」のみに制限しているが，この制限は，労基法11条における他の事項，および労基法12条 1 項 2 号[238]・ 4 号[239]・ 5 号[240]における事項にも適用できる。言い換えれば，労働者に対して解雇を行う前に，まずその労働者を配置転換する可能性の有無を斟酌する必要がある。林教授は以上のような主張をしたのである[241]。

　林教授が1997年にこの法理論を紹介した後，労働者側の弁護士は，同理論

---

[234]　労働基準法 1 条 1 項は，「労働条件の最低基準を定め，労働者の権益を保障し，労使関係を強化して社会と経済の発展を促進するために，本法を制定する。本法に規定がないときは，他の法律の規定を適用する」と定めており，同条 2 項は，「使用者と労働者との間で定めた労働条件は，本法所定の最低基準より低くしてはいけない」と規定している。

[235]　「労働契約を締結する際に虚偽の意思表示をなして使用者の判断を誤らせ，その誤認が使用者に損害を与える恐れのある場合」

[236]　「有期徒刑以上の刑の確定判決を受け，刑の執行猶予または罰金刑に易科することを言い渡されなかった場合」

[237]　「正当な理由なしに継続無断欠勤が 3 日または 1 か月内に無断欠勤が 6 日に達した場合」

[238]　「使用者，使用者の家族もしくは代理人または共同作業をしている他の労働者に対して，暴行を加え，または重大な侮辱行為をした場合」

[239]　「労働契約または就業規則に違反し，情状の重大な場合」

[240]　「機器，工具，原料，産製品そのた使用者所有の物品を故意に損耗させ，または使用者の技術上，営業上の機密を故意に漏洩し，それによって使用者が損害を被った場合」

を使用者の解雇を制約する手段として裁判所に提出するようになった[242]。やがて，この解雇の「最後の手段原則」は，台北地方法院によってはじめて解雇の制限法理として取り入れられ[243]，その後の判決においても同様な判断が維持されている[244]。台北地方法院を始め，ほかの地方裁判所，例えば士林地方法院[245]および基隆地方法院[246]もこの理論を踏襲するようになった[247]。下級審裁判所は，解雇の「最後の手段原則」を，使用者による労基法12条1項4号などの規定の濫用を制約する重要な方法として用いてい

---

[241] 後に林教授は再びこの問題を論じた論文を公表した（林更盛「評台北地院八六年度勞訴字第五四號判決――解雇之最後手段性原則」律師雜誌245期〔2000年2月〕98頁以下，林更盛「論廣義比例原則在解雇法上之適用」中原財經法學5期〔中原大學財經法律學系，2000年7月〕57頁以下）。

[242] 解雇の「最後の手段原則」は，弁護士林永頌氏によって初めて引用され，台北地方法院によって採用されるようになったのである。（魏千峰「非法解雇訴訟初探――評釋台灣士林地方法院八十七年勞訴字第二十號判決」〔勞動法讀書會報告，1999年11月〕37～38頁參照）。また，魏千峰弁護士は，下記美商安泰樂事件の原告側（労働者側）の弁護士であり，「台北地方法院86年度勞訴字第54號判決」を証拠として士林地方法院に提出した。

　このほかには，労働者側の弁護士がこの原則を用いて労働者を弁護する事件も多く見られるようになっている。例えば，台北縣五股鄉農會事件・台灣高等法院（1999年5月4日）87年度上字第1714號判決，基隆市公共汽車管理處事件・基隆地方法院（1999年10月8日）88年度勞訴字第6號判決，華宇電腦事件・台灣高等法院（1999年10月19日）88年度重勞上字第2號判決，台灣杜邦事件・台灣高等法院（2000年6月27日）89年度勞上字第9號判決，遠東航空事件・台北地方法院（2000年6月30日）88年度勞訴字第109號判決，台北縣五股鄉農會事件・最高法院（2000年7月28日）89年度台上字第1737號判決。

[243] 台北地方法院86年度勞訴字第54號判決。

[244] 財團法人台灣省敦睦聯誼會事件・台北地方法院（1998年8月11日）86年度勞訴字第70號判決台灣台北地方法院民事裁判書彙編87年849頁は，「使用者は企業秩序を維持するために，服務紀律を遵守しない労働者に対してけん責・戒告・解雇などの懲戒処分を行いうる。その中では解雇の効果が最も厳重である。そこで，労働者は懲戒解雇によって仕事を失うのであるから，使用者は，懲戒解雇を行う際に，期待可能な範囲において，解雇を行わずに労働者にとって影響のより軽い懲戒処分をとる義務を負う，ということが憲法における労働権保障の価値判断に合致している。すなわち，懲戒解雇は使用者の最後的，回避不可能な，やむを得ない手段である，というのがいわゆる「解雇の最後の手段原則」である。つまり，使用者は，懲戒解雇を行う際に「懲戒相当原則」に合致しなければならない。したがって，就業規則あるいは労働協約における懲戒解雇に関する規定を解釈する際には比較的に厳格な解釈がとられるべきであるのである」と判示している。

　台北地方法院は後に，「天方科技實業事件」（2000年1月25日，87年度勞訴字第67號判決）においても，この解雇に関する「最後の手段原則」を維持し続けている。

る⁽²⁴⁸⁾。この理論が将来台湾の最高法院に採用されるかどうかは定かではないが，使用者の解雇権の濫用⁽²⁴⁹⁾を制約する方法として注目を浴びている⁽²⁵⁰⁾⁽²⁵¹⁾。

(6) 団体交渉義務の立法化の動き

1994年8月に立法院に提出された「團體協約法（労働協約法）改正案」5条⁽²⁵²⁾では，アメリカ，日本，韓国の立法を参考として，労使双方が誠実団交義務を負い，正当な理由なしに団体交渉を拒否してはならない，とする規定を新設している。また，改正案6条によれば，一方当事者が団体交渉を申

---

(245) 美商安泰樂事件・士林地方法院（1999年2月9日）87年度勞訴字第20號判決は，「使用者の懲戒権は全く制限がないのではなく，使用者が労働者になした懲戒事項は，労働契約における労働条件の一部であり，労基法の規制に服すべきであり，労基法所定の労働条件の最低基準より低下してはいけない。懲戒の手段のなかで解雇は，使用者による一方的な労働契約の解約であり，最も重大な懲戒手段に属する。労基法12条1項4号の規定によれば，労働者が就業規則に違反し，その情状が重大である場合には，使用者は初めて，予告なしに労働契約を終了させることができる。こうして懲戒解雇は，労働者の有している労働権を剥奪することに関わる問題であり，かつ労働者が対等的な防衛能力を全く持っていない劣勢状態にあるので，憲法上の労働権の保障の中核範囲に属するから，その成否が厳格に解釈されるべきである。したがって，使用者が自ら作成した就業規則をもって労基法における労働者の労働権保障の規定を空疎なものとするということは許容することができない。上記労基法における規定の『情状が重大である』とは，使用者の作成した就業規則の規定が重大な状況と定めているか否かを判断の基準とせずに，労働者が就業規則に違反した具体的な事実によって，使用者が解雇以外の懲戒手段をとって雇用関係を継続することを期待することができず，かつ使用者のなした懲戒解雇が労働者の違反行為の程度に照らして相当なものであると認められるときには，これに該当する」と判示している。
(246) 基隆市公共汽車管理處事件・基隆地方法院（1999年10月8日）88年度勞訴字第6號判決。
(247) 魏千峰・前掲「非法解雇訴訟初探」26～27頁。
(248) 魏千峰・前掲「非法解雇訴訟初探」37～38頁。
(249) 基隆市公共汽車管理處事件・基隆地方法院（1999年10月8日）88年度勞訴字第6號判決参照。
(250) 解雇事件については，裁判官は労働者側に同情する傾向，すなわち，使用者による解雇事由を厳しく審査する傾向があると思われる。ただし，使用者がストを行った労働者を解雇した事案においては，そのような傾向はあまりないと思われる。
(251) 日本の解雇権濫用法理は，要件論において正当事由説，効果論において解雇権濫用説という構造をもち，解雇権濫用の帰結として解雇の「無効」を直ちに導き，正当事由説に極めて近いものであった，という指摘がある（野田進『労働契約の変更と解雇』〔信山社，1997年11月〕500頁参照）。

し入れる際には，団体交渉の時間・場所・代表人数・団交事項などの項目を他方当事者に通知しなければならず，他方当事者は，30日以内に具体案を用意して団交を応じなければならない（1項）。これに反する場合には正当な理由なき団交拒否とみなされる（2項）。そして，改正案7条によれば，一方当事者は団交を遂行するために他方当事者に必要資料の提供を要求することができ（1項），他方当事者が必要資料を提供しない場合には正当な理由なき団交拒否とみなされる（2項）。必要資料を提供する当事者は，他方当事者に必要費用（例えば人件費，印刷費）を請求することができる（7条3項）。

この團體協約法改正案の立法趣旨は，労使自治を尊重し，団体交渉を促進させることによって，労働協約の締結を促進させることにある。この改正案は，近年の台湾の政治情勢からすれば，将来における成立可能性はかなり高いと見られるが，その時期についてはまだまだ紆余曲折があるものと思われる。しかしながら，問題は，台湾における企業別組合の交渉力の低さにある。団体交渉が法によって強制されても，労働協約が締結されるとは限らない。そして，仮に労働協約が締結されても，その内容は労働基準法の条文の丸写しなど不十分なものになるおそれがある[253]。

したがって，この改正案が仮に立法化されても，現行の労働組合法制を改革しない限り，労働協約が多く締結されるということは期待できず，労働条件を規制する就業規則の重要性は依然として変わらないと考えている。ただし，長期的には，台湾において構築されるべき就業規則の合理的変更法理の内容（合理性判断の基準）に影響をもたらすであろう。

(7) 裁判所の機能

台湾では，労使紛争が発生した場合，労使による自主的解決よりは，むしろ行政官庁の関与による解決が多いようである[254]。また，自主的解決や行

---

[252] 團體協約法改正案5条1項は，「労使双方は，信義則に基づき団体交渉を行わなければならない」と定め，2項は，「労使の一方当事者は，正当な理由がない場合に，他方当事者によって申し入れられる団体交渉を拒否してはいけない」と定め，3項は，「労使の一方当事者が前項の規定に違反する場合には，他方当事者は，法によって調停を申し立てることができる」と定めている。なお，これらは2002年5月1日に行政院によって提出された改正案においても見られる。

[253] 劉志鵬「台湾労働法制の現状」季労174号（1995年5月）43〜44頁参照。

[254] 佐護譽・前掲『人事管理と労使関係』244頁参照。

政官庁の関与による解決が困難な場合には，裁判所に解決を求めることが少なくない。労働者の保護のためには，行政官庁や裁判所による後見の役割が極めて重要である[255]。

前述のように，労使双方が労働契約を締結する際，労働者は，就業規則を提示されまたは交付されて，就業規則への同意を求められるのが一般的である。もちろん，就業規則がその場で提示されないこともあり得よう。しかし，その就業規則の内容について，労働者が不同意を表明するのは，使用者に雇用してもらえないことを意味するに等しい。労働者はせいぜい，毎月もらえる賃金総額を確認したうえで，労働契約を締結するにすぎないであろう。労働者はこの際に，就業規則が「法律に反しておらず，かつ世間相場にあう合理的な労働条件」を記載しており，ほかの従業員もそれを合理的なものとして受け入れたことを信じるほかない。労働者保護の観点からは，就業規則届出の際の行政官庁による就業規則へのチェックや，訴訟の際の裁判所による就業規則の審査は，就業規則の「合理性」を保障する手段にほかならない。そして，就業規則の不利益変更を争う場合においては，裁判所の就業規則に対する審査は，行政官庁によるチェックよりも重要である。

就業規則の届出については，行政官庁は，実務上，「工作規則審核要点」（就業規則審査要綱）[256]に基づき，就業規則の内容を厳しく審査しているようである[257]。実際には使用者は，法に違反しまたは協約に抵触するような就業規則は，行政指導によって内容の訂正を求められる。使用者は，行政官庁の指導どおりに就業規則の内容を訂正しなければ，就業規則を届けても行政官庁に受理してもらえない。しかし，台湾では，日本と異なり，使用者は就業規則の作成・変更の際に労働者の意見を聴取する必要がなく，完全に一方的に行いうる。このような法制下では，労働者が就業規則の不利益変更に服さず，その効力を争う場は，行政官庁ではなく裁判所となる。労働者にとっ

---

[255] 労働法の研究についても裁判所の判決の重要性を強調するものとして，劉志鵬「權利事項勞資爭議與法官造法機能――以最高法院判決為檢討對象」月旦法學雜誌14期（1996年7月）11頁以下，劉志鵬・研究351頁以下参照。

[256] 「工作規則審核要点」は，内政部（当時の労働行政中央主務官庁）によって1984年10月29日に公布された行政命令である（内政部1984年10月29日台内勞字第266750號令）。

[257] 劉志鵬『勞動法解讀』（月旦出版社，1996年1月）133頁。

て，裁判所から得る勝訴判決は最後の救済手段である。したがって，労働条件変更制度が欠如している台湾では，日本の「合理的変更法理」のように，裁判所による後見的審査の方法として，実用性の高い労働条件変更法理の判断枠組みを構築していくことが重要であると思われる[258]。

1988年以降，台湾における地方裁判所および高等裁判所では，「勞工法庭」(すなわち労働部) が設けられるようになった。その狙いは，労働事件の件数の増加および労働事件の専門性に鑑みて，労働事件をより迅速かつ適切に処理することである。しかし，訴訟による労使紛争の解決には様々な問題点がある[259]。まず，「勞工法庭」の手続は，一般の訴訟手続と異ならず，訴訟費用も労働者側にとってかなりの負担となる。そして，労働法に関する十分な知識を一般的に有しない労働者の勝訴率は必ずしも高いとはいえず，かつ訴訟の期間は労働者側にとってかなり長いと思われる[260]。また，「勞工法庭」に配属されている裁判官が必ずしも十分な労働法の知識を有しているとは言えない。そして，一部の事件は，訴訟物の金額によって最高法院に上告することができないので，最高法院は，訴訟物の金額の低い労働事件に対して法的意見を表明する機会を有しない[261]。仮に最高法院に上告することができても，台湾における訴訟法制および実務上の問題によって最高法院の法的審査は十分機能しているとはいえないから，最高法院による法的見解の統一はなかなか期しがたい。

(8) 小 括

台湾では，労働基準法上の就業規則法制は日本と同様に使用者の一方的作

---

[258] 劉志鵬弁護士も，裁判官が労使関係の実態に照らして労働法規を解釈し，法の不備を補充するための判例法理を創造することの重要性を強調している (劉志鵬・前掲月旦法學雑誌14期18頁，劉志鵬・研究372頁)。

[259] 蔡烱燉「制定勞工訴訟程序法之必要性」勞資關係月刊18巻6期 (1999年10月) 338〜340頁参照。

[260] ある分析によると，1994年に地方裁判所に係属した476件の労働事件においては，賃金請求事件の192件が最も多く，次いで退職金や解雇手当の請求事件が159件，損害賠償や労災が43件である。判決が下された281件のなかで，労働者の完全勝訴は62件，完全敗訴が109件，一部勝訴は110件である。また，同年に簡易裁判所に係属した労働事件は224件である (林振裕「我國勞資争議之實務現況與問題点」月旦法學雑誌14期〔1996年7月〕6〜9頁参照)。

[261] 林振裕・前掲月旦法學雑誌14期7頁。

成・変更を許容しつつ行政的監督を施す体制をとっており，使用者による一方的作成・変更による労働条件の不利益変更を如何に規制するかが共通の重要な課題となる。実際にもそのような不利益変更は頻繁に行われており，適切な労働条件変更法理の構築は焦眉の課題となっている。そして，台湾において就業規則は，労働条件を形成し規制するうえで，日本における以上に強い機能を発揮している。他方，労働組合が団体交渉によって労働条件を協約化することは，法制上も実際上も極めて不十分な状況にある。さらに台湾では，長期雇用関係が部分的に存在し，労働政策上も支持されており，解雇権を制限する法理も発展しつつある。そして，団体交渉義務の立法化が予測される状況で，労働事件の処理における裁判所の機能の重要性をも考慮すると，日本において極めて実用性の高い裁判所による後見的審査の理論として確立している合理的変更法理は，台湾においてもその適用の基盤と必要性を有しており，その判断枠組みは台湾においても活用できると考える。

2 合理的変更法理の部分的修正の必要性とその試み

以上のように，筆者は，日本で確立した合理的変更法理の判断枠組みを台湾の労働条件変更問題に適用することを，基本的に是認できると考えている。

しかしながら筆者は，日本の合理的変更法理を台湾へ適用するにあたっては，合理性判断の基準（定式）を台湾の労働関係の実情に即して修正する必要があると考えている。すなわち，台湾では，日本の判例法理の定式と異なる独自の定式の構築が必要である，と考えている。

第1に，台湾の労働組合は日本の労働組合よりも交渉力が遙かに弱いために，労働協約によってよりよい労働条件を獲得することが期待できない。現状では，労働協約に基づいて就業規則を改定する場合は僅かであり，日本の合理性判断の定式において重要な基準となる多数組合との合意は，そもそも想定できないと言っても大過ない。したがって，多数組合との合意があれば改定就業規則の合理性が推測されるといった合理性判断基準は機能せず，就業規則改訂のプロセスの審査よりも，改定の内容の審査が必要不可欠となる。ただし，団体交渉義務の立法化の動きに見られるように，将来は，労働協約に基づく就業規則の改定の可能性が生じていくであろうから，そのような状況となったときには，判断基準（定式）の見直しが必要となろう。すなわち，

使用者が組合や多数労働者の同意を得て就業規則を改定するようになれば，その場合には上記の「推測」による合理性判断が機能するようになるであろう。

　第2に，台湾では，就業規則を作成・変更する際に使用者は労働者の意見を聴取する義務を負っていない。しかし，電機・電子産業の会社の就業規則に関するある実態調査[262]によれば，人事管理の実務において使用者は，就業規則を作成・変更する際に，労働者側の同意を求めているか，あるいは労働者側の意見を聴取しているケースが少なくない。このことから，使用者も労使関係の現実を無視できないことを窺うことができる。とはいえ，労働者の意見を聴取する法的義務がない以上，使用者は労働者の意見を聴取せずに就業規則を一方的に作成・変更することができる。また台湾においては，長期雇用慣行が一部存在しており，新たな解雇制限法理も形成されているので，合理的変更法理の適用にあたっては，長期雇用システムの限定性と労働移動の頻繁さをも考慮に入れる必要がある。

　日本における合理的変更法理と同様に，台湾における同理論においても，「反対の意思を表明する労働者を拘束することはできない」のが原則であり，また「合理性を有する場合，反対の意思を表明する労働者を拘束することができる」のは例外とされる。しかしながら，日本では例外が拡大され，原則と例外との関係が不明確となり，合理的変更法理は労働条件の変更理論と化している[263]。上記の労働者の意見聴取の不要性および長期雇用システムの限定性に鑑みれば，上記の原則・例外関係に忠実に，「労働者の利益を保護し，かつ使用者の経営管理上の必要をも考慮して，使用者が就業規則を一方的に不利益変更するときには，原則として反対の意思を表明する労働者を拘束することはできないが，使用者がなす不利益変更が合理性を有する場合，

---

[262] 就業規則の作成方法については，労働者の意見を聴取してから使用者による一方的作成が51.4%，労使共同作成が29.7%，使用者による一方的作成が13.5%であること，また，就業規則の変更方法については，労働者の意見を聴取してから使用者による一方的変更が48.6%，労使の合意による変更が32.4%，使用者による一方的変更が24.3%であることが明らかにされている。張成發・前掲『我國勞動基準法上工作規則之研究證探討』131～133頁)。

[263] 第2章第3節参照。

例外的に反対の意思を表明する労働者を拘束することができる」とすべきではないかと思われる。ただし，このような判断も一種の総合判断であって，基本的に「変更の必要性」と「労働者の被る不利益」との比較考量が行われ，「代償措置の有無・程度」，「同業他社の状況」，「組合や従業員との交渉経過・反応」などの諸般の事情を考慮すべきである。一見すると，日本における合理性判断の定式と異ならないが，これは「総合判断」ということの性質に由来するものであり，原則・例外の関係についてはあくまでも上述のように考えるべきである。

なお，日本では，「社会的相当性」または「同業他社の状況」を斟酌する必要があるとされる。台湾では，いわゆる春闘相場[264]は存在しないが，優秀な労働者の募集・確保や経営コストとの関係で，会社は同業他社の人事コストについて無関心ではない。そこで，「労働者の被る不利益の程度」を考慮する尺度として，「同業他社の状況」が有用であろう[265]。

---

[264] 第2章第4節Ⅰ1参照。
[265] 第2章第4節Ⅰ1で述べたように，一方では，改定された就業規則の内容が，労働者にとって不利益が極めて大きいが，同業他社よりも良い労働条件を有している場合には，合理性は肯定されることがありうる。他方では，変更後の賃金水準を同業他社と比較してあまりにも低い場合には，労働者の被った不利益が大きすぎるものとして，就業規則変更の合理性が否定されることがありうる。

おわりに

(1) 本稿は，秋北バス事件大法廷判決の定立した就業規則判例法理について，その形成・発展過程を学説の展開と関連させて考察し，判例法理の論理・判断基準・運用をできるだけ包括的に解明するとともに，学説との対比においてその妥当性を検証することに努めた。この結果，本稿は，労働条件変更法理としては判例法理が相対的に最も妥当な解決を可能とするものであるとの結論に至り，この立場からその法的構成と判断基準の改善を目指した。また，台湾における就業規則の法制・法理の形成・発展の過程，そこにおける日本の学説・判例の影響を考察し，日本の判例法理を参考にしつつ，台湾の労働関係に妥当する就業規則法理を構築することを目的とした。

(2) 秋北バス事件大法廷判決の合理的変更法理は独創的な理論であると評されているが，その萌芽は，それ以前の下級審裁判例および学説においてすでに見ることができた。秋北バス事件判決において最高裁は，まず就業規則の法的性質としては法規説の立場をとり，また，就業規則の不利益変更については，労働者の既得の権利を保護するために同説中の既得権理論をとったうえで，長期的雇用慣行のもとでの集団的（統一的）な労働条件管理の必要性および労働条件変更の必要性を考慮し，既得権理論を貫徹した場合の不都合を避けるために，変更された就業規則条項が合理的なものであれば反対の労働者をも例外的に拘束する，との理論を創出した。

当初，下級審裁判例は必ずしも大法廷判決に従わなかったが，最高裁は，その後のいくつかの判決において，秋北バス事件判決の法理を反覆表明し，また合理性判断の基準の明確化に努めた。これによって合理的変更法理は徐々に定着していった。学説においても，秋北バス判決の法理を約款理論の一種としての定型契約説と理解した上で，合理的変更法理をも支持する有力な主張がなされた。

(3) とはいえ，判例法理はその後一貫して発展したわけではなく，軌道修正を行いながら[1]，3回にわたって変容と質的発展を遂げた。まず，就業規

則の法的性質論においては，秋北バス事件判決は法規説の立場をとったと解されるが，電電公社帯広局判決および日立製作所武蔵工場判決は，「法規説をベースにしたもの」から「契約説をベースにしたもの」へと法的性質論の転換を行った。これが判例法理の第1の変容である。次いで，長期雇用慣行のもとでは，経済の構造調整に対応するための労働条件変更法理が必要になったことを背景として，最高裁と下級審双方において，合理的変更法理の運用における変化，つまり「例外」論の拡大現象が見られ，就業規則による労働条件変更法理が確立した。これが，判例法理の第2の変容である。さらに，判例法理の第3の質的発展は，労働条件の変更に関する就業規則法理が労働条件の変更に関する労使関係法理と結合するに至ったことである。

(4) 判例における就業規則法理の確立は，学説に対して大きなインパクトを与え，継続的労働関係における就業規則変更の実際的必要性を認識させた。一部の学説は，依然として判例法理に批判的な態度をとり，独自の理論を構築していったが，判例法理を凌駕する適切な労働条件変更法理を樹立するに至っていない。多くの学説は合理的変更法理の判断基準の有用性を認め，判例法理の判断基準の定式化を試み，判例法理を補強しようとしている。このような理論状況に照らすと，判例の労働条件変更法理が相対的に最も適切な解決を与えうるものであり，現行法制のもとでは，判例法理を基本として労働条件変更法理を構築すべきものと思われる。

(5) 他方，判例の合理的変更法理は，確立しているとはいえ，その法的構成の根拠がいまだ明確ではないと批判されている。これについて学説は，使用者は長期的雇用関係においては経営環境の変化に合わせて労働条件を調整する必要があるのに，その契約上の手段としての解約（解雇）が厳しく制限されていることを指摘して，同理論の実質的妥当性を説明している。筆者は，基本的に上記学説の実質的妥当性の説明に賛成するが，法的には就業規則を定型契約の性質を有するものと捉えたうえで，労基法89条の定める使用者の就業規則作成・変更権限のなかに，就業規則による労働条件の合理的な変更権限が含まれていると主張した。また，この使用者の労働条件変更権は一種の形成権として理解できるのではないかとも主張した。すなわち，判例

---

(1) 荒木尚志教授も同様な指摘を行っている（荒木(5)949頁，荒木244頁参照）。

の就業規則変更法理は，労使双方が新たな労働条件形成の合意を達成できない場合に，使用者の就業規則変更による労働条件変更の権限を認めたうえで，使用者の変更権限の濫用を防止し労働者の利益を守るために変更の合理性判断という歯止めをかける法理，と理解すべきである。

　また，判例法理のもう一つの問題点として，就業規則変更の合理性判断はその結論の予測が困難であり，判断基準の明確化が必要とされている。これについては，労働者の多数を代表する組合との交渉を重視し，同組合との合意が存在する場合には改訂された就業規則の合理性を推定すべきとする主張が，有力な学説となっている。就業規則の不利益変更問題の本質は，集団的労働条件の変更をめぐる労使間の集団的な利益紛争であって，本来は労使の合意によって決められるべき性格のものであるから，筆者は，上記の学説に賛成する。また同学説は，判例法理の予測困難性という難点を大きく改善するものでもある。ただし，労使の合意に基づく就業規則の改訂の場合には，企業別組合による労働者間の利益調整が公正に行われているかどうかに関する改訂プロセスの審査が必要となる。要するに，多数組合・労働者との合意が存在する場合は，変更のプロセスを中心に合理性審査が行われるべきである。これに対して，多数組合・労働者の同意が存在しない場合には，裁判所は改定就業規則の内容を正面から審査する必要がある。合理性判断の判断要素は事案に応じて増やしていくのが適切である。これは，合理性の総合判断は，労使双方がいろいろな要素を総合的に考慮したうえでぎりぎりのラインを画して最終の合意を達成するという団体交渉の場面に類似しているからである。

　(6)　このように筆者は，就業規則の法的効力については，判例法理が相対的に最も優れたものであると考え，その法的構成の精密化と判断基準の明確化を試みた。しかし，就業規則の法的効力は極めて複雑で困難な問題であり，判例法理を基礎とした理論の構築を試みていく場合でも，なお問題点が残ることは否定しがたい。それでも，現行法制のもとで，就業規則の不利益変更という難問を解決するためには，判例の確立した合理的変更法理による処理を肯認せざるを得ないと思われる。その最も大きな理由としては，集団的労働条件の形成・変更を貫徹する手段は，現行法下においては就業規則の変更によるしかないとの点にある。

(7) 他方，台湾の就業規則法制は，日本の就業規則法制に類似している。この就業規則の法的効力については，日本と同様に，法規説・契約説を典型とした学説の形成が見られたが，やがて日本で確立した合理的変更法理が導入され発展している。筆者は，本稿において，いくつかの前提条件は異なるものの，就業規則法制の基本的類似性などに鑑み，「契約説をベースにした」合理的変更法理は台湾においても原則として妥当すると主張した。しかし，総合判断としての合理性判断の定式は台湾の労働関係の実情に即して修正される必要があると考えた。すなわち，台湾では，多数組合との合意があれば改定就業規則の合理性が推測されるといった基準は機能せず，就業規則改訂のプロセスの審査よりも，改定の内容の全面的審査が必要不可欠となる。また台湾においては，就業規則法制における労働者の意見聴取の不要性および労働市場における長期雇用システムの限定性に鑑みれば，「反対の意思を表明する労働者を拘束することはできない」という原則は文字通り守りつつ，例外としての合理性判断を行うべきである。ただし，このような判断も一種の総合判断であって，基本的に「変更の必要性」と「労働者の被る不利益」との比較考量が行われ，「代償措置の有無・程度」「同業他社の状況」，「組合や従業員との交渉経過・反応」などの諸般の事情を考慮すべきである。

(8) 本稿は以上の分析と主張を行ったが，未だ少なからざる課題が残されている。まず，将来の就業規則法制のあり方としては，筆者は，就業規則は労使の合意によって作成・変更されるのが望ましいと考える。これを達成するために，従業員代表制の法制化またはドイツのような共同決定制度の導入などを検討する必要がある。また本稿は，合理的変更法理の射程を集団的労働条件に限定したが，人事管理のいわゆる個別化が進展する状況の中で生じている個別的労働条件に関する労働条件変更の問題（年俸制における年俸額の引下げなど）を検討の対象から捨象している。包括的な労働条件変更法理を構築するためには，こうした個別的労働条件に関する労働条件変更法理を論ずることも必要である。さらに，合理的変更法理であれ，共同決定制度の導入であれ，集団的労働条件の変更法理がうまく機能するためには，それぞれに相応しい紛争処理システムを検討する必要があろう。これらを筆者の今後の研究課題としたい。

事項索引

〔あ〕

朝日火災海上保険（石堂・本訴）事件
　最高裁判決 ……………………165, 168
朝日火災海上保険事件 ………………118
朝日火災海上保険事件最高裁判決
　……………………80, 137, 162, 168, 212
意見聴取義務 ……………………9, 306
羽後銀行（北都銀行）事件 …………114
羽後銀行（北都銀行）事件最高裁判決
　………………………………………80, 88
大曲市農協事件最高裁判決
　………………………80, 85, 104, 110, 271

〔か〕

解雇制限法制（台湾） …………283, 297
「解雇の『最後の手段原則』（ultma-
　ratio Prinzip）」 ……………………298
改正工場法 ………………………………5
改正工場法施行規則 ……………………5
改正工場法施行令 ………………………5
改訂プロセスの審査 …………………214
化体説 …………………………………100
企業主固有権説 ………………………21
企業別労働協約 ………………………173
企業別労働組合 ………………171, 223
疑似法規説 ……………………180, 188, 206
既得権理論 ………………24, 38, 60, 62, 75
行政院勞工委員會 ……………………250
強制加入原則 …………………277, 281
強制組織原則 …………………276, 281
協約自治の限界画定の基準 …………168
協約内容の必要性・合理性 …………166
組合対策のための定年制導入 ………107

経営権説 …………………………16, 41, 44
　──の継承 ………………………………25
経営内自治法制定説 …………………21
経過措置 ………………………………212
形成権 …………………………………219
形成権説 ………………………………226
契約説 ……………………13, 29, 38, 41, 55, 67,
　　　　　　　　　　　90, 183, 189, 233, 243
　──的読み替え …………………………103
　狭義の── ………………………………184
　台湾における── ………………………290
検診の業務命令 ………………………96
「原則」と「例外」の逆転現象 ………105
権利濫用 ………………………………62
工會法 …………………………………275
　──の特徴 ………………………………280
工會法改正案 …………………………277
「工作規則審核要点」（就業規則審査
　要綱） ………………………………303
工廠法 …………………………………230
工廠法施行細則 ………………………230
公正代表義務 …………………………195
　労働組合の── …………………138, 140
公正代表審査 …………………161, 166
高年齢労働者の賃金・処遇制度 ………88
合理性基準の明確化 …………………83
合理性審査 ……………………………215
　──の基準 ………………………………165
　裁判所による── ………………………215
合理性説 ………………………………53
　──の萌芽 ………………………………54
合理性の総合判断 ……………………215
合理性の判断基準 …………84, 106, 305
合理性判断の定式化 …………………212

314　事項索引

合理性理論 …………………………59, 61
合理的な理由 ………………………………61
合理的変更肯定論 …………………………99
合理的変更への事前の黙示承諾説
　　………………………………184, 205
合理的変更への同意ありと意思解釈す
　る説 ……………………………186, 205
合理的変更への同意を推定し，拒否の
　場合の解雇を肯定する説 ……187, 205
合理的変更法理 ……71, 76, 81, 153, 167,
　　　　176, 204, 211, 256, 293, 305
　　――の運用 …………………………124
　　――の応用 …………………………170
　　――の原則 …………………………104
　　――の台湾への導入過程 …………269
　　――の評価 …………………………93
　　――の法的根拠 ……………………225
　　――の「例外」 ……………106, 109
合理的理由 …………………………………62
国家授権説 …………………………………21
根拠二分説 …………………………33, 39, 246

〔さ〕

裁判所による後見的審査 ………………224
「産業工會」（企業別労働組合） ……276
時間外労働義務 ……………………………99
自己決定の理念 …………………………209
事実規範説 …………………………29, 38
事実たる慣習説 ……………………31, 38, 98
社会自主法説 ………………………14, 37
　　――の継承 …………………………22
社会的相当性 …………………116, 117, 127
週休2日制導入 ……………………………88
就業規則 ……………………………1, 173
　　――による労働条件変更法理 …125
　　――の「合理的変更の法理」 ………2
　　――の一方的変更 …………………22

　　――の規範的効力 …………………162
　　――の合理性判断 …………………105
　　――の効力 …………………………11
　　――の作成 …………………………8
　　――の作成・変更権限 ……………217
　　――の内容審査 ……………173, 214
　　――の不利益変更……2, 42, 44, 63, 66,
　　　　71, 75, 93, 169, 175, 253, 256
　　――の法的効力 ……………………1, 225
　　――の法的性質 ………13, 41, 63, 66, 70,
　　　　75, 90, 175, 203, 290
　　――の法的性質に関する判例法理
　　　　………………………………101
　　――の法的性質論 …………………22, 81
　　台湾の―― ………………………3, 229
　　労基法第9章の―― ………………6
就業規則変更権 …………………………216
就業規則変更権の制限 …………………76
就業規則変更の合理性判断 ……………110
就業規則法制（台湾の） ………229, 293
就業規則法理 …………………………226
就業規則論 ………………………………222
集団的合意説 ……………………39, 248
集団的変更解約告知説 …………199, 206
集団的労働条件の形成・変更 …………227
秋北バス事件最高裁大法廷判決
　　…………16, 25, 37, 65, 73, 91, 210, 271
重要な労働条件 …………………………108
授権説 ……………………………………233
春闘相場 …………………………………128
「廠場工會」（工場・事業所組合） …276
少数組合員 ………………………………147
少数労働者の利益への配慮 ……124, 136
「職業工會」（職業別労働組合） ……276
信義誠実の原則 ……………………60, 62
新契約説 …………………………………187
新就業規則承諾請求権説 ………………219

末弘説…………………………………59
生理休暇手当規定…………………………84
世間相場 ………………………122, 127
相対的無効 ……………………………212

〔た〕

第一小型ハイヤー事件最高裁判決
　………………88, 106, 132, 191, 194
「太平産物保険事件」…………………265
「台北區中小企業銀行事件」…………256
第四銀行事件 ……………………………111
第四銀行事件最高裁判決
　………………80, 87, 133, 191, 194
代償措置 …………………………………106
退職給与規程………………………………86
退職金規程の不利益変更 ………………110
退職金算定方法の不利益変更…………84
タケダシステム事件最高裁判決 …80, 85
多数組合・労働者との交渉重視説
　………………………………191, 213
多数労働組合との交渉経緯 ……………134
多数労働組合の同意 ………131, 135, 140
多数労働者の意見 ……………131, 133
他の従業員の対応 ………………………131
団交拒否 …………………………………221
単純契約説………………………13, 20, 32
男女差別の定年年齢の設定 ……………107
團體協約法 ………………………………275
團體協約法（労働協約法）改正案 …301
団体契約説………………………………21
団体交渉義務 ……………………………301
団体交渉権の保障 ………………………221
「中國石油化學工業開發事件」………265
調停前置主義 ……………………………279
賃金・退職金の不利益変更 ……108, 110
賃金水準 …………………………………114
賃金体系の不利益変更 …………………132

定型契約説………90, 93, 98, 193, 262, 290
定年（停年）制……………………………72
　──の新設 ……………………67, 79, 107
定年年齢の引下げ ………………………107
電電公社帯広局事件最高裁判決 …90, 96
同業他社の状況 …………………………127
「富邦人壽保險事件」
　………………………261, 265, 267, 272

〔な〕

二分説…………………………17, 41, 57
日本放送協会事件決定 ……………45, 53

〔は〕

函館信用金庫事件 ………………………116
函館信用金庫事件最高裁判決 ……80, 88
「美商大都會人壽保險台灣分公司事件」
　判決 ………………………261, 264
日立製作所武蔵工場事件最高裁判決…98
歩合給……………………………………88
附合契約説 ………………13, 21, 35, 39
普通契約約款説 ……………………93, 98
普通契約約款の法的拘束力……………91
不利益 ……………………………114, 123
不利益性 …………………………115, 117
不利益変更の合理性 …………111, 118
変更条項による変更権取得説 …185, 205
変更に至る経緯 …………………………122
変更の必要性 ……………114, 115, 117
法規説……14, 22, 37, 41, 44, 75, 100, 203,
　　　　　　　　233, 235, 240, 250
褒賞休暇 …………………………………106
法的効力付与説 ……………100, 181, 204
保護法授権説 …………………………26, 38
「保護法草案の要旨」（昭和21〔1946〕
　年6月3日）……………………………8
「ボスアイランド」（Boss Island）…287

316 事項索引

〔ま〕

御国ハイヤー事件最高裁判決 ……80,84
未組織労働者 ……………147,163,168
みちのく銀行事件 ……………119,215
みちのく銀行事件最高裁判決
　　　　　　　　…………80,88,138
三井造船事件最高裁決定
　　　　　　　…17,26,41,44,47

〔や〕

有利原則肯定説 …………………142
有利原則否定説 …………………142
有利（性）原則………………64,141
「読み替え」学説 …………………99

〔ら〕

理念型従業員代表同意説 ………190,213
「勞工法庭」（労働部） ……………304
勞工保險條例 ……………………283
労使関係論 ……………127,141,176
労使自治 ……………………134,221
勞資爭議處理法 …………………275
労働移動 …………………………285
労働関係 …………………………202
　　──の変容 ………………207
　　継続的── ………………202
労働基準法 …………………………6
　　台湾の── ………………237
労働基準法施行細則（台湾） ……238
労働協約 …………………………141
　　──に基づいた就業規則の不利益変
　　更 …………………………224
　　──による労働条件の不利益変更
　　　　　　　　…………………146
　　──の一般的拘束力 ……142,153,162
　　──の拡張適用 ……147,163,171

　　──の規範的効力………145,149,157,
　　　　　　　　　　　165,171,221
　　──の審査 …………………173
　　──の内容チェック ………158
　　──の不利益変更……142,145,158,
　　　　　　　　　　　165,167,169,176
　　──の未組織労働者への拡張適用
　　　　　　　　…………………169
労働協約締結のプロセス …………160
労働協約締結率 …………………285
労働協約内容の審査 ……………160
労働組合 …………………………275
　　──との交渉の経過 ………131
　　──の公正代表義務 ………138,140
　　台湾の── ………………275
　　労働者保険の── …………283
労働組合組織率 ……………224,281
労働契約内容変更請求権説
　　　　　　　　…………196,206,219
労働者の同意 ……………………114
労働者の保護………………………76
労働条件 …………………………141
　　──の共同決定制度 ………226
　　──の切下げ ………………150
　　──の個別化 ………………208
　　──の集団的変更 …………134
　　──の不利益変更 …………141,202
　　個別的── ………………208
　　就業規則による──の不利益変更
　　　　　　　　…………………211
　　集団的── ………………208,210
　　使用者による──の一方的変更 …204
労働条件変更権 ……………216,219
　　使用者の── ………………216
労働条件変更法理 …………104,124,172
　　──の確立 …………………110

著者紹介──

王　能君（オウ・ノウクン，Neng-chun WANG）
1965年　台湾に生まれる
1987年　政治大学法学院（法学部）法律学系（法律学科）卒業
2001年　東京大学大学院法学政治学研究科博士課程修了
現　在　台湾大学法律学院（法学部）助理教授

就業規則判例法理の研究
──その形成・発展・妥当性・改善──

2003年3月25日　初版第1刷発行

著　者　　王　　　能　　君
発行者　　今　井　　　貴
　　　　　渡　辺　左　近
発行所　　信　山　社　出　版
〒113-0033　東京都文京区本郷 6-2-9-102
　　　　電　話　03 (3818) 1019
　　　　ＦＡＸ　03 (3818) 0344

印　刷　勝　美　印　刷
製　本　大　三　製　本

Printed in Japan.

©2003, 王　能君.　　落丁・乱丁本はお取替えいたします。
ISBN4-7972-2213-1　C3332

―― 既刊・新刊 ――

アジアの労働と法	香川孝三 著　六八〇〇円
労働安全衛生法論序説	三柴丈典 著　三二〇〇円
ドイツ労働法	P.ハナウ・C.アドマイト著 手塚和彰・阿久澤利明 訳　二二〇〇〇円
組織強制の法理	鈴木芳明 著　三八〇〇円
団結権保障の法理 Ⅰ・Ⅱ	外尾健一 著　各五七〇〇円
労働権保障の法理 Ⅰ・Ⅱ	外尾健一 著　各五七〇〇円
労働関係法の国際的潮流 花見忠先生古稀記念論文集	山口浩一郎・菅野和夫・渡辺章・中嶋士元也 編　一五〇〇〇円

信山社

―――― 既刊・新刊 ――――

新版 ある法学者の人生 フーゴ・ジンツハイマー　久保敬治 著　四七〇〇円

労働契約の変更と解雇　野田進 著　一五〇〇〇円

労務指揮権の現代的展開　土田道夫 著　一八〇〇〇円

国際労働関係の法理　山川隆一 著　七〇〇〇円

不当労働行為の行政救済法理　道幸哲也 著　一〇〇〇〇円

雇用形態の多様化と労働法　伊藤博義 著　一一〇〇〇円

オーストリア労使関係法　マテオ・ドール・トーマン監修／下井隆史・西谷敏・中考史編訳　五八二五円

―――― 信山社 ――――

―― 法律学の森 ――

債権総論	潮見佳男著	五六三一円
債権総論〔第2版〕I	潮見佳男著	近刊
債権総論〔第2版〕II 債権保全・回収・保証・帰属変更	潮見佳男著	四八〇〇円
債権総論 II 総論・財産移転型契約・信用供与型契約	潮見佳男著	四二〇〇円
契約各論 II	潮見佳男著	四七〇〇円
不法行為法	藤原正則著	四五〇〇円
不当利得法		
イギリス労働法	小宮文人著	三八〇〇円

信山社